"十四五"职业教育国家规划教材

"十四五"卫生高等职业教育专科校院合作"双元"规划教材

供护理、助产及相关专业用

儿科护理学

第 2 版

主 编
谢 宏　史良俊　何凤英

副主编
周 密　崔 静　刘 宇　欧阳明珠

编　委（按姓名汉语拼音排序）

陈　静（唐山职业技术学院）　　　　　　邱林利（四川护理职业学院）
崔　静（广东江门中医药职业学院）　　　史良俊（乐山职业技术学院）
何凤英（湖南环境生物职业技术学院）　　宋　青（菏泽医学专科学校）
连冬梅（中国医学科学院北京协和医院）　谢　宏（黔东南民族职业技术学院）
刘晶晶（洛阳职业技术学院）　　　　　　杨许艳（南华大学附属第二医院）
刘　宇（南阳医学高等专科学校）　　　　张　臻（北京大学第一医院）
欧阳明珠（黔东南民族职业技术学院）　　周　密（重庆三峡医药高等专科学校）

北京大学医学出版社

ERKE HULIXUE

图书在版编目（CIP）数据

儿科护理学 / 谢宏，史良俊，何凤英主编. -- 2版.
-- 北京：北京大学医学出版社，2025. 7. -- ISBN 978-7-
5659-3235-9

Ⅰ．R473.72

中国国家版本馆CIP数据核字第202447FB25号

儿科护理学（第2版）

主　　编：谢　宏　史良俊　何凤英
出版发行：北京大学医学出版社
地　　址：（100191）北京市海淀区学院路38号　北京大学医学部院内
电　　话：发行部 010-82802230；图书邮购 010-82802495
网　　址：http://www.pumpress.com.cn
E-mail：booksale@bjmu.edu.cn
印　　刷：北京瑞达方舟印务有限公司
经　　销：新华书店
责任编辑：刘陶陶　　责任校对：靳新强　　责任印制：李　啸
开　　本：850 mm×1168 mm　1/16　印张：22　字数：637千字
版　　次：2019年10月第1版　2025年7月第2版　2025年7月第1次印刷
书　　号：ISBN 978-7-5659-3235-9
定　　价：55.00元

版权所有，违者必究

（凡属质量问题请与本社发行部联系退换）

第 2 轮修订说明

党和国家高度重视职业教育发展,《国家职业教育改革实施方案》《职业院校教材管理办法》《高等学校课程思政建设指导纲要》《习近平新时代中国特色社会主义思想进课程教材指南》《关于推动现代职业教育高质量发展的意见》《全国护理事业发展规划（2021—2025年）》等重要文件陆续发布，对卫生健康职业教育、高职专科护理人才培养及教材建设提出了更高的要求。

本套高职专科护理专业教材第1轮于2018年启动，北京大学医学出版社组织全国具有代表性的骨干院校共同建设。在教育部、国家卫生健康委员会相关机构和职业教育教学指导委员会的指导下，共编写出版教材28种，其中入选教育部"十三五"职业教育国家规划教材11种（教职成厅函〔2020〕20号文）、"十四五"职业教育国家规划教材15种（教职成厅函〔2023〕19号文）。

高质量的教材是实施教育改革、提升人才培养质量的重要支撑。为全面贯彻党的教育方针，深入贯彻党的二十大精神，落实立德树人的根本任务，更好地支持新时代卫生健康职业教育事业发展、服务于我国高职专科护理专业人才培养，北京大学医学出版社启动了高职专科护理专业教材第2轮修订编写工作。本轮教材共包含27种。全套教材均为北京大学医学出版社"十四五"规划教材。

第2轮教材修订编写工作"以学生为中心"，对标教育部高职专科护理专业教学标准、护士执业资格考试大纲，以技术技能教育为根本，满足3个需要（学科需要、教学需要、行业需要），注重基本理论、基本知识和基本技能，内容以"必需、够用"为度，遵循学生认知规律，注重教学适用性，优化编写体例，深化产教融合，优化数字融合，强化思政融合，围绕"岗课赛证"综合育人机制建设，力争打造一套既满足多数院校教学实际，又适度引领教学，培根铸魂、启智增慧，适应新时代要求的精品高职专科护理专业教材。

本轮教材的修订编写得到了多方面的大力支持，参编院校教学管理部门提出了宝贵建议，职教专家精心指导、把关，临床护理学专家认真编写、审稿。他们为锤炼精品教材、服务教学改革、提高人才培养质量做出了贡献，在此一并表示感谢！

最后，希望广大师生多提宝贵意见，反馈使用信息，以使教材内容日臻完善。让我们共同为新时代高职专科护理教育发展和人才培养做出贡献！

前 言

教育部于2023年公布了第一批"十四五"职业教育国家规划教材目录，本教材荣幸进入目录。围绕国家对高职护理教育的要求，强化对学生的素质教育新形势和新要求，北京大学医学出版社策划组织了再版工作。为进一步加强教材建设，结合新的《全国护士执业资格考试大纲》等文件要求，本教材根据儿科护理岗位（群）对儿科护理技能的培养需求，融入儿科护理领域的新技术、新工艺、新标准、新规范等要求，通过理实一体化教学，提升学生应用所学知识解决临床实际问题的综合能力，成为德智体美劳全面发展的复合型、高素质技术技能人才。

本教材的编写遵循以职业技能教育为根本，满足三个需要（学科需要、教学需要、行业需要），力求体现儿科护理学高职教育特色，注重基本理论和基础知识，内容以"必需、够用"为度，对标教育部高职专科护理专业教学标准，紧扣教学大纲要求，既包括深入浅出的理论知识，又与护理临床实际相结合，符合高等职业教育护理专业教学实际。

本教材共十八章，分别介绍了小儿生长发育的特点、营养与喂养知识、预防保健措施和儿科常见病、多发病的病因、临床表现、辅助检查、治疗要点及常用护理操作技术等内容；同时根据最新《全国护士执业资格考试大纲》加入了部分新生儿及传染病的专科内容；按照护理评估、护理诊断、护理措施、健康教育等方面讲述专科护理知识。书中贯穿整体护理思想，强调"以人的健康为中心"的现代护理理念，涵盖了全国护士执业资格考试大纲中儿科护理所涉及的全部内容，科学且实用，具有鲜明的时代性、创新性和实用性。

本教材的特点：

1. 每章设置"思维导图""学习目标""案例""知识链接""考点提示""思政园地""自测题"，便于学生明晰本章节要达到的目标，通过对"案例"的分析，强化理论知识的记忆和实践技能的培养，"考点提示"有助于学生对重点内容加强记忆，章后"自测题"使学生对整个章节的内容有系统性的掌握。

2. 数字资源增加了护考知识点音频学习和教学PPT，方便学生随时随地的学习，数字化的学习方式使学习更加多元化。

本教材的参编人员绝大多数是双师型教师，具有多年的高职教育教学经验，他们都本着严谨、认真、负责的态度编写本教材，但难免有不足之处，恳请老师和学生在使用本教材的过程中多提宝贵意见和建议，以便修订。

主 编

目录

第一章　绪论 ··· 1
　第一节　儿科护理的任务和范围 ·· 1
　第二节　儿科护理的特点 ··· 2
　第三节　小儿年龄分期及各期特点 ······································· 4
　第四节　儿科护士的角色和素质要求 ···································· 5
　第五节　我国儿科护理学的发展 ·· 7

第二章　生长发育 ·· 9
　第一节　生长发育规律及其影响因素 ···································· 9
　第二节　儿童体格生长发育与评价 ······································ 11
　第三节　与体格生长发育有关的其他系统的发育 ···················· 15
　第四节　儿童神经心理发育及评价 ······································ 18
　第五节　儿童生长发育中的特殊问题 ··································· 23

第三章　儿童营养 ··· 28
　第一节　能量与营养素的需要 ·· 28
　第二节　小儿喂养与膳食 ·· 31
　第三节　小儿营养状况评价 ··· 37

第四章　儿童保健 ··· 40
　第一节　各年龄期儿童保健重点 ··· 40
　第二节　计划免疫 ··· 44

第五章　儿科医疗机构的设置及住院患儿的护理 ······················ 50
　第一节　儿科医疗机构及护理管理 ······································ 50
　第二节　儿科健康评估的方法 ·· 53
　第三节　小儿沟通的特点与方法 ··· 57
　第四节　住院患儿的心理护理 ·· 59
　第五节　小儿用药的护理 ·· 61
　第六节　小儿体液平衡特点和液体疗法 ································ 64
　第七节　儿科常用护理技术 ··· 71

第六章　新生儿与新生儿疾病患儿的护理 ······························ 87
　第一节　新生儿分类 ·· 87

第二节	正常足月儿和早产儿的特点及护理	88
第三节	新生儿重症监护的护理	95
第四节	新生儿窒息的护理	96
第五节	新生儿缺氧缺血性脑病的护理	101
第六节	新生儿颅内出血的护理	103
第七节	新生儿黄疸的护理	105
第八节	新生儿败血症的护理	109
第九节	新生儿寒冷损伤综合征的护理	111
第十节	新生儿脐炎的护理	114
第十一节	新生儿低血糖的护理	115
第十二节	新生儿低钙血症的护理	116
第十三节	新生儿产伤性疾病的护理	118

第七章 营养障碍性疾病患儿的护理 … 123
- 第一节 蛋白质-能量营养不良患儿的护理 … 123
- 第二节 单纯性肥胖症患儿的护理 … 128
- 第三节 维生素 D 缺乏症患儿的护理 … 131

第八章 消化系统疾病患儿的护理 … 144
- 第一节 小儿消化系统解剖生理特点 … 144
- 第二节 口炎患儿的护理 … 145
- 第三节 腹泻患儿的护理 … 148

第九章 呼吸系统疾病患儿的护理 … 157
- 第一节 小儿呼吸系统解剖生理特点 … 157
- 第二节 急性上呼吸道感染患儿的护理 … 159
- 第三节 急性感染性喉炎患儿的护理 … 161
- 第四节 急性支气管炎患儿的护理 … 162
- 第五节 肺炎患儿的护理 … 164
- 第六节 支气管哮喘患儿的护理 … 170

第十章 循环系统疾病患儿的护理 … 177
- 第一节 小儿循环系统解剖生理特点 … 177
- 第二节 先天性心脏病患儿的护理 … 179
- 第三节 病毒性心肌炎患儿的护理 … 185

第十一章 泌尿系统疾病患儿的护理 … 189
- 第一节 小儿泌尿系统解剖生理特点 … 189
- 第二节 急性肾小球肾炎患儿的护理 … 191
- 第三节 肾病综合征患儿的护理 … 196
- 第四节 尿路感染患儿的护理 … 202

第十二章　血液系统疾病患儿的护理 …… 207

第一节　小儿造血和血液系统特点 …… 207
第二节　贫血患儿的护理 …… 209
第三节　急性白血病患儿的护理 …… 218
第四节　血友病患儿的护理 …… 222

第十三章　神经系统疾病患儿的护理 …… 229

第一节　小儿神经系统解剖生理特点 …… 229
第二节　化脓性脑膜炎患儿的护理 …… 230
第三节　病毒性脑炎和脑膜炎患儿的护理 …… 235
第四节　脑性瘫痪患儿的护理 …… 238

第十四章　传染病患儿的护理 …… 244

第一节　麻疹患儿的护理 …… 244
第二节　水痘患儿的护理 …… 248
第三节　流行性腮腺炎患儿的护理 …… 250
第四节　流行性乙型脑炎患儿的护理 …… 253
第五节　猩红热患儿的护理 …… 255
第六节　中毒型细菌性痢疾患儿的护理 …… 257
第七节　流行性脑脊髓膜炎患儿的护理 …… 260
第八节　手足口病患儿的护理 …… 262
第九节　结核病患儿的护理 …… 265

第十五章　内分泌系统疾病患儿的护理 …… 276

第一节　先天性甲状腺功能减退症患儿的护理 …… 276
第二节　生长激素缺乏症患儿的护理 …… 280
第三节　儿童糖尿病患儿的护理 …… 282

第十六章　免疫性疾病患儿的护理 …… 290

第一节　儿童免疫系统发育及特点 …… 290
第二节　原发性免疫缺陷病患儿的护理 …… 292
第三节　风湿热患儿的护理 …… 296
第四节　过敏性紫癜患儿的护理 …… 300
第五节　川崎病患儿的护理 …… 304

第十七章　遗传性疾病患儿的护理 …… 311

第一节　21-三体综合征患儿的护理 …… 311
第二节　苯丙酮尿症患儿的护理 …… 314

第十八章　常见急症患儿的护理 …… 319

第一节　小儿惊厥的护理 …… 319

第二节　充血性心力衰竭患儿的护理 …………………………………………………… 323
第三节　小儿颅内高压的护理 ……………………………………………………………… 327
第四节　急性呼吸衰竭患儿的护理 ………………………………………………………… 330
第五节　急性肾衰竭患儿的护理 …………………………………………………………… 334

参考文献 ………………………………………………………………………………………… 340

中英文专业词汇索引 …………………………………………………………………………… 341

第一章 绪 论

第一章数字资源

学习目标

通过本章学习，学生应达到：
1. 素质目标　热爱儿童，热爱护理事业；具有诚实的品格，慎独的修养，高尚的道德情操。
2. 能力目标　能够用整体护理的观念解决患儿的健康问题。
3. 知识目标　熟记小儿年龄分期及各期特点。

儿科护理学（nursing care of children）是一门研究小儿生长发育、儿童保健、疾病防治与临床护理，以促进小儿身心健康的专科护理学。服务对象是从胎儿时期到青春期的儿童，他们的身心处于不断的发育与成长之中，具有与成人不同的特征及特殊需要。儿科护理学的宗旨是保障儿童健康，提高生命质量。

第一节　儿科护理的任务和范围

一、儿科护理的任务

儿科护理的任务是通过研究小儿的生长发育规律、疾病防治和保健，根据各年龄阶段小儿的体格、智力发育和心理行为特点提供"以儿童及其家庭为中心"的整体护理，增强小儿体质，降低儿科疾病发病率和死亡率，提高疾病的治愈率，保障和促进小儿的身心健康，提高人类的整体健康素质。

二、儿科护理的范围

儿科护理的服务对象是从胎儿期至青春期的儿童，一切涉及小儿时期健康与卫生的问题都属于儿科护理学研究的范围，包括正常小儿的生长发育、身心健康的保障及促进、小儿疾病的防治与护理。根据我国国家卫生健康委员会的规定，临床儿科就诊的年龄范围是已出生至14周岁。儿科护理学是一门综合性很强的应用学科，与基础医学、临床儿科学、心理学、教育学、社会学等多学科有着广泛的联系，护理工作的开展与进行也必须得到父母、家庭、社会各方面的支持与关心。多学科协作是儿科护理学发展的必然趋势。

随着医学模式从生物模式向生物 - 心理 - 社会模式的转变，儿科护理从单纯的疾病护理转变为"以儿童及其家庭为中心"的整体护理；由单纯的患儿护理转变为对所有儿童生长发育、疾病防治、保障和促进儿童身心健康的全面服务；由单纯的三级医疗机构和保健机构承担的工作任务，逐渐转变为由护理人员带动的全社会参与和承担的儿童保健护理；护理时间与空间也由单纯的住院期间扩展为整个儿童发展阶段。

儿科护理的工作区域包括医院和社区两部分。在医院，儿科护理应体现对患儿的人文关怀，营造一个温馨、舒适、有利于小儿身心健康和发展的人文环境；对住院患儿及时进行护理评估，根据护理诊断采取相应的护理措施；对长期住院的慢性疾病患儿要重视心理护理，使其树立战胜疾病的信心；对患儿及家长进行健康指导，使患儿尽快恢复健康。在社区，涉及散居儿童和集体儿童的预防保健，包括对不同年龄阶段的儿童进行保健指导、计划免疫和健康监测；开展科学育儿和护理知识宣传；对慢性疾病和残障患儿进行家庭护理指导。

儿科护理工作主要涵盖的内容有以下几个方面。①临床护理工作：包括临床医院的各项护理工作，急症、危重症患儿的急救与监护工作等。②儿童保健工作：儿科护士在医院和社区（包括家庭、托幼机构、学校等地）宣传科学育儿和疾病防治知识，以防治儿童在体格、精神、心理发育中可能遇到的障碍。③儿童及家庭的健康指导工作：儿童的健康指导必须通过成人来实施，因此要积极取得家长和社会的支持；同时要针对儿童及家庭教养中的身心健康问题，进行多种形式的宣传教育，并适时给予指导和咨询，其目的是提高儿童的健康水平和家庭的生活质量。④儿科护理研究工作：儿科护理工作者应在临床护理、社区护理、护理教学等方面，不断积累经验，积极开展护理科研工作，提高儿科护理的工作质量。

 考点提示

儿科护理学的任务及服务对象。

第二节 儿科护理的特点

小儿从出生到青春期发育成熟，始终处于不断生长发育的过程中，不论在解剖、生理、营养、病理、免疫等方面，还是在疾病发生、发展、表现、治疗、护理、预后、预防等方面均与成人存在差异，年龄越小，与成人的差别越大。在护理过程中，无论是对健康儿童的状态评价，还是对患病儿童的临床评估都不宜用单一的标准衡量。因此，学习儿科护理学，首先要掌握和熟悉小儿的特点。

一、儿科基础医学特点

1. **解剖学特点** 小儿不是成人的缩小版。只有了解小儿的正常生长发育规律，才能对其进行正确的护理评估，从而发现问题，做好保健和护理工作。此外，小儿各器官在解剖结构方面有着许多特殊性，如新生儿和小婴儿头部与身长比例相对较大，颈部肌肉和颈椎发育相对滞后，故怀抱婴儿时应注意保护头部；小婴儿髋关节附近韧带较松弛，髋臼窝较浅，容易发生髋关节脱位，护理时动作应轻柔。

2. **生理学特点** 小儿生长发育速度快，代谢旺盛，水的需要量相对较多，应供给足够水分，以免发生脱水和电解质紊乱。此外，不同年龄小儿有不同的生理、生化正常值，如心率、血压、呼吸、周围血象、体液成分。

3. **免疫学特点** 小儿皮肤、黏膜柔嫩，淋巴系统发育未成熟，母体IgM不能透过胎盘，故新生儿的IgM含量低，易受革兰氏阴性菌感染；新生儿可通过胎盘从母体获得IgG，但6个月后逐渐消失，其主动免疫IgG一般要到6~7岁时才达到成人水平；婴幼儿期分泌型IgA（sIgA）缺乏，易发生呼吸道及消化道感染。其他体液因子，如补体、趋化因子、调理素的活性及白细胞吞噬能力也较低。

4. **病理学特点** 由于小儿发育尚不成熟，相同的疾病因素发生在不同年龄的小儿可引起与成人不同的病理反应，如肺部感染的病原菌多为肺炎链球菌，婴幼儿感染后常发生支气管肺炎，而成人则为大叶性肺炎。又如，当维生素D缺乏时，小儿易患佝偻病，而成人则表现为骨软化症。

二、儿童心理社会特点

小儿大脑的结构与功能不够成熟，故小儿的心理发育如感知觉、情绪、记忆、思维、意志和个性的发展，与成人有不同的特点，依赖性较强，不能合作。小儿的生长、发育过程从不成熟到成熟、从不定型到定型，是可塑性最大的时期，也是接受教育最佳的时期。小儿心理和行为受家庭、学校和社会的影响，因此护理中应以小儿及其家庭为中心。在护理工作中，根据不同年龄阶段小儿的心理发展特征，采取相适应的护理措施，与小儿父母、幼教工作者、教师等共同配合，全社会参与，为小儿创设良好的生活环境，以促进小儿心理健康发展。

三、儿科临床特点

1. 疾病种类　小儿的疾病种类与成人有很大区别，如婴幼儿先天性、遗传性疾病和感染性疾病较成人多见；小儿心血管系统疾病以先天性心脏病较为多见，成人则以冠状动脉粥样硬化性心脏病为主；小儿肿瘤疾病以急性淋巴细胞白血病多见，而成人则以其他肿瘤（肺癌、乳腺癌等）为主。

2. 临床特点　小儿病情发展快、变化多端。如年幼儿患急性感染性疾病或急性传染病时，常急性起病，病势凶险，局限能力差，容易并发败血症，常伴有呼吸衰竭、循环衰竭、中毒性脑病和水、电解质紊乱。新生儿及体弱儿严重感染时，缺乏典型的症状和体征，仅表现为反应低下、体温不升、拒乳等非特异性症状，病情变化多端。小儿出现健康问题时不能及时、准确地表达自己的痛苦，而病情变化快，处理不及时易恶化甚至危及生命，因此，护理人员在护理患儿时须严密观察病情变化。

3. 诊治特点　小儿一般不会主动诉说病情，多由家长及其照顾者代诉，其病史的可靠性受到影响。故应密切观察病情，结合体征和实验室检查资料，早期做出正确的诊断和处理。另外，还要考虑年龄因素，例如惊厥，在新生儿时期应多考虑由产伤、窒息、颅内出血或先天异常引起；6个月以内婴儿多考虑由婴儿手足搐搦或中枢神经系统感染引起；6个月～3岁小儿多考虑由热性惊厥或中枢神经系统感染引起；3岁以上年长儿的无热惊厥以癫痫多见。治疗用药时必须严格按照小儿剂量。

4. 护理特点　由于小儿好奇、好动、模仿性强，但相对缺乏经验，故需特别注意安全问题。对健康和患病小儿护理的内容和时间均比成人更多，头皮静脉穿刺、喂养、生活上的照顾、游戏等为儿科特有的护理项目。护士对病情细致和系统的观察能获得重要资料，有助于医生做出正确诊断。对麻疹、水痘、腮腺炎等疾病，正确的护理对预后起着决定性作用。对患儿进行健康指导，也属于护理内容。

5. 预后特点　小儿患病虽起病急、来势猛、变化多，易恶化及死亡，但如诊治及时，措施恰当，好转或恢复得也快。由于小儿各脏器组织修复及再生能力较强，后遗症一般比成人更少。所以，对年幼、体弱、危重的患儿，因病情变化迅速，应重点守护，严密观察，不放弃任何抢救机会，使患儿转危为安。

6. 预防特点　加强预防工作是降低小儿发病率和死亡率的重要环节。近年来我国广泛开展计划免疫和加强传染病的管理，麻疹、脊髓灰质炎、白喉、破伤风、伤寒、乙型脑炎等许多小儿传染病的发病率和死亡率已明显下降。由于我国重视儿童保健工作，积极普及科学育儿知识，营养不良、贫血、腹泻、肺炎等常见病、多发病的发病率和病死率也已显著降低。此外，在儿童时期注意营养供给均衡，积极参加体育锻炼，可防止小儿肥胖症，同时对进入成年后出现的高血压、冠状动脉粥样硬化性心脏病也起到预防作用。

考点提示

儿科基础医学特点。

第三节 小儿年龄分期及各期特点

小儿处于不断生长发育的动态过程中，这个过程既是连续的，又有各年龄分期的阶段性和特殊性。为了更准确地评价小儿的生长发育，做好各年龄分期的儿童保健、疾病防治护理等工作，我们将小儿各年龄阶段划分为7个时期。

1. 胎儿期　从受精卵形成到胎儿出生为止称为胎儿期，正常约40周。妊娠前8周为胚胎期，是受精卵细胞不断分裂长大，各系统、组织、器官迅速分化发育的时期；妊娠第9周到出生为胎儿期，此时，胎儿体格迅速生长。此期是小儿生长发育的重要阶段，其特点是胎儿完全依赖母体生存，孕母的健康、营养、情绪、环境及疾病等对胎儿的生长发育影响极大，容易受内、外环境不利因素的影响，使胚胎发育受阻，尤其是胚胎前8周，若孕母受遗传或遭到其他不利因素的影响（如营养不足、感染、药物毒害、接触放射性物质及心理创伤），均可影响胎儿生长发育，引起胎儿畸形，甚至导致流产、死胎、早产等。

临床上还将妊娠12周以内称为妊娠早期，13周至未满28周称为妊娠中期，满28周至出生称为妊娠晚期。

2. 新生儿期　自胎儿娩出脐带结扎到出生后满28天，称新生儿期。按年龄分，此期应包含在婴儿期内。此期小儿刚脱离母体，开始独立生活，环境发生了极大变化。由于其生理功能及适应能力尚不完善，容易出现体温低于正常、窒息、出血、溶血、感染等各种疾病。新生儿疾病发病率高，病死率也高，占婴儿死亡率的1/2～2/3，故此期应加强保暖、合理喂养，提供预防感染和窒息等的护理措施。

胎龄满28周至出生后1周称为围生期。此期是胎儿经历分娩，生命遭受最大危险的时期，死亡率最高。应强调围生期保健，重视优生优育。

3. 婴儿期　自出生到满1周岁之前为婴儿期。此期小儿生长发育最快，对热量、营养、蛋白质的需求相对较高，尤其是蛋白质，以适应生长发育的需要，但婴儿的消化、吸收功能尚不完善，易发生消化功能紊乱或营养缺乏症。此外，从母体获得的免疫抗体逐渐耗尽，而自身免疫功能尚未成熟，易受各种病原体侵袭，故在6个月以后易患各种传染病及感染性疾病（易发生呼吸道及消化道感染）。

4. 幼儿期　自1周岁后到满3周岁前为幼儿期。此期小儿体格生长速度趋缓，智能迅速发育，自我意识增强，语言、思维、动作、心理及应人应物能力发展较快。小儿乳牙出齐，断乳后饮食由乳类转换为混合膳食，并逐步向成人饮食过渡。小儿识别危险因素、保护自己的能力尚差，易发生中毒和外伤等意外事故，又因与外界接触增多，易患各种传染病（如水痘、流行性腮腺炎）。

5. 学龄前期　自3周岁后到入小学前（6～7周岁）为学龄前期。此期小儿体格发育速度进一步减慢，智能发育更趋完善，求知欲强，好学、好问、好模仿，知识面迅速扩大，可塑性强。虽防病能力有所增强，但因接触面广和受环境影响，易患传染病和发生各种事故及外伤。一些免疫性疾病（如急性肾炎、风湿热）开始增多。

6. 学龄期　自6～7周岁到青春期（12～14岁）开始之前为学龄期，约相当于小学阶段。此期小儿体格稳步增长，开始进入学校正式学习，智能发育较前更为成熟。到本期末，小儿除生殖系统外，其他器官发育均已接近成人水平，大脑发育更加完善，记忆力强，理解、分析、综合能力逐渐完善，是长知识、接受科学文化教育的重要时期，也是儿童心理发展的一个重大转折时期。此期乳牙被恒牙替代。

7. 青春期　从第二性征出现到生殖功能基本发育成熟、身高停止增长的时期称为青春期。一般女孩从 11~12 岁开始，到 17~18 岁结束，男孩从 13~14 岁开始，到 18~20 岁结束，约相当于中学学龄期。此期的特点是体格发育再度加速，生殖系统发育增快并渐趋成熟，智能飞跃发展，第二性征的发育逐渐明显，女孩较男孩的体格及性器官发育约提前 2 年，且个体差异较大。由于神经内分泌调节功能不完善，还遇到升学、就业等社会压力，常不能控制自己的情感或支配自己的行为，易受社会、周围环境的影响，发生心理、精神和行为等方面的问题。此外，在青春期由于神经内分泌调节不稳定，可发生甲状腺肿大、高血压、月经失调、痤疮、贫血、肥胖症等疾病。

考点提示

小儿年龄分期及各期特点。

第四节　儿科护士的角色和素质要求

一、儿科护士的角色

随着护理学科的发展，儿科护士的角色发生扩展，儿科护理工作被赋予了多元角色。

1. 护理活动的计划者和执行者　小儿生活尚不能自理或不能完全自理。儿科护士最重要的角色是在帮助小儿保持或恢复健康的过程中，提供各种护理照顾，如营养的摄取、感染的预防、药物的给予、心理的支持，以满足小儿身心两方面的需要。为促进小儿身心健康发展，护士必须运用护理专业的知识和技能，收集小儿的生理、心理、社会状况等方面的资料，全面评估小儿的健康状况及家庭对疾病和伤害的反应，确定其护理诊断，并制订全面系统、切实可行的护理计划。

2. 健康指导的宣讲者　在护理小儿的过程中，护士应依据各年龄阶段儿童智力发展的水平，向他们及家长有效地解释疾病诊断、治疗和护理的过程，帮助他们建立自我保健意识，培养良好的生活习惯，纠正不良行为。同时，护士还应向儿童家长宣传科学育儿知识，使他们采取健康的态度和行为，以达到预防疾病、促进健康的目的。

3. 健康协调者　护士需联系有关人员和机构，并协调与他们的关系，维持有效沟通，使与诊断、治疗、救助有关的儿童保健工作互相协调、配合，保证小儿获得最适宜的整体性医护照顾。如与医生的联络，与检验师、营养师的联系，与家长的沟通。

4. 健康咨询者　护士应向儿童及其家长提供有关治疗的信息，给予健康指导，解答与疾病相关的问题，使他们能够以积极有效的方法应对压力，找到满足生理、心理、社会需要的最习惯和最适宜的方法。

5. 患儿的代言人　儿科护士是儿童权益的维护者，在小儿不会表达或表达不清自己的要求和意愿时，儿科护士有责任解释并维护小儿的权益不受侵犯或损害。护士还需评估有碍儿童健康的问题和事件，提供给医院行政部门改进，或提供给卫生行政单位作为拟定卫生政策和计划的参考。

6. 护理研究者　护士应积极进行护理研究工作，通过研究来验证、扩展护理理论和知识，发展护理新技术，指导、改进护理工作，提高儿科护理质量，促进护理专业发展。同时，护士还需探讨隐藏在小儿症状及表面行为下的真正问题，以能更实际、更深入地认识问题和解决问题。

二、儿科护士的素质要求

（一）高尚的思想道德品质

1. **热爱儿童，爱岗敬业** 小儿健康成长不但需要物质营养，而且需要精神"哺育"，其中"爱"是重要的精神营养要素之一。儿科护士应在工作中表现出同情、敏锐、冷静、严肃、开朗、无私、勤奋、求实的职业素质，并以理解、友善、平和、忍耐和博爱的心态，为患儿提供帮助。做到视患儿如亲人，满腔热情地主动关心和体贴患儿，为患儿创造最舒适的休养环境，给予患儿最佳的身心护理。

2. **要有高度的责任感** 儿科护士必须具有高度的责任感，要耐心细致地照顾患儿的生活，应做到对患儿极端负责任，对工作一丝不苟，对技术精益求精。观察病情仔细、周到，言语、态度温柔、和蔼。保持稳重、端庄、文雅、大方的体态和良好的心理素质，自觉遵守各项操作规程，最大限度地满足患儿的身心需求。

3. **言行一致，以身作则** 儿科护士要尊重患儿的人格，不将患儿的生理缺陷和病态作为谈资和笑料。应做到时时严于律己，处处以身作则，成为小儿模仿的榜样，担负起教育儿童的责任。

（二）专业的科学文化素质

随着医学模式的转变，护理工作的独立功能日益突出。医学技术迅速发展，新技术和新仪器在临床中广泛应用，推动着护理学科向微细、快速、精确、高效的方向发展。这就要求儿科护士除了具备扎实的护理理论知识和熟练的技术操作本领之外，还应掌握其他学科的知识和技能，如临床诊疗学、医学检验学、营养学和预防医学，熟练掌握护理操作技术及先进仪器的使用技能。此外，还要掌握儿童心理学、儿童教育学，以及一些基本的自然科学、社会科学、文学与美学等方面的知识，这样才能胜任儿科护理工作。

（三）良好的身体心理素质

护士应具有健康的心理，乐观、开朗的性格，稳定的情绪，宽容豁达的胸怀；应具有较强的适应能力，良好的忍耐力及自控力，善于应变，灵活敏捷；应具有强烈的进取心，良好的社交能力，能与小儿及其家长建立良好的人际关系，同事间相互尊重，团结协作；应具有健康的身体和良好的言行举止。

（四）有效的沟通技巧

婴幼儿与较小儿童不能用或不能完全用口头语言与成人交流，他们的情绪、需要及疼痛等，基本通过表情、手势、哭闹方式或临床体征（如呼吸频率加快、皮肤发红）表现出来，因此从小儿的非口头语言获得信息尤为重要。儿科护士应当根据不同年龄小儿心理、生理的特点，充分运用日常的护理用语及非语言的交流技巧，不断与患儿及家长交流信息，沟通思想，全面了解患儿的心理和社会情况。要能准确识别婴幼儿时期的喜、怒、哀、乐的"语言"，以便满足小儿的身心需要，逐渐消除小儿对医院的恐惧感和陌生感，从而增加小儿对护士的信任感和安全感，以取得他们对护理工作的理解、支持与配合，有利于促进患儿康复。

第五节　我国儿科护理学的发展

一、祖国医学对儿科护理学的贡献

祖国医学在小儿疾病的防治与护理方面有着悠久的历史，积累了丰富的经验，为中华民族的繁衍昌盛做出了巨大的贡献。在商代殷墟出土的甲骨文中，就有"龋""贞子疾首"等儿科疾病的记载。长沙马王堆出土的古医学著作《五十二病方》中，已有"婴儿病痫""婴儿瘛"的记载。隋朝巢元芳《诸病源候论》是我国现存的第一部病因、病理、症候学专著，其中载有《小儿杂病诸侯》六卷，论述了小儿的喂养、调护、伤寒、天行时气、惊痫、痢、泄泻、伤食、呕吐、五官、火丹、疮疡、虫疾等255种症候。唐朝孙思邈《备急千金要方》中列有"少小婴孺方"两卷，内容涉及小儿喂养、发育、护理、日常卫生各个方面。北宋的钱乙是当时最享有盛名的儿科医生，著有《小儿药证直诀》，将小儿生理病理特点概括为"脏腑柔弱，易虚易实，易寒易热"，对儿科四大证——痧、痘、惊、疳的认识有较详细的记载。元代名医曾世荣著有《活幼心书》三卷，对小儿保育、审脉、辨证、用药都有独到之处，尤其对小儿护养，他提出了"四时欲得小儿安，常要三分饥与寒；但愿人皆依此法，自然诸疾不相干"的观点。明代儿科世医万全，十分重视小儿的胎养（孕期预养）、蓐养（初生护养）及鞠养（婴幼儿调养），他在《育婴家秘·五脏证治总论》中提出："肝常有余、脾常不足""心常有余、肺常不足""肾常虚"的观点，对后世探讨小儿生理病理学特点有深刻影响。

19世纪下半叶，西方医学传入中国，1937年成立了中华医学会儿科学会。各国传教士在我国开办了教会医院并附设了护士学校，医院中设立了产科、儿科，护理工作重点放在对住院患儿的生活照顾和护理上，逐渐形成了我国的护理事业和儿科护理学。

二、新中国儿科护理学的发展与展望

新中国成立后，党和各级政府对儿童健康十分重视，在《中华人民共和国宪法》中明确规定"母亲与儿童应受到保护"。儿科护理工作不断发展，从推广新法接生，提倡科学育儿，实行计划免疫，到开展"爱婴医院"活动，建立各级儿童医疗保健机构，直至形成和发展了儿科监护中心等专科护理。儿科护理的范围有了很大扩展，质量也有所提高。小儿传染病的发病率大幅度下降，小儿常见病、多发病的发病率、病死率迅速降低，小儿体质普遍增强。

随着社会的发展和科学的进步，人们生活水平的提高和对健康需求的增加，儿科护理学已逐渐发展成为具有独特功能的专门学科，其研究内容、范围，从治病、防病、促进小儿身心健康，到药物治疗及心理、行为等的护理与预防，儿科护士已成为儿童保健的主要力量。为此，儿科护理工作者要不断学习先进的科学技术，完善最新的护理素质，弘扬求真创新精神、拼搏奉献精神、团队协作精神，为提高儿童健康水平和中华民族的整体素质做出更大的贡献。

> **思政园地**
>
> **《"十四五"国民健康规划》摘要**
>
> 2022年4月27日，《"十四五"国民健康规划》由国务院办公厅正式发布。该规划明确指出为全面推进健康中国建设，其中明确提出促进儿童青少年健康。实施母乳喂养促进行动，开展婴幼儿养育专业指导，加强婴幼儿辅食添加指导，实施学龄前儿童营养改善计划，降低儿童贫血患病率和生长迟缓率。实施健康儿童行动提升计划，完善儿童

健康服务网络，建设儿童友好医院，加强儿科建设，推动儿童保健门诊标准化、规范化建设，加强儿童保健和医疗服务。加强对儿童青少年贫血、视力不良、肥胖、龋齿、心理行为发育异常、听力障碍、脊柱侧弯等风险因素和疾病的筛查、诊断和干预。指导学校和家长对学生实施防控综合干预，抓好儿童青少年近视防控。加强儿童心理健康指导和服务，强化儿童孤独症筛查和干预。推广青春期健康指导工作，开展青少年性与生殖健康指导。统筹推进各级疾病预防控制机构与学校卫生队伍的建设，加强对辖区学校卫生工作的指导。开展儿童健康综合发展示范县(市、区、旗)创建活动。

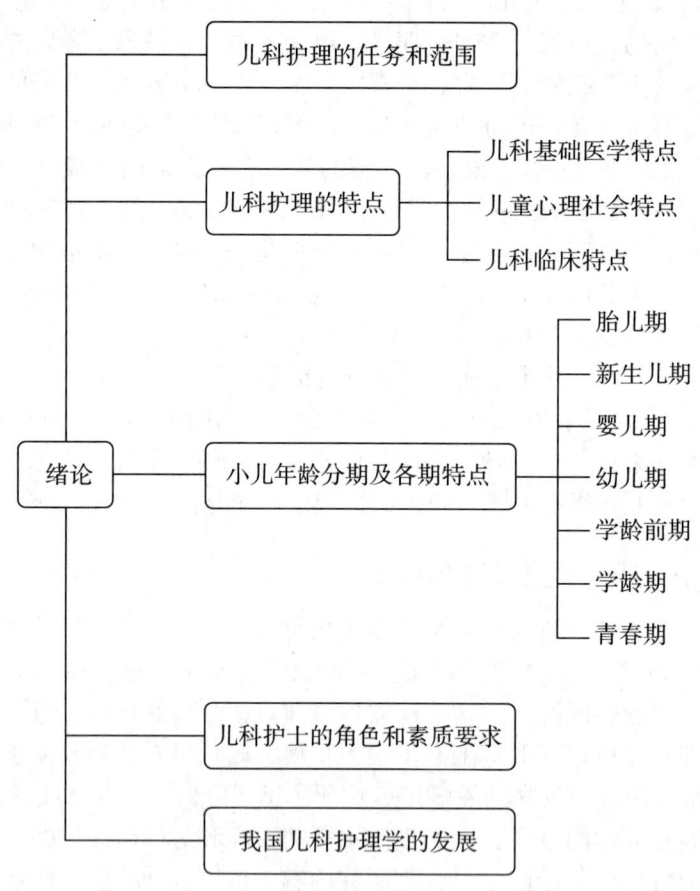

自 测 题

1. 简述儿科护理学的任务和范围。
2. 简述新生儿期的护理特点。

（谢　宏）

第二章 生长发育

第二章数字资源

学习目标

通过本章学习，学生应达到：
1. **素质目标** 能与儿童及其家庭有效沟通，为儿童及其家庭提供帮助。
2. **能力目标** 能结合生长发育的评价指标正确评价儿童生长发育状况。
3. **知识目标** 简述儿童体重、身长、头围、胸围、坐高、上臂围、前囟、牙齿等生长发育指标的正常值、计算方法及临床意义；说明儿童生长发育的规律及其影响因素；解释生殖系统发育、神经心理发育特点及儿童发育中的特殊问题。

第一节 生长发育规律及其影响因素

生长发育是儿童区别于成人的最重要特点，随着年龄增长，儿童各器官、系统长大，生长（growth）主要表现为形态变化，可以通过具体测量值来表示；发育（development）是指细胞、组织、器官的分化完善与功能的成熟，是质的改变，包括情感-心理的发育成熟过程。生长与发育两者关系密切，不能截然分开，故一般统称为生长发育。

一、生长发育规律

生长发育无论是速度还是发育顺序，都遵循一定规律。认识儿童生长发育的规律和影响因素，有助于更好地采取干预措施，促进儿童身心健康。

1. **生长发育的连续性和阶段性** 儿童生长发育正常情况下不会在某一阶段停止，但各阶段、各系统生长发育速度各不相同。例如，第1年为体重和身长的第一个生长高峰，第2年以后生长速度逐渐减慢，至青春期又再次加速，出现第二个生长高峰。

2. **各器官系统发育不平衡** 各器官系统发育快慢不同，各有先后。如神经系统发育得最早，出生后2年内发育得最快；淋巴系统在儿童期迅速生长，于青春期前达高峰，以后逐渐下降至成人水平；生殖系统发育得最晚；其他如心脏、肝、肾、肌肉的发育与体格生长基本平行。各系统发育速度的不同与其在不同年龄的生理功能有关（图2-1）。

3. **生长发育的顺序性** 生长发育遵循由上到下、由近到远、由粗到细、由低级到高级、由简单到复杂的规律。如出生后运动发育的规律是先抬头、后抬胸，再会坐、立、行（从上到下）；四肢运动从臂到手，从腿到脚的活动（由近到远）；手拿物品从全掌抓握到手指拾取（从粗到细）；先画直线后画圈、图形（由简单到复杂）；先会看、听、感觉事物，认识事物，再发展到记忆、思维、分析、判断（由低级到高级）。

4. **生长发育的个体差异** 儿童生长发育虽遵循一般的发展规律，但在一定范围内受遗传、环境等影响，存在着较大的个体差异，每个人生长的"轨迹"也不完全相同。因此，儿童的生长发育水平有一定的正常范围，但所谓的正常值不是绝对的，评价时必须考虑个体差异，才能

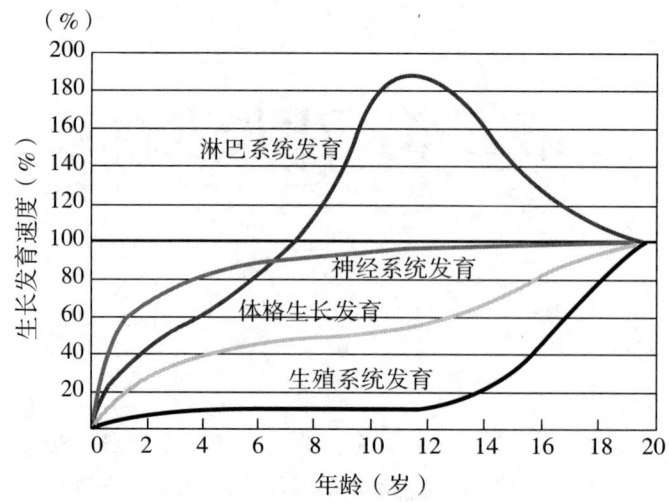

图 2-1 生长发育的连续性与阶段性

做出正确的判断。

> 考点提示
>
> 生长发育的规律。

二、影响生长发育的因素

生长发育受到遗传因素和环境因素的影响。遗传因素作为内在因素起着决定作用，同时生长发育的潜力又受到环境因素的作用和调节，两者相互作用，决定了每个儿童的生长发育水平。

（一）遗传因素

父母双方的遗传因素决定儿童生长发育的"轨迹"。种族、家族的遗传信息影响深远，除了皮肤和头发的颜色、面形特征、身高身材等生长发育特征外，对疾病易感性也有一定影响。遗传性疾病如遗传性代谢缺陷或染色体畸形均可影响儿童的生长发育。

（二）环境因素

1. 营养 是生长发育的物质基础，不仅支持生长发育，还影响儿童成年以后的生活质量。当营养供给比例恰当，生活环境适宜，儿童生长发育潜能可能得到最好的发挥。宫内营养不良的胎儿不仅体格发育迟缓，还可导致脑的发育不良及缺铁性贫血、佝偻病等；生后营养不良可影响儿童体格生长，使机体的免疫、内分泌、神经调节等功能低下；而营养过剩可导致儿童肥胖，成年以后患高血压、冠心病等疾病的概率将增加。

2. 疾病 对儿童生长发育的影响重大，先天性心脏病可导致儿童体格发育减慢，内分泌疾病常引起骨骼生长和神经系统发育异常，而一旦不良因素被去除，儿童又以超过相应年龄的速度加速生长，重新回到原有的生长轨迹，称为追赶生长；而长期的慢性疾病则影响体重和身高的增长。

3. 孕母情况 胎儿在宫内的发育受孕母生活环境、营养、情绪、健康状况等因素影响。孕母早期如有病毒感染，大量接触放射线，大量服用致畸药物、化学农药，大量吸烟，酗酒可引起先天畸形甚至流产；孕母患有糖尿病、甲状腺功能减退症、妊娠高血压综合征等疾病影响胎儿发育，导致生长发育延迟、巨大儿等问题的发生；妊娠中期以后的营养不良、过度运动和精神创伤可阻滞胎儿的发育。孕母可通过听音乐、抚摸等胎教行为促进胎儿发育。

4. 生活环境　包括宫内和出生后各年龄阶段的营养供应、卫生条件、季节气候，以及对保健、早期教育等因素的重视程度。健康的生活方式、科学的教育与护理、适宜的锻炼及完善的医疗保健服务是儿童健康成长的保证。

了解儿童生长发育规律及其影响因素，能够使医护人员依据儿童特点，规避不利因素，创造有利因素，从而促进儿童生长发育。

第二节　儿童体格生长发育与评价

案例 2-1

护士到社区为儿童进行生长发育测量，有 1 名儿童，3 岁，体重 15 kg，身高 98 cm。

问题：

1. 该儿童的体重、身高是否正常？
2. 该儿童的腕部骨化中心可能有多少个？

一、体格生长发育评估指标

1. **体重（weight）**　是各器官、组织及体液的总重量，是反映儿童体格生长，尤其是营养状况最易获得的重要指标，也是儿科临床计算药量、输液量等的重要依据。

新生儿出生体重与胎龄、性别及宫内营养状况等有关，我国调查结果显示平均男婴出生体重为（3.38±0.40）kg，女婴为（3.26±0.40）kg。出生后体重增长为胎儿宫内体重增长的延续，出生后由于摄入不足、水分丢失、胎粪排出，体重可暂时性下降 3%~9%，7~10 日内恢复到出生时的体重称为生理性体重下降。如果体重下降超过 10% 或至第 10 天还未恢复到出生时的体重，则为病理状态，应分析其原因。如生后及时合理喂哺，可减轻或避免生理性体重下降的发生。

婴儿期体重增长最快，1~6 个月每月平均增加 600~800 g，7~10 个月每月平均增加 300~400 g。一般出生后 3 个月体重约为出生时体重的 2 倍（6 kg）；1 岁时约为 3 倍（约 10 kg），系第一个生长高峰。生后第 2 年体重增加 2.5~3.5 kg；2 岁体重为出生时的 4 倍（约 12 kg）；2 岁至青春前期体重增长减慢，年增长值约 2 kg；进入青春期体重增长又加快，每年可达 4~5 kg，呈现第二个生长高峰，持续 2~3 年。

儿童体重的增长为非等速的增加，进行评价时应以儿童个体体重增长的变化为依据，可用以下公式估计体重：

3~12 个月婴儿体重（kg）=（月龄+9）/2

1~6 岁儿童体重（kg）= 年龄 ×2+8

7~12 岁儿童体重（kg）=（年龄 ×7-5）/2

同年龄、同性别儿童的体重增长有个体差异，一般在 10% 上下。

体重测量方法：体重测量应在温暖的房间里，排空大小便、脱去衣裤和鞋袜后进行。婴儿取卧位，用载重 10~15 kg 的婴儿磅秤或电子秤测量，准确读数至 0.01 kg；幼儿用载重 20~30 kg 的坐式杆秤测量，准确读数至 0.05 kg；学龄前儿童用载重 50 kg、学龄儿童用载重 100 kg 的站式杆秤测量，准确读数不超过 0.1 kg。测量结果以 kg 为单位，记录至小数点后 2 位。如环境不允许，可让儿童穿衣服测量体重，测量后减去衣服的重量。

2. 身高（长） 身高（height）指从头顶到足底的垂直距离，代表头、躯干（脊柱）与下肢长度的总和，是反映骨骼发育的重要指标。3岁以下儿童仰卧位时的测量值，称为身长（recumbent length）。立位时的测量值称为身高，立位测量值比仰卧位小 1～2 cm。长期的疾病与营养波动可影响身高（长），因此它间接反映儿童营养状况。

身高（长）的增长规律与体重相似，出现婴儿期和青春期两个生长高峰。正常新生儿出生时身长平均约为 50 cm；生后第一年身长增长最快，约为 25 cm，其中前 3 个月的增长值约等于后 9 个月的增长值，1 岁时身长约 75 cm；第二年增长速度减慢，增长 10～12 cm，到 2 岁时身长约 87 cm；2 岁以后平均每年增长 6～8 cm。2～10 岁儿童身高（长）可按下列公式粗略推算：

2～6 岁儿童身高（长）(cm) = 年龄（岁）×7+75

7～10 岁儿童身高（长）(cm) = 年龄（岁）×6+80

身高（长）的增长受遗传、内分泌、宫内生长水平的影响较明显，其个体差异较大。一般超过正常身高（长）平均数的 30% 以上为异常，多见于内分泌疾病、骨骼先天发育异常等。

身高（长）包括头、躯干（脊柱）和下肢的长度，这 3 部分的增长速度并不一致。头部发育较早，下肢发育较晚，故各年龄期头、躯干和下肢所占身高（长）的比例各有不同（图 2-2）。某些疾病可使身体各部分比例失常，这就需要分别测量上部量及下部量，有助于诊断。上部量指从头顶至耻骨联合上缘的距离，代表头和脊柱的长度；下部量指从耻骨联合上缘到足底的距离，代表下肢的长度。出生时上部量大于下部量，中点在脐上；随着下肢长骨的增长，中点下移，2 岁时在脐下；12 岁时中点恰位于耻骨联合上缘，此时上部量与下部量相等。如身材矮小而上部量等于下部量，常见于长期营养不良、生长激素缺乏引起的侏儒症；身材矮小而上部量大于下部量，常见于甲状腺激素缺乏引起的甲状腺功能减退症。

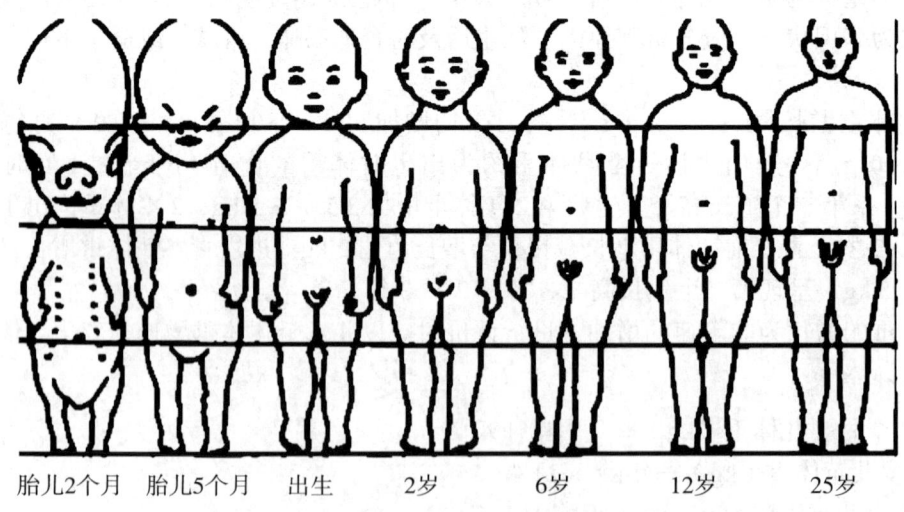

图 2-2 各年龄段头与身高（长）的比例变化

身高（长）测量：3 岁以下儿童用身长卧式量床（图 2-3），采用卧位测量身长。儿童脱帽、鞋、袜及外衣，仰卧于量板中线上。助手将儿童头扶正，使其头顶接触头板，保持儿童身体平直，测量者一手按直其膝部，使两下肢伸直紧贴底板；一手移动足板使其紧贴儿童两侧足底并与底板相互垂直，当量板两侧刻度相等时读数。3 岁以上儿童可用身高计或将皮尺钉在平直的墙上测量身高。要求其脱鞋、帽，直立，背靠身高计的立柱或墙壁，两眼正视前方，挺胸

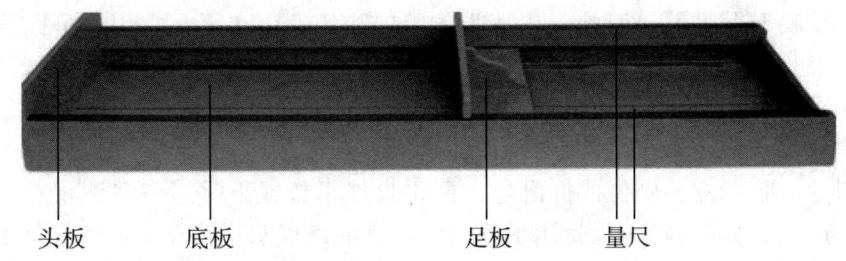

图 2-3 小儿用身长卧式量床

抬头，腹微收，两臂自然下垂，手指并拢，脚跟靠拢，脚尖分开约 60°，使两足后跟、臀部及肩胛间同时接触立柱或墙壁。测量者移动身高计头板与儿童头顶接触，头板呈水平位时读取立柱上数值。测量结果以厘米为单位，记录至小数点后 1 位。

测上、下部量时儿童取卧位或立位。用软尺测量自耻骨联合上缘至足底的直线距离为下部量，记录至 0.1 cm。身高（长）减去下部量即为上部量。

3. 坐高（顶臀长） 由头顶至坐骨结节的距离称坐高（sitting height），3 岁以下取仰卧位测量，又称顶臀长（crown-rump length，CRL）。坐高代表头颅与脊柱的发育程度，其增长规律与上部量增长相同。由于下肢增长速度随年龄增加而加快，坐高占身高（长）的比例随年龄的增加而下降，出生时坐高占身长的 67%，6 岁坐高占身高的 60%，14 岁降至 53%。此比例反映了身体上、下部比例的改变，比坐高绝对值更有意义。

坐高（顶臀长）测量：3 岁以下儿童卧于身长卧式量床上，头顶紧贴量板顶端，身体仰卧于中线长轴，测量者一手握住其小腿使其膝关节屈曲，骶骨紧贴底板，大腿与底板垂直；一手移动足板紧压臀部，量板两侧刻度相等时读数，记录至 0.1 cm。3 岁以上儿童用坐高计测量坐高。儿童坐在坐高计凳上，身体先前倾使骶部紧靠量板，再挺身坐直，大腿靠拢，紧贴凳面与躯干呈直角，膝关节屈曲呈直角，两脚平放于地面，测量者下移头板与头顶接触，记录读数至 0.1 cm。

4. 头围（head circumference，HC） 指自眉弓上缘经枕骨结节绕头一周的长度，是反映脑和颅骨发育程度的重要指标。测量头围在 2 岁以内最有价值。头围增长规律是年龄越小增长越快，新生儿头围为 33～34 cm，第一年特别是前半年增长最快，6 个月约为 42 cm，1 岁约为 46 cm，2 岁约为 48 cm，5 岁约为 50 cm。头围过小及过大均为病理情况，头围过小提示脑发育不良或小头畸形，头围增大见于颅内压增高及脑积水等。

头围测量：取立位或坐位，测量者用左手拇指将软尺 0 点固定于儿童头部右侧眉弓上缘，左手中、示指固定软尺与枕骨粗隆，手掌稳定其头部，右手使软尺紧贴头皮（头发过多或有小辫子者应将其拨开）绕枕骨结节最高点及左侧眉弓上缘回到 0 点，记录读数至 0.1 cm。

5. 胸围（chest circumference，CC） 指自乳头下缘经肩胛下角下缘绕胸一周的长度，反映肺与胸廓的发育程度。正常新生儿胸围比头围小 1～2 cm，约为 32 cm，1 岁时胸围与头围大致相等，以后胸围超过头围。肥胖儿由于皮下脂肪厚，胸围可于 3～4 个月时暂时超过头围；营养不良、佝偻病等儿童的胸围与头围相等的年龄可推迟到 1.5 岁。

1～12 岁儿童胸围（cm）= 头围 + 年龄 –1

胸围测量：3 岁以下儿童取卧位或坐位，3 岁以上儿童取立位，两手自然平放或下垂，测量者一手将软尺 0 点固定于儿童一侧乳头下缘（乳腺已发育的女孩，固定于胸骨中线第 4 肋间），一手将软尺紧贴皮肤，经背部两侧肩胛下角下缘回至 0 点，取平静呼吸时的中间读数，或取吸、呼气末的平均数，记录读数至 0.1 cm。

6. 上臂围（upper arm circumference，UAC） 指沿肩峰与尺骨鹰嘴连线中点的水平绕上臂一周的长度,反映上臂骨骼、肌肉、皮下脂肪及皮肤的发育水平,常用于早期营养不良的筛查。出生后一年上臂围增长迅速,1～5岁减慢,在无法测量体重、身高的情况下,可测量上臂围以普查5岁以下儿童的营养状况。评估标准:上臂围< 12.5 cm 为营养不良,12.5～13.5 cm 为营养中等,> 13.5 cm 为营养良好。

上臂围测量:取立位、坐位或仰卧位,两手自然平放或下垂。一般测量左上臂,将软尺0点固定于儿童上臂外侧肩峰至尺骨鹰嘴连线中点,沿该点水平将软尺沿皮肤绕上臂一周,回至0点,记录读数至0.1 cm。

7. 皮下脂肪厚度(subcutaneous fat thickness) 是诊断婴幼儿营养不良的重要依据之一。采用皮脂测量仪测量,测量前刻度应调整到0,测量者在测量部位用左手拇指及示指将该处皮肤及皮下脂肪捏起,捏时两手指应相距3 cm,右手拿皮脂测量仪,将钳板插入捏起的皮褶两边至底部钳住,测量其厚度,记录读数至0.1 cm。常用的测量部位有:

(1)腹部锁骨中线上平脐处,皮褶方向与躯干长轴平行。
(2)背部肩胛下角下稍偏外侧处,皮褶方向应自下向上内方向与脊柱呈45°角。
(3)上臂肩峰至尺骨鹰嘴连线中点水平处,皮褶方向应与手臂长轴平行。

考点提示

体格生长常用指标。

二、体格生长发育评价

体格生长发育在各年龄阶段有各自的特点和规律,正确评价生长发育状况,给予适当的指导和干预,对促进儿童健康成长具有重要意义。

(一)生长发育的评价方法

1. 均值离差法 适用于正态分布的人群。将儿童按不同年龄、性别分组,通过大量人群的横断面调查算出均值($\bar{x}$)和标准差(SD),$\bar{x} \pm 2SD$ 包含95%受检总数,$\bar{x} \pm 3SD$ 包含99.7%受检总数。用儿童体格指标的实测值与均值比较,通常以 $\bar{x} \pm 2SD$ 为正常范围。国内最常用五等级评价标准(表2-1)。

表2-1 五等级评价标准

等级	均值离差法	百分位法
上	$> \bar{x} + 2SD$	$> P_{97}$
中上	$\bar{x} + (1SD \sim 2SD)$	$P_{75} \sim P_{97}$
中	$\bar{x} + SD$	$P_{25} \sim P_{75}$
中下	$\bar{x} - (1SD \sim 2SD)$	$P_3 \sim P_{25}$
下	$< \bar{x} - 2SD$	$< P_3$

2. 中位数、百分位数法 适用于正态和非正态分布的人群,尤其当变量值不完全呈正态分布时,百分位数能更准确地反映出所测数值的分布情况。将一组变量值按大小顺序排列,求出某个百分位的数值,将百分数列表。以第50百分位(P_{50})为中位数,其余为离散距,常用 P_3、P_{10}、P_{25}、P_{50}、P_{75}、P_{90}、P_{97},P_{50} 相当于均值离差法的均值($\bar{x}$),P_3 相当于 $\bar{x} - 2SD$,P_{97} 相当于 $\bar{x} + 2SD$,通常以 $P_3 \sim P_{97}$ 为正常范围。

3. 生长曲线图 具有操作简便、直观性强,能准确、动态地说明儿童发育水平的特点。将各项生长指标按不同的年龄、性别制成正常生长曲线图,对个体儿童从出生到青春期进行全程动态监测,并标于生长曲线图进行比较,以了解儿童生长发育的趋势。在对个体儿童进行监测时要注意定期、连续、准确的原则,婴儿每月检测1次,1~2岁每季度检测1次,2岁以后每年检测1次,尽可能使用同样的测量工具。正常生长发育范围应在两条参考标准线之间并保持逐渐上升的趋势。

4. 指数法　根据机体各部分的比例关系,制定特定的指数来评价生长发育。常用的有体重指数(body mass index,BMI),即体重(kg)/[身高(m)]^2,其含义为单位面积的身体质量值,它能较为敏感地反映体型胖瘦。出生后6~8个月内,BMI随年龄的增长而增加,1岁后BMI随年龄的增长而减少,男孩BMI均值为12.71~17.84 kg/m^2,女孩BMI均值为12.67~17.31 kg/m^2。目前BMI是确定肥胖的最常用指标,BMI高于85%区间为超重,高于95%区间为肥胖。

5. Z评分法　是目前进行学龄前儿童群体营养状况评价最常用的方法之一,包括年龄别体重Z评分(WAZ)、体重别身高别体重Z评分(WHZ)、年龄别身高(HAZ)等。Z=(实测数据−参考值中位数)/参考值标准差(根据2006年WHO推荐的0~2岁男、女年龄别体重参考值和年龄别身高参考值)。WAZ低于标准中位数减去1个标准差为轻度体重不足,低于标准中位数减去2个标准差为体重不足,低于标准中位数减去3个标准差为严重体重不足;WHZ中,低于标准中位数减去2个标准差为生长发育迟缓;WHZ中高于标准中位数加2个标准差为超重或肥胖。

(二)体格生长评价的内容

体格生长评价包括生长水平、生长速度和匀称程度三方面。生长水平是将儿童某一年龄的某一项体格生长指标测量值与参照人群值进行比较,可反映出该儿童的现实水平,但不能预示其生长趋势。生长速度是定期、连续测量某一儿童某一项体格生长指标,可以动态观察儿童的"生长轨迹",预示其生长趋势,更真实地反映儿童生长情况,但需及时与参照人群值进行比较,以发现生长偏移。匀称程度是评估儿童体格生长各项指标间的关系,能了解体型,如坐高/身长的比值与参考人群值进行比较,可反映儿童下肢发育状况,评价身材是否匀称。如根据身长所得的体重与参考人群值进行比较,可反映儿童体型。

第三节　与体格生长发育有关的其他系统的发育

一、骨骼发育

1. 颅骨　随脑的发育而增长,颅骨发育较面部骨骼(包括鼻骨、下颌骨)为早。新生儿时期组成颅骨的各部分彼此分离,颅骨间小的缝隙为骨缝,大的缝隙为囟门,在枕骨边缘与顶骨之间形成三角形的间隙称为后囟;在额骨与顶骨之间形成的菱形间隙称为前囟(图2-4),其对边中点连线长度正常为1.5~2 cm。随着头颅的增长和颅骨的骨化,囟门逐渐闭合,有的儿童后囟于出生时已闭合或微开,最迟于出生后6~8周闭合,前囟闭合时间为1~1.5岁,最迟于2岁闭合。前囟关闭过早,头围过小,多见于大脑发育不良、小头畸形等。前囟关闭过晚,头围过大,多见于脑积水、佝偻病等。前囟饱满或隆起紧张、波动增强示颅内压增高,前囟凹陷可见于脱水或重度营养不良。

2. 脊柱　其增长反映脊椎骨的生长。出生后第1年脊柱生长较下肢快,1岁以后下肢生长快于脊柱。新生儿脊柱无弯曲,仅呈轻微后凸。3个月左右随抬头动作的出现使颈椎前凸,此为脊柱第1个弯曲;6个月后能坐时出现胸椎后凸,为脊柱第2个弯曲;1岁左右开始行走时

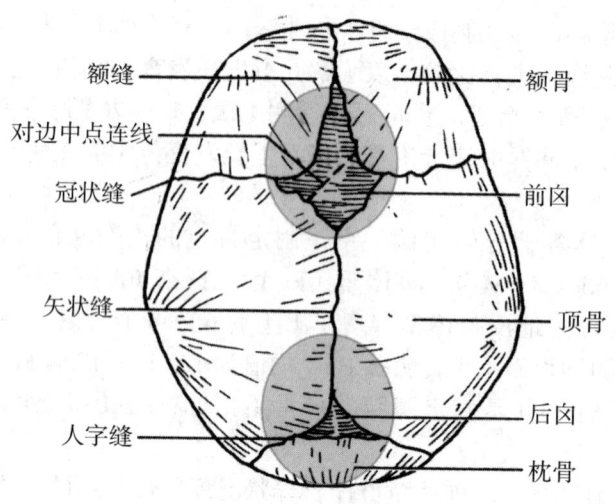

图 2-4 小儿囟门

出现腰椎前凸,为脊柱第 3 个弯曲,3 个脊椎自然弯曲至 6～7 岁才为韧带所固定。生理弯曲的形成与直立姿势有关,是人类的特征,有加强脊柱弹性的作用,有利于身体平衡。椎间盘的继续形成是青春后期躯干继续增长的主要原因。坐、立、行姿势不正确及骨骼病变可引起脊柱发育异常或造成畸形。

3. 长骨 长骨干骺端的软骨骨化和骨膜下成骨作用使长骨增长、增粗,当骨骺与骨干融合时,标志长骨停止生长。随着年龄的增加,长骨干骺端的软骨次级骨化中心按一定的顺序和部位有规律地出现。骨化中心的出现可反映长骨的生长成熟程度。通过 X 线检查测定不同年龄儿童长骨干骺端骨化中心出现的时间、数目、形态的变化和干骺端融合时间,并将其标准化,即为骨龄。出生时腕部无骨化中心,出生后腕部骨化中心的出现次序为:头状骨,钩骨(3 个月左右),下桡骨骨骺(约 1 岁),三角骨(2～2.5 岁),月骨(3 岁左右),大、小多角骨(3.5～5 岁),舟骨(5～6 岁),下尺骨骨骺(6～7 岁),豆状骨(9～10 岁)。10 岁时出全,共 10 个(图 2-5)。

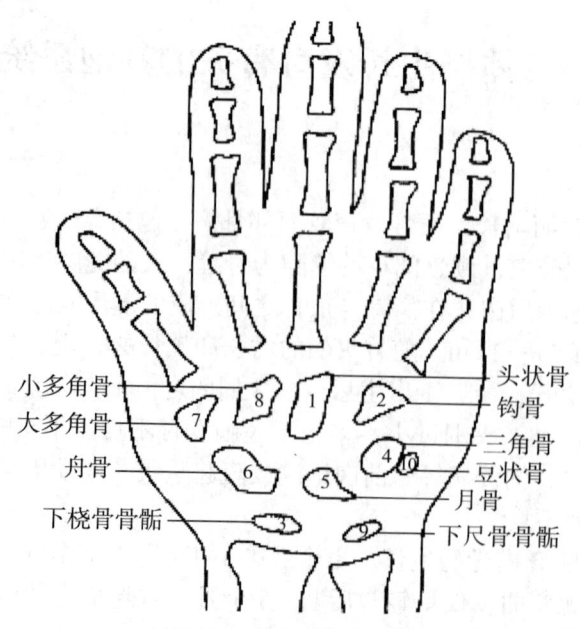

图 2-5 小儿腕部骨化中心

1～9岁腕部骨化中心的数目≈年龄（岁）+1

> **考点提示**
>
> 腕部骨化中心数目。

骨龄测定在临床上有重要意义，有助于诊断某些疾病。例如，生长激素缺乏症、甲状腺功能减退症患儿的骨龄常明显延后；中枢性性早熟、先天性肾上腺皮质增生症患儿的骨龄则常超前。但正常骨化中心出现的时间有一定个体差异，因此判断骨龄异常时一定要慎重。

二、牙齿发育

牙齿的发育与骨骼有一定的关系，是骨成熟的一个粗略指标。人一生有两副牙齿，即乳牙（共20个）和恒牙（共32个）。新生儿出生时在颌骨中已有骨化的乳牙牙孢，但被牙龈覆盖，生后4～10个月乳牙开始萌出，3岁前出齐。

2岁以内乳牙数目≈月龄－（4～6）

乳牙萌出时间个体差异较大，与遗传、内分泌、食物性状有关。13月龄后乳牙未萌出者称为乳牙萌出延迟。乳牙萌出顺序一般为下颌先于上颌，自前向后（图2-6）。恒牙的骨化从新生儿时期开始，6岁左右萌出第1颗恒牙即第1磨牙（第1恒磨牙，又称为6龄齿），位于第2乳磨牙之后；6～12岁乳牙按萌出先后逐个脱落代之以恒牙，其中第1、2前磨牙代替第1、2乳磨牙，此期为混合牙列期；12岁左右萌出第2恒磨牙；17～18岁以后出第3恒磨牙（智齿），但也有人终身不出此牙。出牙为生理现象，但个别儿童可有低热、流涎、睡眠不安、烦躁等反应。健康的牙齿生长与蛋白质、钙、磷、氟、维生素C、维生素D等营养素和甲状腺激素有关。较严重的营养不良、佝偻病、甲状腺功能减退症、21-三体综合征等患儿可有出牙迟缓、牙质差等。

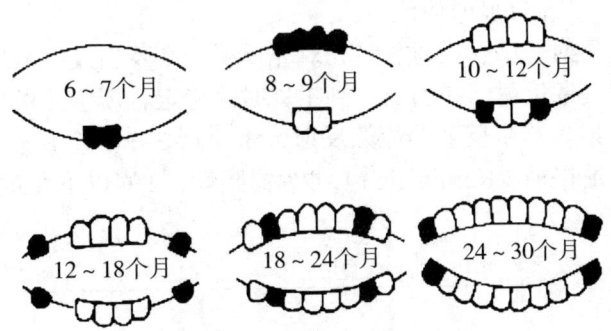

图2-6 小儿乳牙萌出顺序

三、生殖系统发育

生殖系统的发育和功能维持受下丘脑-垂体-性腺轴控制，生殖系统迟至青春期前才开始迅速发育。青春期开始的年龄与第二性征出现顺序有很大的个体差异。性早熟指女孩在8岁以前、男孩在9岁以前出现第二性征，即青春期提前出现；女孩14岁以后、男孩16岁以后无第二性征出现为性发育延迟。

1. **男性生殖系统的发育**　包括男性生殖器官的形态、功能发育和第二性征发育。男性生殖器官包括睾丸、附睾、阴茎。第二性征主要表现为阴毛、腋毛、胡须、变声及喉结的出现。男孩自出生时睾丸大多数已降至阴囊,约有 10% 尚未下降,一般 1 岁内都下降至阴囊,但长至成人仍有 0.2% 未下降,称隐睾。自出生到 10 岁前这一段时间性器官发育较慢,到青春期开始进一步发育,睾丸增大是男孩青春期的第一征象,其分泌的雄激素促进第二性征的出现。首次遗精标志男性性功能发育成熟,从睾丸增大到遗精出现历时约 3 年。

2. **女性生殖系统的发育**　包括女性生殖器官的形态、功能发育和第二性征发育。女性生殖器官包括卵巢、子宫、输卵管、阴道。乳房、阴毛、腋毛的发育标志着第二性征的发育,其中乳房发育是第二性征最早的征象。女孩自出生时卵巢发育已较完善,但只在性成熟以后,才开始正规排卵(13～15 岁),并伴有周期性子宫内膜脱落出血,即月经,月经初潮来临,标志女性生殖功能发育成熟。女孩从乳房增大到月经初潮历时 2.5～3 年。

第四节　儿童神经心理发育及评价

神经心理活动是神经系统对内、外刺激产生的表现,神经心理发育包括感知、运动、语言、情感、思维、意志及性格的发育。大脑的成熟程度是神经心理发育的物质基础,而神经心理发育的决定性因素是教育。除先天遗传因素外,神经心理的发育与环境密切相关。

一、神经系统的发育

胎儿期神经系统的发育最早。出生时脑重已达成人脑重的 25% 左右,此时神经细胞的数目已与成人相同,但其树突与轴突少而短。出生后脑重的增加主要由于神经细胞体积增大和树突的增多、加长,以及神经髓鞘的形成和发育。神经髓鞘的形成和发育约在 4 岁完成,在此之前,尤其在婴儿期,各种刺激引起的神经冲动易于泛化,兴奋与抑制不易控制,一方面儿童易疲劳而进入睡眠状态,另一方面遇到强刺激时易发生惊厥。

出生时脊髓已基本发育成熟。儿童脊髓相对比成人长,新生儿脊髓下端在第 2 腰椎下缘,4 岁时上移至第 1 腰椎,腰椎穿刺时应注意。

新生儿出生时角膜反射、结膜反射、瞳孔对光反射、咽反射及吞咽反射已存在;婴儿肌腱反射较弱,腹壁反射和提睾反射不易引出,到 1 岁时才稳定;新生儿可出现觅食反射、吸吮反射、握持反射、拥抱反射、踏步反射等原始反射,于生后 2～7 个月逐渐消失;3～4 个月前的婴儿肌张力较高,克尼格征(Kernig sign)可为弱阳性,2 岁以下儿童巴宾斯基征(Babinski sign)弱阳性也为生理现象。

 考点提示

神经系统发育。

二、感知觉的发育

1. **视觉**　新生儿的视觉器官已相当完善,且发育迅速,出生后几天就能辨别光亮和黑暗,新生儿期已能辨别红色及蓝色。1 个月左右能注视物件,6～8 周已能感知物件的大小和形状,4～5 个月开始认识母亲与奶瓶,6～7 个月目光可随上、下移动的物体转动,8～9 个月可视远距离物体,1.5～2 岁两眼调节好,能区分图形,2 岁能区别横竖线,3 岁能区别颜色,4～5 岁视力发育较成熟,视力达 1.0。

2. **听觉** 新生儿出生时鼓室无空气,听力差,3～7天听觉良好,2个月能寻找出声的方向,3～4个月有定向力,6～7个月能辨别父母声音,7～9个月能确定声源,1岁能区别语言的意义,2岁能听懂简单命令,4岁时听觉发育完善。

3. **嗅觉** 出生时嗅觉中枢与神经末梢已发育成熟,如闻到乳味就会寻找乳头;3～4个月时能区别愉快与不愉快的气味;7～8个月开始对芳香气味有反应。

4. **味觉** 出生时味觉发育已完善,对甜食出现吸吮动作,对酸、苦、辣味哭闹拒绝;4～5个月甚至对食物轻微的味道改变已很敏感。

5. **皮肤感觉** 包括触觉、痛觉和温度觉等,新生儿的眼、口角、手掌、足底的触觉、痛觉已很灵敏,但前臂、躯干、大腿较为迟钝。温度觉灵敏,过热、过冷时出现哭闹,温度适宜时表现为安静。

6. **知觉** 空间知觉在婴儿期初步发育,3岁能辨上下,4岁能辨前后,5岁能辨左右;时间知觉在4～5岁发育,能辨别早上、晚上、昨天、明天。

考点提示

感知觉的发育。

三、运动功能的发育

运动发育表现为如下规律:①"头尾"发展,即运动功能自头端向足端发展(头、颈、腰、上肢到下肢);②从泛化到集中;③自近到远,即协调运动先出现于最靠近身躯的肌群而后发展到四肢,"正性"的动作(抓握、站起、往前走)先于相反的动作(放下、坐下、停步);④由粗动作到细动作。

运动发育是视、听、感知及情感发育的综合反应,儿童运动正常发育的时间是:2～3个月会抬头,4～5个月能伸手抓物,6～7个月能独坐,7～8个月会爬,10个月左右能扶站,1岁左右能扶走,12～15个月会独走,至2岁后会做较精细的动作,协调功能也逐渐完善(表2-2)。即:2抬4翻6会坐,7滚8爬周会走,2岁跑跳齐,3岁学自理。

考点提示

运动功能的发育。

表2-2 儿童神经精神发育过程

年龄	粗动作及细动作	语言能力	对人物的反应和行为
新生儿	全身无规律、不协调的动作,紧握拳	能哭叫	音乐和铃声可使活动减少或哭声逐渐停止,有握持反射
3个月	仰卧位时头能转为侧位,能用手摸东西	能咿呀发音	头部可随看到的物或听到的声音转动180°
4个月	扶住髋部时能坐,俯卧位时可用两手支撑抬起前半身,能握持玩具	能出声发笑	试抓面前玩具,能玩自己的手,见食物表示喜悦,能较有意识地哭笑
5个月	扶其腋下能站直,可用两手各握一玩具	能喃喃地发出单调的音节	能伸手取物、辨别人声

续表

年龄	粗动作及细动作	语言能力	对人物的反应和行为
6个月	能短暂独坐,用手摇玩具	能听懂自己名字	能识别熟人和陌生人,能拿面前的玩具玩或握住自己的脚玩
7个月	会翻身,独坐较久,能将玩具从一只手换到另一只手	能发出"妈妈"等复音,但无意识	能听懂自己的名字,能自己握住饼干吃
8个月	会爬、会坐起和躺下,会扶着栏杆站起来,会拍手	会重复大人所发的简单音节	注意观察大人的行动,开始认识物件,两手会传递玩具
9个月	试着独站,会从抽屉中取出玩具	能听懂"再见"等较复杂词句	见熟人会伸出手来要人抱
10～11个月	能独站片刻,扶椅或推车走几步,能用手指东西	开始用单词	能模仿成人动作,会招手"再见",抱奶瓶自食
12个月	可独走,或弯腰拾东西,会将圆圈套在木棍上	能学说简单物品的名字,指出自己的手、眼等,以动物叫声代替动物	对人、事物有喜爱、憎恶之分,穿衣合作,用杯喝水,能勉强画出潦草的笔画

四、语言的发育

语言是表达思想、观念的心理过程,与智能有直接关系。语言发育经过发音、理解和表达3个阶段。儿童学语,先发音、理解而后表达,先会发语音而后会应用词和句。在词的理解和应用上,先名词而后动词、形容词、介词等。一般出生后3～4个月即发出"咿呀",6～7个月发"爸、妈"音,8～10个月会叫"爸爸""妈妈"(初语),逐渐能理解语言的含义,并学会短句,2～3岁时思维、语言发育迅速,模仿性强,语言发育较完善,已能朗诵及唱歌,这时应重视语言训练及正确发音。

儿童说话的早晚与父母的教育、关注是分不开的,当婴儿说出第1个有意义的字时,意味着他真正开始用语言与人交往。语言发育与中枢神经系统的发育有关,故中枢神经系统疾病或染色体畸形都可影响语言发育。在语言发育过程中,正常的听觉器官也很重要,若学说话以前丧失听力,就会影响语言发育,称聋哑病。

五、儿童心理发展过程和特征

心理活动包括感觉、记忆、思维、想象、情绪、性格等。新生儿期是个体心理活动的起点,出生时不具有心理现象,但一旦条件反射形成即标志着心理活动发育的开始。与体格发育一样,儿童的心理活动随年龄的增长一直处于不断发展中。了解不同年龄阶段的心理特征,对促进儿童心理活动的健康发育有十分重要的意义。

(一)注意的发展

注意是认识过程的开始,是人对某一部分或某一方面的选择性警惕,或对一种刺激的选择性反应。注意可分为无意注意和有意注意,前者为自然发生的,后者为自觉的有目的的行为。婴儿期以无意注意为主,3个月开始能短暂地集中注意人脸和声音。随着年龄的增长,活动范围的扩大,动作、语言功能的成熟,逐渐出现有意注意,但幼儿时期稳定性差,易分散、转移。5～6岁后才能较好地控制自己的注意力。自婴幼儿起应及时培养注意力,加强注意的目的性,引起儿童兴趣,去除外来干扰。

（二）记忆的发展

记忆是将所学得的信息"储存"和"读出"的神经活动过程，分为感觉、短暂记忆和长久记忆3个阶段。长久记忆包括再认和重现，再认是以前感知的事物在眼前重现时能认识，重现是以前感知的事物虽不在眼前出现，但可在脑中出现。1岁以内婴儿只有再认而无重现。记忆包括机械记忆和理解记忆。婴幼儿时期以机械记忆为主，婴幼儿记忆的特点是时间短、内容少，欢乐、愤怒、恐惧的内容容易记忆。5~6岁逐渐出现理解记忆。

（三）思维的发展

思维是人类智力活动的核心，是运用理解、记忆和综合分析能力来认识事物的本质和掌握其发展规律的一种精神活动，分为具体形象思维和抽象逻辑思维。1岁以后的儿童开始产生思维，在3岁以前只有最初级的具体形象思维，即婴幼儿的思维与客观物体及行动分不开，不能脱离人物和行动来主动思考，如拿着玩具汽车边推边说"汽车来了"，如果将汽车拿走，活动则会停止。学龄前儿童以具体形象思维为主，随着年龄增长，思维逐渐具有目的性、灵活性和判断性，从而进一步发展出独立思考的能力。

（四）想象的发展

想象是人感知客观事物后在大脑中创造出新的思维活动。新生儿无想象能力；1~2岁时想象处于萌芽状态；3岁后想象内容稍多，但仍为零星的片段，学龄前期想象力有所发展，但以无意想象和再造想象为主；有意想象和创造性想象到学龄期才迅速发展。

（五）意志的发展

意志是自觉地、有目的地调节自己的行为，克服困难以达到预期目标或完成任务的心理活动。新生儿无意志，随着语言、思维的发展，婴幼儿期开始有意行动或抑制自己的表现时即为意志的萌芽。随着年龄增长，语言思维发展越深入，社会交往越多，在成人教育的影响下，自觉而有目的地控制个人行为的意志逐步形成和发展。积极的意志主要表现为自觉、坚持、果断和自制能力等，消极的意志则表现为依赖、顽固和冲动的品性等。可通过日常生活、游戏和学习等来培养孩子积极的意志，重视培养其自制能力、责任感和独立性。

（六）情绪、情感的发展

情绪是个体生理或心理需要是否得到满足时的心理体验和表现；情感则是在情绪的基础上产生的对人、物的关系的体验，属较高级复杂的情绪。新生儿因出生后不易适应宫外环境，表现出不安、啼哭等消极情绪，而哺乳、抱、摇、抚摸等则可使其情绪愉快。2个月时积极情绪增多，尤其是在亲人怀抱中、喂饱后、房间光线柔和、温度适宜、伴有悦耳音乐时，婴儿则处于愉快情绪中。6个月后能辨认陌生人时逐渐产生对母亲的依恋，至9~12个月时达高峰，以后随着与别人交往增多而产生复杂的情绪，如喜、怒、爱、憎。婴幼儿情绪表现的特点是时间短暂、反应强烈、容易变化、外显而真实。随着年龄的增长，儿童对不愉快因素的耐受性逐渐增加，逐渐能够有意识地控制自己，情绪逐渐趋向稳定。良好情绪常表现为高兴、愉快、喜悦，而不良情绪则表现为恐惧、愤怒、妒忌、担忧、焦虑等。有规律的生活、融洽的家庭气氛，以及适度的社交活动和避免精神紧张与创伤，能使儿童保持良好的情绪和情感，有益于智能发展和优良品德的养成。

（七）性格的发展

性格是指人在客观现实中形成的稳定态度和习惯化的行为方式，是在人的内动力与外环境产生矛盾和解决矛盾的过程中发展起来的，具有阶段性。美国丹麦裔心理学家埃瑞克森将弗洛伊德的性心理发展理论扩充到社会方面，提出了心理社会发展理论，将儿童的性格发展分成了5个阶段。

1. **婴儿期（0~1岁）** 是培养爱心及信任人的关键时期，主要的心理社会问题是信任对不信任，主要关系是照顾者。

2. 幼儿期（1～3岁） 是培养独立自主与羞愧或疑虑性格的关键时期，主要的心理社会问题是自主对羞愧或疑虑。主要关系是照顾者及家庭成员。

3. 学龄前期（3～6岁） 是给予自由、机会、创新和实践，培养主动性格的关键时期，主要的心理社会问题是主动对内疚。主要关系是幼儿园老师与家庭成员。

4. 学龄期（6～12岁） 是发掘自身勤奋潜力的关键时期，主要的心理社会问题是勤奋对自卑。主要关系是老师和同学，此期是成长过程中决定性的阶段。

5. 青春期（12～18岁） 又称自我认同角色紊乱期，是建立一种自我认同感的关键时期。主要的心理社会问题是自我认同与角色紊乱。主要关系由以家庭为主逐渐转向以社会关系为主。

（八）认知的发展

瑞士心理学家皮亚杰通过对儿童行为的长期观察，提出了儿童认知发展理论，他把认知发展分为4个阶段。

1. 感觉运动期（0～2岁） 应用吸吮、咬、抓握、触摸等接触动作来感觉世界，其主要特征是形成自主协调运动，区分自我与周围环境，构成自我概念的雏形，开始出现心理表现，并进行简单的思考，形成客体永久概念。

2. 运筹前期（2～6岁） 应用语言等符号记忆和储存信息，并表达外部事物，不具备逻辑思维。主要特征是以自我为中心、不能理解别人，能将事物连接，但不具备逻辑思维。

3. 具体运筹期（7～11岁） 应用一个法则解决相同的问题。主要特征是不再以自我为中心、能理解事物的转化。凭借具体形象，进行逻辑推理，但仍以感性思维为主。

4. 形式运筹期（12岁～成人） 思维能力接近成人，由以感性思维为主转向以理性思维为主。

六、神经心理发育的测量与评价

儿童神经心理发育的水平表现为儿童在感知、运动、语言和心理等过程中的各种能力及性格方面，对这些能力和特征的评价称为心理测试。心理测试仅能判断儿童神经心理发育的水平，没有诊断疾病的意义。心理测试需由经专门训练的专业人员根据实际需要选用，不可滥用。目前国内外采用的心理测试方法种类很多，按测试目的分为筛查性测试和诊断性测试两大类。

（一）能力测试

1. 筛查性测试

（1）丹佛发育筛查测验（Denver developmental screening test，DDST）：是测量儿童心理发育最常用的方法，主要用于2个月～6岁儿童。共104个项目，测试一般15～20 min。量表内容包括个人-社会、精细动作-适应性行为、语言、大动作4个能区，具体内容为个人-社会反映儿童对周围人回应、料理自己生活的能力，精细动作-适应性行为反映儿童眼手协调的能力，语言反映儿童言语接受、理解和表达的能力，大动作反映儿童坐立行走等能力。结果为正常、可疑、异常、无法解释。对可疑或异常者应进一步做诊断性测试。

（2）0～6岁儿童发育筛查测验（developmental screening test for child under six，DST）：特别针对DDST在4岁以上项目较少及文化差异等问题做出改进，量表分为运动、社会适应、智力3个领域，共120个项目。

（3）绘人测验（draw a person test，DAP）：又称画人测验，适合于5～9.5岁儿童使用，一般10～15 min可完成。要求被测儿童依据自己的想象画一个全身正面人像，以身体部位、各部比例和表达方式的合理性等计分，不需语言交流。通过绘画活动可以反映儿童的注意力、观察力、记忆力、想象力和创造力，以及空间知觉和方位知觉水平，体现出儿童智能由形象思维向抽象逻辑思维的发展。它既可测验儿童智能的成熟程度，又可提示儿童的心理状况，是应用较为广泛的智力筛查和了解儿童心理问题的一项技术。

（4）皮博迪图片词汇测验（Peabody picture vocabulary test，PPVT）：适用于4～9岁儿童。PPVT的工具是120张图片，每张有4幅不同的图画，测试者说一个词汇，要求儿童指出其中相应的一幅画。该法可个别测试，也可进行集体测试，方法简单，尤其适用于语言或运动障碍者。

2. 诊断性测试

（1）格塞尔发育量表（Gesell developmental schedule，GDS）：适用于4周～6岁的儿童。从大运动、精细动作、个人-社会、语言和适应性行为5个方面测试，结果以发育商（developmental quotient，DQ）表示，是用于智力残疾测试的标准化方法之一。

（2）贝利婴儿发展量表（Bayley scales of infant development，BSID）：适用于1～42个月的儿童，包括精神发育量表（163项）、运动量表（81项）和婴儿行为记录（24项）。

（3）斯坦福-比奈智能量表（Standford-Binet intelligence scale）：适用于2～18岁儿童及青少年。测试内容包括幼儿的具体智能（感知、认知、记忆）和年长儿的抽象智能（思维、逻辑、数量、词汇），用以评价儿童学习能力，以及对智能发育迟缓者进行诊断和程度分类，结果以智商（intelligence quotient，IQ）表示。

（4）韦氏学前儿童智力量表（Wechsler preschool and primary scale of intelligence，WPPSI）：适用于4～6.5岁儿童。通过编制一整套不同方向的测试题，分别衡量不同性质的能力，将得分综合后可获得儿童多方面能力的信息，能较客观地反映学龄前儿童的智能水平。

（5）韦氏儿童智力量表（Wechsler intelligence scale for children，WISC）：适用于6～16岁儿童，内容与评分方法同WPPSI。

（二）适应性行为测试

智力低下的诊断与分级必须结合适应性行为的评定结果。国内现多采用日本S-M社会生活能力检查表，即"婴儿-初中学生社会生活能力量表"。此量表适用于6个月～15岁儿童社会生活能力的评定。

第五节　儿童生长发育中的特殊问题

一、体格生长偏离

体格生长偏离（growth deviation）指儿童体格生长偏离正常轨迹，是生长发育过程中最常见的问题。

1. 低体重（underweight）　指儿童体重低于同年龄、同性别儿童体重正常参照值的均值减2个标准差（$<\bar{x}-2SD$）以上或第3百分位数以下。体重增加缓慢呈低水平生长，常见的原因包括喂养不当、挑食偏食、神经心理因素等所致的能量和蛋白质摄入不足，肠道寄生虫病、急慢性疾病所致的消化吸收障碍和代谢消耗增加。干预原则为补充营养物质，积极治疗原发疾病，去除有关心理因素，培养良好的饮食习惯。

2. 超重/肥胖　儿童体重/身长在同年龄、同性别儿童正常参照值的第85至第97百分位数为超重（overweight），超过第97百分位数为肥胖（obesity）。常见的原因包括摄入过多和(或)活动过少，病理性体重增加。干预原则为减少热能性物质的摄入，增加机体对能量的消耗，积极治疗原发疾病。

3. 身材矮小（short stature）　指儿童身高（长）低于同年龄、同性别儿童身高（长）正常参照值的均值减2个标准差（$<\bar{x}-2SD$）以上或第3百分位数以下。身材矮小的原因较复杂，

可受父母身材矮小的影响，或由于宫内营养不良所致；某些内分泌疾病如生长激素缺乏症、甲状腺功能减退症、21-三体综合征、特纳综合征（先天性卵巢发育不全）、黏多糖贮积症等，以及精神、心理障碍都可导致身材矮小。在纵向监测中必须随访身高，尽早发现身材矮小，分析原因，早期干预。

4. 身材过高（tall stature） 指儿童身高（长）高于同年龄、同性别的儿童身高（长）正常参照值的均值加 2 个标准差（＜$\bar{x}+2SD$）以上或第 97 百分位数以上。常见的原因见于家族性身材高大、真性性早熟及某些内分泌疾病，如垂体性肢端肥大症、马方综合征。

二、心理行为异常

儿童在发育过程中出现行为问题较为常见，对儿童身心健康的影响很大。例如吮咬手指、屏气发作、习惯性擦腿动作，这类行为多次重复，形成习惯，难以纠正，成为一种不能控制的自发反应。所有孩子在成长过程中都会出现程度不一的不良行为习惯，儿童行为问题的发生与父母对子女的期望、管教方式，父母的文化、学习环境等有关。随着年龄的增长，教育的干预或环境的改善，大多数儿童的行为问题可在发育过程中自行消失，仅少数可持续较长一段时间。

1. 屏气发作 指儿童在剧烈哭吵时突然出现呼吸暂停的一种异常行为。多见于 6～18 个月婴幼儿，3～4 岁以后随着儿童语言表达能力的增强与剧烈哭闹现象的减少，屏气发作自然缓解，6 岁后很少出现。发作时表现为过度换气，哭喊屏气，导致缺氧、脑血管扩张，出现晕厥、意识丧失、口唇青紫、四肢抽动等，持续 0.5～1 min 后呼吸恢复，症状缓解，口唇恢复正常颜色。屏气发作与惊厥发生无关。婴幼儿性格多暴躁、任性、好发脾气。父母的焦虑、过度呵护与关注可强化屏气发作。应加强家庭教养，妥善解决孩子与环境、父母之间的矛盾冲突；尽量避免各种诱发因素（如孩子发脾气、哭闹）的发生；避免粗暴的惩罚与斥责。

2. 吮拇指与咬指甲 指儿童自主或不自主地反复吮拇指与咬指甲的行为。可由最初的生理反射性行为发展而来（3～4 个月的婴儿生理上有吮吸要求），常因儿童情绪紧张、感情上得不到满足而产生的不良行为。长时间吮拇指与咬指甲可影响牙齿、牙龈及下颌发育。对此类儿童要多加爱护和关心，消除其孤独心理；让儿童有充分的时间与周围环境接触和游戏；当其吮拇指与咬指甲时，应将其注意力转移到其他事物上，切勿打骂讽刺或在手指上涂抹苦药等，鼓励儿童树立改正坏习惯的信心。大多数儿童入学后受同学影响而自然放弃此不良习惯。

3. 擦腿综合征 指通过擦腿引起兴奋的一种运动行为障碍。在儿童中比较多见，女孩与幼儿更多见。发作时神志清醒，双下肢伸直交叉夹紧，两手握拳或抓住东西使劲，可被分散注意力而终止，多在睡前、醒后或独自玩耍时发作。对此类儿童应注意会阴部清洁卫生，消除局部不良刺激（如感染、穿紧身内衣），合理安排儿童睡前和醒后的活动，保持患儿生活轻松愉快。发作时应将其注意力转移到有趣的事情上。此习惯随着年龄的增长而自行缓解。

4. 遗尿症 正常儿童在 2～3 岁时已能控制排尿，如在 5 岁后仍发生不随意排尿即为遗尿症。遗尿症可分为原发性遗尿症和继发性遗尿症两类。原发性遗尿症多由控制排尿能力迟滞所致，无器质性病变；继发性遗尿症多由全身性或泌尿系统疾病引起。其中原发性遗尿症占绝大多数，可由以下因素引起：①遗传，若父母中有一人在幼年时患过原发性遗尿症，其子女患遗尿症的概率增高；②没有接受过排尿训练，家长若不对儿童进行排尿训练，而给其长期使用尿不湿，就会使儿童养成在睡眠中随意排尿的坏习惯；③白天过于兴奋，儿童若经常在白天玩耍得很累，或受到惊吓，就容易在夜间尿床；④生活环境发生了改变（如搬家、转学、家中出了事故），也可使其出现紧张、焦虑的情绪，从而可引起夜间尿床。到了寒冷的季节，原发性遗尿症患儿的症状往往会加重。国内的统计数据表明，在 5 岁左右的儿童中，约有 10% 会经常尿床。对于这类儿童，成人应耐心寻找原因，避免责骂、讽刺、处罚等；帮助儿童树立信心，同时坚持排尿训练，将排尿时间间隔延长，每次排尿务必排尽；晚饭或睡觉前应减少水分摄入，夜间按时叫醒儿童排尿。多数遗尿儿童可于3～4年逐渐减少发作次数而自愈。

5. 学习困难　学习不仅是获得阅读、书写、计算等能力，还包括获得这些能力的整个学习过程。临床上常把由于各种原因如智力低下、多动、情绪和行为问题、特殊发育障碍所引起的学业失败统称为学习困难。学习困难儿童常会有好动不安，注意力不集中，动作笨拙，手眼不协调，情绪易激动，胆小退缩，记忆力、理解力及表达力差等现象，一般表现在阅读、计算、书写方面。儿童是否有学习困难可通过智力、感知运动能力和认知能力等测试来确定。解决儿童的学习困难问题要从以下几方面入手：①通过一些有针对性的感觉刺激运动，来增强和改善脑神经的组合，促进感觉综合能力的发展，提高中枢神经系统的控制能力；②通过一些丰富的多重感官的刺激，进行视、听、写的综合训练；③给儿童心理上的支持，用行为改变技术给予儿童指导、帮助，逐渐增强儿童自我约束控制能力；④针对每个儿童的问题，如注意力、记忆力、理解、语言、运算能力及阅读的问题进行认知能力的训练调整。

6. 攻击性行为　在游戏时有些儿童会有攻击性行为，表现为屡次咬、抓或打伤别人。常见的原因为：①遭受挫折，如受到父母的惩罚、讥讽、侮辱；②模仿成人的行为，如父母争吵和打架的行为、影视中的不良行为等；③为了引起成人的注意，以伤害他人来引起父母和老师的注意。对这类儿童家长要控制环境的不良影响。因为儿童的许多攻击性行为是从社会环境中模仿的，所以适当地限制儿童观看有凶杀、武打等剧情的录像、电视是必要的。当儿童模仿影视中的攻击性行为时，首先，要分析儿童的这种行为发展到了何种程度。儿童一开始的模仿行为，其目的可能并不在于攻击他人，而是想通过模仿这种行为达到自我表现的目的。这时的教育应以引导为主，可以鼓励儿童模仿影视中的一些积极行为，而对攻击性行为进行否定性评价。其次，父母应以身作则，并引导儿童采用社会能接受的方式发泄情绪，如玩一些消耗体力较多的游戏。

7. 破坏性行为　儿童常因好奇、取乐、显示自己的能力或精力旺盛无处发泄而无意地破坏东西，有的儿童则是由于无法控制自己的嫉妒、愤怒或无助情绪而有意地采取破坏性行为。正确认识儿童的破坏性行为是教育的基础，儿童的某些破坏性行为也是主动探索环境的行为之一。人是在环境中生存的，是否适应环境，并能与其中诸多因素保持动态平衡，对儿童的生存有着至关重要的意义。"从经验中学""从做中学"是儿童的重要学习方式。当儿童的能力得到一定的发展后，便想使周围的一切活跃起来，至于是在创造还是在破坏他们并没有考虑到，只会因改变了事物的现状而欣喜。为了避免经济上的损失，成人可以为儿童准备耐磨、结实的玩具来满足他们的多种探索之需。当然，对有意破坏的行为应给予正确引导。

> **思政园地**
>
> **以"三提升""两促进"系列举措大力推进儿童健康全面发展**
>
> 　　儿童健康事关家庭幸福和民族未来。我国正以"三提升""两促进"系列举措大力促进优生优育服务水平，从生育起点、婴幼儿健康着力，推进儿童健康全面发展。"三提升"，即母婴安全行动提升计划、健康儿童行动提升计划和出生缺陷防治能力提升计划；"两促进"，即生殖健康促进行动和母乳喂养促进行动。
>
> 　　2021年我国孕产妇、婴儿、5岁以下儿童死亡率均降至历史最低水平。为进一步提高优生优育服务水平、维护妇女儿童健康权益，国家卫生健康委在总结既往经验的基础上，先后印发了《母婴安全行动提升计划（2021—2025年）》和《健康儿童行动提升计划（2021—2025年）》。母婴安全行动提升计划以进一步降低孕产妇死亡率和婴儿死亡率为目标，巩固落实母婴安全五项制度；健康儿童行动提升计划将大力推进新生儿安全提

升行动等，特别是儿童早期发展服务提升行动，为此，国家卫生健康委还专门印发了《3岁以下婴幼儿健康养育照护指南（试行）》，指导家庭养育人掌握科学育儿理念和知识，提高婴幼儿健康养育照护的能力和水平。

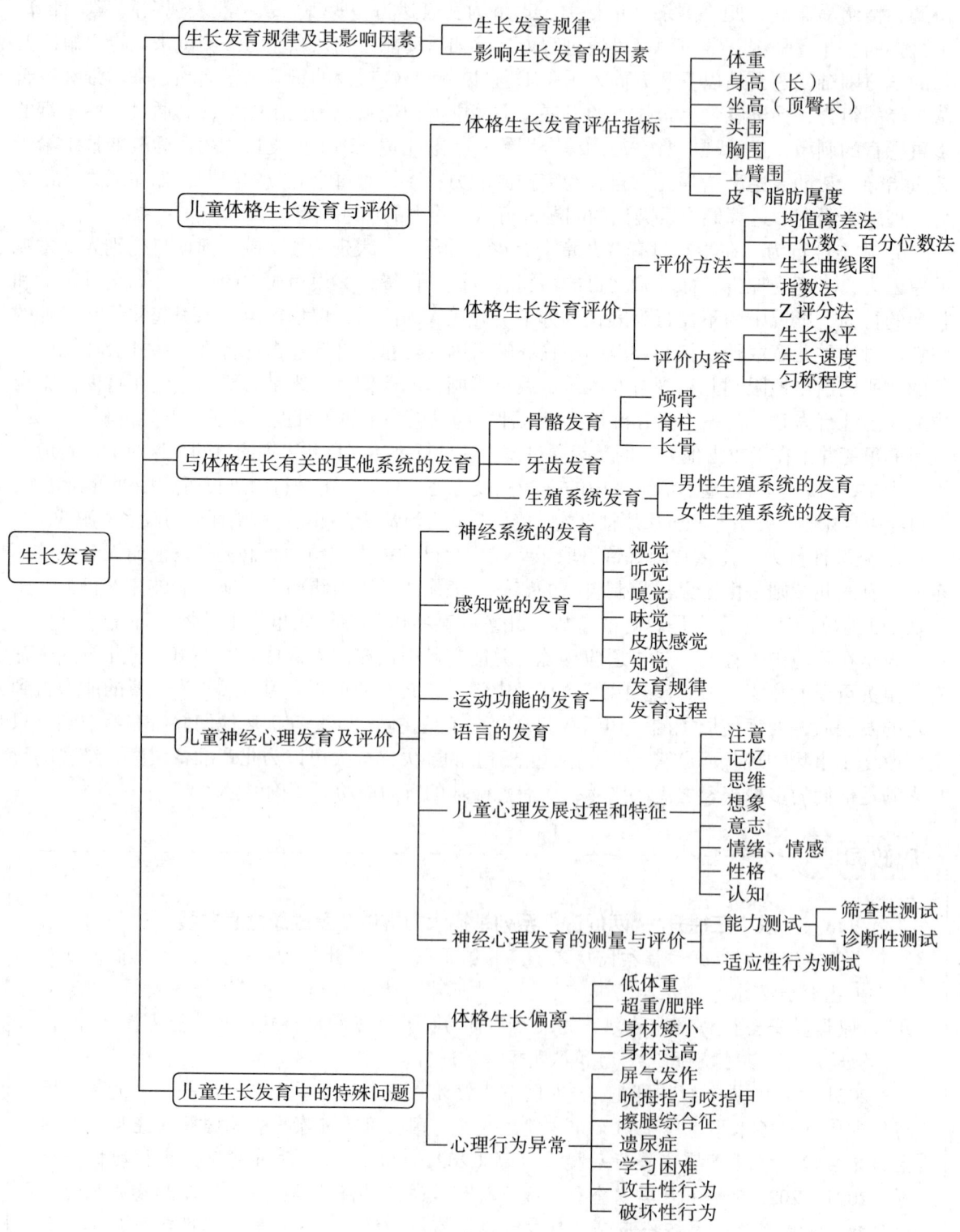

自 测 题

一、单选题

1. 婴儿头围与胸围大致相等的月龄是
   A. 3个月 B. 6个月 C. 12个月
   D. 18个月 E. 24个月

2. 男婴,体重7.1 kg,身长65 cm,头围41 cm,前囟2 cm×2 cm,两颗中切牙正在萌生,腕部X线检查可见2个骨化中心。该男婴最可能的月龄是
   A. 2～3个月 B. 4～5个月 C. 6～8个月
   D. 9～10个月 E. 10～12个月

3. 女孩,体重8.5 kg,身长71 cm,头围45 cm,前囟1 cm×1 cm,出牙4颗,能独坐、爬、行和扶立,尚不能独站和扶走,能认识亲人和听懂简单的词意。该女孩最可能的年龄是
   A. 6个月 B. 9个月 C. 1岁
   D. 1岁半 E. 2岁

二、简答题

1. 简述儿童生长发育的规律。
2. 简述体格生长发育常用的评估指标及其临床意义。

三、案例分析题

女婴,10个月,系足月顺产,生后无窒息、产伤,出生体重3.3 kg,出生后母乳喂养,现体重9.3 kg,身高72 cm,头围45 cm,出牙4颗,扶着椅子能走几步,能模仿"再见"动作。

问题:
(1) 该女婴生长发育是否正常?
(2) 其语言发育应达到什么水平?

(杨许艳)

第三章 儿童营养

学习目标

通过本章学习，学生应达到：

1. **素质目标** 能维护母婴权益、护理职业认同感，树立能够为社会无私奉献自己力所能及力量的社会责任感。

2. **能力目标** 能够举例说明各种营养素的主要来源和需要量，为婴儿提供科学的喂养指导、对家长进行母乳喂养宣传、能计算人工喂养儿每天所需奶量。

3. **知识目标** 简述儿童营养素的需要、母乳喂养、人工喂养的概念和特点，解释母乳喂养的优点、母乳喂养的禁忌证和注意事项。

第一节 能量与营养素的需要

案例 3-1

患儿，女，9个月。出生后一直母乳喂养，2天前家长喂了点稀饭，但患儿拒食，喂时哭闹，现仍只喂母乳，目前面色苍白，精神差，来医院就诊。

问题：
1. 请对该小儿的营养状况进行评价。
2. 配合医生对家长进行喂养指导。

营养（nutrition）是小儿生长发育的物质基础，是人体获得和利用食物中提供的能量、各种营养素以维持生命活动的整个过程。合理的营养是维持小儿健康成长的重要因素，也是使患儿康复的必要条件之一。小儿营养的供给应遵循既能满足生长发育的需要，又要符合小儿消化系统生理特点这一基本原则。

一、能量的需要

能量为维持机体代谢活动所必需，人体的能量主要靠食物中的蛋白质、脂肪和糖供给。它们在体内的产能分别是：蛋白质 17 kJ/g（4 kcal/g）、脂肪 38 kJ/g（9 kcal/g）、糖 17 kJ/g（4 kcal/g）。小儿对能量的需要包括以下5个方面。

1. **基础代谢（basal metabolism）所需** 指在清醒、安静、空腹的状况下，于 20～25℃ 环境中人体维持基本生理活动，包括维持体温、肌肉张力、循环、呼吸、胃肠道蠕动及腺体分泌所需的最低能量。婴幼儿时期基础代谢率相对较高，每日约需能量 230 kJ/kg（55 kcal/kg），占总能量的 50%～60%。随着年龄的增长逐渐减少，7岁时每日约需能量 184 kJ/kg（44 kcal/kg），12岁时与成人相似，每日约需能量 126 kJ/kg（30 kcal/kg）。

2. 生长（growth）所需　此项需要为小儿所特有，生长发育速度越快，所需的能量越多，随年龄增长生长所需的能量逐渐减少。在小儿出生后12个月内，即第一个生长高峰期，此项每日需要的能量为126～167 kJ/kg（30～40 kcal/kg），占总能量的25%～30%。1岁后小儿生长发育速度趋于平稳，能量需要随之减少，至青春期又开始增加。

3. 食物特殊动力作用（specific dynamic action，SDA）所需　指摄取食物后数小时，体内能量消耗增加，主要用于食物消化、吸收、转运、代谢、利用、贮存，食物的这种刺激能量代谢的作用称食物特殊动力作用，也称食物热力作用（thermic effect of food，TEF）。在人体摄取的蛋白质、脂肪、糖中，蛋白质的食物热力作用最大。婴儿食物含蛋白质多，故婴儿对此项的能量需要占总能量的7%～8%，而在混合膳食的年长儿中约占5%。

4. 体力活动（physical activity）所需　此项需要以小儿的身体大小、活动类别、强度和持续时间而异，好哭多动的小儿所需能量比同年龄安静小儿可高出3～4倍。婴儿每日活动所需能量为62～84 kJ/kg（15～20 kcal/kg），随年龄增长，活动增多，需要量相应增加，到12～13岁时约为126 kJ/kg（30 kcal/kg）。

5. 排泄（excreta）损失　不能被完全消化吸收的食物随粪便排出体外，所损失的能量不超过总能量的10%。腹泻或消化功能紊乱时此项消耗成倍增加。

以上5项的总和为总的能量需要，年龄越小，总的能量需要相对越多（表3-1）。1岁以内的婴儿每日所需能量为460 kJ/kg（110 kcal/kg），以后按年龄每递增3岁减少42 kJ/kg（10 kcal/kg）估算，15岁时为250 kJ/kg（60 kcal/kg）。同时，体重相仿的健康儿童能量需要总量可以相差很大，瘦长体形者比肥胖体形者要高。若总能量长期供给不足，可导致消瘦、发育迟缓或营养不良，影响小儿生长发育；若能量供给过多，可能发生肥胖症。

考点提示

婴儿对能量的需要量。

二、营养素的需要

人体必需的营养素包括以下7类：蛋白质、脂肪、糖、维生素、矿物质、水及膳食纤维。其中蛋白质、脂肪、糖称为能量（宏量）营养素；矿物质、维生素称为微量营养素；膳食纤维、水称为膳食成分。

1. 蛋白质（protein）　是生命的物质基础，是构成人体组织细胞的重要成分，是激素、酶、抗体不可缺少的成分。小儿食物中的蛋白质主要用于机体的生长和组织修复，其次是供给能量，其供能占总能量的8%～15%。婴幼儿时期生长发育旺盛，处于正氮平衡，故需要量相对较成人多。2000年中国营养学会推荐每日蛋白质的摄入量：母乳喂养儿为1.5～2 g/kg，牛乳喂养儿为2.5～3.5 g/kg；1～3岁为2～4 g/kg；4～6岁为2～3 g/kg。不同食物中蛋白质所含氨基酸的数量不同，尤其是必需氨基酸之间的比例不同。蛋白质氨基酸的模式与人体蛋白质氨基酸的模式接近的食物，生物利用率高，称为优质蛋白。优质蛋白主要来源于动物蛋白和大豆蛋白。大豆蛋白富含赖氨酸，优于一般谷物。米、面食品与大豆混合食用，可提高蛋白质生物利用率，称蛋白质互补作用。为保证正常生长发育，小儿膳食除必须含有动物蛋白外，尚须根据植物性食物所含的氨基酸情况进行合理搭配。小儿处于生长发育时期，如长期缺乏蛋白质，处于负氮平衡，可出现营养不良、贫血和生长发育迟缓。

2. 脂类（lipid）　包括脂肪和类脂，是第二供能营养素，也是人体组织细胞的重要成分，如细胞膜和神经细胞都含有脂肪酸和磷脂。脂肪还可为人体提供必需脂肪酸，协助脂溶性维生素的吸收，同时具有保暖、保护脏器和关节等组织的功能。2000年中国营养学会推荐脂肪提供能量占总能量的比例如下：小于6个月的婴儿为总能量的45%，6个月～3岁为30%～40%，1～3岁为30%～35%。含脂肪丰富的食物有乳类、肉、鱼、蛋黄及各种植物油等。小儿长期脂肪摄入不足可引起生长发育迟滞、营养不良和脂溶性维生素缺乏症。

> **知识链接**
>
> **必需脂肪酸与多不饱和脂肪酸**
>
> 人体不能合成的必需脂肪酸有两种，即亚麻酸和亚油酸，它们必须由食物供给。亚麻酸和亚油酸可衍生多种多不饱和脂肪酸，包括二十碳五烯酸（EPA）、二十二碳六烯酸（DHA）、花生四烯酸（AA）。
>
> DHA、AA和EPA是大脑、视网膜等细胞膜的重要成分，丰富的DHA能够提高视觉敏感度和促进大脑发育，AA和DHA均具有促进海马神经细胞生长发育的作用，可以改善记忆。
>
> 亚油酸主要存在于植物油（豆油、芝麻油等）、坚果类（葵花籽、核桃、花生等）。亚麻酸主要存在于植物油（椰子油、菜籽油等）、鱼类脂肪、坚果类及部分动物油脂。

3. 糖（sugar） 是人体最主要的供能物质，它所供的能量占总能量的50%～60%。婴儿每天需要糖为12 g/kg，儿童约为10 g/kg，成人为4～6 g/kg。含糖丰富的食物主要为乳类、谷物类、根茎类植物。糖缺乏时，体内动用脂肪和蛋白质作为能量来源，可间接使蛋白质和脂肪缺乏，引起营养不良、酸中毒等；过量摄入则可导致体重超标，有致糖尿病的危险，在婴幼儿，还可引起消化系统功能紊乱，如肠绞痛、高渗性腹泻。

4. 维生素（vitamins） 是一类维持人体正常生理功能和调节体内代谢不可缺少的有机化合物，不产生能量。人体对其需要量极小，但因不能在体内合成或合成不足，故必须由食物供给。维生素可分为脂溶性维生素（维生素A、D、E、K）和水溶性维生素（B族维生素和维生素C）两大类。脂溶性维生素可储存于体内，不需每天供给，过量可引起蓄积中毒；水溶性维生素易溶于水，不能储存在体内，需每天供给，过量会排出体外，一般不引起中毒，供给不足则迅速发生缺乏症。

5. 矿物质（minerals） 包括常量元素和微量元素。占人体总体重0.01%以上者称常量元素，有钙、磷、镁、钠、钾、氯、硫7种；占体重的0.01%以下者称微量元素，人体必需的微量元素有14种：铁、锌、铜、碘、硒、氟、钼、锰、铬、镍、钒、锡、硅、钴。在儿童营养方面最重要的元素为钙、铁、磷、铜、钠、钾等，婴幼儿最容易缺乏的矿物质是钙和铁。钙、镁、磷是3种主要存在于骨中的元素，钙离子还与维持神经肌肉的正常生理功能有关；镁是氧化磷酸化作用的辅助因子；磷以ATP的形式处于能量代谢的中心地位；钠、钾、氯的重要作用是维持体液的渗透压和酸碱平衡；铁是合成血红蛋白不可缺少的成分；铜与铁的转运、黑色素的转化及神经髓鞘的形成有关；锌参与体内多种酶的合成，尤其对蛋白质合成起重要作用，并影响内分泌功能和免疫功能，还有维持正常味觉及食欲的作用。

6. 水（water） 是人体不可缺少、维持生命的重要物质，其重要性仅次于空气。体内的一切生理、生化过程都需要水。婴儿体内水分占体重的70%～75%，成人为60%～65%。小儿因生长发育旺盛，需水量较多，婴儿每日需水150 ml/kg，以后每3岁约减少25 ml/kg（表3-1）。

表 3-1　正常小儿能量、水的需要量

年龄	能量[kJ/(kg·d)]	水[ml/(kg·d)]
新生儿	500～550	80～150
1个月	450～550	130～160
7个月	400～450	120～150
1岁	360～400	110～130
4岁	320～360	90～100
7岁	280～320	70～90
10岁	240～280	60～85
13岁	200～240	50～65
15岁	160～200	45～55

7. 膳食纤维（dietary fiber）　指在胃肠道不能被消化酶水解但可被细菌部分分解的物质，属于糖类。膳食纤维包括纤维素、半纤维素、木质素和果胶，主要来源为谷物，尤其是粗粮、豆类、水果、坚果；主要功能有吸收水分、软化粪便、增加粪便体积、促进肠蠕动等。

第二节　小儿喂养与膳食

一、婴儿喂养

喂养不仅能为婴儿提供生长发育所需的各种营养物质和能量，还能使婴儿在喂养的过程中获得满足感，有利于其生理、心理的发育。婴儿喂养的方式有母乳喂养、部分母乳喂养及人工喂养三种，母乳喂养是最佳选择。

（一）母乳喂养（breast-feeding）

母乳是婴儿尤其是6个月以下小婴儿最佳的天然食品，应大力提倡母乳喂养。

知识链接

世界母乳喂养周

每年8月1—7日为"世界母乳喂养周"，是由国际母乳喂养行动联盟（WABA）在1992年组织发起的一项全球性的活动，目的是促进社会和公众对母乳喂养重要性的正确认识和支持母乳喂养，提高6个月以下婴幼儿的纯母乳喂养率，强调适时、适量、适度地添加辅食；使全社会积极鼓励和支持母乳喂养，创造一种关爱母婴健康的社会氛围。目前全球已有120个国家参与此项活动。

1. 母乳的成分　根据时间、哺乳的阶段和个体而变化。母乳可分为初乳、过渡乳、成熟乳和晚乳。按世界卫生组织规定，初乳指产后4天以内的乳汁，质稍稠而微带黄色，蛋白质含量较多，含丰富的微量元素、免疫物质及生长因子，有利于促进新生儿的生长发育和提高抗感染能力。因此要尽早哺乳，使新生儿能吃到初乳。产后5～10天的乳汁称为过渡乳，含脂肪量最高而蛋白质和矿物质含量逐渐减少；成熟乳为第11天～9个月的乳汁；晚乳指10个月以后的乳汁，量和营养成分都逐渐减少（表 3-2）。

表 3-2 各期人乳成分的比较

成分	初乳（g/L）	过渡乳（g/L）	成熟乳（g/L）	晚乳（g/L）
蛋白质	22.5	15.6	11.5	10.7
脂肪	28.5	43.7	32.6	31.6
糖	75.9	77.4	75.0	74.7
矿物质	3.08	2.41	2.06	2.00
钙	0.33	0.29	0.35	0.28
磷	0.18	0.18	0.15	0.13
钠	0.34	0.19	0.11	0.10
钾	0.28	0.59	0.45	0.48
锰	0.06	0.03	0.05	0.04
氟	0.57	0.58	0.35	0.44

2. 母乳喂养的优点

（1）各种营养成分的比例适宜，易于消化吸收。母乳中蛋白质、脂肪、糖的比例为 1∶3∶6，符合小儿的消化和生长发育的需要。蛋白质总量较少，以乳清蛋白为主，酪蛋白含量少，形成的乳凝块较小，易被消化吸收；脂肪中含不饱和脂肪酸多，且含较多脂肪酶，有利于消化吸收；乳糖含量多且以乙型乳糖为主，可促进双歧杆菌、乳酸杆菌生长，不利于大肠埃希菌生长，减少小儿肠道感染的机会；母乳含锌、铜、碘等微量元素较多，初乳中，铁的含量虽与牛乳相同，但吸收率很高（是牛乳的 5 倍），故母乳喂养者缺铁性贫血发生率低；母乳中钙磷比例适宜（2∶1），易于吸收，较少发生低钙血症；母乳中含有较多消化酶，如脂肪酶、淀粉酶，有助于消化。

（2）增进婴儿免疫力。母乳尤其是初乳，含有丰富的分泌型 IgA（sIgA）。它可黏附在肠黏膜上皮细胞表面，阻止病原体吸附于肠道表面，保护消化道黏膜，故有抗感染作用；乳铁蛋白可抑制大肠埃希菌和白念珠菌的生长；双歧因子可促使双歧杆菌、乳酸杆菌的生长从而抑制大肠埃希菌的繁殖；此外溶菌酶、T 淋巴细胞、B 淋巴细胞、补体等在预防感染中均起到了一定的作用。

（3）有利于增进母婴感情，有利于婴儿的心理和智能发育。同时便于母亲密切观察婴儿的变化，及时发现某些疾病征象。

（4）母乳温度适宜，既经济、方便，又省时、省力。

（5）产后哺乳可刺激子宫收缩促使母亲早日恢复。哺乳还可减少乳腺癌和卵巢癌的发生率。

 考点提示

母乳喂养的优点。

3. 母乳喂养的方法

（1）哺乳时间：一般主张越早开奶越好，正常足月新生儿出生后 30 min 就可抱给母亲试哺，最晚不超过出生后 2 h。尽早开奶可防止新生儿低血糖、促进母亲乳汁分泌、减轻生理性体重下降和生理性黄疸的程度。开奶前不要喂其他食物和糖水，这样可促使乳汁早分泌、多分泌。最初1~2个月应按需哺乳，以后2~3h哺喂1次，逐渐自然延长到3~4h哺喂1次，一昼夜共6~7次。4~5个月后可减至每日5次。每次哺乳时间为15~20 min，根据小儿的吸吮能力不同可适当调整，以吃饱为原则。

 考点提示

母乳喂养开奶的时间。

（2）哺乳方法：哺乳前应先为小儿换好尿布，乳母洗净双手并以温开水洗净乳头、乳晕。哺乳时乳母宜取坐位，垫高哺乳一侧的脚，抱婴儿斜坐于怀中并将其头肩枕于哺乳一侧的肘弯，用另一手的中、示指轻夹乳晕两旁，手掌托住乳房，使婴儿含住大部分乳晕及乳头，注意防止乳房堵住婴儿的鼻孔而影响呼吸。每次哺乳时，应让婴儿吸空一侧乳房后再吸另一侧，哺乳完毕后应竖抱婴儿，轻拍其背部，排出吞入的空气，然后保持右侧卧位，以防发生溢乳。哺乳后可挤少许乳汁均匀地涂在乳头上，因乳汁中丰富的蛋白质和抑菌物质对乳头表皮有保护作用。

4. 母乳喂养的注意事项

（1）乳母应多进食富含蛋白质、汤水较多的食物，不饮酒、不吃刺激性食物，不随意服药，不偏食；保证充足的睡眠；保持愉快的心情及有规律的生活。以确保乳汁的质量。

（2）乳母应注意个人卫生，经常洗澡更衣，保持乳头清洁。

（3）乳头有裂伤时应暂停直接哺乳，可将乳汁挤出或吸出，消毒后喂小儿。经常排乳不畅或因乳房每次未排空而发生乳房小肿块伴有胀痛时，应尽早进行热敷，轻轻按摩将其软化，并在喂乳后用吸乳器将乳汁吸尽以防乳腺炎的发生。

（4）禁忌证：母亲感染人类免疫缺陷病毒（HIV），服用某些药物或有严重慢性疾病（如慢性肾炎、恶性肿瘤、心功能不全），婴儿患有代谢性疾病（如苯丙酮尿症、乳糖不耐受症、半乳糖血症）时不宜母乳喂养。

5. 断乳　指从断去母乳喂养过渡到幼儿混合膳食的过程，而非断去一切乳制品。随着婴儿年龄的逐渐增长，母乳的量和质已不能满足生长发育的需要，加之小儿的消化能力日趋完善和乳牙的萌出增强了对食物品种、质和量的适应能力，已能适应半固体和固体食物。6个月时可逐渐添加辅食，为断去母乳做好准备。一般小儿于10~12个月时可完全断去母乳，母乳充足、遇炎热夏季或小儿患病时，可推迟断乳时间。世界卫生组织建议母乳喂养可持续至2岁。

 考点提示

断乳的时间。

（二）部分母乳喂养（part breast-feeding）

各种原因引起母乳不足或乳母因故不能按时给婴儿哺乳时，需添喂牛乳、羊乳等乳制品或其他代乳品代替部分母乳。

1. 补授法　母乳不足，每次哺喂母乳后，再补充其他乳品或代乳品。

2. 代授法　用配方奶或动物乳代替1次或数次母乳喂养，但母乳次数不得少于每日3次，以防母乳分泌减少。

（三）人工喂养（artificial feeding）

母亲因各种原因不能哺喂6个月以下的婴儿，而改用以配方奶或动物乳（牛、羊乳）完全替代母乳喂养的方法称人工喂养。

1. 常用乳品及其配置方法

（1）鲜牛乳：在母乳缺乏的情况下，鲜牛乳是最常用的代乳品。牛乳所含的蛋白质虽较母乳多，但大部分是酪蛋白，乳凝块大，不易消化；含不饱和脂肪酸少，脂肪颗粒大，又无脂肪酶，难以消化；含糖量较少且以甲型乳糖为主，易造成大肠埃希菌生长；矿物质比人乳多3～3.5倍，可降低胃液的酸度，不利于消化；易被细菌污染而引起腹泻；含铁量虽和人乳相仿，但其吸收率仅为人乳的1/5（表3-3）。与人乳比较，牛乳的缺点为难消化，含糖少，易污染，故在调配牛乳时应经过稀释、加糖和消毒来克服其缺点。

表3-3 人乳与牛乳成分比较

成分	人乳（成熟乳）	牛乳
水（g/100 g）	88	88
蛋白质（g/100 g）	1.5	3.3
酪蛋白（g/100 g）	0.4	2.7
乳清蛋白（g/100 g）	0.4	0.4
乳球蛋白（g/100 g）	0.1	0.2
脂肪（g/100 g）	3.8	3.8
不饱和脂肪酸（%）	8.0	2.0
乳糖（g/100 g）	7.0	4.8
钙（mg/100 g）	34	117
磷（mg/100 g）	15	92
铁（mg/100 g）	0.05	0.05
钠（mg/100 g）	15	58
钾（mg/100 g）	55	138
维生素D（IU/L）	22	14
脂肪酶	较多	较少
能量（kJ/100 ml）	290	290

牛乳需要量的计算法：一般按每天总能量需要来计算，婴儿每天需能量约460 kJ/kg（110 kcal/kg），需水150 ml/kg。含糖8%的糖牛乳100 ml可产能100 kcal，故供给含糖8%的糖牛乳110 ml/kg即可满足婴儿的能量需要。

例：4个月婴儿，体重6 kg，其牛乳的配制方法如下。

需要量：每天所需含糖8%的糖牛乳 = 110 ml × 6 = 660 ml

每天所需水量 = 150 ml × 6 = 900 ml

配制方法：纯牛乳（全奶）：110 ml × 6 = 660 ml

加糖：660 × 8% = 52.8 g

另需补充水量 = 150 ml × 6 − 660 ml = 240 ml

全天牛乳量和水量可分次哺喂。全天鲜牛乳哺喂量以不超过800 ml为宜，能量不够时可增补其他辅助食品。1个月以内的婴儿应将牛乳加水稀释成2/3～3/4的浓度后食用，消化力强的婴儿一般在1个月以后可给全奶。

（2）牛乳制品

1）全脂奶粉：是鲜牛乳经浓缩、喷雾、干燥加工制成。按重量1∶8（1重量单位奶粉加8重量单位开水），或按容量1∶4（1容量单位奶粉加4容量单位开水）冲调成的乳汁，其成分与鲜（纯）牛乳相似。

2）蒸发乳：将鲜牛乳蒸发浓缩至一半容量，高温消毒制成。食用时加等量开水即成全脂牛乳。其优点是调配方便，不需煮沸，易消化。

3）婴儿配方乳：以脱去矿物质的牛乳乳清为基础，调整酪蛋白与白蛋白之比，增加乳糖、维生素，加入植物油以代替牛乳脂肪，加微量元素锌、铜、铁等，经以上措施改变牛乳成分使之接近人乳，是人工喂养的首选。一般市售婴儿配方奶粉100 g供能约500 kal（2092 kJ），故需婴儿配方奶粉20 g/(kg·d)可满足需要。

知识链接

几种特殊的配方奶粉

1. 早产儿配方奶粉　为适应早产儿胃肠消化吸收能力不成熟、需较多热量及特殊营养素所调配的奶粉。比足月儿配方奶粉含有更多的蛋白质、矿物质、乳糖、脂肪和维生素。

2. 水解蛋白配方奶粉　适用于对牛乳蛋白和大豆蛋白过敏的婴儿。这类配方奶粉无乳糖，常用于胃肠或肝胆疾病所致的明显消化不良的婴儿。

3. 其他　强化铁奶粉、强化维生素D奶粉、遗传代谢病患儿配方奶粉（如苯丙酮尿症奶粉）等。

4）酸奶：鲜牛乳加乳酸杆菌或乳酸、柠檬酸等制成，有利于消化，但不适合小婴儿日常饮用。

（3）羊乳：羊乳营养价值与牛乳相似，乳清蛋白含量较牛乳高，乳凝块较小，脂肪球也小，较牛乳易消化。但叶酸含量极低，维生素B_{12}也少，故婴儿长期食用，可发生巨幼细胞性贫血。

2. 其他代乳品　包括代乳粉、奶糕、米粉、豆浆等，其中大多数是以糖为主，缺乏蛋白质，长期食用会引起营养不良。随着生活水平的提高，现已较少以此类食物作为婴儿的主要食物，而是作为辅食。

3. 人工喂养的注意事项

（1）乳汁的浓度和量：不可过稀、过浓或过少。

（2）乳液温度、奶嘴及奶瓶：乳液与体温相似，奶嘴软硬度应适宜，孔的大小以奶瓶盛水倒置时液体呈滴状连续流出为宜。

（3）喂哺过程：喂前准备好婴儿奶具，喂哺时斜抱婴儿，将乳瓶斜置，使乳汁充满奶嘴。喂毕抱起轻拍后背，使吞咽的气体排出。

（4）所有用具每次用后均要洗净、消毒。

 考点提示

婴儿期奶量的计算。

二、辅食的添加

随着婴儿的生长发育和营养需要的增加,无论母乳喂养、人工喂养还是部分母乳喂养的小儿,均应逐步添加各种辅食以满足生长发育的需要,同时也为断乳做好准备。

1. 添加目的

(1) 补充乳类营养的不足:4~6个月后的婴儿,无论采用何种喂养方式,单纯乳类已不能满足生长发育的需要,需添加各种辅食。

(2) 改变婴儿食物的质量以满足生理需要并为断乳做准备:3个月后小儿消化酶分泌逐渐成熟,6个月牙齿开始萌出,胃的容量也逐渐增加。为适应小儿生理功能的变化,食物应从流质、半流质逐渐向固体食物过渡,不仅有利于训练婴儿的咀嚼功能,还能防止在断奶时因食物突然改变而引起消化功能紊乱。

(3) 培养婴儿良好的饮食习惯:使婴儿从吸吮奶瓶到用匙、杯、碗、筷等进食,逐步从授食过渡到自食。

2. 添加顺序 无论用何种乳类喂养婴儿,均应随着生长发育和消化功能的成熟逐步有计划地添加辅食(表3-4)。

表3-4 辅食添加顺序

月龄	食物形状	食物种类	餐数		进食技能
			主餐	辅餐	
6月龄	泥状食物	菜泥、水果泥、含铁配方米粉、配方奶、蛋黄	6次奶(断夜间奶)	逐渐加至1次	用勺喂
7~9月龄	末状食物	粥、烂面、饼干、肉末、全蛋、鱼泥、豆腐、配方米粉、水果	4次奶	1餐饭 1次水果	学用杯
10~12月龄	碎食物	软饭、面条、馒头、碎肉、碎菜、豆制品、水果	3次奶	2餐饭 1次水果	断奶瓶、手抓、自用勺

考点提示

辅食添加的原则。

3. 添加原则

(1) 由少到多:让婴儿有一个适应过程,辅食的量宜逐渐增加,如添加蛋黄可从1/4个开始,若无不适,2~3天再逐渐增到1/3个、1/2个直至1个。

(2) 由稀到稠:如由米汤开始到稀粥再到软饭。

(3) 由细到粗:如由菜汤到菜泥再到碎菜。

(4) 由一种到多种:当小儿习惯一种食物后再加另一种。

(5) 应在婴儿健康、消化功能正常时添加。若发生腹泻,应暂停添加辅食,待粪便正常后再重新开始。

三、儿童膳食

1. 幼儿的饮食 幼儿生长发育速度仍较快,仍需注意供给足够的能量和优质蛋白。每天需供给能量377~460 kJ/kg(90~110 kcal/kg),蛋白质2~3 g/kg,优质蛋白应占总蛋白质的

1/2～1/3。乳牙虽已逐渐出齐，但咀嚼功能仍差，食物宜细、软、烂、碎；食物品种要多样化，荤素均衡搭配，最好每天仍给幼儿配方奶400～500 ml；进餐次数以每天3次正餐加1～2次点心为宜，全天热量的分配为早餐占25%，中餐占35%，晚餐占25%，2次点心占15%（其中早点占5%，午点占10%）。

2. 学龄前期儿童的饮食　学龄前儿童膳食基本同成人，但应避免摄入过于坚硬、油腻、过酸、过辣等刺激性食品，注意粗、细粮交替及荤素搭配。每天需供给能量334 kJ/kg（80 kcal/kg），进餐次数以每天3次正餐加1次点心为宜，全天热量的分配为早餐占25%、中餐35%、午点占10%、晚餐占30%。

3. 学龄期儿童饮食　种类与成人相同，蛋白质以动物蛋白为主；饮食应多样化，各种营养素应平衡；早餐不但要吃饱还应吃好，以免影响上午紧张的学习，有条件的学校也可供应课间餐，以补充紧张学习的消耗；不偏食、挑食，少吃零食，注意饮食卫生，进食时不看书和电视，集中精力进餐，注意用餐礼貌。全天热量的分配为早餐占35%，中餐35%，晚餐占30%。

4. 青少年饮食　青春期生长发育突飞猛进，能量需要增加，但个体差异较大，一般女孩每日需能量为8360～10 450 kJ（2000～2500 kcal），男孩每日需能量为10 450～12 540 kJ（2500～3000 kcal）。此外应增加蛋白质、维生素、矿物质（钙、铁、碘）等营养素的摄入，以满足骨骼生长的需要及预防青春期贫血和青春期单纯性甲状腺肿。

第三节　小儿营养状况评价

营养状况评价（assessment of nutritional status）是对小儿所摄取的营养素是否满足其生理需要所做的判断。通过评价及时发现儿童个人或群体存在的营养问题，以便及时处理和调整膳食，避免或减少营养性疾病的发生。

1. 病史询问　通过详细询问食欲好坏、食物种类、数量、进食习惯等，了解小儿的进食情况，可初步评估所摄入的营养是否合适。同时了解小儿有无营养素缺乏的症状，如消瘦、乏力、多汗、面色苍白。

2. 体格生长指标测量　可及时、准确地反映近期营养状况，包括测量体重、身高、头围、胸围、上臂围等。

3. 实验室检查　包括生化和生理指标的检查。注意测定血、尿、体液中的营养素及其代谢物水平，可反映近期的营养状况，如测量血清总蛋白、白蛋白，血钙、磷、锌及各种维生素。

4. 营养调查　包括膳食调查、体格检查和实验室检查。营养调查了解小儿通过摄入各种食物能获得多少能量及营养素；体格检查可了解当前小儿身体的营养状况；实验室检查测定小儿体液、排泄物中各种营养素或其代谢产物水平，可了解各种营养素在体内被吸收利用的情况，各种营养素之间比例是否适宜，一般谷物供能不应超过70%，而蛋白质供能不应少于20%；动物蛋白和大豆蛋白不宜低于总蛋白质的30%，最好达50%。

> **思政园地**
>
> **沂蒙山红嫂——明德英**
>
> 明德英1911年出生于沂南县岸堤村，2岁时因病致哑，25岁嫁给横河村的村民李开田。1941年11月3日晚，在日伪军突然包围山东纵队司令部的激烈战斗中，遍体鳞伤的小战士艰难地跑到明德英家中，明德英见是自己队伍上的人，便急忙把小战士隐藏在

一座石墓里,她发现小战士因流血过多昏了过去,便急忙为他包扎伤口,在周围没有水源的情况下,她毅然将自己的乳汁喂进小战士干裂的口中。之后又杀了两只母鸡熬成鸡汤为小战士滋补身体,经过明德英半个多月的精心料理,小战士终于康复并返回了部队。1943年,明德英又从鬼子的枪林弹雨中救出了13岁的小八路庄新民。1955年在上海工作的庄新民终于与明德英取得了联系并建立了母子深情。

2009年9月14日,她被评为100位为新中国成立做出突出贡献的英雄模范之一。解放后,明德英仍不忘爱党爱军,先后把儿子、女儿、孙子等送入子弟兵行列,体现了"爱党爱军"的沂蒙精神。国防部原部长迟浩田上将在探望她时,题词"蒙山高,沂水长,好红嫂,永难忘。"

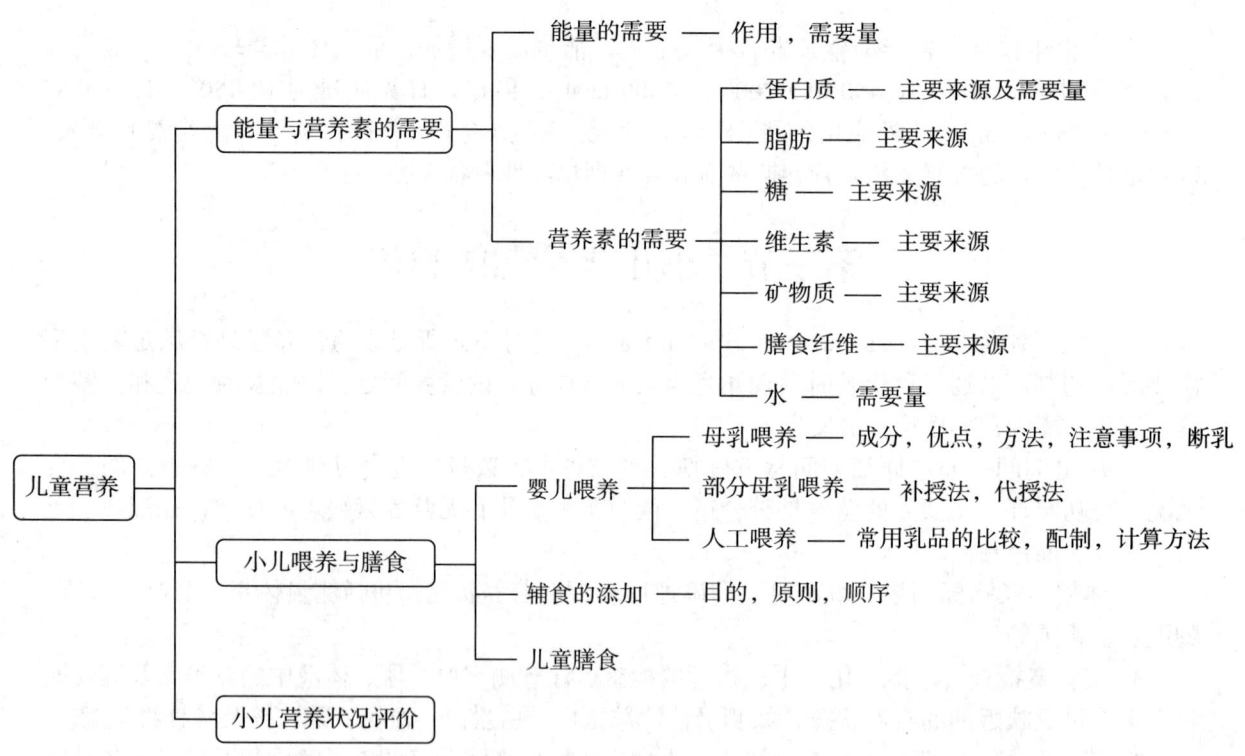

自 测 题

一、单选题

(1~4题共用题干)

新生儿,正常足月顺产,生后一般状况良好。护士为该新生儿母亲做喂养指导。

1. 母亲哺乳时多采取的体位是
   A. 坐位　　　　　　　B. 立位　　　　　　　C. 半卧位
   D. 左侧卧位　　　　　E. 右侧卧位

2. 哺乳时间每次为
   A. 5～10 min
   B. 10～15 min
   C. 15～20 min
   D. 20～30 min
   E. 30 min 以上
3. 喂乳后竖抱拍背的目的是
   A. 预防感染
   B. 防止呕吐
   C. 避免哭闹
   D. 促进断奶
   E. 增强免疫力
4. 拍背后将该新生儿安置的体位是
   A. 仰卧位
   B. 俯卧位
   C. 右侧卧位
   D. 头肩抬高位
   E. 左侧卧位

（5～7题共用题干）

女婴，7个月，母乳喂养，为保证营养摄入，护士对家长进行食物转换的健康指导。

5. 下列关于该儿童食物转换的健康指导不正确的是
   A. 由粗到细
   B. 天气炎热可暂缓引入新食物
   C. 由少到多
   D. 由稀到稠
   E. 由一种到多种
6. 此时护士应指导家长添加的食物是
   A. 蛋黄
   B. 饼干
   C. 带馅食品
   D. 米饭
   E. 面
7. 若该儿童现在不到10个月，下列食物不能摄入的是
   A. 挂面
   B. 鱼泥
   C. 蛋黄
   D. 米糊
   E. 菜泥

二、简答题

1. 简述母乳喂养的哺乳技巧。
2. 简述母乳营养丰富易消化吸收的原因。

（欧阳明珠）

第四章数字资源

第四章 儿童保健

学习目标

通过本章学习，学生应达到：

1. 素质目标　能领悟社会主义核心价值观在儿童保健事业中的实践价值，如关爱儿童、崇尚科学、尊重生命。

2. 能力目标　能够为小儿正确制订免疫计划，识别接种时出现的不良反应，并能及时正确处理不良反应。

3. 知识目标　描述青春期的特点、保健措施，举例说明青春期常见的问题。简述主动免疫、被动免疫的概念，举例说明主动免疫制剂和被动免疫制剂，说出我国计划免疫程序的内容及注意事项。

儿童保健（child health care）同属儿科学与预防医学的分支，为两者的交叉学科，以预防为主，防治结合，其主要任务是研究儿童各年龄期生长发育的规律及其影响因素，通过有效的预防保健措施、计划免疫和健康监护，增强小儿体质、促进小儿身心健康，以及降低小儿发病率和死亡率，优化生活环境，提高养育质量，促进儿童的全面发展。儿童保健的服务对象包括从胎儿期（受精卵开始）到青春期（发育成熟）的任何人，重点是0～7岁的儿童，尤其是0～3岁婴幼儿。

第一节　各年龄期儿童保健重点

一、胎儿期保健

胎儿期的保健重点为妇女孕期保健，使胎儿在宫内健康生长发育，直到安全娩出，降低围生期死亡率。

1. 预防遗传性疾病　应大力提倡和普及婚前检查及遗传咨询，禁止近亲结婚，有遗传家族史者应做好风险预测和产前诊断。

2. 预防先天性畸形　孕早期尤其是前3个月是器官形成的关键时期，易受不良环境因素的干扰和影响，发生发育缺陷与畸形，称为致畸敏感期。应避免感染风疹病毒、流感病毒、巨细胞病毒、单纯疱疹病毒和弓形虫；避免接触放射线和铅、苯、汞、有机磷农药等化学毒物；避免吸烟、酗酒；育龄妇女患有慢性疾病如心肾疾病、糖尿病、结核病，应在医生指导下决定是否可以怀孕及孕期如何用药。

3. 保证充足营养　妊娠后期应加强铁、锌、钙和维生素D等重要营养素的补充，保证胎儿生长和储存生后所需，但也应防止营养摄入过多而导致胎儿体重过重，影响分娩和健康。

4. 给予良好的生活环境　避免环境污染，注意劳逸结合，保持精神愉快。

5. 预防早产　做好产前检查，对高危孕妇加强监护，防止早产。

二、新生儿期保健

新生儿脱离母体后经历了解剖学和生理学上一系列巨大变化和调整，而新生儿各组织和器官发育不成熟，对外界环境变化的适应性和调节功能差，抵抗力弱，易患窒息、出血、感染等疾病，且病情发展快，发病率和死亡率高，尤其生后1周以内的新生儿死亡率最高，其死亡人数约占新生儿死亡总数的70%，故新生儿保健重点应在生后1周内。

（一）出生时护理

产房室温保持在25～28℃，新生儿娩出后迅速清理口、鼻腔内黏液，保证呼吸道通畅。严格消毒，结扎脐带。记录出生时阿普加（Apgar）评分、体温、呼吸、体重与身长，经评估，正常儿进入母婴同室病房，尽早喂母乳；高危儿送入新生儿重症监护室。

（二）新生儿居家保健

1. 保持适宜的居室环境　新生儿房间应空气清新，阳光充足，通风良好。新生儿居室的温度应随气候温度变化调节，有条件的家庭在冬季应使室内温度保持在20～22℃，湿度为55%～65%，无条件时可用热水袋保暖，预防体温不升；夏季应避免室内温度过高。

2. 日常观察　指导家长观察新生儿的一般情况，如精神状态、面色、呼吸、体温和排尿、排便，了解新生儿的生活方式。

3. 喂养　新生儿娩出后尽早进行母乳喂养，宣传母乳喂养优点，指导母亲正确地进行母乳喂养；母乳不足或无法进行母乳喂养的婴儿，指导母亲正确选用婴儿配方乳喂养。进食后采取右侧卧位，避免因溢奶引起窒息。纯母乳喂养的新生儿出生2周后应补充维生素 D 400 IU/d。

4. 皮肤、臀部护理　新生儿皮肤娇嫩，新陈代谢旺盛，应每日洗澡保持皮肤清洁。注意保持脐带残端清洁干燥，防止脐部感染。衣服宜用柔软的棉布制品，清洁、干燥、宽松，不妨碍肢体活动。尿布要勤换，以防红臀。

5. 预防感染　居室保持空气新鲜，尽量减少亲友探视，保持新生儿用具及居住环境的清洁卫生，避免交叉感染。母亲在哺乳和护理前应洗手。

6. 促进亲子间的情感联结　提倡母婴同室，鼓励家长拥抱和抚摸新生儿，促进亲子间的情感连接。尤其是低体重儿，出生后多置于温箱中，缺乏各种良性刺激与爱抚。访视时护士应注意评估亲子间情感联结是否存在，给予家长心理支持、指导，恢复和促进亲子间的情感联结。

7. 计划免疫　按时接种卡介苗和乙肝疫苗。

（三）新生儿疾病筛查

1. 听力筛查　可早期发现有听力障碍的新生儿，使其在语言发育的关键期之前就能得到适当的干预。

2. 遗传代谢、内分泌疾病的筛查　目前我国主要筛查的是苯丙酮尿症（PKU）和先天性甲状腺功能减退症（CH）。

（四）新生儿访视

1. 访视时间　新生儿自医院回家后，医护人员要及时进行家庭访视。一般应在新生儿出院后24 h内进行访视，不超过72 h。新生儿期内访视不应少于2～3次，并建立新生儿健康管理卡和预防接种卡。对生活能力好和吸吮力强的婴儿每周访视1次，满月后每两周访视1次，至2个月为止。早产儿或低体重儿出院后更应提早访视，并根据小儿的具体情况和家庭的需求随时访视，增加访视次数。

2. 访视内容　了解新生儿出生情况，观察居住环境及新生儿一般情况，如小儿的面色、呼吸、哭声、吸吮力和排尿、排便情况；体格发育检测，如测量身长、体重和体温；检查有无先天性疾病如先天性髋关节脱臼、唇裂或腭裂，如有问题及时就诊；指导咨询，如喂养、日常护理。

三、婴儿期保健

（一）婴儿期的特点

婴儿期是生长发育的第一个高峰期，需要大量营养素满足其生长需要，但婴儿的消化吸收功能尚未成熟，故易发生消化功能紊乱和营养不良等疾病。同时，随着月龄的增加，婴儿从母体获得的免疫物质逐渐消失，容易患肺炎、腹泻等感染性疾病和传染病。

（二）婴儿期保健重点

1. 科学喂养　提倡4～6个月及以内的婴儿采用纯母乳喂养，按需及时添加辅食，使其得到合理的营养。
2. 日常护理　注意婴儿的清洁卫生，多户外活动。培养良好的睡眠习惯，1～2个月的小婴儿夜间哺乳1～2次，3～4个月后逐渐停止喂夜奶，有固定的睡眠环境及睡眠时间。
3. 早期教育　给婴儿做主、被动操，为婴儿提供视、听、触觉等刺激，促进大脑的发育；进行早期教育，训练婴儿视力、听力、排便习惯、语言动作发育等。
4. 预防意外伤害　指导家长预防异物吸入、窒息、中毒、烧伤、烫伤等意外事故的发生。
5. 预防疾病和健康检查　有计划地完成基础免疫程序，减少各种传染病的发生；定期进行健康检查和体格测量，做好生长发育监测；预防佝偻病、营养不良、肥胖症和营养性缺铁性贫血等疾病的发生；对婴儿期常见的健康问题，如腹泻、腹痛、湿疹、尿布疹，应根据具体情况给予健康指导。

四、幼儿期保健

（一）幼儿期的特点

幼儿期生长发育减慢，但由于感知能力和自我意识的发展，对周围环境产生好奇、乐于模仿，因此，幼儿期是社会心理发育最为迅速的时期。同时，幼儿期活动能力增强，与外界环境接触机会增多，且凡事都好奇，喜欢探索，但对危险识别能力差，故易发生意外伤害。

（二）幼儿期保健的重点

1. 合理安排膳食　该时期小儿生长发育仍较快，注意供给充足的能量和蛋白质，保证各种营养素均衡。乳类不低于总能量的1/3，鼓励幼儿自用餐具，养成不挑食、不偏食的良好习惯。
2. 早期教育　应重视幼儿早期教育，加强与幼儿的语言交流，通过游戏、讲故事、唱歌等促进幼儿语言发育与运动能力的发育。同时，应注意培养幼儿的独立生活能力，安排规律生活，养成良好的生活习惯，如睡眠、进食、排便、沐浴、游戏、户外活动。
3. 预防意外伤害　为预防异物吸入、烫伤、触电等意外事故发生，3岁以下幼儿尽量不食瓜子、花生等食物；不宜让幼儿独自留在家中或外出；幼儿接触的环境中应避免有可致其烫伤、触电、溺水、跌伤等的危险因素，如小儿接近水源时要密切看护，水缸和井要加盖，远离热源和电源；所有门窗、阳台、床都应牢固、有护栏。
4. 生长发育监测　定期进行体格检查，预防龋齿；预防传染病，完成计划免疫。
5. 心理行为卫生　此期小儿常出现违拗、发脾气和破坏性行为等行为偏离，家长应针对原因采取相应的措施。

五、学龄前期保健

（一）学龄前期的特点

学龄前期小儿体格增长速度相对较慢，但智能发展迅速且好奇心重，模仿性强，可塑性强，是性格形成的关键时期。

（二）学龄前期保健重点

1. 合理营养　养成良好的进餐习惯，保证热能和蛋白质的摄入，优质蛋白占总蛋白的 1/2；注意培养儿童健康的饮食习惯和良好的进餐礼仪。

2. 早期教育　养成独立生活的能力和培养良好的道德品质，加强体格锻炼，增强体质；指导家长有意识地引导儿童进行较复杂的智力游戏，增强其思维能力和动手能力；注意培养其想象与思维能力，使之具有良好的心理素质。

3. 预防意外发生　开展安全教育，采取相应的安全措施，以预防外伤、溺水、中毒、交通事故等意外发生。

4. 继续生长发育监测　学龄前小儿免疫功能逐渐增强，感染性疾病减少，而变态反应性疾病的发病率开始增加，应定期进行健康检查，防治近视、龋齿、缺铁性贫血、寄生虫病等常见病。

5. 心理卫生　此期小儿常出现吮拇指和咬指甲、遗尿、攻击性行为、破坏性行为等行为偏离，家长应认真分析原因，采取有效措施。

六、学龄期保健

（一）学龄期的特点

学龄期儿童由幼儿园进入小学学习，开始接触社会，认知和心理发展非常迅速，同伴、学校和社会对其影响较大；同时小儿体格发育平稳增长，除生殖系统外的其他器官逐步接近成人水平，脑的发育基本完成，理解、分析、综合能力增强，是接受科学文化教育的重要时期；机体抵抗力已增强，感染性疾病发生率较前降低，但近视、龋齿的发病率增高。

（二）学龄期保健重点

1. 合理营养　学校和家长应对小儿进行营养卫生宣教，养成良好的饮食习惯，做到不挑食、不偏食、不贪食等，并注意饮食卫生。

2. 加强体格锻炼、培养良好思想品德　指导学龄儿童进行户外活动和体格锻炼，培养良好的品格，促进德、智、体、美、劳全面发展。

3. 养成良好的卫生习惯　做到早晚刷牙、饭后漱口及饭前便后洗手等，注意口腔卫生，预防龋齿；注意用眼卫生，预防近视；注意培养儿童正确坐、立、行走和读书、写字姿势。

4. 法制和安全教育　应对儿童进行法制教育，学习交通规则和意外事故的防范知识，减少意外的发生。

5. 心理卫生　此期儿童常见的心理行为问题是学校恐惧症，表现为在上学时出现焦虑不安、易惊恐、恶心、呕吐、腹泻、头痛或腹痛等症状，如被允许留在家中、放学、放假时，上述症状就会缓解或消失，可能与上学时害怕老师及考试、或不喜欢与父母分离、不喜欢学校环境等有关。家长要查明原因，采取相应的措施。

七、青春期保健

（一）青春期的特点

青春期是由儿童过渡到成年的时期，是体格发育的第二个高峰期，尤其是生殖系统迅速发育，逐渐成熟。但由于神经内分泌调节尚不稳定，其心理、行为、精神方面不稳定，使其心理适应能力发展相对缓慢，易受社会、周围环境的影响，常有反抗性与依赖性、闭锁性与开放性、自满和自卑的矛盾心理。

（二）青春期的保健重点

1. 保证充足的营养　青春期少年脑力劳动和体力运动消耗大，必须增加热能、蛋白质、维生素及矿物质等营养素的摄入。要指导青少年选择营养适当的食物和保持良好的饮食习惯。

2. **培养良好的卫生习惯** 加强青春期少女的经期卫生指导，保持生活规律，避免受凉、剧烈运动及重体力劳动，注意会阴部卫生等。

3. **保证充足睡眠** 青少年保持充足的睡眠和休息，有利于生长发育，应养成早睡早起的睡眠习惯。

4. **预防疾病和意外伤害** 青少年重点防治结核病、风湿病、沙眼、龋齿、肥胖、缺铁性贫血等疾病，应定期体格检查。因青春期内分泌调节不稳定，可出现良性甲状腺肿、痤疮，女孩易出现月经不调、痛经等。应指导青少年养成良好的生活习惯。

5. **心理卫生**

（1）培养自觉性和自制性：青少年思想不成熟，易受外界不良因素的影响，应向青少年大力宣传吸烟、酗酒、吸毒及滥用药物的危害，强调青少年要对自己的生活方式和健康负责任，帮助其养成不吸烟、不酗酒的良好生活方式。青少年应接受系统的法制和品德教育，根据其心理特点进行正确教育和引导，使之树立正确的人生观和培养优良的道德品质，学会助人为乐、积极向上的道德风尚，自觉抵制不良思想和风气的影响。

（2）性教育：是青春期健康指导最重要的内容。可通过交谈、宣传手册、卫生课等形式帮助青少年了解一些生理现象，如第二性征、月经、遗精、受孕，还应让青少年了解性传播疾病如艾滋病的常识和预防措施。

（3）防治常见的心理行为问题：青少年常见的心理行为问题包括离家出走、自杀及对自我形象不满等。成人要多与青少年交谈，了解其内心的真实感受，帮助他们树立乐观的生活态度，学会释放压力，必要时进行心理治疗。

 考点提示

青春期的特点和保健重点。

第二节 计划免疫

案例 4-1

男孩，8个月，在接种乙脑减毒活疫苗大概半小时后，出现面色苍白、发绀、呼吸困难、四肢湿冷、脉细速、血压下降。

问题：

1. 该患儿出现了什么状况？
2. 针对该患儿应做哪些护理措施？

儿童计划免疫（planned immunization for children）是根据儿童的免疫特点和传染病发生的情况制定的免疫程序，应严格实施基础免疫（即全程足量的初种）及适时的"加强"免疫（即复种），以确保儿童获得可靠的免疫，达到预防、控制和消灭传染病的目的。其中，预防接种是计划免疫的核心。

一、免疫方式及常用制剂

（一）主动免疫及常用制剂

主动免疫（active immunity）是指给易感者接种特异性抗原，刺激机体产生特异性抗体，从而获得的免疫力。这是预防接种的主要内容。特异性抗原进入机体后，需经过一定期限才能产生抗体，但抗体持续时间久，一般为1～5年，故还需要适时安排加强免疫巩固效果。常用制剂有下列几种。

1. 菌苗　用细菌菌体或多糖体制成，包括死菌苗和减毒活菌苗。

（1）死菌苗：性质稳定，安全，但死菌苗进入人体后不能生长繁殖，产生免疫力低，持续时间短，因此，接种量大，且需多次重复注射，如百日咳。

（2）减毒活菌苗：接种到人体后，可生长繁殖，但不引起疾病，产生免疫力持久且效果好，因此，接种量小，接种次数少。但减毒活菌苗有效期短，需冷藏保存，如卡介苗。

2. 疫苗　用病毒或立克次体接种于动物、鸡胚或组织培养，经处理后形成。灭活疫苗有乙型脑炎灭活病毒疫苗、狂犬病疫苗等；减毒活疫苗有脊髓灰质炎疫苗和麻疹疫苗等。

3. 类毒素　用细菌产生的外毒素加入甲醛变成无毒性而仍有抗原性的制剂，如破伤风类毒素和白喉类毒素。

（二）被动免疫及常用制剂

被动免疫（passive immunity）是指未接受主动免疫的易感者在接触传染源后，给予相应的抗体而立即获得免疫力。主要用于应急预防和治疗。其特点是免疫效果产生快，维持时间短暂（一般约3周）。常用的制剂有特异性免疫性血清、丙种球蛋白、胎盘球蛋白等。

二、计划免疫程序

我国国家卫生健康委员会规定，1岁以内小儿必须完成卡介苗、口服脊髓灰质炎疫苗、百白破混合疫苗、麻疹减毒活疫苗和乙肝疫苗的接种（表4-1）。其他疾病如流行性乙型脑炎、流行性脑脊髓膜炎、风疹、水痘、甲型肝炎的疫苗，可根据疾病的流行强度、季节选择使用。

表4-1　我国儿童计划免疫程序

疫苗	卡介苗	口服脊髓灰质炎疫苗（糖丸）	百白破混合疫苗	麻疹减毒活疫苗	乙肝疫苗
预防疾病	结核病	脊髓灰质炎	百日咳、白喉、破伤风	麻疹	乙型肝炎
接种方法	皮内注射	口服	肌内注射	皮下注射	肌内注射
接种部位	左上臂三角肌中部略下处		上臂三角肌	上臂外侧	上臂三角肌
接种年龄	出生后2～3天到2个月内	出生后2、3、4个月各1丸	出生后3、4、5个月各1针	出生后8个月以上	出生后24 h内、1个月、6个月各1针
每次剂量	0.1 ml	1丸	0.5 ml	0.2 ml	0.5 ml
复种年龄		4岁时加强一次	1岁半～2岁、7岁，用白破二联类毒素各加强一次	7岁时加强一次	1岁复查免疫成功者3～5年后加强，免疫失败者重复基础免疫
常见反应	2～3周局部出现红肿、浸润、化脓，8～12周结痂	无特殊反应，少数可出现一过性腹泻	局部红肿、发热、倦怠、食欲缺乏，2天左右可消退，局部可有硬结，1～2个月可吸收	注射后7～10天有轻微发热，1～2天消失，偶有散在皮疹	局部轻微红肿、硬结、低热，2天内消失

续表

疫苗	卡介苗	口服脊髓灰质炎疫苗（糖丸）	百白破混合疫苗	麻疹减毒活疫苗	乙肝疫苗
禁忌证	出生体重＜2.5 kg，患结核、急性传染病、心脏病、湿疹、或其他皮肤病、免疫缺陷病患儿	免疫缺陷、免疫抑制剂治疗期间、发热、腹泻、急性传染病患儿	发热、有明确过敏史、神经系统疾病、急性传染病患儿	发热、鸡蛋过敏、免疫缺陷患儿	肝炎、急性传染病（包括有接触史未过检疫者）、其他传染病患儿
注意事项	2个月以上婴儿接种前应做PPD试验，阴性者才能接种	冷开水送服或含服，1 h内禁用热开水	掌握间隔期，第1、2剂，第2、3剂间隔≥28天	接种前1个月及接种后2周避免用胎盘球蛋白、丙种球蛋白	疫苗注射前要充分摇匀，有摇不散的块状物不能使用

 考点提示

常见疫苗的初种的方法、部位、年龄。

三、预防接种的准备及注意事项

1. **环境准备** 接种场所光线明亮，空气新鲜，温度适宜，接种及急救物品摆放有序。
2. **心理准备** 做好解释、宣传工作，消除家长和小儿的紧张、恐惧心理；接种宜在饭后进行，以免晕厥。
3. **严格掌握禁忌证** 通过问诊及体格检查，了解儿童有无禁忌证。
4. **严格执行免疫程序** 掌握接种剂量、次数、间隔时间和不同疫苗的联合免疫方案。一般接种活疫苗后需间隔4周，接种死疫苗后需间隔2周，再接种其他活疫苗或死疫苗。及时记录及预约，交代接种后的注意事项及处理措施。
5. **严格执行查对制度及无菌操作原则** 仔细核对小儿姓名、年龄，严格按规定的接种剂量接种。用2%碘酊及75%乙醇消毒皮肤，待干后注射；接种活疫苗时，只用75%乙醇消毒；若抽吸后剩余药液放置超过2 h则不能再用；接种后剩余活菌苗应烧毁。

 考点提示

预防接种局部消毒的方法。

四、预防接种的反应及处理

（一）一般反应

一般反应是指由疫苗本身引起的反应。

1. **局部反应** 接种后数小时至24 h左右局部会出现红、肿、热、痛（表4-2），有时伴有淋巴结肿大。局部反应持续2~3天。接种活菌（疫）苗后局部反应出现晚，持续时间长。局部反应轻者不必处理，重者可做局部热敷，必要时去医院就诊。
2. **全身反应** 主要表现为发热，一般于接种后5~6 h体温升高，持续1~2天，多为中、低度发热（表4-2）。此外，还伴有头痛、恶心、呕吐、腹痛、腹泻、全身不适等。全身反应轻者适当休息即可，重者可对症处理，注意休息，多饮水。

表 4-2　预防接种的一般反应及分级

反应类型	表现	分级		
		弱反应	中反应	强反应
局部反应	红肿直径（cm）	≤ 2.5	2.6 ~ 5.0	≥ 5.1
全身反应	体温（℃）	≤ 37.5	37.6 ~ 38.5	≥ 38.6

（二）异常反应

1. 过敏性休克　于注射后数分钟或 0.5 ~ 2 h 内出现烦躁不安、面色苍白、口周青紫、四肢湿冷、呼吸困难、脉搏细数、恶心呕吐、惊厥、排尿、排便失禁以至昏迷。如不及时抢救，可在短期内有生命危险。此时应使患者平卧、头稍低，注意保暖，并立即皮下注射 1∶1000 肾上腺素 0.5 ~ 1 ml，必要时可重复注射，有条件时给予氧气吸入，病情稳定后，应尽快转至医院抢救。

2. 晕针　小儿常由于空腹、疲劳、室内闷热、紧张或恐惧等原因，在接种时或几分钟内突然出现头晕、心慌、面色苍白、出冷汗、手足冰凉、心跳加快等症状。晕针是由于各种刺激引起反射性周围血管扩张所致的一过性脑缺血。此时应立即使患儿平卧、头稍低，保持安静，饮少量温开水或糖水，短时间内即可恢复正常。如数分钟后仍不能恢复正常者，可针刺人中穴，也可皮下注射 1∶1000 肾上腺素，每次 0.5 ~ 1 ml。

3. 过敏性皮疹　以荨麻疹最为多见，一般于接种后几小时至几天内出现，服用抗组胺药物后即可痊愈。

4. 全身感染　免疫系统有原发性严重缺陷或继发性免疫防御功能遭受破坏者，接种活菌（疫）苗后，可扩散为全身感染，如接种卡介苗后引起全身播散性结核，应积极给予相应的抗感染治疗。

 考点提示

疫苗接种异常反应的鉴别及处理。

思政园地

糖丸爷爷——顾方舟

1955 年，顾方舟留学归来，正逢小儿麻痹症在国内肆虐，导致数以万计的孩子被病魔摧残，许多家庭因此支离破碎。1959 年 8 月，在顾方舟及团队工作人员的共同努力下，第一批"活疫苗"终于生产出来。但顾方舟并没有因此而兴奋，因为疫苗必须在人体实验安全后才可以投入使用。时间紧迫，顾方舟研究小组的所有成员都自愿充当试验品，亲自喝下疫苗，十几天过后，他们一切正常，这个结果让他们欢欣鼓舞。而此时，顾方舟又犯难了，该病只在免疫力低下的儿童之间传播，所以必须找到适龄的儿童来做实验才行。可谁又愿意拿自己的孩子来冒险呢？这时顾方舟猛然想到了自己的儿子。他心里矛盾至极！虽然他对自己研发的疫苗很有信心，但万一出现危险，就会毁了孩子的一生。但他随即想到，全国那么多孩子等着自己去挽救，最终他还是横下心给儿子灌下了疫苗。见此，同事们也纷纷效仿，给自己的孩子服用。之后的一个月，他们过得提心吊胆，但结果出来后，他们又惊喜不已——孩子们都安然无恙。这预示着，我国第一批脊髓灰质炎活疫苗研发成功，研发人员热泪盈眶，他们激动地抱在一起。

经过多次改良，最终疫苗就变成了孩子乐意吃的糖丸，就此，全国孩子都吃上了脊髓灰质炎疫苗，该病的发病率逐年下降。自1994年之后，我国境内就再也没有出现过脊髓灰质炎病毒，并连续6年零感染，2000年，世界卫生组织宣布，中国成为"无脊灰"国家！

顾方舟把毕生的精力，都投入到消灭脊髓灰质炎这一可怕的儿童急性病毒传染病的战斗中，是中国培养口服活疫苗开拓者之一，为中国消灭"脊灰"的伟大工程做出了重要贡献。

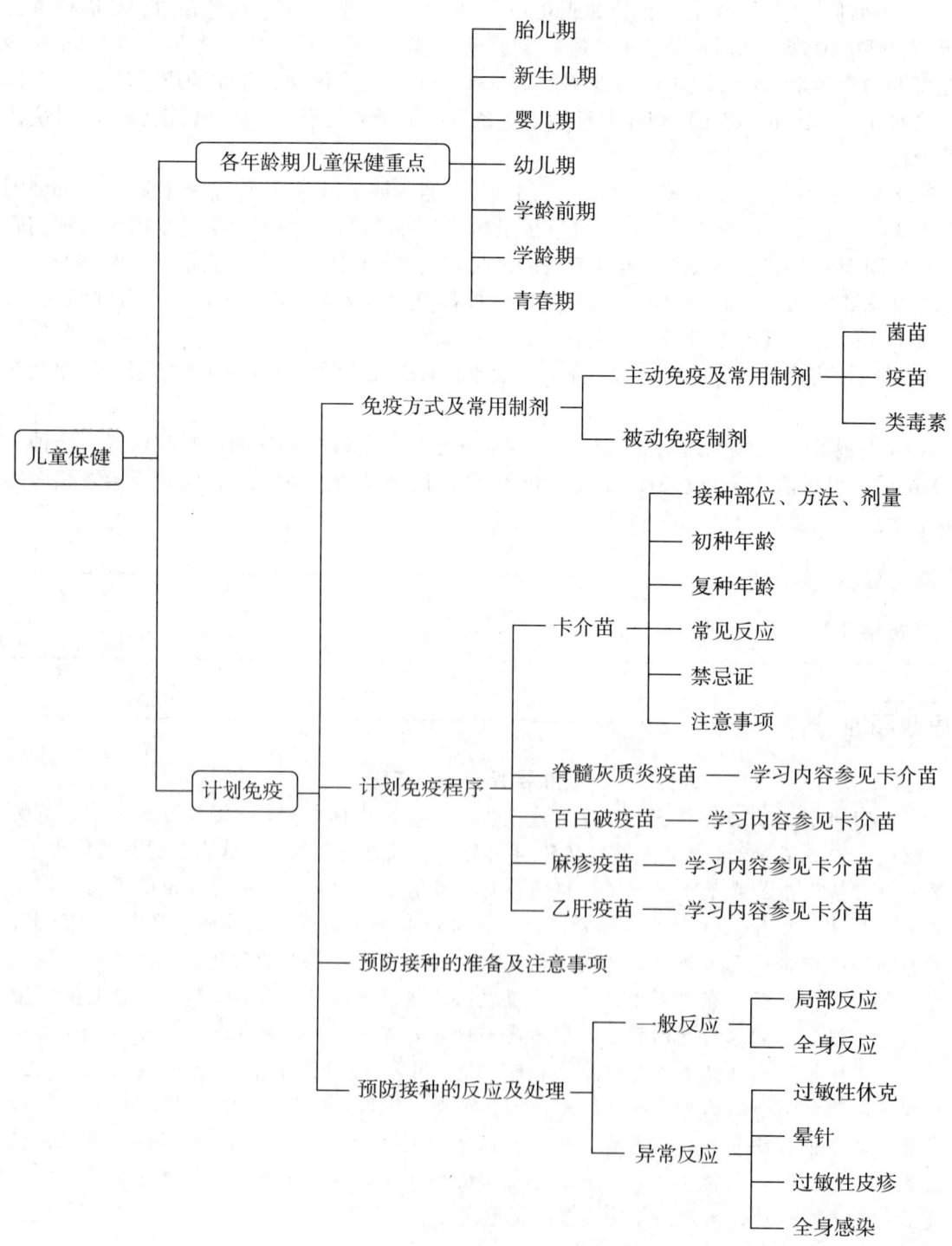

自 测 题

一、选择题

1. 小儿性格形成的关键时期是
   A. 婴儿期   B. 幼儿期   C. 学龄前期
   D. 学龄期   E. 青春期
2. 卡介苗初种的月龄应是
   A. 出生～2个月   B. 2～3个月   C. 4～5个月
   D. 6～7个月   E. 8～9个月
3. 小儿，女，3个月。来门诊进行预防接种，她应当接种的是
   A. 卡介苗   B. 乙肝疫苗第一针   C. 乙肝疫苗第二针
   D. 百白破第二针   E. 百白破第一针
4. 给婴儿口服脊髓灰质炎减毒活疫苗时，正确的做法是
   A. 用热开水送服   B. 用温热水送服   C. 用冷开水送服或含服
   D. 热开水溶解后服用   E. 服后可立即饮用热牛奶
5. 青春期心理与行为最突出的特点是
   A. 身心发展一致性   B. 形成新的同伴关系   C. 思维方式成熟
   D. 情绪状态稳定   E. 有强烈的独立自主意识

二、简答题

1. 说出1岁内小儿需完成的计划免疫种类及相应接种年龄。
2. 试述新生儿期居家护理要点。

三、案例分析题

1. 患儿，男，2个月。近几天因受凉出现发热，最高达39℃。
问题：（1）按计划免疫程序，该婴儿近期应接种哪种疫苗？
（2）目前该患儿是否可按计划进行接种？

2. 患儿，女，出生4天，一般情况较好，住院期间已接种卡介苗、乙肝疫苗。准备出院时其母亲询问下一次预防接种应该在什么时候，接种前应注意什么，如果你是她的责任护士，应该怎样回答？

（欧阳明珠）

第五章数字资源

第五章 儿科医疗机构的设置及住院患儿的护理

学习目标

通过本章的学习，学生应达到：

1. **素质目标** 具备高尚的职业道德，培养以儿童及其家庭为中心的全方位整体护理的能力，增强为患儿及其家庭服务的意识。

2. **知识目标** 描述儿童用药特点、不同途径的给药方法和护理、儿童体液平衡特点。

说明与患儿沟通的原则及其与各年龄阶段儿童的沟通技巧、各年龄阶段患儿对疾病认识和住院的心理反应，说明脱水程度及性质，酸碱平衡紊乱类型、临床表现及治疗要点，以及电解质失调的临床表现、治疗原则。

3. **能力目标** 能运用沟通技巧，评估患儿及其家庭的心理反应，为住院患儿及其家庭提供心理护理，对患儿及家庭进行全面、详细的健康评估；对不同年龄阶段的儿童，以及不同用药途径实施管理；对水与电解质平衡失调、酸碱平衡紊乱的患儿进行评估和护理。

儿童正处于生长发育的重要阶段，患病和住院不仅给小儿的身体带来痛苦，而且容易造成其身心创伤，为减轻儿童住院的压力，护士应了解住院对患儿及其家庭的影响，在患病儿童住院期间给予全面的身心护理。

在一般医院中，儿科医疗机构包括儿科门诊、儿科急诊及儿科病房3部分。由于小儿抵抗力较成人低，而综合医院中成人患者较小儿多，因此，为防止交叉感染，儿科门诊、急诊应设在一层楼的一角，有单独的出入口、挂号处、药房及化验室等设施。儿科病房的设置应在较安全的地点。

第一节 儿科医疗机构及护理管理

儿科医疗机构在我国有3种形式：儿童医院、妇幼保健院及综合医院中的儿科。不同的医疗机构及规模和等级不同，其布局设置也有所不同。其中以儿童医院设置最合理、全面，包括儿科门诊、儿科急诊和儿科病房。

一、儿科门诊

（一）设置

1. **预诊室** 是儿童医疗机构特有的部门。儿童病情变化快，预诊可帮助识别急重症患儿，尽快安排急诊，为患儿赢得抢救时间。早期筛查传染病，避免交叉感染和协助患儿家长选择就诊科别。预诊室应设在儿童医院内距大门最近处或综合医院儿科门诊的入口处。预诊室应设有两个出口，一个通向门诊候诊室，另一个通向传染病隔离室。隔离室内备有消毒、隔离设备，如紫外线灯、洗手设备、隔离衣。

预诊室主要以简明扼要的问诊、望诊及体检方式，在较短的时间内根据主要的病史、症状，迅速做出判断，以避免因患儿停留过久而发生交叉感染。当有急需抢救的危重患儿时，预诊护士要立即将危重患儿护送至急诊室抢救。因此，预诊工作要求动作迅速，处理果断，人员要求责任心强，经验丰富，决断能力强。

2. 门诊部　设挂号处、体温测量处、候诊室、诊查室、注射室、治疗室、饮水处、盥洗室。各室的布置应符合儿童心理特点，如室内放置玩具、张贴图画，营造使患儿欢乐的气氛，消除患儿的恐惧心理。

3. 传染病隔离室　室内除应有的检查床、桌、椅及必要的检查用具外，必须备有隔离衣及针对不同传染病的消毒设施和洗手设备。传染病隔离室最好分为互不相通的几间，分别诊治不同的传染病。若仅设一间则在同一时间内只可诊治同种传染病患儿。当患儿离去后，室内必须经消毒处理后方可诊治另一种传染病的患儿。

发热儿童在就诊前需到体温测量处测试体温。体温高达39℃以上者，应酌情给予退热处理，并优先安排就诊，以防发生高热惊厥。由于儿童就诊多由家长陪伴，候诊室设置应宽敞明亮、空气流通，有足够的候诊椅，并设有病床供包裹患儿使用。应设多个诊查室，室内设有诊查桌、椅、诊查床及洗手设备。化验室应设在诊查室附近，便于患儿化验检查。

（二）儿科门诊护理管理

儿科门诊的特点之一是陪伴就诊的人数较多，故门诊人员的流动性较大。根据这一特点，门诊在护理管理上应做好以下几个方面的工作。

1. 保证就诊秩序有条不紊　护理人员要做好诊查前的准备、诊查中的协助及诊查后的解释工作。合理安排，组织管理，提高就诊质量。

2. 密切观察病情变化　儿童病情变化快，门诊各岗位护理人员在预诊及门诊整个诊治过程中应经常巡视就诊患儿的面色、呼吸、神态等变化，发现病情突变者，应及时处理。

3. 预防院内感染发生　制定并执行消毒隔离制度，严格遵守无菌技术操作规程。及时发现传染病的可疑征象，并予以处理，消除可能使患儿感染的各种机会。

4. 杜绝差错事故　严格执行核对制度，在给药、注射、测量等各项工作中一丝不苟，严格执行各项操作规程，杜绝在工作中出现事故差错。随时注意小儿安全，防止发生意外事故。

5. 提供健康指导　为就诊儿童和家长提供健康指导是门诊护士的基本职责。根据季节、疾病流行情况进行卫生宣教。同时为家长提供促进小儿生长发育、合理喂养及儿科常见病的预防和早期发现的知识。

二、儿科急诊

（一）设置

儿科急诊是抢救患儿生命，对各科危重患儿进行初步诊治的重要场所，待患儿病情稳定后才能转入病房。因此儿科急诊中应设有诊查室、抢救室、治疗室、观察室、隔离观察室。

1. 抢救室　内设病床2～3张，配有人工呼吸机、心电监护仪、气管插管用具、供氧设备、吸引装置、雾化吸入器等必要的设备。治疗用具包括各种穿刺包、切开包、导尿包等。室内放置抢救车一台，备有常用急救药品、物品，记录本及笔，以抢救危重症患儿时需要。

2. 观察室　设有病床及一般抢救设备，可备有供氧和吸引装置、婴儿温箱等，还可备有医嘱本、护理记录单及病历记录。如有条件可装备监护仪器。

3. 治疗室　应设有治疗床、药品柜、注射用具、各种治疗、穿刺用物及各种导管等。

4. 小手术室　除一般手术室的基本设备外，应准备清创缝合小手术、大面积烧伤的初步处理、骨折固定、紧急胸或腹部手术等所需器械用具及抢救药品。

（二）儿科急诊护理管理

1. **急诊抢救的五要素** 人、医疗技术、药品、仪器设备及时间是急诊抢救的五要素，其中人起主要作用。急诊护士应有高度的责任心，熟练掌握小儿各种急诊抢救的理论与技术，做到专业技术精湛。

2. **执行急诊岗位责任制度** 坚守岗位，随时做好抢救患儿的准备。经常巡视，及时发现患儿病情变化并处理。对抢救设备的使用、保管、补充、维护等应有明确的分工及交接班制度。

3. **建立并执行各科常见急诊的抢救护理常规** 组织护理人员学习、掌握各科常见疾病的抢救程序、护理要点，在熟练掌握护理常规的基础上，不断提高抢救效率。

4. **加强急诊文件管理** 急诊应有完整的病历材料，记录患儿的就诊时间、一般情况、诊治过程等。紧急抢救中遇有口头医嘱，须当面复述确保无误后执行，并及时补记于病历上。

三、儿科病房

（一）设置

儿科病房可分为普通病房和重症监护室，重症监护室还可分为新生儿监护病房、儿科监护病房和普通病房设置的监护室。

1. **普通病房设置** 儿科普通病房设置与一般成人病房类似，设有病室、护士站、治疗室、值班室、配膳（奶）室、厕所等。具有儿科特色的是病区设置有游戏室或游戏区，提供适合不同年龄患儿的玩具和书籍，定时开放，能帮助患儿尽快适应住院生活。儿科的病床应有适合各年龄患儿的床栏，浴室设有防滑装置等，以保障住院患儿的安全，防止意外伤害。

2. **重症监护室设置** 重症监护室主要收治病情危重，需要观察及抢救者。重症监护室应与普通病房、产房或手术室邻近，方便转运和抢救，室内备有各种抢救设备和监护设备。监护室主要由监护病房、隔离病房和辅助用房（治疗室、护士站、医护办公室等）组成。监护病房的床位安排可分为集中式和分散式。集中式是将床位集中在一个大房间内，中央设置护士站，便于观察抢救；分散式是将床位分散于小房间内，房间之间用透明玻璃隔开，方便观察、防止交叉感染，较安静。为了满足患儿家长的探视需求，监护室的一面可设置为透明玻璃墙，或在监护室内设置摄像器材，家长可通过监护室的电视屏幕看到患儿的情况，以促进医患沟通，体现人文关怀。

（二）儿科病房护理管理

1. **环境管理** 病房环境要适应儿童心理、生理特点，可张贴患儿熟悉的卡通画，以动物形象作为病房标记。病房窗帘及儿童被服由颜色鲜艳，图案活泼、可爱，舒适的布料制作。新生儿与未成熟儿病房一定要有照明，以便观察；普通患儿病房夜间灯光应较暗，以免影响睡眠。新生儿重症监护治疗病房（NICU）则应控制光照和噪音，因为持续明亮的灯光对早产儿不利，过大的声音会带来压力刺激，可影响听力和情感发展，在需要时才开灯，避免灯光直射患儿眼部，人为活动适当控制音量。室内温、湿度依据患儿年龄大小而定（表5-1）。

表5-1 不同年龄小儿适宜的室温和相对湿度

年龄	室温	相对湿度
早产儿	24～26℃	55%～65%
新生儿	22～24℃	55%～65%
婴幼儿	20～22℃	55%～65%
年长儿	18～20℃	50%～60%

考点提示

不同年龄小儿适宜的温、湿度。

2. 生活管理　患儿的营养和膳食不仅要符合疾病治疗的需要，还要满足其生长发育的要求。餐具由医院供给，做到每次餐后进行消毒。医院提供式样简单，布料舒适、柔软的患儿衣裤，经常换洗，保持清洁。根据患儿不同的年龄、疾病与病情决定其活动与休息的时间。建立有规律的生活制度，帮助患儿消除或减轻因住院而出现的心理问题。

3. 安全管理　室内一切设施均应考虑患儿的安全。好动、好奇心强且无防范意识是小儿的共同特点。因此病房安全管理的内容广泛，无论是设施还是日常护理的操作，都要全面考虑患儿的安全问题，防止出现意外，如防止跌伤、烫伤、误饮误服。药柜要上锁。禁止患儿去杂物室、配膳室，以免沾染污物和烫伤。测量体重、身长时要将患儿扶好，患儿在检查床上时，要始终有人守护。病房中的消防、照明器材，应有固定位置，非常出口要保持通畅。

4. 预防感染　小儿在患病期间机体抵抗力下降，易发生各种感染，应给予高度重视，积极预防。严格执行消毒隔离制度。按时进行空气和地面的消毒，做好陪伴家属及探视的管理工作。

5. 家属管理　为了防止交叉感染，保持病室清洁、整齐，应制定合理的探视制度。护士应向患儿家属耐心介绍及解释患儿的病情，宣传、讲解有关患儿疾病的基础知识及预防知识，有危险的、发出噪声的、不易消毒的玩具不要带入病房。

第二节　儿科健康评估的方法

小儿时期是不断生长发育的动态变化时期，无论在心理，还是在生理方面均不成熟，特别容易受环境影响，使自身的生理功能发生变化。因此，在评估小儿的健康状况时，要掌握小儿的身心特点，运用多方面知识，以获得全面、正确的主客观资料，为制定护理方案打下良好基础。

一、收集资料

收集资料是护理评估的起始阶段，是护理程序的基础。资料获取可来自患儿本人、家长与照顾者、其他医务人员、病案记载及医疗和护理的有关文献资料等。一种是主观资料，系患儿的主诉，如年长儿诉头痛、畏寒，多为患儿本人的感觉；另一种为客观资料，是别人观察到的患儿的症状及检查到的体征，如体温39.5℃、肠鸣音亢进、伤口有渗出、局部有包块。儿科护士应首先了解患儿的情况，收集与患儿疾病有关的资料。

收集资料的方式有交谈、观察、体格检查及阅读与患儿相关的病史资料，本节重点介绍前3种方式。

1. 交谈　儿科护士通过与患儿、家长、其他照顾者交谈，了解患儿的疾病情况。

（1）一般状况：包括患儿姓名、性别、年龄（新生儿记录日龄，婴儿记录月龄，1岁以上记录到几岁几个月）、出生时期、民族、入院日期、通讯地址、联系电话。

（2）主诉、现病史：主诉即来院诊治的主要原因及发病经过。现病史指按疾病症状出现的先后顺序，了解发病情况、症状特征。如这次患病情况，包括发病时间、主要症状（包括其他系统和全身的伴随症状）、发病和发展、严重程度、部位性质等及检查治疗情况。

（3）个人史：包括出生、喂养、生长发育、免疫接种、既往健康史、过敏史、日常活动及心理-社会史。

1）出生史：患儿系第几胎、第几产，是足月儿、早产儿还是过期产儿，了解其母孕期情况及分娩方式，患儿出生体重、身长，有无窒息、产伤，阿普加（Apgar）评分等。对新生儿及婴儿尤应详细了解。

2）喂养史：患儿自婴儿期的喂养方式，是母乳喂养还是人工喂养，辅食添加及断奶情况，近期进食的种类、餐次、食欲如何、大小便情况等。有无挑食、偏食、吃零食等不良饮食习惯。

3）生长发育史：了解患儿的生长发育情况，体格生长指标如体重、身高、头围、胸围、腹围的增长情况；语言、动作及神经精神方面的发育情况。如前后囟门闭合时间及乳牙萌出时间、数目；会抬头、独坐、站、走路及说话的时间；会笑、认人的时间，会控制排尿、排便的时间。

4）活动史：主要包括饮食、睡眠、排泄、清洁习惯及自理情况，是否有特殊行为习惯。

5）免疫接种史：包括所有的疫苗是否按时接种的记录，接种后有无不良反应。

6）既往健康史：曾患何种疾病，既往住院史、传染病史、药物及食物过敏史、预防接种情况。曾患疾病的治疗情况，治疗结果。

7）过敏史：是否有过敏性疾病，有无对药物、食物或某种特殊物质（如植物、动物或纤维）的过敏史，特别应注意患儿的药物过敏史。

8）家族史：家庭是否有遗传性疾病，父母是否近亲结婚，母亲妊娠史和分娩情况等。

9）心理-社会支持状况：了解患儿神经心理的发育水平如感知、运动、语言和心理过程及性格；了解患儿在学校的表现、不良习惯和家庭环境；了解其自我概念、适应技能等。

（4）注意事项：采集健康史时，要采用耐心听取与重点提问相结合的方法，精神集中，注意倾听，不随意打断家长的诉说，不使用暗示语言引导家长做出护理人员期待的回答。对年长患儿可让其补充叙述病情，以取得直接的感受。询问时避免使用医学术语，态度要和蔼，取得对方的信任，以获取准确的、完整的资料，为护理诊断提供可靠的依据。当患儿病情危重时，应重点简要地问明主要病史，边询问边检查和抢救，以免耽误救治，详细的病史采集可在患儿病情稳定后进行。

2. 观察　患儿入院后，护士应通过视、听、触、嗅等感觉器官随时观察其身心状况，以收集有关资料。视诊可了解患儿的身体特点、面部表情、行为表现、步态、姿势等。通过听觉，了解患儿是否有喘息、呼吸道是否有痰液阻塞、哭声是否无力等。通过触觉，感觉皮肤的温、湿度及器官的大小变化。通过嗅觉，了解排出物的气味等。由于小儿的言语表达有限，儿科护理观察在护理健康评估中尤其重要。

3. 体格检查　目的是通过对患儿身体进行全面检查，对患儿在身心、社会方面的功能进行评估，为制订护理计划提供依据。内容和方法如下。

（1）一般测量：包括体温、血压、脉搏、呼吸、身长、体重，必要时测量头围、胸围等。

1）体温：测量方法视小儿年龄和病情而定。年长儿可测口温，37.5℃以下为正常；小婴儿可测腋温，36～37℃为正常；肛温最准确，但对小儿刺激大，36.5～37.5℃为正常。

2）呼吸、脉搏：应在小儿安静时测量，呼吸频率可通过听诊或按小腹起伏计数，还可用少量棉花贴近患儿鼻孔边缘，观察棉花纤维扇动计数。除呼吸频率外，呼吸节律及深浅度也应注意。年幼儿腕部脉搏不易扪及，可计数颈动脉或股动脉搏动，也可通过心脏听诊测得。各年龄小儿呼吸、脉搏正常值见表5-2。

表 5-2　各年龄小儿呼吸、脉搏次数

年龄	新生儿	1岁以下	2～3岁	4～7岁	8～14岁
呼吸（次/分）	40～45	30～40	25～30	20～25	18～20
脉搏（次/分）	120～140	110～130	100～120	80～100	70～90
呼吸：脉搏	1:3	1:3～1:4	1:3～1:4	1:4	1:4

3）血压：不同年龄小儿选用的血压计袖带宽度不同，宽度应为上臂长度的2/3，新生儿及小婴儿可用简易潮红法或多普勒超声诊断仪测定。不同年龄血压正常平均值可用公式推算，收缩压（mmHg）=80+（年龄×2），舒张压为收缩压的2/3。

> 考点提示
>
> 各年龄小儿呼吸、脉搏次数及血压的计算。

（2）一般情况：检查营养状况，面容、神态，对外界刺激的反应，体位、步态，哭声，语言的流畅、清晰程度及病后的情绪反应等。

（3）皮肤及毛发：检查皮肤的颜色、弹性、温度、湿润度，皮下脂肪厚度，有无皮疹、出汗、淤点、脱屑、色素沉着；毛发颜色、光泽如何，有无干枯、易折、脱发。

（4）淋巴结：检查耳前、耳后、枕部、枕后、颈部、腋窝、腹股沟等部位的浅表淋巴结。注意大小、数目、质地、活动度及有无压痛等。

（5）头部

1）头颅：检查头颅大小、形状，有无方颅，颅缝是否闭合或增宽、有无颅骨软化；囟门是否闭合，并测其大小，注意紧张度，是否膨隆和凹陷；有无血肿、产瘤、颅骨缺损等。

2）眼：检查眼裂是否对称，眼睑有无水肿，眼球活动情况、有无突出，结膜有无充血，角膜有无浑浊、溃疡，有无流泪、分泌物，巩膜有无黄染，瞳孔大小、对称性及对光反射如何。眼部应注意有无结膜干燥症、单纯疱疹性结膜炎，以及角膜浑浊、溃疡。

3）耳、鼻：检查有无畸形及分泌物，有无外耳道牵拉痛，乳突有无红肿、压痛，注意耳部有无流脓。检查有无鼻腔分泌物、出血，呼吸是否通畅，有无鼻翼扇动，鼻旁窦有无压痛。

4）口腔：检查嘴唇有无苍白、发绀、湿润、干燥，有无张口呼吸、口角糜烂，牙龈、颊黏膜有无充血，口腔黏膜有无麻疹黏膜斑或溃疡、鹅口疮；有无舌大、伸舌、喜弄舌；牙齿数目，有无龋齿。

（6）颈部：检查外观是否正常，有无斜颈，活动是否自如，气管位置是否居中，颈静脉有无怒张，甲状腺的大小情况。

（7）胸部

1）胸廓：新生儿胸廓为桶形，随着年龄渐长，横径增长较快，2岁时横径大于前后径；10岁时胸廓与成人相同。婴儿肋骨横置呈水平位，膈肌位置较高，2岁后肋骨逐渐形成斜位。检查胸部应注意其形状，有无鸡胸、漏斗胸、肋骨串珠、肋膈沟，有无前区膨隆或其他畸形等。

2）肺部：视诊检查呼吸频率、节律，有无呼吸困难和呼吸深浅改变；触诊检查语颤有无改变；叩诊检查有无异常浊音、鼓音或实音；听诊检查呼吸音是否正常，有无啰音（性质、部位）。

3）心脏：视诊检查心前区有无隆起，心尖冲动的位置、范围、性质；触诊检查有无震颤；

叩诊检查心界大小；听诊检查心率、节律、心音强度，有无杂音。

（8）腹部：视诊检查大小、形状，腹壁有无静脉曲张，有无脐疝，能否见到蠕动波和肠形，新生儿注意脐部有无出血、分泌物、炎症；触诊检查腹壁紧张度，有无压痛或肿块，肝、脾有无肿大及压痛，正常小儿肝在肋下 1～2 cm 处可扪及，柔软无压痛，6～7 岁以后不再触及。叩诊检查有无移动性浊音；听诊检查肠鸣音是否正常。

（9）外生殖器与肛门：检查外生殖器有无畸形，男孩有无隐睾、鞘膜积液、包茎、疝气；女孩外阴有无异常分泌物；肛门有无畸形、肛裂及直肠脱垂。

（10）脊柱与四肢：检查脊柱有无畸形、压痛，活动有无障碍；四肢有无"O"形或"X"形腿、手足镯等佝偻病表现；运动是否受限；肌张力是否正常。

（11）神经反射：检查患儿的神志、精神状态，有无异常行为。正常的生理反射是否存在，有无病理反射，新生儿需另外检查拥抱反射、吸吮反射。

护理体检时应注意：①室内应安静、光线明亮、温度适宜；②按小儿年龄及所需检查部位采取合适的体位、姿势；③检查者的手应清洁、温暖，态度和蔼，动作轻柔；④根据小儿的年龄特点及耐受程度对体检的顺序进行适当调整；对急诊及被抢救的患儿，先重点检查生命体征及与疾病有关的部位，边检查、边抢救，全面的体检等病情稳定后再进行。

二、护理诊断

将收集的所有资料，进行综合评估，确定患儿目前主要的健康问题，做出护理诊断，以便制订下一步的护理计划，也是护士为达到预期目标选择护理措施的基础，而预期目标是由护士负责制订的。护理诊断应符合目前通用的北美护理诊断协会（NANDA）的 148 项护理诊断。

在为患儿做护理诊断时，应考虑：①由于患儿正处于生长发育的过程中，做患儿的护理诊断既要考虑疾病造成的健康问题，也要考虑患儿是否存在生长、发育异常。②由于小儿不能准确自述病情，缺乏自理能力，需要依靠照顾者叙述病情，在患儿生病后，可因家长知识缺乏而直接影响对患儿的健康照顾，因此，护理诊断就包括家长关于患儿所患疾病认知的诊断。

三、护理计划

护理计划是针对护理诊断制定的具体护理措施，是护理行动的指南。制订护理计划是为了指导护理行为，也为记录患儿的病情变化提供了文字材料，同时也是医护人员之间相互沟通的工具。护理计划的制订方法如下。

1. 设定优先次序　一个患儿可能有一个或几个护理诊断，须根据轻、重、缓、急排列优先次序。首先确定对患儿生命有威胁的、需要立刻采取行动的问题，如不能维持自主呼吸、严重体液不足。可按照马斯洛需要层次论进行排列，优先解决患儿的生理需要。如呼吸困难的患儿，首先应保持其呼吸道通畅，给予氧气吸入，满足患儿对氧气的基本生理需要，维持其生命。其次在无原则冲突的情况下，可考虑其他需要。现存的问题优先处理，但不要忽视潜在的、有危险性的问题。

2. 设定预期目标（预期结果）　是指患儿在接受护理后，期望其能达到的健康状态。目标要具体，如患儿能够完成的行为，该行为必须是可观察到的并可以测量的。如患儿 2 周后可扶着拐杖走路；住院期间无皮肤破损。另外，目标有远期和近期之分。

3. 设定计划（选择护理措施）　设定预期目标后，护士要根据患儿的病情制定相应的具体护理措施，以达到特定的预期结果。一个预期目标需要制定几项护理措施来完成。如发热患儿确定的预期目标是患儿体温恢复正常，则护理措施为：①密切观察体温变化，体温超过 38.5℃

给予物理降温或遵医嘱给予药物降温，防止发生惊厥；②保证充分的水分及营养供给。此外，计划中还应包括对患儿及家长进行健康指导的内容，教会患儿及家长用以维持或重获最佳健康状况的知识技能。

四、实施计划

实施计划是将设定的各项措施用于护理实践的具体行动。实施包括各式各样的护理活动。护士在实施过程中扮演多种角色，既是决策者、实施者又是教育者、组织者。在实施过程中，护士还要继续收集资料，评估患儿的健康状况和对护理措施的反应，随时进行调整。要及时书写护理记录，包括护理活动的内容、时间，以及患儿和家长的反应。儿科护士应具有灵活的应变能力，能根据患儿的病情变化随时调整护理计划，儿科护士应具备丰富的业务理论知识、熟练的护理技术及良好的人际关系，实施结果是评价实施者能力的标准。

五、护理评价

护理评价是将患儿的健康状况与设定的护理目标进行比较的一项护理活动，是护理程序的最后一个阶段。可以了解患儿是否达到预期目标，患儿的需求是否得到满足。虽然是最后一个步骤，但实际上评价在护理过程中一直存在，因为在每一项护理措施的进行中，护士一直不断地在进行早期评价，最后一步的评价是一个全面的检查。评价按实现程度分为目标完全实现、目标部分实现、目标未实现。若发现目标部分或未实现应考虑下述问题：收集资料是否充足，护理诊断是否确切，预期目标是否恰当。找出问题后，要在工作上加以改进，或重新收集资料，重新评估，重新制定符合患儿病情的护理程序并实施。

第三节　小儿沟通的特点与方法

沟通是人与人之间通过各种方式信息交流的过程，在心理上和行为上发生相互影响的过程。沟通具有交流信息、传递情感和调节行为的功能。沟通可以通过言语、文字、表情、手势等方法来交换彼此的思想和情感，沟通是一切人际关系的前提和基础。健康照顾者与患儿沟通的任务是要为患儿提供信息，帮助患儿适应环境，取得患儿的信任，解决患儿的健康问题。沟通是儿科护理中的重要技能，通过沟通不仅使护理人员完成有效的护理评估，而且可以建立良好的护患关系。小儿正处在生长发育阶段，心理发展尚不成熟，因此，与患儿的沟通应采用特殊的技巧。

一、小儿沟通的特点

1. 情感表达的能力较差　由于发育水平所限，不同年龄阶段的小儿表达个人需要的方式不同。1岁以内的婴儿言语发育尚不成熟，言语表达能力差，多以哭声表示自己的身心需要，如口渴想喝水，尿湿了想更换尿布，感觉害怕时想要被爱抚；1～2岁的小儿开始学习言语，常吐字不清楚，用词不准确，叠音字较多，语言表达不清，让人难以理解。因此，婴幼儿尚不能或不能完全通过言语与别人进行沟通。随年龄的增长，小儿的言语表达能力逐渐增强，3岁以上的患儿可通过言语并借助肢体动作，叙述某些事情的发生经过，但常缺乏条理性和准确性，不能表达清楚。

2. 缺乏正确判断的能力　由于患儿对事物、对问题的理解有一定的局限性，在小儿生后的头几年里，依照不同年龄，分别以直觉活动思维和具体形象思维占重要地位，对事物的认识、问题的理解有一定的局限性。直至学龄初期，才逐步过渡到以抽象逻辑思维为主的思维方式。

学龄期儿童逐步学会正确地掌握概念，形成恰当的判断，进行合乎逻辑的推理。因此，患儿对问题的理解、认识、判断、分析的能力较成人差，容易影响沟通的进展与效果。

二、与小儿沟通的方法和技巧

（一）与患儿的沟通

由于患儿书写能力有限，故口语交谈是最常用的沟通形式，其优点是能较清楚、迅速地将信息传递给对方。交谈不仅可以使护士获得患儿的病情资料并加以客观评价，还可以加强护患关系。在交谈中，护士对患儿的态度应该是亲切同情、尊重人格、尊重事实及包容谅解。通过交谈，护士将有关医院环境、治疗等情况向患儿及家长进行详细介绍，患儿也可将自己的生理需求和情感及时向护士倾诉。由于患儿的言语能力有限，可不同程度地影响沟通效果，因此，有效的沟通必须采用双方能听懂的话语，并注意采用相应的技巧。

1. 主动介绍　初次接触患儿及其家长时，护士应主动自我介绍，并亲切地询问患儿熟悉的生活与事情，如患儿的乳名、年龄、学校或幼儿园的名称，这样可缩短与患儿及家长的距离。同时，应鼓励患儿自己做介绍或提出疑问，避免将所有问题只向家长询问，由家长全部代替表达，而形成替代沟通的局面，挫伤患儿主动合作的积极性。

2. 方式恰当　根据不同年龄患儿言语表达能力及理解水平，在谈话中，应以和蔼的态度、熟练的交谈技巧获得信息或发出信息。尽量不用封闭式提问的话语，如"是不是""要不要"，因为此类问题的固定答案可单纯回答"是"或"否"；也不用否定方式，而采用患儿能理解的方式。如患儿对"拿笔画画"的建议能愉快地采纳，而对"不能咬笔"的劝告则可能持抗衡的态度。使用肯定的谈话方式、患儿熟悉的语句，不仅有助于患儿理解，也能促进主动配合，如体格检查胸部需解开衣服，可向患儿解释说："让我来听听你的胸部，需要你解开衣扣，要我帮忙吗？"而应避免说："我来查体，你要不要解开衣扣？"

3. 语音适当　护士与患儿谈话时应注意语气、声调、语音、语速等，以促进沟通顺利进行。稍慢的速度、适当的语量、亲切的语气等能引起小儿及家长的注意与反应。

4. 表达出发自内心的关爱　虽然患儿不会用语言表达内心情感，但是当看到护士表情严肃也会感到紧张，甚至啼哭。护士对患儿某些幼稚的想象，应采取诚恳态度表示接受与理解，不能取笑、讥讽患儿，否则会失去患儿的信任。此外，由于患儿言语表达能力较差，有时出现叙述不清，护士应认真倾听。

5. 循序渐进　患儿惧怕人际关系的突然变化，他们需要一个过程逐渐适应环境。陌生人如果直接接近患儿并交谈，常会使患儿感到恐惧，可通过游戏等方式，与患儿逐渐熟悉。

6. 平等尊重　患儿年龄小、体格小，注意要给予平等尊重。患儿对语言交流中的非语言交流高度敏感，谈话时，与其保持同一水平，并保持目光接触来促进交流。

7. 保持诚信　一般情况下，护士为保护患儿，避免伤害，而不告诉他们真相。其实，最安全的方法是告诉他们事实，再提供必要的支持，给予适当的触摸、温和的表情、简单的问候，可使患儿减轻伤痛，即使是不愉快的事实也能逐渐接受。诚信可使患儿感到安全。不可随便向患儿许诺，承诺的事情一定要实现。

（二）与患儿父母的沟通

小儿患病，父母常有内疚、焦虑的心理，这些情绪同样可引起患儿的不安。护士应以热情、理解、关心的态度，与患儿父母传递信息，增加患儿对护士的信任感，使沟通在轻松的气氛中进行。与父母的沟通最好以一般的谈话开始，如"孩子现在怎么样？"可使父母在宽松的气氛下表达自己所关心的谈话内容；同时，要鼓励父母交谈，避免在谈话开始时使用单一反应的言语，如"是不是""有没有"等封闭性的问题，较好的说法如"什么""怎样""你的意思是……",这样有利于父母叙述患儿的情况。此外,还可适时应用倾听、适当的沉默和及时做出反应等沟通手段。

第四节 住院患儿的心理护理

案例 5-1

患儿,女,1岁。因肺炎入院,入院当天哭闹不止,踢打医护人员。

问题:

1. 该患儿主要的心理反应是什么?
2. 如何对该患儿进行心理护理。

小儿正处于生长发育的过程中,患病和住院可造成儿童身心创伤。疾病给小儿带来身体上的痛苦,医院陌生的环境及各种治疗操作使儿童产生恐惧,尤其是与父母分离,更使患儿焦虑不安。由于年龄不同、所患疾病和病情不同、住院时间的长短不同,患儿对住院的心理反应也不同;因此护士在对患儿实施护理评估的过程中,应了解影响患儿住院的心理因素,观察患儿住院的心理反应,认真做好心理护理。并针对各年龄阶段患儿的心理特点,采取相应的护理措施,使患儿住院后能得到正常的身心发育。

一、住院新生儿的心理反应与护理

1. **心理反应** 新生儿已具备了视、听、嗅、味及触等基本的认知功能,其中听、味、触觉已相当灵敏,具有愉快和不愉快的情绪体验。新生儿大脑发育不完善,大脑皮质经常处于抑制状态,睡眠时间较长,一般为 20～22 h,情绪反应常用哭声来表达。

2. **护理要点** 在治疗、护理中,应将各项操作集中进行,动作轻柔,善于观察、体会患儿不同哭声所表达的情感需要,给予相应护理。同时要注意用亲切、关爱的目光注视患儿,给予身体上的触摸,使患儿得到愉快和安全的情绪体验。

二、住院婴儿的心理反应与护理

1. **心理反应** 婴儿期是小儿身心发育最快的时期,对住院的反应随月龄增加而有所不同。5个月以前的患儿,如果生理需要获得满足,入院后就较少哭闹,能够安静,即使与母亲分离,出现的困扰也不明显,但容易因住院而缺乏外界有益的刺激,感知觉和动作方面的发育受到一定影响。另外,此时是婴儿和母亲开始建立信任感的时期,若患儿住院,此过程就会被迫中断。6个月后婴儿一般能认识自己的母亲,开始懂得认生,对母亲或抚育者的依恋性越来越强,故6个月～1岁的患儿住院反应强烈,主要表现为分离性焦虑。以哭闹表示与亲人分离的痛苦,对陌生环境与人持拒绝态度。

2. **护理重点** 护理人员应多与患儿接触,呼唤其乳名,使之对护士从逐渐熟悉到产生好感。尽量做到有固定的护士对患儿进行连续的护理,使患儿与护士能够建立起信任感。满足患儿的生理需要。向家长了解并在护理中尽量保持患儿住院前的生活习惯,可把患儿喜爱的玩具或物品放在床旁。通过耐心、细致的护理,使患儿感到护士像亲人一样爱自己,从而产生信任。对小婴儿特别要多给予抚摸、怀抱、微笑,提供适当的颜色、声音等感知觉的刺激,协助其进行全身或局部的动作训练,维持患儿正常的发育。

三、住院幼儿的心理反应与护理

1. 心理反应 幼儿对父母及其他亲人的爱护与照顾有着亲身的体验，住院后产生的心理变化比婴儿更强烈。如为无陪伴医院或父母因故不能陪伴患儿，幼儿可能认为住院是对自己的惩罚，担心遭到父母的抛弃，由此产生分离性焦虑。幼儿对医院环境、生活等各方面均不熟悉，担心自身安全受到威胁；同时受语言表达与理解能力的限制，因在表达需要、与他人交往上出现困难而感到苦恼。幼儿末期开始发展其自主性，对住院限制自己的活动产生不满情绪等各种心理反应，使患儿拒绝接触医护人员。具体表现为以下3个阶段。

（1）反抗：表现为侵略性、攻击性行为。如用语言攻击陌生人（"你讨厌！你走开！"），对陌生人进行身体攻击（脚踢、口咬、手打），企图逃跑找父母，这些反抗行为可持续几小时至几天，哭叫直至精疲力竭，拒绝他人的劝阻、照顾。

（2）失望：儿童感到没有找到父母的希望，停止哭泣，但表现出明显的抑郁、悲伤、无活力，活动明显减少，对周围一切事物不感兴趣。此阶段易出现患儿逃避压力常用的行为方式——退行性行为，如吸吮自己的拇指或咬指甲、尿床、拒绝用杯子或碗而用奶瓶。这些行为持续的时间对不同儿童来说可有所不同。儿童的身体状况可由于拒绝进水、进食或不活动等行为而受到伤害。

（3）否认：住院时间长的患儿可进入此阶段。即把对父母的思念压抑下来，克制自己的情感，能与周围人交往，而且形成新的人际关系，表现得很愉快，以满不在乎的态度对待父母来院探望或离去。但是，值得注意的是，这种行为只是一种无可奈何地接受或忍受与父母分离的结果，而不是获得满足的表现。儿童把对父母的感情全部压抑下来，以建立新的但很浅显的关系来应对失落和痛苦的情绪。他们变得以自我为中心，而且将重要的情感依附于物质上，父母来探视时，表现得满不在乎，一旦达到否认阶段，将对儿童产生难以扭转的、极其不利甚至永久性的影响。

2. 护理重点 以患儿能够理解的语言讲解医院的环境、生活安排，了解患儿表达需要和要求的特殊方式。运用语言与非语言沟通技巧，多与患儿交谈，以促进患儿语言能力的发展，达到互相理解。护士要注意自身行为举止，以良好的心态与形象影响患儿。对患儿入院后出现的反抗、哭闹等，应予以理解，允许其发泄不满。如发现患儿有退行性行为时，切不可当众指责，而是在病情允许时努力帮助其恢复，为患儿创造表现其自主性的机会，如自己洗手、吃饭，尽量满足其独立行动的愿望。

四、住院学龄前患儿的心理反应与护理

1. 心理反应 学龄前患儿如在住院后与父母分离，同幼儿一样会出现分离性焦虑，但因智能发展更趋完善，思维能力进一步发展，故表现较温和，如悄悄哭泣、难以入睡，能把情感和注意更多地转移到游戏、绘画等活动中，来控制和调节自己的行动。此阶段患儿可有恐惧心理，源于对陌生环境的不习惯，对疾病与住院的不理解，尤其惧怕因疾病或治疗而破坏了身体的完整性。同时，怀疑被父母遗弃和受到惩罚。

2. 护理重点 护理人员要关心、爱护、尊重患儿，尽快熟悉患儿。介绍病房环境及其他患儿，以助其减轻陌生感。根据患儿病情组织适当游戏，其目的有：①通过治疗性游戏（当游戏起到应对恐惧和忧虑的作用时称为治疗性游戏），以患儿容易理解的语言，讲解所患的疾病和治疗的必要性，使患儿清楚疾病和住院治疗不会对自己的身体构成威胁，使患儿确信住院不是惩罚。②以游戏表达患儿情感、发泄恐惧和焦虑情绪。在病情允许时，鼓励患儿适当地自我照顾，以帮助树立自信心。③游戏的同时可进行健康指导。

五、住院学龄患儿的心理反应与护理

1. 心理反应 此阶段患儿的心理发展是进入一个重要转折点的时期，患儿已进入学校学习，学校生活在他们心目中占有相当的位置，住院与父母暂时分离并不是焦虑的原因，主要的反应是与学校及同学分离，耽误了学习，感到孤独，担心会落后。因对疾病缺乏了解，患儿忧虑自己会残疾或死亡；因怕羞而不愿配合体格检查，不愿意回答个人卫生方面的问题；也有的患儿担心因自己住院给家庭造成严重的经济负担而感到内疚。由于此阶段患儿自尊心较强、独立性增加，所以，尽管他们的心理活动很多，但表现比较隐匿，努力做出若无其事的样子来掩盖内心的恐慌。患儿产生的心理反应是恐惧不安、悲伤、胆怯、孤独等，较大患儿可有焦虑、抑郁、睡眠障碍、闷闷不乐等情绪表现。

2. 护理重点 护士要与患儿坦诚地交谈，介绍有关病情、治疗和住院的目的，讲解健康知识，以解除患儿的疑虑，取得患儿的信任，密切护患关系。协助他（她）们与同学保持联系，了解学校及学习情况。鼓励患儿与同伴和老师保持通信，允许同伴来探望。与患儿共同计划一日生活安排，根据病情组织多种活动，鼓励患儿每日定时坚持学习，使其树立信心。进行体格检查及各项操作时，要采取必要的措施维护患儿的自尊。提供自我护理和清洁个人卫生的机会，发挥他们的独立能力，引导他们安心、情绪稳定地接受治疗。

六、住院临终患儿的心理反应与护理

1. 心理反应 临终患儿心理反应与其对死亡的认识有关。婴幼儿尚不能理解死亡，学龄前小儿对死亡的概念仍不清楚，常与睡眠相混淆，不知道死后不能复生。他们还会把死亡与自己的不良行为联系起来，认为死亡是一种惩罚。学龄前儿童最害怕与父母分别，因此，他们对死亡的恐惧是长眠不醒所带来的分离和孤独，只要父母能在身边，就感到安全。学龄期小儿开始认识死亡，但7～10岁的小儿并不理解死亡的真正意义，仅仅认为死亡是非常可怕的大事，而不能将死亡与自己直接联系起来。因此，对10岁以下的小儿来说，难以忍受的是病痛的折磨及与亲人的分离，而不是死亡的威胁；能够减轻病痛，与亲人在一起，便能有安全感。随着心理的发展，10岁以后的小儿逐渐懂得死亡是生命的终结，普遍存在且不可逆，自己也不例外，对死亡有了和成人相似的概念，因此，惧怕死亡及死亡前的痛苦。

2. 护理重点 护理人员应采取措施尽量减少临终患儿的痛苦，如稳、准、轻、快的操作，及时满足其心理、生理需要。护士应向患儿父母提供护理指导。允许其家长守护在身边，参与适当的照顾，临死前儿童常希望得到身体的接触，应鼓励父母搂抱、抚摸患儿。尽量做到有固定的护士对患儿进行连续的护理，使患儿与护士能够建立起信任感；同时，以耐心、细致的护理服务支持患儿。结合10岁以后患儿对死亡的理解程度，要认真面对患儿提出的死亡问题并给予回答，但避免给予预期死亡时间。随时观察患儿情绪的变化，提供必要的支持与鼓励。患儿死后，要理解、同情、关心家长的痛苦，在劝解、安慰家长的同时，尽量满足他们的要求。如允许家长在患儿身边停留一些时间，提供家长发泄的场所。

第五节　小儿用药的护理

药物治疗是防治疾病综合治疗中的一个重要组成部分和手段。合理正确的用药在治疗中常起到关键作用。在使用药物时，必须了解该药的性能、作用、原理、吸收、代谢及排泄等，对其适应证及禁忌证更应严格掌握。由于小儿解剖、生理特点随其年龄增长而有差异，故对药物的反应也不同。所以，小儿用药在药物选择、药物剂量、给药途径及间隔时间等方面，均应综

合考虑机体特点，如肝的解毒功能、肾的排泄功能、先天遗传因素及药物的特殊性。

> **知识链接**
>
> **儿童用药管理**
>
> 1. 准确的药物　检查医嘱和到期时间，了解药物的作用和潜在的副作用。
> 2. 准确的患儿　每次用药都要确认身份，与照顾者确认孩子的名字以提供双重验证。
> 3. 准确的时间　按医嘱在 20～30 min 给药，了解过去 24 h 内最近的一次给药时间和剂量。
> 4. 准确的用药途径　检查医嘱，确保是最有效和最安全的用药途径。
> 5. 准确的剂量　根据孩子的体重计算药物的剂量，并仔细核对。
> 6. 准确的记录　用纸张或计算机进行用药管理记录，确保所有用药和拒绝用药都有记录。
> 7. 受教育的权利　向父母或照顾者解释所用为何种药物及药物的副作用有哪些。
> 8. 拒绝的权利　给孩子和家长必要的解释以澄清任何误解或减轻恐惧，尊重孩子或父母选择拒绝。

一、各年龄期小儿用药特点

许多药物可通过胎盘进入体内。药物对胎儿的影响取决于孕妇所用药物的性质、剂量及疗程，并与胎龄有关。如孕妇长期服用苯妥英钠可引起胎儿颅面、肢体及心脏等畸形；雄激素、孕酮（黄体酮）及己烯雌酚等可致胎儿性发育异常；孕母服用氨基糖苷类药物可致胎儿耳聋、肾损害等。新生儿肝酶系统发育不成熟，影响了药物的代谢功能。如氯霉素的使用剂量不当，除引起粒细胞减少等不良反应外，还可引起急性中毒（灰婴综合征），后果严重。新生儿肾小球滤过率及肾小管分泌功能差，使药物排泄缓慢，故某些由肾排泄的药物如氨基糖苷类、地高辛，应注意用量。此外，应注意新生儿尚可受到临产孕母及乳母所用药物的影响，如孕母临产时用吗啡、哌替啶等麻醉剂或镇痛剂，可致新生儿呼吸中枢抑制；阿托品、苯巴比妥、水杨酸盐等药物可经母乳影响婴儿，须慎用；卡那霉素、异烟肼有可能引起乳儿中毒，乳母应禁用这类药物。而放射性药物、抗癌药、抗甲状腺激素药物，在乳汁中浓度较高，哺乳期应禁用。婴幼儿神经系统发育尚未完善，对阿片类药物特别敏感，易致呼吸中枢抑制，因此禁用阿片类药物。氨茶碱可引起过度兴奋，应慎用。婴幼儿对镇静药耐受量较大，如应用巴比妥类药物时，用量按体重计算较成人为大。

二、药物选择

1. 抗生素　是小儿临床常用药物之一。抗生素主要对由细菌引起的感染性疾病有较好的治疗效果，在使用中要严格掌握适应证，针对不同细菌、不同部位的感染，正确选择用药，保证适当的用量、足够的疗程，不可滥用，因抗生素在作用强、疗效好的同时，也存在某些不良反应，如氯霉素可抑制造血功能、链霉素能损害听神经。较长时间应用抗生素，容易造成肠道菌群失调，甚至引起真菌和耐药性细菌感染。

2. 退烧药　发热为小儿疾病的常见症状，通常用对乙酰氨基酚退热。该药可反复使用，但剂量不可过大。对婴儿期多采取物理降温及多饮水等措施，不宜过早、过多地应用退烧药。

3. 镇静止惊药 当患儿出现高热、烦躁不安、惊厥时，常选用镇静止惊药，可使其安静休息，解除惊厥，利于恢复。常用的药物有苯巴比妥、水合氯醛、地西泮等。

4. 止咳平喘药 婴幼儿呼吸道感染时多有咳嗽，分泌物多，痰不易咳出。咳嗽时，一般不首先使用镇咳药，而应用祛痰药或雾化吸入法稀释分泌物，配合体位引流排痰，使之易于咳出。对哮喘患儿常使用氨茶碱平喘，但该药可引起精神兴奋，应慎用，并于使用时加强护理观察。

5. 泻药和止泻药 小儿时期较少使用泻药，常以增加蔬菜等饮食调整或使用开塞露等外用药通便的方法解决便秘问题。小儿腹泻由多种原因引起，治疗方法除根治病因外，可采用口服或静脉滴注补充液体，以满足身体所需；同时加用活菌制剂，如乳酸杆菌、双歧杆菌，以调节肠道微生态环境，而不将使用止泻药作为首选治疗方法，以免因肠蠕动减慢，增加肠道内毒素的吸收，使全身中毒症状加重。

6. 糖皮质激素 临床应用广泛，可与相关药物配合使用，起到抗炎、抗毒素、抗过敏等作用。根据疾病需要使用的时间不同，分为短疗程与长疗程。长疗程使用可影响蛋白质、脂肪及糖的代谢，抑制骨骼生长，降低机体免疫力。故应严格掌握使用指征，剂量和疗程要适当。此外，患水痘时用此药可使病情加重，故严禁使用。

三、给药方法

1. 口服法 是临床常用的给药方法，对患儿身心的不良影响小，只要条件许可，尽量采用口服法。对儿童应鼓励并教会其自己服用药物；对婴儿可将药片磨碎加糖水调好，抱起小儿或抬高其头部后喂服，以防呛咳。

2. 注射法 多用于急重症患儿及不宜口服药物的患儿。常采用肌内注射、静脉推注及静脉滴注法。其特点是快速见效，但易造成患儿恐惧，宜在注射前做适当解释，给予鼓励。肌内注射一般选择臀大肌外上方，对不合作、哭闹挣扎的婴幼儿，可采取"三快"的特殊注射技术，即进针快、注药快及拔针快，以缩短时间，防止发生意外。但注射次数过多易造成臀肌损害，使下肢活动受影响，应引起重视并尽量避免。静脉推注主要用于抢救，在推注时速度要慢，并密切观察，勿使药液外渗。静脉滴注不仅用于给药，还可补充水分及营养、供给热量等，在临床应用较为广泛，需根据患儿年龄、病情调节滴速，保持静脉的通畅。

3. 外用药 剂型较多，如水剂、混悬剂、粉剂及膏剂，其中以软膏为多。根据不同的用药部位，可对患儿的手进行适当约束，以免因患儿抓、摸使药物误入眼、口而发生意外。

4. 其他 雾化吸入较常应用，灌肠给药及含剂、漱口剂在小儿时期使用不便，故应用较少。

四、药物剂量计算

1. 按体重计算 按体重计算药物剂量法是目前临床应用广泛的和最基本的药物剂量计算方法。其计算公式为：每日（次）需用剂量 = 每日（次）每千克体重所需的药量 × 患儿体重（kg）。若为注射药物，护士还须准确、熟练地将医嘱的药量换算为抽取注射用的药液量。如某患儿需肌内注射地西泮（安定）2 mg，其针剂规格为每支 10 mg/2 ml，该小儿注射该药液量应为 2 mg/10 mg × 2 ml = 0.4 ml。若注射药物为瓶装粉剂，护士应先计算好恰当的液体量溶解粉剂，以便于计算抽液量。如头孢拉定（先锋Ⅳ）针剂每瓶 0.5 g，可用 5 ml 注射用水溶解，使每 1 ml 溶液中含头孢拉定 100 mg。若医嘱为某小儿应注射该药 150 mg，护士应抽取注射量为 1.5 ml。在不断实践中，护士可根据具体情况与自己的经验，灵活运用换算方法。无论采用何种方法，都必须认真地计算与仔细地核对，严防出差错。

2. 按体表面积计算 由于许多生理过程（如每搏输出量、基础代谢）与体表面积关系密切，按体表面积计算药物剂量较其他方法更为准确，但计算过程相对复杂。计算公式为：每日（次）剂量 = 每日（次）每平方米体表面积所需药量 × 患儿体表面积（m²）。小儿体表面积可按下列公式计算，也可按"小儿体表面积图或表"求得。

≤ 30 kg 的小儿体表面积（m²）= 体重（kg）× 0.035+0.1
> 30 kg 的小儿体表面积（m²）= [体重（kg）–30] × 0.02+1.05

3. 按年龄计算　有些药物剂量幅度大，不需精确计算，如营养性药物，可采用简便易行的按年龄计算的方法。

4. 以成人剂量折算　不作为常规使用的计算方法，只限于某些未提供小儿剂量的药物，所得的剂量多偏小。计算公式为：

小儿剂量 = 成人剂量 × 小儿体重（kg）/50

以上方法在实际应用时，要全面考虑小儿的生理特点、所患疾病及其病情，对于肾功能不足的新生儿，一般用药剂量应偏小。同一种药物在治疗不同疾病时的剂量可有较大差异，如用青霉素治疗化脓性脑膜炎时，其剂量较治疗一般感染时的剂量要增大几倍。此外，同样的药物口服剂量要大于静脉注射剂量。

第六节　小儿体液平衡特点和液体疗法

一、小儿体液平衡特点

体液是人体的重要组成部分，保持体液平衡是维持生命的重要条件。体液平衡中水、电解质、酸碱度和渗透压的正常主要依赖于神经、内分泌、肺、肾等系统的正常调节。由于小儿各器官系统处于发育阶段，对体液的调节功能不成熟，易受疾病和外界环境的影响而导致体液平衡紊乱。

（一）体液的总量及分布

体液包括细胞内液和细胞外液，其中细胞外液由血浆和间质液组成。体液的总量和分布与年龄有关，年龄越小，体液总量相对越多，这主要是由于间质液的比例很高，而血浆和细胞内液的比例基本稳定，与成人相近（表 5-3）。

表 5-3　不同年龄小儿的体液分布（占体重的比例）

年龄	细胞内液	细胞外液		体液总量
		血浆	间质液	
足月新生儿	35%	6%	37%	78%
1 岁	40%	5%	25%	70%
2 ~ 14 岁	40%	5%	20%	65%
成人	40% ~ 45%	5%	10% ~ 15%	55% ~ 60%

考点提示

体液的总量及分布。

（二）体液的电解质组成

小儿体液的电解质组成与成人相似，唯有生后数日内的新生儿血中钾、氯、磷及乳酸偏高，而血钠、钙、碳酸氢盐含量偏低，细胞外液和细胞内液的电解质组成有显著的差别。细胞内液以 K^+、Ca^{2+}、Mg^{2-}、HPO_4^{2-} 和蛋白质为主。细胞外液离子主要为 Na^+、Cl^- 及 HCO_3^-，其中 Na^+ 含量占该区阳离子总量的 90% 以上，对维持细胞外液的渗透压起主要作用，临床上常可通过测定血 Na^+ 浓度来估算血浆渗透压。

（三）水的代谢特点

1. **水的需要量相对较大，交换率高**　体内水的出入量与体液保持动态平衡，即水的摄入量大致等于排出量。小儿生长发育快，新陈代谢旺盛，排泄水的速度也较成人快，所以年龄越小，出入水量相对越多。此外，正常情况下水通过肾排出体外，其次通过皮肤和肺的不显性失水排出，由于小儿体表面积相对较大，呼吸频率快，不显性失水较多，为成人的 2 倍，因此对缺水的耐受力差，在病理情况如呕吐、腹泻时则容易出现脱水。

2. **体液平衡调节功能不成熟**　正常情况下，水分排出多少主要靠肾的浓缩和稀释功能调节，年龄越小，肾的浓缩和稀释功能越差。新生儿及幼婴只能使尿液渗透压浓缩到 700 mOsm/L（比重 1.020），而成人可达 1400 mOsm/L（比重 1.035），因此小儿在排泄同量溶质时所需水量比成人为多，尿量相对较多。虽在出生后一周的新生儿的肾稀释能力即达到成人水平，但因肾小球滤过率低，水的排泄速度慢，如果水的入量过多，易引起水肿和低钠血症。年龄越小，肾排钠、排酸、产氨的能力越差，因而也更容易发生高钠血症和酸中毒。

二、小儿常见的水、电解质和酸碱平衡紊乱

（一）脱水

脱水指水分摄入不足或丢失过多所造成的体液总量尤其是细胞外液量的减少，除水分丧失外，还可伴有 Na^+、K^+ 等电解质的丢失。

1. **脱水的程度**　指患病以后累积的体液损失量，常以损失液体量占体重的比例来表示，但临床上常根据病史和前囟、眼窝、皮肤弹性、循环情况和尿量等临床表现综合评估。脱水分为轻、中、重三度（表 5-4）。

表 5-4　不同程度脱水的临床表现

	轻度脱水	中度脱水	重度脱水
失水量占体重百分比（%）	< 5	5～10	> 10
失水量（ml/kg）	50	50～100	100～120
精神状态	稍差、略烦躁	萎靡或烦躁	表情淡漠、昏睡甚至昏迷
皮肤	稍干燥、弹性尚可	苍白干燥、弹性差	发灰、干燥或有花斑纹、弹性极差
口腔黏膜	略干燥	干燥	极干燥
前囟和眼窝	稍凹陷	明显凹陷	深凹陷，眼不能闭合
尿量	稍减少	明显减少	无
眼泪	有	少	无
休克症状	无	不明显	有

考点提示

不同程度脱水的临床表现、脱水的性质。

2. 脱水的性质　指体液渗透压的改变,脱水的性质常反映水和电解质的相对丢失量,由于水和电解质两者丧失的比例不同,因而导致体液渗透压发生不同的改变,根据血清钠及血浆渗透压水平将脱水分为低渗性脱水、等渗性脱水和高渗性脱水(表5-5)。临床上以等渗性脱水最常见,其次是低渗性脱水,高渗性脱水少见。

表5-5　不同性质脱水的鉴别要点

	低渗性脱水	等渗性脱水	高渗性脱水
发生率(%)	20%~50%	40%~80%	1%~12%
主要原因	营养不良伴腹泻或补充大量非电解质溶液	多由呕吐、腹泻所致	腹泻时补含钠溶液过多
水、电解质丢失比例	电解质丢失比例大于水	成比例丢失	失水比例大于电解质
血钠浓度(mmol/L)	<130	130~150	>150
渗透压(mmol/L)	<280	280~320	>320
主要丢失液区	细胞外液	细胞外液	细胞内液
临床表现	脱水征伴循环衰竭	一般脱水征(见表5-3)	口渴、烦躁、高热、惊厥

(二)低钾血症

正常血清钾浓度为3.5~5.5 mmol/L,当血钾低于3.5 mmol/L时称为低钾血症,当血钾高于5.5 mmol/L时称为高钾血症。低(高)钾血症临床症状的出现不仅取决于血钾的浓度,更重要的是与血钾变化的速度有关。

1. 常见原因　①钾摄入不足:如长期禁食,补液时补钾不足。②丢失过多:由消化道或肾丢失过多,如呕吐、腹泻、应用排钾利尿剂(如呋塞米)丢失大量钾。③钾的分布异常:脱水、酸中毒的纠正;在纠正脱水、酸中毒前,由于血液浓缩、酸中毒时细胞内钾向细胞外转移及尿少导致排钾减少等原因,虽体内钾总量减少,但血钾多数正常;当输入不含钾的溶液时,随着血钾被稀释、酸中毒纠正后钾从细胞外向细胞内转移、输入的葡萄糖合成糖原消耗钾、利尿后排钾增加及粪便继续失钾等,使血钾迅速下降。④各种原因的碱中毒。

2. 临床表现　①神经肌肉兴奋性降低:表现为骨骼肌、平滑肌、心肌功能改变,如全身乏力、肌无力、腱反射减弱或消失、腹胀、肠鸣音减弱或消失,重者出现麻痹性肠梗阻或呼吸肌麻痹。②心脏损害:如心率增快、心肌收缩无力、心音低钝、血压降低、心脏扩大、心律失常,心电图显示ST段下降、T波低平、增宽,甚至双向或倒置,出现U波。③肾损害:长期低钾可致肾小管上皮细胞变性,浓缩功能降低,出现夜尿、多尿、口渴、多饮,还可并发低钾、低氯性碱中毒,伴有反常性酸性尿。

3. 治疗要点　治疗原发病,合理补钾。氯化钾一般每日3~4 mmol/kg(10%氯化钾2~3 ml/kg);严重低钾者可给4~6 mmol/kg(10%氯化钾3~4.5 ml/kg)。补钾常以静脉输入,但如患儿情况允许,口服缓慢补钾可能更安全。补钾时应遵循一定的原则:见尿补钾。严重脱水、肾功能障碍补钾有引起高血钾的危险;静脉点滴时浓度不宜过高,液体中钾的浓度不能超过0.3%(新生儿为0.15%~0.2%);静脉点滴时间不得少于8 h,忌静脉推注,以免发生心肌抑制而导致死亡；一般补钾持续 4～6 天，能经口进食时，应将静脉补钾改为口服补钾。

 考点提示

低钾血症的原因及临床表现。

（三）酸碱平衡紊乱

正常儿童血 pH 值为 7.35～7.45，主要通过体液的缓冲系统及肺、肾的调节作用。HCO_3^- 与 H_2CO_3 是血液中最重要的一对缓冲物质，两者比值为 20/1，它们在维持细胞外液 pH 值中起决定作用。如某种因素使两者的比值发生变化，pH 值也随之改变，即出现酸碱平衡紊乱。出现酸碱平衡紊乱后，机体如能通过肺和肾的代偿调节，维持两者比值在正常范围，称为代偿性酸中毒或代偿性碱中毒；如果两者比值不能维持正常，则称为失代偿性酸中毒或失代偿性碱中毒。在小儿时期最常见的酸碱平衡紊乱是代谢性酸中毒，由于代谢紊乱使血浆中 HCO_3^- 减少或 H^+ 浓度增高引起。以下仅介绍代谢性酸中毒。

1. 常见原因　①呕吐、腹泻丢失大量碱性物质，或以其他形式丢失，如小肠、胰、胆管引流；②摄入热量不足，引起体内脂肪分解增加，产生大量酮体，如进食不足；③血容量减少，血液浓缩，血流缓慢，使组织灌注不良、缺氧和乳酸堆积；④肾血流量不足，尿量减少，引起酸性代谢产物堆积体内等。因此，腹泻患儿常存在代谢性酸中毒，一般脱水越重，酸中毒也越重。

 考点提示

中重度酸中毒的临床表现。

2. 临床表现　根据血 HCO_3^- 的测定结果不同，将酸中毒分为轻度（18～13 mmol/L）、中度（13～9 mmol/L）及重度（＜9 mmol/L）。轻度酸中毒的症状、体征不明显，多通过血气分析发现并做出诊断；中度酸中毒即可出现精神萎靡或烦躁不安，呼吸深长，口唇呈樱桃红色等典型症状；重度酸中毒症状、体征进一步加重，恶心、呕吐，呼气呈烂苹果味，心率加快，昏迷或昏睡。新生儿及小婴儿因呼吸代偿功能较差，常可仅出现精神萎靡、拒奶、面色苍白等一般表现，而呼吸改变并不典型。

3. 治疗　积极祛除病因，治疗缺氧、组织灌注不足、腹泻等原发病。轻度酸中毒经病因治疗，随循环情况及肾功能的改善可自行恢复，无须使用碱性液治疗。对中、重度酸中毒或经补液后仍有酸中毒症状者，应补充碱性液体，首选 5% 碳酸氢钠溶液，临床应用时一般应加 5% 或 10% 葡萄糖液稀释 3.5 倍成等张液体（1.4% 碳酸氢钠）。酸中毒纠正后，血清钾降低，游离钙液减少，故应注意补钾、补钙。

（四）低钙、低镁血症

腹泻、营养不良或有活动性佝偻病的患儿，当脱水和酸中毒被纠正时，大多数有钙缺乏，少数可有镁缺乏。低血钙或低血镁时表现为手足搐搦、惊厥，可用 10% 葡萄糖酸钙 1～2 ml/kg（最多不超过 10 ml）等量葡萄糖溶液稀释后经静脉缓慢推注，若推注后仍不见好转时，应考虑有低镁血症，应深部肌内注射 25% 硫酸镁每次 0.1 ml/kg，深部肌内注射，每 6 h 一次，每日 3～4 次，症状缓解后停用。

三、液体疗法

（一）常用溶液

1. **非电解质溶液** 以 5% 和 10% 葡萄糖溶液最为常用。5% 葡萄糖溶液为等渗液，10% 葡萄糖溶液为高渗液。葡萄糖溶液主要用于补充水分和部分热量，输入体内后很快被氧化分解为水和二氧化碳，或转变为糖原而贮存在肝内，不能起到维持血浆渗透压的作用，主要用以补充水分和部分热量，故被视为无张力溶液。

2. **电解质溶液** 主要用于补充损失的液体和所需的电解质，纠正体液的渗透压和酸碱平衡紊乱。常用的电解质溶液包括氯化钠、氯化钾、乳酸钠、碳酸氢钠和氯化铵等，以及它们按不同比例配成的混合液。

（1）0.9% 氯化钠溶液（生理盐水）：为等渗液，含 Na^+ 及 Cl^- 都为 154 mmol/L，其中 Na^+ 的含量与血浆近似，但 Cl^- 的含量较血浆高 1/3，当大量输入时可使血 Cl^- 升高而加重酸中毒的危险。因此，临床常以 2 份生理盐水和 1 份 1.4% 碳酸氢钠混合，使其钠与氯之比为 3 : 2，与血浆中钠氯之比相近。

（2）碱性溶液 用于纠正碱丢失性酸中毒。常用的有，①碳酸氢钠溶液：作用快速，是纠正酸中毒的首选药物。1.4% 碳酸氢钠为等渗液，5% 碳酸氢钠溶液为高张溶液，稀释 3.5 倍即为等渗液；②乳酸钠溶液，经肝代谢转变为 HCO_3^- 后才具有纠酸作用，起效慢，临床少用，尤其是肝功能不全、缺氧、休克、新生儿期，以及乳酸潴留性酸中毒时不宜使用。11.2% 乳酸钠液稀释 6 倍转为 1.87% 的等张液。

（3）氯化钾溶液：用于纠正低钾血症。常用 10% 氯化钾溶液，静脉滴注时需稀释成 0.2%～0.3% 的溶液使用，禁忌静脉直接推入，以免造成心肌抑制和心搏骤停。

3. **混合溶液** 临床进行液体疗法时，常将各种溶液按不同比例配制成混合溶液（表 5-6），以满足患儿不同情况时输液的需要。

表 5-6 几种常用混合溶液的配制方法

混合溶液	含义	张力	应用
2 : 1 等张含钠液	2 份①，1 份③	1	扩容、低渗性脱水
1 : 1 含钠液	1 份①，1 份②	1/2	轻、中度等渗性脱水
1 : 2 含钠液	1 份①，2 份②	1/3	高渗性脱水
1 : 4 含钠液	1 份①，4 份②	1/5	生理需要量
2 : 3 : 1 含钠液	2 份①，3 份②，1 份③或④	1/2	轻、中度等渗性脱水
4 : 3 : 2 含钠液	4 份①，3 份②，2 份③或④	2/3	中度低渗性脱水

注：① 0.9% 氯化钠；② 5% 或 10% 葡萄糖；③ 1.4% 碳酸氢钠；④ 1.87% 乳酸钠。

4. **口服补液盐**（oral rehydration salts，ORS） 是世界卫生组织（WHO）推荐用于治疗急性腹泻合并脱水的一种溶液。目前有多种 ORS 配方，2002 年 WHO 推荐的配方含：氯化钠 2.6 g、枸橼酸钠 2.9 g、氯化钾 1.5 g、葡萄糖 13.5 g，加水至 1000 ml 制成，总渗透压为 245 mmol/L，张力为 1/2 张。婴幼儿在 24 h 内用完，而较大儿童则根据年龄不同在 8～24 h 用完。

> **知识链接**
>
> 口服补液盐（简称ORS溶液）是世界卫生组织推荐的治疗急性腹泻脱水有优异疗效的药物，处方组成合理，方便高效，其纠正脱水的速度优于静脉滴注。传统ORS溶液由氯化钠3.5 g、碳酸氢钠2.5 g、氯化钾1.5 g、葡萄糖20 g加温开水1000 ml稀释，张力为2/3张。2002年WHO颁布新一代ORS配方，在全球范围内推广低渗配方。相对来说低渗配方更能有效预防脱水和治疗脱水。

（二）液体疗法

液体疗法是儿科护理重要的组成部分，其目的是纠正水、电解质和酸碱平衡紊乱，维持或恢复正常的体液容量及成分，以保证机体的正常生理功能。

1. 口服补液　常采用ORS液。此法可用于腹泻时预防脱水及轻、中度脱水的治疗。但有明显腹胀、休克、心功能不全或其他严重并发症者及新生儿不宜口服补液。一般轻度脱水补液50～80 ml/kg，中度脱水补液80～100 ml/kg，于8～12 h将累积损失量补足；脱水纠正后，将余量用等量水稀释，按病情需要随时口服。对无脱水者，可将ORS溶液加等量水稀释，每天补液50～100 ml/kg，少量频服，以预防脱水。在口服补液过程中，当呕吐频繁或腹泻和脱水加重时，应改用静脉补液。

2. 静脉补液　适用于中度以上脱水和吐泻严重或腹胀的患儿。应遵循以下原则，①三定原则：定输液总量，定溶液性质，定补液速度；②三先原则：先快后慢，先盐后糖，先浓后淡；③三见原则：见酸补碱，见尿补钾，见惊补钙。第1天补液总量应包括累积损失量、继续损失量及生理需要量（表5-7）。

（1）累积损失量：自发病以来丢失的水和电解质的总液量。

1）定输液总量：轻度脱水补液30～50 ml/kg，中度脱水补液50～100 ml/kg，重度脱水补液100～120 ml/kg。

2）定溶液性质　根据脱水性质确定。累积损失量：低渗性脱水补2/3张～等张含钠液，等渗性脱水补1/2张含钠液，高渗性脱水补1/5～1/3张含钠液。如果临床判断脱水性质有困难，可先按等渗性脱水处理，同时测血钠、钾、氯含量，以确定脱水性质，指导补液。

3）定补液速度：补液的速度取决于脱水的程度，原则上遵循先快后慢的原则。对重度脱水或伴有周围循环衰竭的患儿须静脉推注或快速滴入2:1等张含钠液，按20 ml/kg（总量不超过300 ml），于30～60 min经静脉输入，以扩充血容量，改善血液循环和肾功能。其余累积损失量常在8～12 h均匀滴入，静脉滴注速度为每小时8～10 ml/kg。在循环改善出现排尿后应及时补钾。

（2）继续损失量：指补液开始后，因呕吐、腹泻、胃肠引流等继续损失的液体量。此部分应按实际损失量来补充，即"丢多少、补多少"。常用1/3～1/2张液体，此部分损失量连同生理需要量于补完累积损失量后12～16 h内静脉滴入，约为每小时5 ml/kg。

（3）生理需要量：指补充基础代谢所需要的量，涉及热量、水和电解质，有不同的估计方法（表5-7）。这部分液体应尽量口服补充，口服有困难者，补给1/5～1/4张液体，补液速度同继续损失量。

综合以上3部分，第1天的补液总量为：轻度脱水补液90～120 ml/kg，中度脱水补液120～150 ml/kg，重度脱水补液150～180 ml/kg。第2天以后的补液，一般只补继续损失量和生理需要量，于12～24 h均匀输入，继续补钾和供给热量，原则上是丢多少，补多少；能口服者尽量口服。

表 5-7 第一天的输液方案

		累计损失量	继续损失量	生理需要量	
定量	轻度脱水	30～50 ml/kg	10～40 ml/kg（30 ml/kg）	0～10 kg	100 ml/（kg·h）
	中度脱水	50～100 ml/kg		11～20 kg	1000 ml+ 超过10 kg的体重×50 ml/（kg·d）
	重度脱水	100～120 ml/kg		≥20 kg	1500 ml+ 超过20 kg体重的×20 ml/（kg·d）
定性	低渗性脱水	2/3 张		1/4～1/5 张	
	等渗性脱水	1/2 张	1/3～1/2 张		
	高渗性脱水	1/5～1/3 张			
定速		于 8～12 h 内输入 8～10 ml/（kg·h）	在补完累计损失量后 12～16 h 内输入 5 ml/（kg·h）		

注：重度脱水或伴有周围循环衰竭的患儿须先扩容。

第 2 天以后的补液主要是补充继续损失量和生理需要量，继续补钾和供给热量，原则上是丢多少，补多少；能口服尽量口服。

 考点提示

小儿体液平衡特点和液体疗法。

（三）护理要点

1. 补液前准备阶段 补液前应全面了解患儿的病情、补液目的及其临床意义；熟悉常用溶液的成分、作用及配制；向患儿家长解释补液目的，以取得合作；对于患儿也应做好鼓励和解释工作，以消除其恐惧心理；对不合作的患儿加以适当约束或给予镇静剂。

2. 输液过程中注意事项

（1）遵循"补液原则"：根据病情及输入液体的性质合理安排 24 h 输液量，并遵循"补液原则"分期分批输入。

（2）严格掌握输液速度：明确每小时的输入量，计算出每分钟输液滴数，防止输液速度过快或过缓。有条件最好使用输液泵，以保证 24 h 的液体总量精确地输入体内。心、肺功能不佳者应减慢输液速度。

（3）保证输液管的通畅：注意输液管有无扭曲、受压，针头有无阻塞、滑脱，液体有无外漏，局部有无红肿、疼痛等。有上述情况发生时，应及时采取补救及处理措施。

（4）观察输液效果：记录补液后第一次排尿的时间。输液后患儿尿量增多，说明血容量已恢复。眼窝、前囟凹陷及皮肤弹性恢复，无口渴，说明脱水已纠正。若输液后，患儿出现眼睑水肿，说明液体中含钠量过多。若输液后尿多而皮肤弹性及眼窝凹陷未恢复，说明液体中含钠量过少，应给予补充。若输入液体后，患儿精神萎靡、心音低钝，出现腹胀、四肢无力等表现，应考虑低血钾的可能。当脱水、酸中毒纠正后，患儿出现抽搐、惊厥等表现，应考虑低血钙的可能。此时应立即报告医生，并配合医生及时处理。

（5）观察输液反应：输液中若出现寒战、发热、恶心、呕吐等情况，应暂时停止输液，立即报告医生，查明原因，更换液体，及时做出妥善处理。

3. 密切观察病情

（1）密切观察生命体征：注意观察神志、体温、脉搏、呼吸、血压等，若出现烦躁不安、脉率增快、呼吸加速等，应警惕是否有输液量过多或者输液速度太快，发生心力衰竭和肺水肿等。

（2）观察脱水情况：注意观察患儿的意识状态、皮肤及黏膜干燥程度、眼窝及前囟凹陷情况，注意观察排尿情况、呕吐及腹泻次数及量，有无口渴等，并比较治疗前后脱水征象的变化。

（3）观察酸中毒表现：注意患儿面色及呼吸改变情况，有无精神萎靡等。注意酸中毒纠正后，因血浆稀释、钙浓度降低，可能出现低钙惊厥。

（4）观察低血钾表现：注意观察患儿面色及肌张力改变，有无心音低钝或心律不齐、腹胀、腱反射减弱或消失等。按照"见尿补钾"原则，严格掌握补钾的浓度和速度。

（5）准确记录液体出入量：24 h液体入量包括静脉输液量、口服液体量及食物中含水量；24 h液体出量包括尿量、呕吐量、粪便丢失的水分和不显性失水。

考点提示

补液过程中的护理要点及病情观察。

第七节　儿科常用护理技术

案例 5-2

患儿，男，生后6天，因皮肤黄染2天入院，患儿胎龄36周，出生体重2.4 kg，体温36.2℃，听诊双肺呼吸音正常，需要光疗4 h。

问题：

1. 患儿在光疗时需要裸露身体吗？
2. 患儿在光疗过程中可能会出现哪些不良反应？
3. 如何对该患儿进行心理护理？

一、约束保护法

【目的】

1. 限制小儿活动，便于体格检查、治疗和护理。
2. 保护躁动不安的小儿，以免发生意外（如坠床）。

【准备工作】

1. 护士准备　了解小儿病情、年龄、意识状态；估计约束中可能出现的问题；并向家长说明约束的目的及必要性，做好解释工作，以取得理解与合作。

2. 用物准备

（1）全身约束法：大毛巾或床单。

（2）肘部约束法：约束带、压舌板4～5根。

（3）手或足约束法：约束带。

（4）砂袋约束法：2.5 kg 砂袋（用方便消毒的橡皮布缝制）、布套。

【操作流程及方法】

1. 根据小儿的具体情况选择合适的约束用物，携至床旁，核对小儿姓名、床号，并向家长解释目的，以取得配合。

2. 全身约束法（图5-1）

（1）折叠大单（或大毛巾），达到能遮盖住小儿由肩至踝部的宽度，将患儿平卧于大单上。

（2）将大单一边紧裹小儿一侧上肢、躯干和下肢，经胸、腹部至对侧腋窝处，再将大单整齐地压于小儿身下。

（3）大单另一边紧裹小儿另一侧手臂，经胸压于背下，必要时可用约束带适当约束。

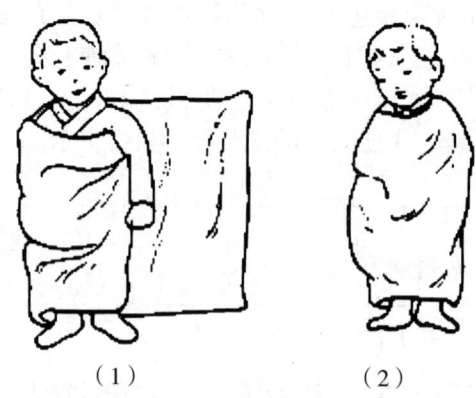

图5-1 全身约束法

3. 肘部约束法（图5-2） 约束肘关节，防止肘部屈曲。约束带是用布缝制的，其间有间隔。按患儿上臂横径大小可插入不同数量的压舌板。具体操作方法是：脱去患儿外衣，整理内衣袖子，将约束带的开口端朝向手部平放在肘部，包裹肘部，将带子系好。约束带捆扎松紧要适宜，每2 h松解一次，以利于血液循环，避免皮肤损伤，松解时需有专人照顾。

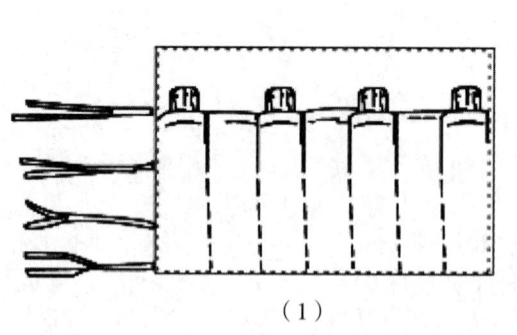 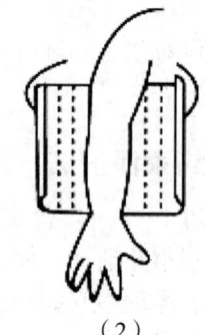

图5-2 肘部约束法

4. 手足约束法 用长约5 cm的约束带或绷带，一端系于手腕或足踝部，另一端系于床栏处，主要用于约束四肢末端，限制手足活动。

5. 沙袋约束法 根据砂袋约束固定的部位不同，决定沙袋的摆放位置。

（1）需固定头部：防止小儿转动时，用两个沙袋呈"人"字形摆放在小儿头部两侧。

（2）需保暖：防止小儿将被子踢开，可将两个砂袋分别放在小儿两肩旁，压在棉被上。

（3）需侧卧：避免小儿翻身时，将沙袋放于小儿背后。

【注意事项】

1. 结扎或包裹松紧适宜，避免过紧损伤小儿皮肤、影响血液供应，过松失去约束的意义。

2. 保持小儿舒适的姿势，定时给予短时间的姿势改变，以减少疲劳。

3. 在小儿约束期间，加强巡视，注意观察约束部位的皮肤颜色、温度，掌握血液循环情况。

二、婴儿沐浴法

【目的】

1. 保持婴儿皮肤清洁，预防感染。

2. 促进血液循环，使之感到舒适。

3. 有利于皮肤汗腺的排泄。

4. 有利于睡眠和生长发育，增强抗病能力。

【准备工作】

1. 护士准备　测量婴儿体温，检查婴儿全身皮肤情况，了解病情、意识状态，估计常见的护理诊断，操作前洗手。

2. 婴儿准备　沐浴应在喂奶前或喂奶后 1 h 进行，以防呕吐和溢奶。

3. 环境准备　关闭门窗，调节室温在 26～28℃。

4. 用物准备

（1）浴盆：盆内加水至 2/3，冬季的适宜水温为 38～39℃，夏季的适宜水温为 37～38℃，另备高 2～3℃的水随时加用。

（2）热水器：水温维持在 38～40℃（或用手臂内侧试水温，以热而不烫为宜）。

（2）棉布类：浴毯、毛巾、婴儿尿布（尿裤）、干净衣服、系带。

（3）护理盘：内备梳子、指甲剪、棉签、液状石蜡、75% 乙醇溶液、鞣酸软膏、爽身粉、婴儿洗涤用品等。

（4）必要时备床单、被套、枕套、磅秤等。

【操作流程及方法】

（一）婴儿盆浴

1. 核对、解释　携用物至床旁，核对婴儿信息，做到准确无误；向婴儿家长说明操作的目的及操作过程中的配合。

2. 准备　抱起婴儿，脱衣，用浴毯包裹婴儿全身，测量体重并记录。

3. 擦洗面部　操作者用左手扶住小儿头部，左臂夹住婴儿身体，右手用拧干水的毛巾一角轻轻自内眦向外眦擦洗眼睛，然后用毛巾的另一角以同样的方法擦洗另一只眼睛，再次更换毛巾清洁部分，依次清洗婴儿鼻孔、耳郭、外耳道，最后用毛巾将脸部擦干。

4. 擦洗头部　操作者左手托住婴儿头颈部，用拇指和中指分别将婴儿双耳郭折向前方轻轻按住，压住外耳道口，防止水流入耳内。左臂托住婴儿背部，左腋下夹住臀部及下肢，将头接近浴盆边；右手将婴儿洗涤用品涂于头部，用清水冲洗干净，用毛巾擦干。

5. 婴儿入浴盆　解开浴毯，抱起婴儿，操作者左手握住婴儿左肩及腋窝处，使其头颈部枕于操作者肘窝处；右手握住婴儿左腿靠近腹股沟处，托住双腿，轻轻将婴儿放于浴盆。

6. 依次清洗全身　小儿入盆后，操作者左手扶住婴儿，右手用毛巾淋湿婴儿全身，将洗涤用品涂于婴儿颈下、前胸、腹部、腋下、手臂、颈背、臀部、会阴、腿、脚，然后用水冲净。在清洗过程中，护士左手始终将婴儿握牢，随后洗随冲净，特别注意皮肤皱褶处。同时，观察皮肤有无异常情况。

7. 男女婴特殊处理　将女婴大阴唇分开，用棉签蘸清水或液状石蜡由上至下轻轻擦洗；男婴则将包皮后推，暴露尿道外口，用棉签蘸清水或液状石蜡环形擦洗，干净后再将包皮恢复原状。

8. 婴儿出浴盆　清洗结束，迅速将婴儿抱出（按放入水中的方法），放在清洁的浴毯上，包裹全身并将水分吸干。

9. 涂爽身粉　在皮肤皱褶处（颈部、腋下、腹股沟等）及后背扑少许爽身粉。

10. 整理　穿好衣服，包好尿裤（或系好尿布），必要时梳头、修剪指甲、更换床单、枕套，抱回病室。

（二）婴儿淋浴

1. 再次核对，检查全身情况　将新生儿置于沐浴准备台上的大浴巾上→解开包被，检查手腕带，核对床号、姓名、性别、日龄→松解衣服，检查身体，查看尿布，测量肛温并做好记录→脱去衣服→解开脐带卷，观察脐部是否干燥、有无分泌物→撤除尿布，用尿布的一侧或湿巾纸擦净臀部。

2. 脸部擦洗　打开热水器水阀，再次用手腕内侧或手背测水温，并温热沐浴床垫→抱起新生儿，将新生儿轻轻放入洗浴池的沐浴床上→操作者左前臂揽住新生儿头、后颈部，左手拇指及余四指握住新生儿左上臂及腋窝处→右手在温水中浸湿小毛巾后拧干，用小毛巾不同部位擦洗新生儿脸部，顺序：眼睛（内眦→外眦）→额头→鼻翼→面颊→外耳→下颏。

3. 头部洗浴　左手托住小儿头部，中指、拇指将双耳郭压向前，遮盖住外耳道（以防止沐浴水流入而导致感染）→右手掌心抹上洗发液，轻揉搓洗头和耳后→冲净洗发液（注意保护眼、耳、鼻）→拧干小毛巾→擦干头发。

4. 身体洗浴　左手前臂揽住新生儿头、后颈部，左手拇指及余四指握住新生儿左上臂及腋窝处。清洗顺序：颈部→对侧上肢→近侧上肢→胸腹部（保护脐部）；右侧翻转新生儿，新生儿趴在操作者左手臂上→后颈背部→对侧下肢→近侧下肢→臀部。

5. 沐浴后处理　洗毕，将新生儿抱回沐浴准备台上，用大毛巾包裹并吸干全身水渍→脐部护理→扑爽身粉→换好尿布，穿好衣服，裹好包被→眼、鼻护理→将新生儿送回病房，指导新生儿母亲注意事项。

（三）婴幼儿擦浴法

1. 携用物至床旁，核对小儿，做到准确无误；向小儿及家长说明操作的目的及操作过程中的配合方法。

2. 操作者拧干毛巾并包在右手上，依次擦洗小儿的眼内眦、外眦、额部、鼻、面部、耳后，直到颌下、颈部。清洗毛巾。再擦洗一遍，尤其注意耳后、颈部皮肤皱褶处。

3. 在小儿身下放一大毛巾，脱去小儿上衣（先脱近侧，后脱远侧；如有外伤，先脱健侧，后脱患侧）。先擦洗两上肢、胸腹部，再将小儿侧卧，擦洗颈、背；然后脱掉裤子，去除尿布，擦洗臀部、下肢、会阴。

4. 其余步骤同盆浴法。

【注意事项】

1. 沐浴环境温度及水温应适宜。

2. 动作轻快，减少暴露，水或肥皂不可进入耳、眼内。

3. 注意观察婴儿全身及四肢活动情况，出现异常情况（如寒战、呼吸异常、面色欠佳）应停止沐浴，迅速擦干全身后置于温暖处，并查找原因。

4. 保护脐带，防止感染，沐浴后脐带进行消毒处理（75%乙醇溶液消毒）；出现臀红者予以相应处理。

5. 婴儿头顶部的皮脂结痂不可用力清洗，可涂液状石蜡浸润，次日再予以清洗。

三、婴儿抚触

【目的】

1. 有利于新生儿的生长发育，增强新生儿的免疫力和应激力，促进食物的消化和吸收，减少新生儿的哭闹，改善新生儿睡眠等。

2. 增强婴儿肌肉力量和关节灵活度的发展，促进婴儿身心发展，促进母婴的情感交流。

【准备工作】

1. 护士准备　洗手、修剪指甲；护士面带微笑，语言柔和。

2. 婴儿准备　抚触最好在婴儿沐浴后进行，婴儿全裸置于操作台面上，向婴儿家长说明目的、操作过程及注意事项，取得配合。

3. 环境准备　保持室内安静，室温在28℃以上，以防感冒；播放一些柔和的音乐。

4. 用物准备　润肤油、爽身粉、干净的衣物。

【操作流程及方法】

1. 核对、解释　携用物至婴儿床旁，核对婴儿信息，做到准确无误；向家长说明操作目的及操作过程中须配合的事项。

2. 做好准备工作　调整好室温；婴儿脱去衣物全裸在操作台面上；护士操作前先倒一些婴儿润肤油或爽身粉于掌心，并相互揉搓使双手温暖。

3. 选择合适的姿势　操作者保持双肩放松，背部挺直，可以采用坐姿、跪姿、盘膝坐姿或站立姿势。

4. 抚触顺序　头部→胸部→腹部→上肢及手部→下肢及足部→背部→臀部。刚开始每个动作3～4拍，小儿适应后逐步增加拍数，时间为15～20 min。

5. 头部抚触（图5-3）　第一步，从前额中心处用双手拇指往外推压；第二步，两拇指从婴儿下颌中心向面部两上侧滑动，画出一个微笑脸；第三步，两手从前额中央发际抚向脑后，最后两中指分别按在耳后乳头处，轻轻按压，完成头部抚触。

6. 胸部抚触（图5-4）　两手分别从胸部的外下方向对侧外上方交叉推行进行胸部抚触。

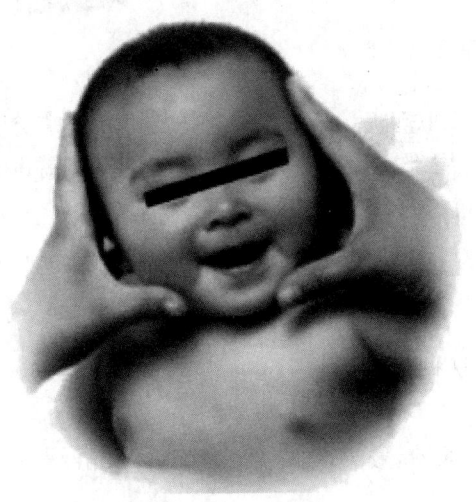

图5-3　头部抚触法

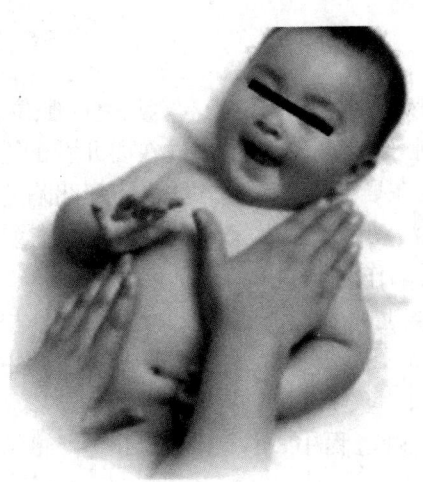

图5-4　胸部抚触

7. 腹部抚触（图5-5） 用右手指腹从婴儿左上腹部滑向左下腹部画出英文字母"I"形，由右上腹经左上腹滑向左下腹画出倒"L"（LOVE）形，由右下腹经右上腹、左上腹滑向左下腹画一个倒"U"（YOU）形，结束腹部抚触。

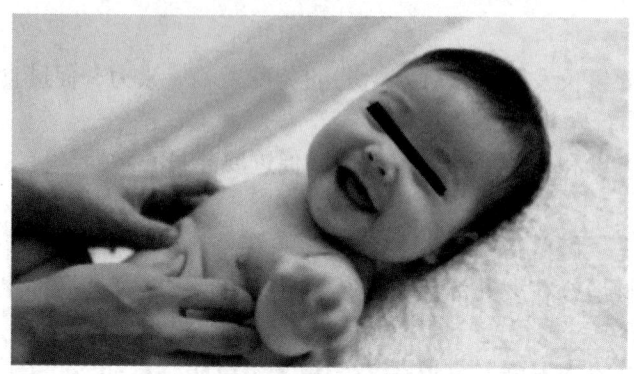

图5-5 腹部抚触

8. 四肢及手足抚触（图5-6） 将双手拇指和食指弯成圈状，套在婴儿手臂上，由上往下滑动，揉捏肌肉关节。托住婴儿的小手，用拇指从婴儿手掌根部滑向指尖，使婴儿的手掌伸展，并由指根到指尖揉捏每一个手指，提捏各手指关节。同法抚触下肢及足部。

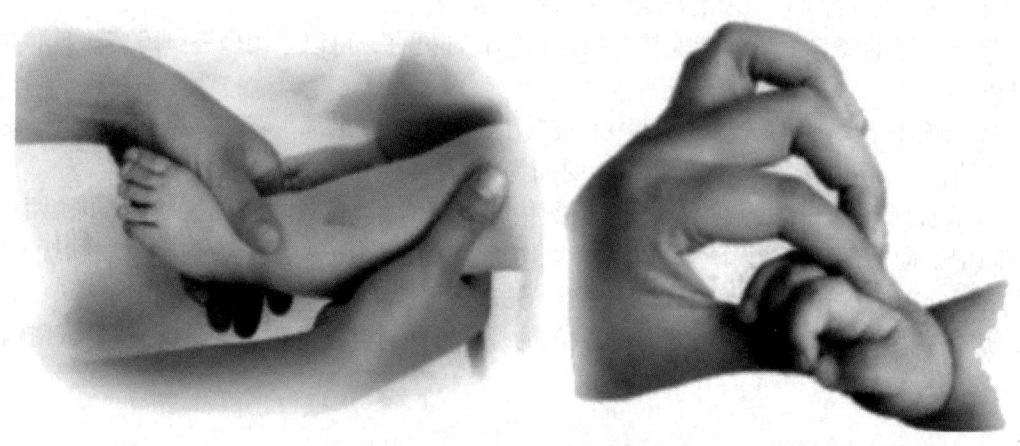

图5-6 四肢及手足抚触法

9. 背部抚触（图5-7） 婴儿呈俯卧位，涂上润肤油后，以脊柱为中点，双手掌分别从脊柱向两侧滑动按摩；双手横放在婴儿背的上方靠近肩部，由上向下交叉滑动到对侧臀部；将一只手掌放在婴儿臀部正上方的骶尾部凹陷处，顺时针方向按摩数次。

10. 活动四肢 做完全身抚触后，在婴儿肌肉完全放松时，帮助婴儿活动各关节，伸展四肢。主要动作为上、下肢的伸展和交叉。

11. 整理 为婴儿穿好衣服，安置舒适的卧位，洗手。

12. 记录 记录抚触的时间、抚触时婴儿的具体情况等。

【注意事项】

1. 抚触过程中，注意与婴儿进行感情交流，面带微笑，语言温柔，可放舒缓、柔和的音乐。

2. 选择适当的时间进行抚触，当婴儿觉得疲劳、烦躁时不适宜进行抚触。

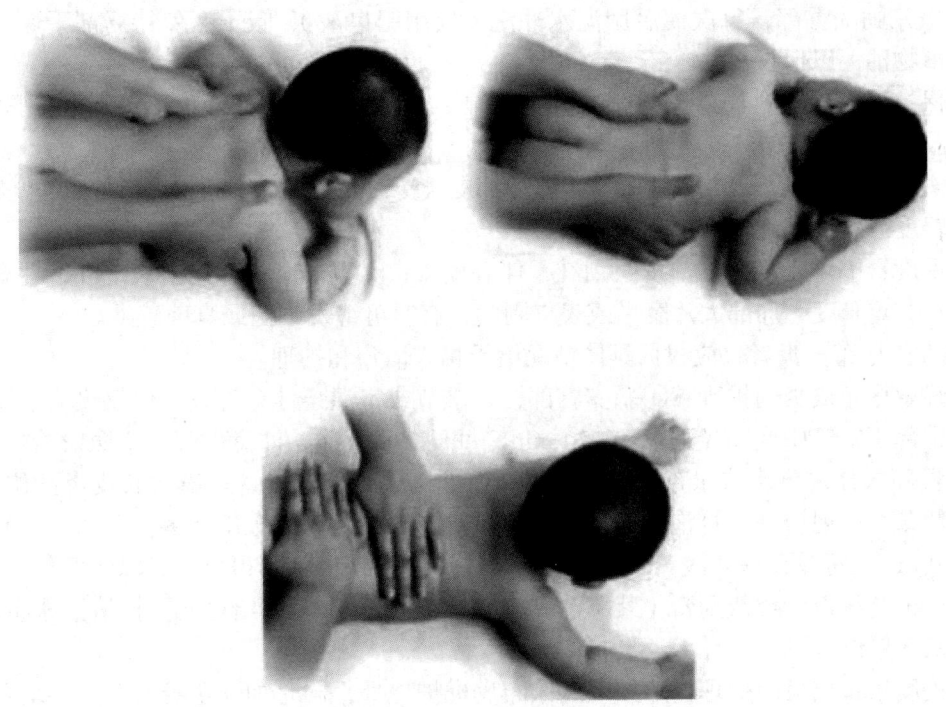

图 5-7　背部抚触

3. 抚触在婴儿沐浴或穿衣服时进行，抚触时房间需保持温暖。

4. 抚触前须温暖双手，刚开始时轻轻按摩，随后逐渐增加压力，以便婴儿适应；避开乳腺及脐部，脐孔尚未闭锁者不能抚触腹部。

5. 抚触过程中要注意观察婴儿的肤色变化或呕吐等情况的发生，有异常时要停止抚触。

6. 婴儿发热时，在未明确原因之前暂时不进行抚触。

四、尿布皮炎的护理

【目的】

减轻患儿疼痛，促进受损皮肤康复，预防感染等并发症。

【准备工作】

1. 护士准备　了解小儿病情；观察臀部皮肤情况，准确判断臀红的程度；操作前洗手、戴口罩。

2. 小儿准备　避免小儿在吃奶、睡眠及治疗时进行尿布皮炎的护理。

3. 用物准备　温水盆、浴巾、毛巾、清洁尿布（质地柔软、吸水性好的浅色棉制尿布）、25～40W 红外线灯或鹅颈灯、棉签、弯盘、尿布筒。

4. 药物准备　根据病情准备药物（0.02%高锰酸钾溶液、紫草油、3%～5%鞣酸软膏、氧化锌软膏、鱼肝油软膏、1%甲紫、康复新溶液、硝酸咪康唑乳膏），无菌敷料，必要时按医嘱准备抗生素、化疗药物。

【操作流程及方法】

1. 核对、解释　携用物至小儿床旁，核对小儿信息，做到准确无误；向小儿家长说明目的、操作过程及注意事项，取得配合。

2. 预防尿布皮炎的护理

（1）清洁臀部：备齐用物，核对、解释，解开尿布，用温水清洗臀部并用小毛巾吸干水分。腹泻患儿勤洗臀部，每次便后用温水冲洗（禁用肥皂液）、吸干，保持局部干燥，局部也可涂消毒植物油，以保护皮肤。

（2）保持臀部干燥：经常查看尿布有无污湿，及时发现及时更换；尿布不可过紧、过松，不宜垫橡胶单或塑料布。

3. 做好尿布皮炎的程度判断　临床根据臀部皮肤受损的程度，将尿布皮炎分为轻度和重度。

（1）轻度：表皮潮红。

（2）重度：①重Ⅰ度，局部皮肤潮红，伴有皮疹；②重Ⅱ度，除以上表现外，并有皮肤溃破、脱皮；③重Ⅲ度，局部大片糜烂或表皮剥脱，有时可继发细菌或真菌感染。

4. 已发生尿布皮炎者，应根据具体情况给予相应治疗和护理。

（1）轻度尿布皮炎的护理：①暴露臀部，在季节或室温条件允许下，可仅垫清洁尿布于臀下，暴露臀部于空气中或阳光下 10～20 min，每日 2～3 次，注意保暖。②照射治疗，清洁、吸干患儿臀部水分，垫清洁尿布于臀下（男婴遮住会阴部，仰卧，暴露尿布皮炎部位），用红外线灯或鹅颈灯照射臀部，灯泡 25～40 W，距离（灯泡距离尿布皮炎部位）30～40 cm，时间 15～20 min，每日 3～4 次。③观察，随时观察皮肤情况，不得离开，以防意外。④涂药，照射完毕，酌情涂以油类或药膏（紫草油、鞣酸软膏）。⑤整理，给患儿更换清洁尿布及衣物，整理用物及床单位。

（2）重度尿布皮炎的护理：除按轻度尿布皮炎护理外，同时加强全身营养，再结合病情程度适当处理。①Ⅰ度，局部涂鱼肝油。②Ⅱ度，可用消毒植物油或鱼肝油纱布贴敷患处，或用氧化锌软膏涂于局部患处。③Ⅲ度，可用含有抗生素药膏的无菌敷料贴敷患处，及时更换。可涂鱼肝油软膏、康复新溶液，每日 3～4 次；如继发细菌或真菌感染可用 0.02% 高锰酸钾溶液冲洗，涂 1%～2% 甲紫或硝酸咪康唑乳膏（达克宁霜）、克霉唑制剂，每日 2 次。

【注意事项】

1. 了解尿布皮炎的原因及分度。
2. 保持臀部清洁干燥，必要时尿布应煮沸、消毒液浸泡或阳光下暴晒以消灭细菌。
3. 清洗臀部时，应以手蘸温水进行冲洗，避免用毛巾直接擦洗，洗后用浴巾轻轻吸干。
4. 涂药时应用棉签贴在皮肤上轻轻滚动，不可上下涂擦，以免加剧疼痛和导致脱皮。
5. 暴露皮肤时应注意保暖，避免受凉；照射治疗应避免烫伤。
6. 根据臀部皮肤受损程度选择油类或药膏。

五、儿科采血法

（一）颈外静脉穿刺术

【目的】

婴幼儿抽血做化验检查，协助疾病诊断及疗效观察。

【准备工作】

1. 环境准备　安静、整洁、宽敞、舒适，温湿度合适、光线明亮。室内空气保持清洁，操作前半小时停止清扫及更换床单，必要时进行空气消毒。

2. 患儿准备　护士向患儿及家长解释说明穿刺目的、方法及配合方法，对年长儿给予赞扬以争取主动自愿配合。

3. 用物准备　无菌手套、无菌注射器（5 ml 或 10 ml）、剪刀、棉签、弯盘、无菌纱布胶布、络合碘、75% 乙醇溶液、洗手液等；标本容器如抗凝试管、干燥试管或血培养瓶；做血培养时应备酒精灯、火柴等。检查物品的有效期及包装是否完好。

4. 护士准备　衣帽整洁、洗手、戴口罩；熟悉操作程序。

【操作流程及方法】

1. 备齐用物　认真核对申请检验项目，患儿姓名、床号，根据检验项目选择合适容器，化验单附联贴于标本容器上，备齐用物合理置于治疗车上。

2. 核对解释　核对患儿信息，做到准确无误，并说明穿刺目的及操作中需配合的方法。

3. 合适体位　可按全身约束法包裹患儿，抱至治疗台上，仰卧，头偏向一侧，肩齐台沿，肩下垫小枕。

4. 固定小儿　助手站于台旁，用双臂按住患儿身躯，两手扶住面颊与枕部（勿蒙住其口、鼻），使头部稍垂于治疗台沿下，以充分暴露颈外静脉。

5. 消毒　护士在患儿头侧端，选择穿刺点即下颌角和锁骨上缘中点连线之上 1/3 处，常规消毒穿刺部位。

6. 穿刺抽血　戴无菌手套，左手示指压迫颈外静脉近心端，待患儿啼哭、静脉显露清晰时右手持注射器沿血液回心方向呈 30° 角进针，见回血后固定针头，抽取所需血量，快速拔针用无菌干棉签压迫局部 2~3 min，直至无出血为止。

7. 整理及送检　助手托起患儿头部，使其呈直立位或坐位，安抚患儿，检查局部无出血后方可离去。及时送血标本检验。

【注意事项】

1. 严格遵守无菌技术操作、防止感染。

2. 颈部软组织及血管多，如穿破容易出现血肿，甚至压迫气管，影响呼吸。局部静脉穿破后立即加压止血，待止血后更换对侧静脉采集。

3. 固定后立即操作，以防头部下垂时间过长影响头部血液回流；操作中应注意观察小儿面色和呼吸，异常时立即停止操作，用无菌干棉签压迫局部 2~3 min。

4. 新生儿因颈部短小，操作较困难，一般不选用颈静脉穿刺。

(二) **股静脉穿刺术**

【目的】

婴幼儿抽血化验检查，协助疾病诊断及治疗效果的观察。

【准备工作】

1. 护士准备　评估患儿病情、年龄、意识状态、心理状态；根据患儿年龄做好解释工作；观察穿刺部位的皮肤及血管情况；衣帽整洁，洗手戴口罩；操作娴熟，熟悉操作程序。

2. 患儿准备　清洗患儿会阴部及腹股沟区皮肤，更换尿布并包裹好会阴；仰卧位，固定大腿外展呈蛙形，以暴露腹股沟区。

3. 用物准备　无菌手套、无菌注射器（5 ml 或 10 ml）、剪刀、棉签、弯盘、无菌纱布胶布、络合碘、75% 乙醇、洗手液等；标本容器如抗凝试管、干燥试管或血培养瓶；做血培养时应备酒精灯、火柴等。检查物品的有效期及包装是否完好。

4. 环境准备　安静、整洁舒适、温湿度合适、光线明亮，操作前半小时停止清扫及更换床单，室内空气消毒。

【操作流程及方法】

1. 备齐用物　认真核对申请检验项目，患儿姓名、床号，根据检验项目选择合适容器，化验单附联贴于标本容器上，备齐用物，放于治疗车上。

2. 核对解释　核对患儿信息，做到准确无误，并说明穿刺目的及操作中需配合的方法。

3. 合适体位　患儿仰卧，垫高穿刺侧臀部。

4. 固定患儿　助手站在患儿头端，用双肘及前臂约束患儿躯干及上肢，两手分别固定患儿两腿，使大腿呈青蛙状，即外展外旋、膝关节屈曲呈直角。

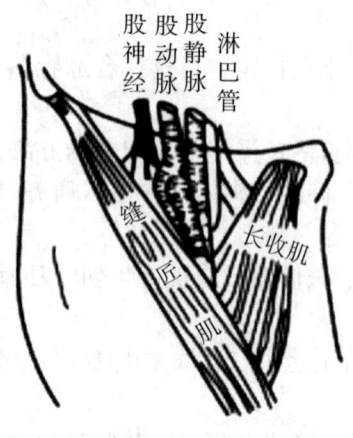

图 5-8 股静脉解剖位置

5. 定位消毒　护士站在患儿足端，常规消毒穿刺部位皮肤及操作者左手食指，消毒的食指在腹股沟中 1/3 与内 1/3 交界处触到股动脉搏动点（图 5-8），再次消毒穿刺部位及操作者左手食指。

6. 穿刺抽血

（1）垂直穿刺抽血：护士右手持注射器沿股动脉搏动点内侧 0.3～0.5 cm 处垂直刺入，感觉无阻力见回血后固定，抽足所需血量后快速拔针，以无菌干棉签压迫局部 3～5 min。

（2）斜刺抽血：护士在腹股沟下 1～3 cm 处，针头与皮肤呈 45°角向股动脉搏动点内侧 0.3～0.5 cm 处沿向心方向刺入。感觉无阻力见回血后固定，抽足所需血量后快速拔针，以无菌干棉球加压压迫局部 3～5 min，直至无出血为止。

7. 整理及送检　安抚患儿，确认局部无出血后方可放松，及时送血标本检验。

【注意事项】

1. 严格执行无菌技术操作，以防感染，注意观察患儿反应。
2. 若穿刺失败，不宜在同侧多次穿刺，以免形成血肿。
3. 若抽出鲜红色血液，提示误入股动脉，应立即拔针，用无菌纱布紧压 5～10 min，直到不出血为止，并注意观察局部有无血肿。
4. 如有出血倾向或凝血功能障碍者，禁用此方法，以免引起出血。
5. 保护穿刺针孔不被尿液污染。

六、头皮静脉输液法

【目的】

1. 补充水分、电解质，维持水和电解质的平衡。
2. 扩充血容量，改善血液循环。
3. 输入药物，治疗疾病，维持营养，供给能量。

【准备工作】

1. 护士准备　评估患儿病情、年龄、意识状态、对输液的认识程度、心理状态；观察穿刺部位的皮肤及血管情况；衣帽整洁，洗手、戴口罩。

2. 患儿准备　协助排尿（或更换尿布），必要时顺头发方向剃净局部头发。

3. 用物准备　医嘱单、治疗卡、输液卡及标签、瓶套、开瓶器、剪刀、胶贴、小枕、输液架、输液泵、无菌手套、棉签、弯盘、络合碘、75% 乙醇溶液；无菌输液器（或无菌开放式输液瓶）、无菌注射器及小儿头皮针；无菌溶液或药物（按医嘱备好）；其他如剃须刀、约束用具、清洁尿布、玩具。

4. 环境准备　安静、整洁、宽敞、舒适，温湿度合适、光线适度，操作前半小时停止清扫及更换床单，室内空气消毒。

【操作流程及方法】

1. 检查　检查药液名称、剂量、浓度、有效期，瓶内溶液质量，瓶口及瓶身情况。
2. 贴瓶签　在瓶签上注明床号、姓名、药名、剂量、时间，并签名，倒贴于输液瓶身上。
3. 消毒加药　套上瓶套，启开瓶盖中心部、消毒瓶塞，根据医嘱加入药物。如果是开放式输液瓶，按取用无菌溶液法倒入所需溶液量，盖好瓶盖，备用。

4. 插输液器　检查输液器后取出，关闭调节器，将输液器插入瓶塞至针头根部。

5. 核对、解释　携用物至床旁，核对患儿床号、姓名，解释输液目的，取得合作。

6. 体位合适　使患儿仰卧或侧卧，头垫小枕，固定患儿，必要时用约束带。选择头皮静脉，必要时剃去头发，充分暴露头皮静脉（图5-9）。

7. 排空、消毒　将输液瓶挂于输液架上，排空，备好胶贴。操作者站在患儿头端，常规消毒穿刺部位。

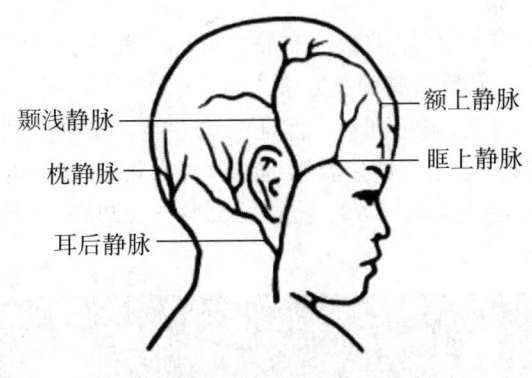

图5-9　小儿头皮静脉分布

8. 穿刺、固定　再次核对，左手固定头皮静脉两端皮肤（必要时左手拇指与食指也要消毒），右手持针柄沿静脉走向，与皮肤呈15°～30°角进针，然后平行进入静脉，见回血后再进针少许，确定液体滴入通畅，无不适后用胶布固定。

9. 调节滴数　根据病情、年龄及药物性质调定合适的输液速度，一般20～40滴/分。

10. 记录签名　再次查对，在输液卡上记录输液时间、药物、滴数，签名后挂于输液架上。整理用物，并嘱咐注意事项（不要随意调节滴数，有异常情况及时联系）。

11. 加强巡视　在输液过程中密切观察有无输液反应，耐心听取患儿及家长的主诉，观察穿刺部位状况及全身反应，如有输液故障应及时解决处理。

12. 更换液体　如需更换液体瓶，常规消毒瓶塞后及时更换，观察输液管是否通畅，确保滴管下段无空气。

13. 拔针按压　输液完毕，揭去胶贴，关闭调节器，用消毒干棉签按压穿刺点上方，快速拔针，按压片刻至不出血为止，协助患儿取舒适卧位。

14. 整理记录　整理床单位，清理用物，洗手并记录。

【注意事项】

1. 严格遵守无菌技术原则及查对制度，执行给药原则，注意药物配伍禁忌。

2. 穿刺时，不要误入头皮动脉。误入动脉后，回血呈冲击状，逆流不进，颜色鲜红，液体不滴或滴速慢。用注射器推入少部分生理盐水血管会发白，有反应的患儿会出现痛苦的哭叫。一旦误入动脉，应立即拔针，停止输液，穿刺点局部按压，防止血肿。

3. 穿刺过程及输液过程中注意观察患儿反应，如有异常及时处理。

4. 肺炎、营养不良的患儿补液时量不宜过多，速度宜慢，以防肺水肿及心功能不全。

5. 输液过程注意观察输液管是否通畅，穿刺部位有无红肿等异常表现，防止液体外渗。

七、温箱使用法

【目的】

创建一个温湿度适宜的环境，使患儿体温保持稳定，以提高高危新生儿的成活率，避免低体温造成缺氧、低血糖、硬肿等一系列不良后果。

【准备工作】

1. 护士准备　衣帽整洁，操作前洗手、戴口罩；熟悉操作程序；了解患儿的孕周、出生体重、日龄、生命体征、有无并发症等；估计患儿常见的护理诊断。

2. 患儿准备　穿单衣，更换清洁尿布。

3. 用物准备　性能良好并安全的温箱、适量蒸馏水，清洁的棉垫、床单、枕头、单衣及尿布。

4. 环境准备　安静、整洁、舒适，病室温湿度适宜。

【操作流程及方法】

1. 温箱准备　保证温箱性能，清洁、消毒温箱，铺好箱内婴儿床。注意棉垫不能填塞床的四周空隙。连接温箱地线，加蒸馏水于湿化瓶中。接通电源，根据患儿出生体重及日龄调整温箱温度（表5-8）、湿度（55%～65%），预热2h左右，使温箱温度达到适中温度。

表5-8　不同出生体重早产儿的温度

出生体重（kg）	温箱温度（℃）			
	35	34	33	32
1.0	出生10天以内	0天后	3周以后	5周以后
1.5	—	出生10天内	10天以后	4周以后
2.0	—	出生2天内	2天以后	3周以后
>2.5	—	—	出生2天以内	2天以后

2. 患儿入温箱　患儿穿清洁单衣，包裹清洁尿布入温箱，记录箱内温湿度。

3. 温箱内护理　一切护理操作应尽量在温箱内进行，如喂奶、换尿布、清洁皮肤、给药，可从边门或袖孔伸入温箱进行操作。尽量减少开箱门的次数，以保持箱内温度稳定。如需要出箱进行护理、治疗和检查，应注意保暖，避免患儿受凉。

4. 监测体温及箱温　定时测量体温，并根据体温调节箱温，做好记录。在患儿体温未升至正常之前应每小时监测1次，升至正常后每4h测量1次，使患儿体温维持在36～37℃，并维持相对湿度。

5. 出箱　符合以下条件之一者可出箱治疗：体重达2000g或以上，体温正常者；在不加热的温箱中，室温维持在24～26℃时，能维持正常体温者；患儿在温箱内生活1个月以上，体重虽达不到2000g，但体重持续增长，一般情况良好者。

6. 温箱终末消毒处理　患儿出箱后，切断电源，进行终末清洁消毒处理，妥善放置备用。

【注意事项】

1. 温箱不应放置在阳光直射、有对流风及取暖设备附近，以免影响箱内温度的控制。

2. 护士应了解患儿出生体重、日龄、生命体征及一般情况，并以此作为依据调整温箱温度，观察患儿有无并发症等。

3. 掌握温箱性能，严格执行操作规程，定期检修温箱，保证使用安全。

4. 保证温箱清洁，做到以下几方面。①温箱使用期间应每天用消毒液擦拭后再用清水擦拭。②每周更换温箱1次，以便清洁、消毒，并用紫外线照射。③湿化瓶内用水每天更换1次，以免滋生细菌。④机箱下面空气净化垫应每月清洁1次。⑤定期进行细菌培养，如有致病菌应将温箱搬出病房彻底消毒，防止交叉感染。

5. 严禁骤然提高温箱温度，以免对患儿造成不良影响。

6. 使用过程中严密观察患儿情况及使用效果，如有问题及时解决。

八、光照疗法

【目的】

光照疗法（光疗）是新生儿高胆红素血症的辅助治疗方法，主要作用是使未结合胆红素经光氧化分解为无毒的易于从胆汁和尿液中排出的水溶性衍生物，以降低血中未结合胆红素的浓度,防止胆红素脑病的发生。

【准备工作】

1. 护士准备　了解患儿诊断、日龄、体重、黄疸的范围及程度、胆红素检查结果、生命体征、精神反应等;衣帽整洁,剪指甲、洗手、戴口罩、戴墨镜;熟悉操作程序。

2. 患儿准备　入箱前清洁皮肤,禁止在皮肤上涂粉和油类,剪指甲。

3. 用物准备　光疗箱:一般采用波长为420~470 nm的蓝色荧光灯,光亮度以160~320 W为宜;有双面和单面,双面效果优于单面;遮光眼罩:用黑纸、黑布、胶片剪成眼镜形状或墨镜;长条尿布、尿布带、胶布及工作人员用的墨镜等。

4. 环境准备　安静、整洁、舒适,温湿度适宜。

【操作流程及方法】

1. 准备　清洁光疗箱,注意除去灯管及反射板上的灰尘。箱内湿化瓶加水至2/3,接通电源,检查线路及灯管亮度。使箱内温度升至适宜温度——30~32℃,相对湿度为55%~60%。禁止在箱内放置杂物。

2. 入箱　将患儿全身裸体,双眼佩带遮光眼罩,用长条尿布遮盖会阴部,男婴注意保护阴囊(图5-10),放入已预热好的光疗箱中,记录开始照射的时间。

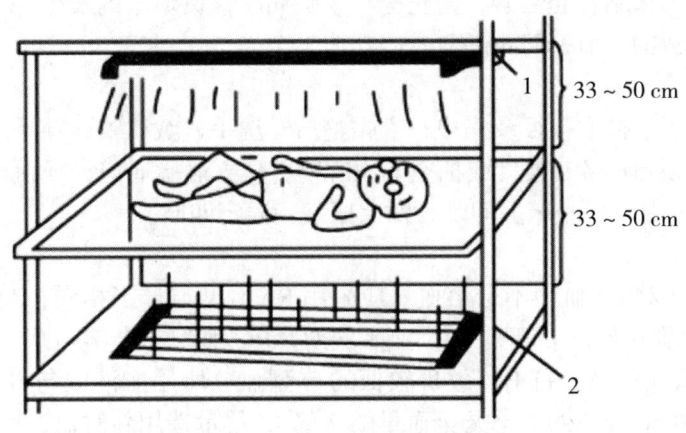

图5-10　婴儿光照疗法

3. 光疗

(1)更换体位:应使患儿皮肤均匀受光,并尽量使身体广泛照射,以免遮挡光线。单面照射一般每2 h更换体位1次,俯卧位照射时注意防止口鼻受压而影响呼吸。

(2)监测体温及箱内温度:2~4 h测量体温1次,使体温维持在36~37℃,根据体温调节箱温。若体温超过38.5℃应暂时停止光疗,经处理后体温恢复正常再行光疗。

(3)保证水分和营养供给:按需哺乳,喂奶间隔喂水,或按医嘱静脉输液。

(4)严密观察病情:观察患儿的精神反应及生命体征;注意黄疸部位、程度的变化;尿液粪便颜色与性状;皮肤有无发红、干燥、皮疹;有无呼吸暂停、烦躁、嗜睡、发热、腹胀、呕吐、惊厥等;注意吸吮能力、哭声变化。若有异常应与医师联系,及时处理。

(5)记录:记录光疗时间。光疗总时间按医嘱执行,一般根据病因、黄疸程度、血清胆红素高低决定,通常为12~24 h。

4. 出箱　一般血清胆红素< 171 μmol/L(10 mg/dl)时可停止光疗。出箱时给患儿穿好衣物,除去眼罩,抱回病房。记录出箱时间及光疗总时间。

5. 整理　光疗结束后关好电源,将湿化瓶内水倒尽,清洁、消毒光疗箱,放置于干燥、清洁处备用。

【注意事项】

1. 确保光疗箱的工作性能良好，照射中玻璃透明，温湿度符合要求，灯管累计应用 1000 h 必须更换，并保证光疗箱的清洁消毒。

2. 保持皮肤清洁及均匀受光，禁忌在皮肤上涂油类或粉类，降低光疗效果，同时油类也会增加光热吸收，使皮肤灼红。

3. 严密观察病情

（1）了解光疗副作用（发热、腹泻、呕吐、尿液深黄色、脱水、皮肤青铜症、一过性皮疹等），随病情好转而消失。

（2）密切观察患儿精神反应、生命体征及黄疸程度变化，发现问题及时处理。

4. 工作人员为患儿检查、治疗和护理时应戴墨镜，并严格交接班。

九、换血疗法

【目的】

1. 换出已致敏的红细胞和血清中的免疫抗体，减轻溶血。

2. 降低血清中的未结合胆红素，防止胆红素脑病（核黄疸）的发生。

3. 纠正溶血导致的贫血，防止缺氧及心功能不全。

【准备工作】

1. 护士准备　了解换血指征及病史；衣帽整洁，洗手、戴口罩，穿手术衣。

2. 患儿准备　换血前 4 h 禁食或抽空胃内容物，建立静脉通道；换血前半小时肌内注射苯巴比妥；置患儿于辐射式保暖床上仰卧，贴上尿袋，固定四肢。

3. 用物准备

（1）血源选择：对 Rh 血型不合溶血病应采用 Rh 血型与母亲相同，ABO 血型与患儿相同（或抗 A、抗 B、效价较低的 O 型）的供血者；对 ABO 血型不合溶血病，可用 O 型红细胞和 AB 型血浆混合血或用抗 A、抗 B、效价较低的 O 型血，所用血液应与母亲血清无凝集反应。换血量为 150～180 ml/kg（约为患儿全血量的 2 倍），尽量选用新鲜血，库存血不超过 3 天。

（2）药物：10% 葡萄糖溶液 250 ml、生理盐水 500 ml、25% 葡萄糖溶液 1 支（10 ml）、10% 葡萄糖酸钙 1 支（10 ml）、利多卡因 1 支、肝素 1 支、20% 鱼精蛋白 1 支、10% 苯巴比妥钠 1 支、地西泮（安定）1 支，并按需要准备急救药物。

（3）用品：医用硅胶管 2 根、小手术包 1 个、注射器及针头、静脉压测量管 1 支、三通管 2 个、换药碗及弯盘各 2 个、手套 2～3 对、干燥试管数支、绷带、夹板、尿袋、消毒液（0.5% 聚维酮碘）、1000 ml 量杯 1 个、心电监护仪、远红外线辐射保温床、记录单、体温计等。

4. 环境准备　在手术室或经过消毒处理的治疗室中进行，室温保持在 26～28℃。

【操作流程及方法】

1. 备齐用物　认真准备用物，齐全、合理地摆放于治疗车上。

2. 核对、解释　认真核对患儿及家长姓名、血型等，做到准确无误（可与家属及陪护核对），并说明穿刺目的及操作中需配合的方法。

3. 插管抽血　常规消毒患儿腹部皮肤（上至剑突，下至耻骨联合，两侧至腋中线），铺治疗巾，将硅胶管自脐带残端插入脐静脉，或行脐静脉切开后插入 6～7 cm，接上三通管，抽血测定胆红素及生化项目，测量静脉压后开始换血。

4. 换血　每次 10 ml 或 3～5 ml/kg 等量交换，如患儿心功能良好，可逐渐增加到每次 20 ml，速度控制在每分钟 2～4 ml/kg，匀速进行，每次交换量不超过总换血量的 10%。对低体重儿、病情危重儿,速度宜慢。

5. 测静脉压和血胆红素　每换血 100 ml 测量静脉压 1 次,静脉压高(提示血容量过多,有心力衰竭的可能)则抽血量可大于注入血量,静脉压低(提示血容量不足)则反之,即抽血量可小于注入血量,出入量差不宜大于 70 ml。保持静脉压稳定在 6～8 cmH$_2$O(0.588～0.785 kPa)。留取末次抽出的血标本测定血清胆红素。

6. 记录　准确记录每次抽出和注入的血量及时间。

7. 拔管　换血完毕后拔出脐静脉导管,局部伤口予以结扎缝合,消毒并覆盖无菌纱布,轻轻压迫固定。

8. 整理　清理术中用物,整理床单位。

【注意事项】

1. 严格执行无菌技术操作,避免感染。

2. 插管动作轻柔,避免损伤静脉壁及内脏。

3. 抽血、注血速度均匀;注射器内不能有空气,每次注血时都要抽回血,防止空气栓塞;换血过程中必须经常用肝素生理盐水冲洗注射器,以防凝血。

4. 抽血、注血不顺利时,应首先检查插管位置及是否阻塞,切忌用力推注,以免损伤血管。

5. 换血过程中注意患儿保暖,密切观察患儿全身情况及反应、皮肤颜色等,监测生命体征,详细记录每次入量、出量、累积出入量、心率、呼吸、静脉压、用药等,做好心电监护。

6. 在换血前、换血中、换血结束时均需抽取血标本测定血胆红素,并视需要检查生化项目,以判断换血效果及病情变化。

7. 换血后处置

(1)继续进行光照治疗,密切观察病情,监测生命体征及血常规、血糖、血胆红素等,注意黄疸消退情况,注意伤口有无出血,如有呼吸不规则、呻吟等异常现象,及时采取抢救措施。

(2)保持伤口局部清洁,排尿、排便后及时更换尿布,伤口未拆线前不宜沐浴,必要时遵医嘱加用抗生素。

(3)禁食 6 h 后,可试喂糖水,若吸吮正常无呕吐者可进行正常喂养。

思政园地

树立榜样,调节情绪

我国古代医书《黄帝内经》中有关于"怒伤肝,喜伤心,思伤脾,忧伤肺,恐伤肾"的记载。《红楼梦》中的林黛玉和史湘云,境遇相似,但一个因郁郁寡欢,天天吃名贵的药材却还是"怯弱不胜";一个因爽朗豪气,就算"醉眠芍药裀"却依旧健康。因此,积极而稳定的情绪体验是保持心理平衡与身体健康的重要条件。

幼儿年龄小,具有很强的模仿性,他们的情绪情感状态在很大程度会受到照护者的暗示和影响,因此护理人员应细心地观察、分析幼儿的情绪情感表现及变化,把握幼儿情绪情感的发展特点,站在平等、关爱的角度上看待、理解和对待他们。

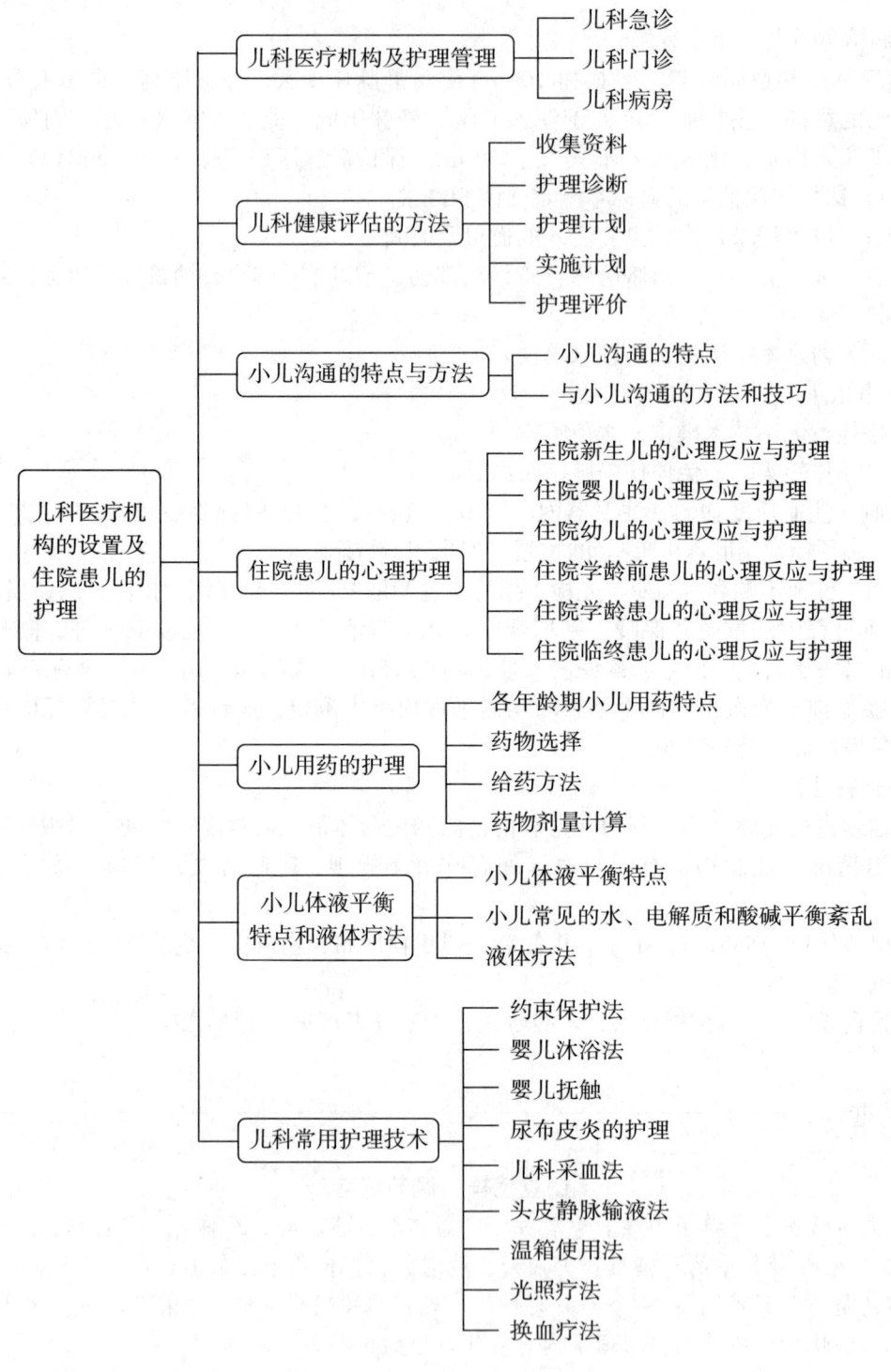

自 测 题

1. 实施液体疗法补液的患儿在输液过程中的注意事项有哪些？
2. 低钾血症的表现有哪些？
3. 婴儿沐浴的注意事项有哪些？

（刘　宇）

第六章　新生儿与新生儿疾病患儿的护理

学习目标

通过本章学习，学生应达到：
1. 素质目标　维护母婴权益，树立能够为社会无私奉献自己力所能及力量的社会责任感。
2. 能力目标　能够掌握新生儿常见疾病的概念、发病机制及治疗要点。
3. 知识目标　简述新生儿分类、足月儿与早产儿的特点及护理要点，新生儿常见疾病如窒息、黄疸、缺氧缺血性脑病、颅内出血的病因、临床表现及护理要点。

新生儿（neonate，newborn）是指从脐带结扎至出生后 28 天内的婴儿。围生期是指从妊娠 28 周到出生后 7 天。此期间的胎儿和新生儿称为围生儿。国际上通常用新生儿期和围生期死亡率作为衡量一个国家卫生保健水平的标准之一。

第一节　新生儿分类

新生儿可根据胎龄、出生体重、出生体重和胎龄的关系，以及出生后周龄进行分类，分类方法见表 6-1。

表 6-1　新生儿分类

分类	种类及内容
胎龄	足月儿：37 周≤胎龄＜42 周；早产儿：28 周≤胎龄＜37 周；过期产儿：胎龄≥42 周
出生体重	正常出生体重儿：2500～4000 g；低体重儿：＜2500 g；极低出生体重儿：＜1500 g；超低出生体重儿：＜1000 g；巨大儿：＞4000 g
出生体重和胎龄的关系	适于胎龄儿：出生体重在同胎龄儿平均体重的第 10～90 百分位者；小于胎龄儿：出生体重在同胎龄儿平均体重的第 10 百分位以下的新生儿；大于胎龄儿：出生体重在同胎龄儿平均体重的第 90 百分位以上的新生儿
出生后周龄	早期新生儿：生后 1 周以内；晚期新生儿：生后 2～4 周

 考点提示

各类新生儿的判断。

高危儿指已经发生或有可能发生某种危重疾病而需要监护的新生儿。常见于以下几种情况，①母亲有异常妊娠史的新生儿：母亲有糖尿病、心脏病、肾病、感染、吸烟、吸毒、酗酒史，母亲为 Rh 阴性血型，母亲过去有死胎、死产或性传播病史，母亲年龄＞40 岁或＜16 岁，孕期有妊娠高血压综合征、阴道流血、羊膜早破、先兆子痫等。②出生时有异常的新生儿：如胎盘早剥、胎盘发育不良、脐带异常，以及早产儿、小于胎龄儿、巨大儿、多产儿、宫内感染和各种先天畸形等。③异常分娩的新生儿：各种难产、急产、手术产，分娩过程中母亲曾使用镇静药和（或）镇痛药等。

知识链接

围生期

围生医学又称围产医学，是20世纪70年代迅速发展的一门新兴医学，是研究在围生期内加强对围生儿及孕产妇的卫生保健，也就是研究胚胎的发育、胎儿的生理病理，以及新生儿和孕产妇疾病的诊断与防治的科学。国际上对围生期的规定有4种——围生期Ⅰ：从妊娠满28周（即胎儿体重≥1000 g或身长35 cm）至产后1周；围生期Ⅱ：从妊娠满20周（即胎儿体重≥500 g或身长25 cm）至产后4周；围生期Ⅲ：从妊娠满28周至产后4周；围生期Ⅳ：从胚胎形成至产后1周。根据世界卫生组织的推荐，我国采用围生期Ⅰ计算围生期死亡率。

第二节　正常足月儿和早产儿的特点及护理

一、正常足月儿的特点和护理

正常足月儿（normal full-term infant）是指37周≤胎龄＜42周，2500 g≤出生体重≤4000 g，无任何畸形和疾病的活产婴儿。

（一）正常足月儿的外观特点

正常足月儿的外观特点见表6-2、图6-1、图6-2、图6-3。

表6-2　足月儿与早产儿外观特点

项目	足月儿	早产儿
皮肤	红润、皮下脂肪丰满和毳毛少	绛红、水肿和毳毛多
头部	头大（占全身比例1/4），头发分条清楚	头更大（占全身比例1/3），头发细而乱
耳壳	软骨发育好、耳舟成形、直挺	软、缺乏软骨、耳舟不清楚
指（趾）甲	达到或超过指（趾）端	未达指（趾）端
跖纹	足纹遍整个足底	足底纹理少
乳腺	结节直径4 mm，平均直径7 mm	无结节或结节直径＜4 mm
外生殖器	男婴睾丸已降至阴囊 女婴大阴唇遮盖小阴唇	男婴睾丸未降或未全降 女婴大阴唇不能遮盖小阴唇

（二）正常足月儿的生理特点

1. 呼吸系统　胎儿在宫内不需要肺的呼吸和气体交换，但有微弱的呼吸运动。胎儿肺内充满液体，足月儿含有液体30～35 ml/kg，分娩时由于产道的挤压，约1/3经口排出，其余由肺间质毛细血管和淋巴管吸收，如吸收延迟，则可导致新生儿湿肺的发生。出生后新生儿的呼吸频率较快，为 40～50 次 / 分。由于呼吸中枢及肋间肌发育不成熟，胸腔较小，呼吸较表浅，节律常不规则，呼吸时主要靠膈肌运动，故以腹式呼吸为主。

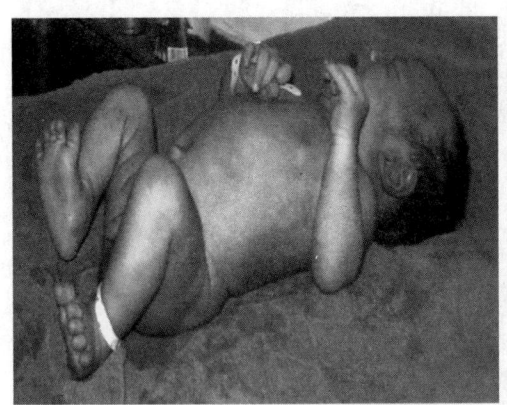
图 6-1　足月儿

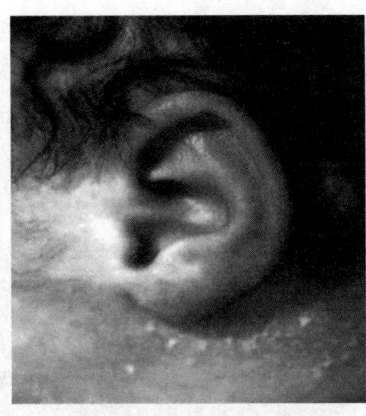
图 6-2　足月儿的耳壳

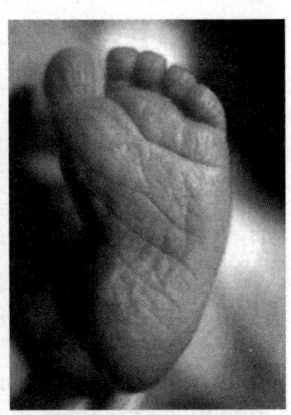
图 6-3　足月儿的跖纹

2. 循环系统　胎儿出生后血液循环的血流动力学发生巨大变化，如：①脐带结扎，胎盘 - 脐血循环终止；②出生后随着呼吸的建立，肺循环阻力下降，肺血流量增加；③由于回流至左心房的血量明显增多，体循环压力增高，卵圆孔和动脉导管功能性关闭，从而完成了胎儿循环向正常人体循环的转变。新生儿心率波动较大，平均为 120～140 次 / 分，血压平均为 70/50 mmHg（9.3/6.7 kPa）。

3. 消化系统　足月儿出生时，虽然吞咽功能已经完善，但因胃呈水平位，贲门括约肌松弛，幽门括约肌较发达，易发生溢乳和呕吐。新生儿消化道面积相对较大，肠壁较薄，通透性高，虽有利于母乳中营养物质的吸收，但肠道内的毒素和消化不全的产物也易通过肠壁进入血液循环，从而引起中毒或过敏反应。新生儿胎便由胎儿肠道分泌物、胆汁及吞咽的羊水等组成，呈墨绿色，一般于生后 10～12 h 开始排胎便，2～3 天排完，若超过 24 h 还未见胎便排出，应检查是否有肛门闭锁及其他消化道畸形。新生儿肝酶系统发育不成熟，是多数新生儿出现生理性黄疸的重要原因，同时对某些药物的解毒能力低下，易发生药物中毒。

4. 血液系统　足月儿出生时血容量平均为 85 ml/kg，血液中红细胞、血红蛋白和白细胞总数均较高，以后逐渐下降，血红蛋白中胎儿血红蛋白占 70%～80%（成人<2%），以后逐渐被成人血红蛋白替代。足月儿刚出生时白细胞计数较高，第 3 天开始下降，5 天后接近婴儿水平。血小板出生时已达成人水平。由于胎儿肝内维生素 K 储存量少，凝血因子活性低，易发生新生儿出血症，故出生后需常规注射维生素 K_1。

5. 泌尿系统　新生儿一般出生后 24 h 排尿，如出生后 48 h 仍不排尿，需进一步检查。新生儿肾小球滤过率低，肾稀释功能虽与成人相似，但浓缩功能较差，因此对使用牛乳喂养的新生儿应适当补充水分。新生儿肾的排磷功能较差，故牛乳喂养儿易发生低磷血症和低钙血症。

6. 神经系统　新生儿的脑相对较大，重 300～400 g，其重量占出生体重的 10%～20%（成人仅占 2%），脊髓相对较长，其末端约在第 3、4 腰椎下缘，故腰穿时应在第 4、5 腰椎间隙进针。大脑皮质兴奋性低，睡眠时间长，一个昼夜内的觉醒时间仅为 2～3 h。新生儿出生时已具备觅食反射、吸吮反射、握持反射、拥抱反射等原始神经反射，这些反射于生后数月自然消失，若新生儿期这些反射减弱或消失，常提示有神经系统疾病、损伤或颅内出血。正常足月儿也可出现年长儿的病理反射，如巴宾斯基征、凯尔尼格征。

7. 体温调节　新生儿体温调节中枢功能尚不完善，皮下脂肪薄，体表面积相对较大，容易散热。新生儿对寒冷的反应与成人不同，主要依靠棕色脂肪代偿产热，棕色脂肪分布在大血管周围、肩胛间区和肾周围。室温过高时，足月儿能通过皮肤的水分蒸发和出汗散热，若进水量少及散热不足，可发生脱水热。若室温过低，保暖不当，可发生低体温和寒冷损伤综合征。因此保持环境的中性温度对新生儿尤为重要，是维持正常体温的重要条件。中性温度又称适中温度，系指能维持正常体温及皮肤温度的最适宜的环境温度，在此温度下，机体耗氧量最少，散热量最少，新陈代谢最低。

知识链接

中性温度

新生儿的中性温度和出生体重有关，见下表：

出生体重（g）	中性温度			
	35℃	34℃	33℃	32℃
1000 g	出生10天内	10天以后	3周以后	5周以后
1500 g		出生10天内	10天以后	4周以后
2000 g		出生2天内	2天以后	3周以后
>2500 g			出生2天内	2天以后

8. 能量和体液代谢　新生儿需要的热量取决于维持基础代谢和生长发育的能量消耗，每日需要的总能量为418～502 kJ/kg（100～120 kcal/kg）。新生儿体液总量占体重的70%～80%，液体需要量与体重和日龄有关。不同体重新生儿液体需要量见表6-3。

表6-3　不同体重新生儿液体需要量

出生体重（kg）	第1天（ml）	第2天（ml）	第3天（ml）
<1.0	70～100	100～120	120～180
1.0～1.5	70～100	100～120	120～180
1.5～2.5	60～80	80～100	110～140
>2.5	60～80	80～100	100～140

9. 免疫系统　新生儿特异性免疫和非特异性免疫功能均不成熟。皮肤黏膜较薄嫩、易损伤；脐带残端未愈合，细菌易进入血液而发生感染。胎儿可从母体通过胎盘获得免疫球蛋白IgG，因此新生儿及最初数月的小婴儿对某些传染病如麻疹等有抵抗力。但IgA和IgM不能通过胎盘，因此新生儿易患呼吸道和消化道感染，以及革兰氏阴性杆菌感染。

 考点提示

新生儿的特殊生理状态。

10. 新生儿常见的几种特殊生理状态
（1）生理性黄疸：参见本章第七节。

(2)生理性体重下降：新生儿出生后数日内由于摄入少、胎便排出和水分丢失过多等原因，可导致体重下降3%~9%，但一般不超过10%，以后逐渐回升，常于10天左右恢复到出生时体重。

(3)乳腺肿大（图6-4）和假月经：由于来自母体的雌激素中断，可使男、女新生儿于出生后3~5天出现乳房肿大，如蚕豆或鸽蛋大小，2~3周消退，不必特殊处理，切勿强行挤压，以免继发感染。部分女婴生后5~7天阴道可有少量血性分泌物流出，约持续1周，称为假月经，一般不需处理。

(4)"马牙"（图6-5）和"螳螂嘴"：新生儿口腔的上腭中线和齿龈切缘常有黄白色小颗粒，俗称"上皮珠"或"马牙"，是上皮细胞堆积或黏液腺分泌物积留所致，于生后数周至数月自行消失，不需处理。新生儿两颊部各有一隆起的脂肪垫，俗称"螳螂嘴"，有利于吸吮乳汁，不应挑割，以免发生感染。

(5)新生儿红斑及粟粒疹：生后1~2天，在新生儿头部、躯干及四肢常出现大小不等的多形斑丘疹，称为新生儿红斑，1~2天后自然消失。也可因皮脂腺堆积在鼻尖、鼻翼、颜面部形成小米粒大小的黄白色皮疹，称为新生儿粟粒疹，脱皮后自然消失，一般不需处理。

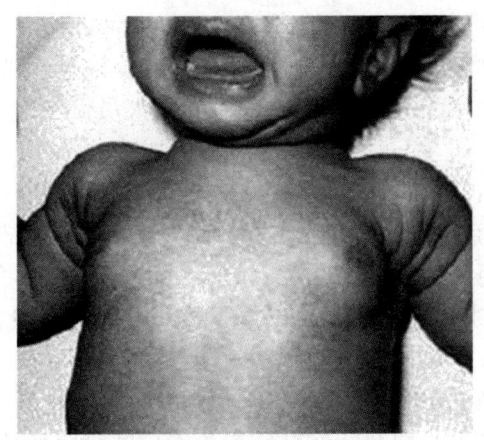

图6-4 乳腺肿大

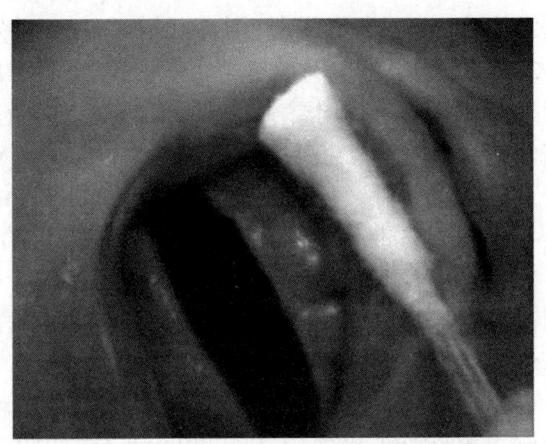

图6-5 马牙

（三）正常足月儿的护理

1. 护理诊断

(1)有窒息的危险：与呛奶、呕吐有关。

(2)有体温失调的危险：与体温调节中枢发育不完善有关。

(3)有感染的危险：与免疫功能低下有关。

2. 护理措施

(1)保持呼吸道通畅：

1)新生儿娩出后，应迅速清除口腔、鼻腔的黏液及羊水，保持呼吸道通畅，以免引起吸入性肺炎。

2)保持新生儿适宜的体位，一般以右侧卧位为好。仰卧时应避免颈部前屈或过度后仰。婴儿俯卧时，应有专人看护，防止发生窒息。

3)避免包被、奶瓶、母亲的乳房或其他物品遮盖新生儿口鼻，或压迫胸部。

4)及时检查和清除鼻腔分泌物，保持鼻腔通畅。密切观察有无突然的呼吸、面色改变，防止因溢乳、呕吐、误吸等引起窒息。

（2）维持体温稳定

1）新生儿室的环境要求：应阳光充足、空气流通，有条件的医院最好配备空调和空气净化设备。室温保持在 22～24℃，相对湿度为 55%～65%。

2）保暖：新生儿出生后应立即擦干身体，用温暖毛毯包裹，并因地制宜地采取保暖措施，使新生儿处于中性温度的环境中。保暖方法有母亲怀抱、热水袋、婴儿温箱和远红外线辐射床等。各项护理操作集中进行，避免婴儿的暴露时间过长。

（3）合理喂养

1）喂养：正常新生儿出生后 30 min 内即可让其裸体伏于母亲胸部，吸吮乳头，既可刺激乳汁的分泌，又可促进母婴情感交流。无法母乳喂养时可先试喂 5%～10% 葡萄糖水 10 ml，如无消化道畸形，吸吮吞咽能力良好者，可给予配方乳。喂奶后应竖抱小儿轻拍背部，然后取右侧卧位，防止因溢乳和呕吐引起的窒息。

2）监测体重：定时测量体重，为了解新生儿营养状况提供可靠依据。

（4）预防感染

1）病室管理：规模较大的病区应设观察室、新生儿重症监护室（NICU）、足月儿室及早产儿室，另配 1～2 间空房间，供临时隔离或空气消毒时使用。新生儿室应该使用湿式清扫进行日常清洁，每晚应用紫外线灯照射 30 min，并定期全面清洁和消毒。

2）工作人员的管理：建立和严格遵守消毒隔离制度，入新生儿室需更衣、换鞋、洗手。护理每个新生儿前后均要洗手，治疗器具使用后用消毒液擦洗。每季度对工作人员做一次咽拭子培养，对带菌者及患感染性疾病者应暂时调离新生儿室。

3）脐部护理：每天用乙醇棉签擦拭脐带残端和脐窝部，保持脐带残端清洁和干燥，一般生后 3～7 天脐带脱落。脐带脱落前，应每天检查脐部有无渗血，若渗血较多，应重新结扎。同时观察脐部有无脓性分泌物和肉芽，脐轮有无红肿等感染征象。有分泌物者先用 3% 过氧化氢（双氧水）棉签擦拭，再用 0.2%～0.5% 聚维酮碘棉签擦拭，并保持干燥。有肉芽组织者可用硝酸银烧灼局部，必要时使用抗生素。

4）皮肤黏膜护理：出生后用纱布蘸温开水将头皮、耳后、面、颈、腋下及其他皮肤皱褶处的血渍和胎脂拭去。24 h 后，在体温稳定的情况下可为婴儿沐浴，注意检查皮肤黏膜的情况，包括颜色、有无化脓灶和出血点等。尿布应用浅色、柔软、吸水性强的棉布，勿用塑料或橡胶制品，每次排便后用温水洗净臀部，以免发生尿布皮炎。婴儿衣服应柔软、宽松、不用纽扣。我国民间传统的"蜡烛包"式包裹方法不利于的婴儿的发育，不宜采用。

（5）健康指导：提倡母乳喂养，向家属介绍婴儿喂养、保暖、预防感染、预防接种、促进发育等相关知识。提醒家长按时给小儿进行预防接种，及时、合理添加辅食。开展先天性甲状腺功能减退症、苯丙酮尿症和半乳糖血症等先天性代谢性疾病或遗传疾病的筛查工作。

二、早产儿的特点和护理

早产儿，又称未成熟儿，指 28 周≤胎龄＜37 周，出生体重＜2500 g 的活产婴儿。近年来，我国早产儿的出生率呈逐年上升趋势，从原有的 2%～5% 上升至 7.8%，而 2008 年美国早产儿出生率为 12.6%。随着新生儿重症监护技术的发展，早产儿的存活率有了明显提高。在国外极低体重儿的救治率由 20 世纪 80 年代末的 49% 提高到了 20 世纪 90 年代末的 68%。

 考点提示

早产儿的护理。

（一）高危因素

1. 母亲因素　①孕妇年龄过大或过小、身材矮小。②孕妇有妊娠高血压综合征、慢性心肺疾病、营养不良、感染、内分泌失调、外伤或手术、情绪波动等。③孕妇吸烟、酗酒、吸毒。

2. 胎儿因素　①双胎或多胎、胎位异常。②先天畸形及染色体异常，如唐氏综合征。③宫内感染，如风疹病毒、单纯疱疹病毒、巨细胞病毒感染。④其他如胎儿窘迫、贫血或严重溶血。

3. 子宫、脐带、胎盘因素　①子宫发育不良、子宫肌瘤、子宫颈功能不全、子宫内膜炎等。②脐带过短、扭转。③胎盘功能不全，如小胎盘、胎盘梗死或血管阻塞、前置胎盘、胎盘早剥。

（二）早产儿的外观特点

早产儿的外观特点见表 6-2、图 6-6、图 6-7、图 6-8。

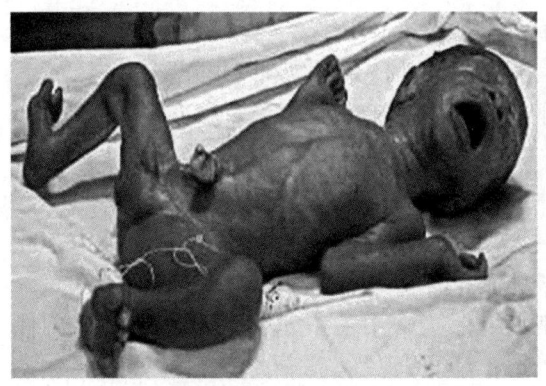 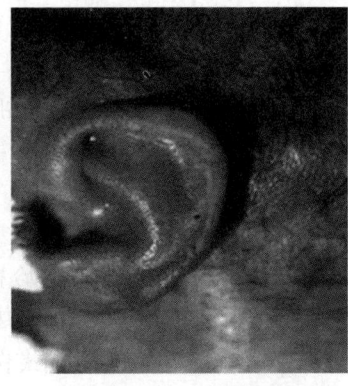 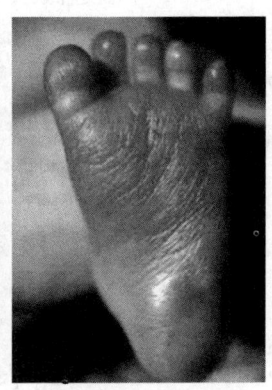

图 6-6　早产儿　　　　　　图 6-7　早产儿的耳壳　　　　图 6-8　早产儿的跖纹

（三）早产儿的生理特点

1. 呼吸系统　早产儿呼吸中枢发育不成熟，呼吸浅表且节律不规则，常有不规则间歇呼吸或呼吸暂停。若呼吸停止达 15～20 s，或虽不到 15 s，但伴有心率减慢（＜100 次/分）并出现发绀及四肢肌张力下降，称呼吸暂停。由于肺发育不成熟，肺泡表面活性物质少，易发生新生儿肺透明膜病。有宫内窘迫史的早产儿易发生吸入性肺炎。以上均易导致早产儿发生缺氧和呼吸衰竭。

2. 循环系统　早产儿心率偏快，血压较足月儿偏低。由于肺部小动脉的肌肉层发育未完全，动脉导管关闭常延迟，胎龄越小，其发生动脉导管未闭的比例越高，能引起左向右分流，易导致肺水肿、肺动脉高压及心力衰竭等。

3. 消化系统　早产儿的吸吮及吞咽能力差，贲门括约肌松弛，胃容量小，易发生呛乳、胃食管反流和溢乳。早产儿各种消化酶分泌不足，尤其是胆酸的分泌较少，对脂肪的消化吸收差，但生长发育所需的营养素却相对较高，因此需要合理安排喂养，以母乳喂养为宜。由于早产儿的胎便形成较少，肠蠕动乏力，易导致胎便排出延迟。早产儿肝发育不成熟，葡糖醛酸转移酶不足，生理性黄疸较重，持续时间较长，易引起胆红素脑病（核黄疸）。早产儿肝糖原储存少及合成蛋白质的功能差，易发生低血糖和低蛋白血症。同时由于肝功能不完善，肝内维生素 K 依赖性凝血因子合成少，易发生出血症。

4. 神经系统　其功能和胎龄有密切关系，胎龄越小，原始反射越差，因此神经系统检查可作为估计胎龄的依据。早产儿易发生缺氧而导致缺氧缺血性脑病。此外，由于早产儿室管膜下层存在发达的胚胎生发层基质，该组织是一个未成熟的毛细血管网，易发生破裂而导致颅内出血。

5. 体温调节 早产儿缺少棕色脂肪，产热少；体表面积相对大，皮下脂肪少，易散热。体温易随环境温度变化而变化，寒冷时易出现体温偏低或不升而导致新生儿硬肿病的发生。故应特别注意保暖，随时调节环境温度，胎龄越小，对中性温度的要求越高。

6. 免疫系统 早产儿皮肤娇嫩，屏障功能弱，体液和细胞免疫功能均不成熟，从母体获得的IgG少，自身合成IgA、IgD、IgE、IgG、IgM不足，补体水平低下，极易发生各种感染。

7. 其他 早产儿酸碱调节功能差，易发生酸中毒。肾功能低下，易发生水肿及低钠血症。由于肝糖原储存少，以及肾小管重吸收葡萄糖的能力差，易出现低血糖。早产儿1周岁时体重可达出生体重的5～7倍，由于生长速度快，易发生低血钙和佝偻病。

（四）早产儿的护理

1. 护理诊断

（1）体温过低：与体温调节功能差有关。

（2）自主呼吸障碍：与呼吸中枢不成熟和肺发育不良有关。

（3）营养失调：营养摄入量低于机体需要量，与吸吮、吞咽、消化吸收功能差有关。

（4）有感染的危险：与免疫功能不足及皮肤黏膜屏障功能差有关。

（5）潜在并发症：呼吸暂停、出血等。

2. 护理措施

（1）维持体温稳定：早产儿室内温度保持在24～26℃，晨间护理时应达27～28℃，相对湿度为55%～65%。根据早产儿的体重、胎龄和特殊病情，给予不同的保暖措施。体重＞2000 g者，可因地制宜，采取简易方法，如使用热水袋保暖，用毛巾包裹后放置在婴儿两侧和足下，注意防止烫伤；还可用母亲怀抱的方式保暖，注意避免堵塞新生儿口、鼻而导致窒息。体重＜2000 g者，应尽早将婴儿置于温箱中保暖，将箱温调至中性温度，使皮肤温度稳定在36～37℃，肛温在36.5～37.5℃，温差＜1℃。暴露操作应在远红外线辐射床保暖下进行；没有条件者，因地制宜，加强保暖，尽量缩短操作时间。

（2）合理喂养：早产儿应尽早母乳喂养，以防止发生低血糖，无法母乳喂养者采用早产儿配方乳为宜。喂乳量根据早产儿耐受力而定，以不发生胃潴留及呕吐为原则（表6-4）。吸吮能力差和吞咽不协调者可用滴管喂养、间歇或持续鼻饲喂养，必要时经静脉补充营养。每天详细记录出入量并监测体重，以便分析、调整喂养方案。早产儿还需补充一些维生素和矿物质，出生后立即肌内注射维生素 K_1 1 mg/d，连续3天，预防出血症；生后10天开始补充维生素D 100 IU/d，逐步增加至300～400 IU/d；6周后补充铁剂；此外，还应补充维生素A、C、D、E等物质，防止贫血、佝偻病等疾病的发生。

表6-4 早产儿喂奶与时间

出生体重（g）	开始量（ml）	每天隔次增加量（ml）	喂奶间隔时间（h）
＜1000	1～2	1	1
1000～1499	3～4	2	2
1500～1999	5～10	5～10	2～3
2000～2499	10～15	10～15	3

（3）预防感染：早产儿抵抗力比足月儿低，医护人员应严格遵守消毒隔离制度。严格控制入室人数，室内物品定期更换消毒，防止交叉感染。接触新生儿前、后均应用消毒液洗手，护

理人员定期做鼻咽拭子培养，带菌和患感染性疾病时应暂时隔离。加强早产儿口腔、皮肤及脐部的护理。经常帮助早产儿更换体位，以防发生肺炎。

（4）维持有效呼吸：保持呼吸道通畅，早产儿仰卧时可在肩下放置软垫，避免颈部过度弯曲而导致气道梗阻。低氧血症时应查明原因，同时予以吸氧，一般主张间断低流量给氧，以维持动脉血氧分压为 50～80 mmHg（6.7～10.7 kPa）或经皮血氧饱和度为 90%～95%，一旦症状缓解，立即停用，以防氧疗并发症。呼吸暂停者给予拍打足底、托背、刺激皮肤等处理，条件允许时放置水囊床垫，利用水振动减少呼吸暂停的发生。反复发作者可遵医嘱给予氨茶碱静脉输注。

（5）密切观察病情：早产儿各器官系统功能不成熟，护理人员应加强巡视，除严密监测体温、脉搏、呼吸等生命体征外，还应注意观察患儿的进食情况、精神反应、哭声、反射、面色、皮肤颜色、肢体末梢的温度等情况。若发现异常表现，应及时报告医师，并协助查找原因，进行相应处理。若早产儿摄入量不足或疾病影响需药物治疗及补液时，要加强输液管理。配制液体时，剂量要精确无误。在输液过程中，最好使用输液泵，严格控制输液速度，定时巡回记录，防止高血糖、低血糖的发生。

（6）健康指导

1）疾病知识指导：指导家长保暖、喂养及预防感染的方法和注意事项。在护理早产儿前后必须洗手，减少他人探视，家中有感染者应避免接触早产儿。

2）用药指导：早产儿肝功能不成熟，易发生药物蓄积中毒，应在医生的指导下使用药物。

3）卫生保健知识指导：指导家长按时补充维生素 D、铁剂等，预防佝偻病和贫血。按时预防接种，定期到医院进行健康检查及生长发育监测。

第三节　新生儿重症监护的护理

新生儿重症监护是指对病情不稳定的危重新生儿借助自动化和电子化先进仪器进行连续动态监护、持续的护理、综合的处置、连续的呼吸支持或其他加强干预，并及时、准确地对危重新生儿的生命体征和病情程度进行评估。新生儿重症监护治疗病房（neonatal intensive care unit，NICU）（图 6-9）是治疗新生儿危重疾病的集中病室，是为了对高危新生儿进行病情连续监护和及时有效的抢救治疗和护理而建立的，其目的是减小新生儿病死率，对抢救新生儿和改善其预后起到极大的帮助作用。

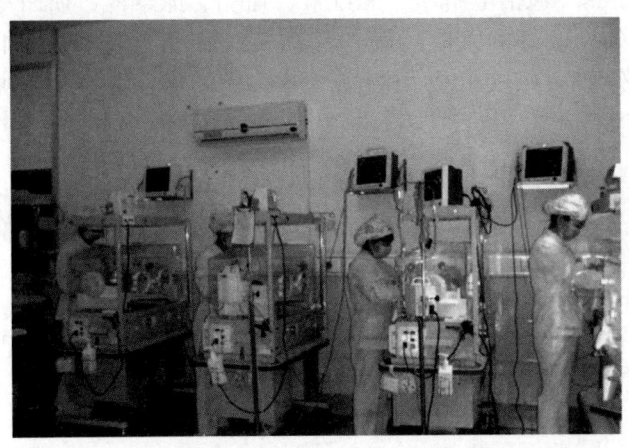

图 6-9　新生儿重症监护治疗病房（NICU）

一、监护对象

需要密切监护或抢救治疗的新生儿均为监护对象，主要包括：

1. 需要进行呼吸管理的新生儿，如患有急、慢性呼吸衰竭，需要应用辅助通气及拔管后 24 h 内的患儿。
2. 病情危重，需要急救的新生儿，如重症休克、反复惊厥、重度窒息、多器官功能衰竭患儿。
3. 胎龄 < 30 周、出生后 48 h 内，或胎龄 < 28 周、出生体重 < 1500 g 的所有新生儿。
4. 大手术术前、术后监护，尤其是术后 24 h 内的患儿，如先天性心脏病、食管气管瘘、膈疝患儿。
5. 需要全胃肠外营养及换血治疗的新生儿。

二、监护内容

危重新生儿随时都有生命危险，护士必须 24 h 守护在患儿床边，认真细致地观察病情，利用各种监护仪器、微量快速的检测手段，进行连续不断的监护，同时可根据患儿具体情况对各型监护仪设立报警阈值，以便及早发现病情变化，及时予以处理。

1. 呼吸监护　主要监测患儿呼吸频率、呼吸节律变化及有无呼吸暂停，对于有呼吸系统疾病和机械通气的患儿，应监护其肺功能，如肺容量监测及肺通气功能测定。
2. 心电监护　主要监测患儿心率、节律及心电波形变化，如心率增快、减慢、各种心律失常和各种原因引起的心电特征性表现。
3. 血压监护　目前国内 NICU 中最常用的血压监测方法是间接测压法，将袖带束于患儿上臂间接定时测量，自动显示收缩压、舒张压和平均动脉压，方法简便。一般患儿每 2～6 h 测量 1 次，对休克、失血患儿要每 1～2 h 测 1 次。
4. 经皮血气监测　包括经皮氧分压（$TcPO_2$）、二氧化碳分压（$TcPCO_2$）及脉搏氧饱和度（SpO_2）监测。SpO_2 监测是利用脉搏氧饱和度仪测得的患者的血氧饱和度，可间接判断患者的氧供情况，被称为第五生命体征监测，具有无创、连续、自动、操作简便等优点，但当周围循环灌注不良时，其准确性较差，因此，在应用经皮血气监测的同时，也应定期监测动脉血气。
5. 体温监测　将患儿置于已预热的远红外辐射台上或温箱内，以体温检测仪监测患儿体温。体温监测的探头务必妥善固定，以防发生烫伤。
6. 微量血液生化监测　包括电解质、胆红素、血糖、尿素氮、肌酐等监测。
7. 影像学检查　条件较好的医院可配备移动式 X 线机、超声仪，以随时监测患儿的心、胸、腹、脑部情况，必要时进行 CT 或 MRI 等检查，为治疗方案的制定提供准确的信息。

第四节　新生儿窒息的护理

案例 6-1

新生儿，出生后 2 h，分娩中产妇宫缩乏力、产程延长。出生后 1 min Apgar 评分为 4 分，经抢救病情稳定后由产房护士抱入新生儿病房。

问题：
1. 该新生儿的护理诊断有哪些？
2. Apgar 评分的内容有哪些？其抢救分为哪几步？

新生儿窒息是指胎儿出生后 1 min 内无自主呼吸或未能建立规律性呼吸而导致低氧血症、混合型酸中毒及全身多脏器损伤，是引起新生儿死亡和伤残的重要原因之一。

一、病因与发病机制

（一）病因

窒息的本质是缺氧，凡能影响母体和胎儿血液循环和气体交换的因素都会造成新生儿窒息。

1. 孕母因素　孕母有慢性或严重疾病，如糖尿病、严重贫血及心、肾、肺等全身疾病；妊娠期并发症如妊娠高血压综合征；孕母吸毒、吸烟；孕母年龄 > 35 岁或 < 16 岁，以及多胎妊娠。

2. 胎盘和脐带因素　如前置胎盘、胎盘早剥、胎盘老化；脐带脱垂、绕颈、打结、过短或牵拉等。

3. 分娩因素　如头盆不称、宫缩乏力、臀位难产、手术助产（如高位产钳）及产程中麻醉剂使用不当。

4. 胎儿因素　如早产儿、小于胎龄儿、巨大儿；严重先天性畸形；羊水或胎粪吸入；宫内感染所致神经系统受损。

（二）发病机制

1. 呼吸改变　新生儿窒息缺氧时，早期表现为呼吸深快，如缺氧未及时纠正，即出现原发性呼吸暂停，患儿有发绀、心率减慢、血压升高等表现，如能及时给氧或予以适当刺激，呼吸可恢复，如缺氧持续存在，则出现喘息样呼吸，心率继续减慢，血压开始下降，肌张力消失，面色苍白，呼吸运动减弱，最终出现一次深度喘息而进入继发性呼吸暂停，如无外界正压通气的帮助，则呼吸无法恢复而致死亡。

2. 各器官缺血缺氧改变　窒息开始时，因低氧血症和酸中毒导致血液重新分布，胃肠道、肺、肾、肌肉、皮肤等器官血液供应减少，而心、脑、肾上腺等重要器官的血流供应得到保证。若缺氧持续存在，发生严重代谢性酸中毒，导致全身各重要器官受累，包括脑损伤、呼吸衰竭、循环衰竭、坏死性肠炎、肾损害及低血糖等生化和血液改变。

二、临床表现

1. 宫内窒息　早期表现为胎动增加，胎心率增快，≥ 160 次/分；晚期胎动减少甚至消失，胎心率减慢，< 100 次/分，缺氧可导致胎儿肛门括约肌松弛，胎粪排出，羊水被污染成黄绿色或深绿色，如吸入被胎粪污染的羊水可加重窒息。

> **考点提示**
>
> Apgar 评分标准及应用。

2. 新生儿窒息　新生儿娩出时的窒息程度可用阿普加（Apgar）评分进行评估（表 6-5），分别于出生后 1 min、5 min 进行评分。8 ~ 10 分为正常，4 ~ 7 分为轻度（青紫）窒息，0 ~ 3 分为重度（苍白）窒息。若生后 1 min 评分 8 ~ 10 分，但于数分钟后又降至 7 分以下，也属于窒息；若 5 min 评分仍低于 6 分，则发生神经系统后遗症可能性较大，预后较差。

表 6-5　新生儿阿普加（Apgar）评分标准

体征	评分标准			评分	
	0	1	2	1 min	5 min
皮肤颜色	青紫或苍白	身体红，四肢青紫	全身红		
心率（次/分）	无	<100	>100		
弹足底或插鼻管反应	无反应	有些动作、如皱眉	哭，喷嚏		
肌张力	松弛	四肢略屈曲	四肢活动		
呼吸	无	慢、不规则	正常，哭声响		

3. 并发症　重度窒息或缺氧持续时间长者可引起多系统受累，如缺氧缺血性脑病、新生儿颅内出血、急性心力衰竭、急性肾衰竭、新生儿坏死性小肠结肠炎，以及代谢紊乱如低血糖、低血钙。

三、辅助检查

血气分析可有 pH 和 PaO_2 降低 $PaCO_2$ 升高；根据病情需要可检测血糖、电解质、血尿素氮和肌酐等生化指标；头颅 B 超或 CT 可显示脑水肿或颅内出血的部位和范围。

 考点提示

新生儿复苏时的呼吸频率，胸外按压频率与深度。

四、治疗原则

（一）积极预防
做好产前检查，加强对高危胎儿的监护，积极治疗孕母疾病。

（二）早期预测
估计胎儿娩出有窒息的危险性时，做好抢救和复苏的准备工作，包括人员、仪器、物品等。

（三）及时复苏
采用国际通用的 ABCDE 复苏方案。A（airway）：清理呼吸道；B（breathing）：建立呼吸；C（circulation）：维持正常循环；D（drugs）：药物治疗；E（evaluation and environment）：评价和环境（保温）。前三项最为重要，A 是根本，B 是关键，评价和保温贯穿于整个复苏过程中，呼吸、心率（评估时间为 6 s）和皮肤颜色是窒息复苏评估的三大指标。应遵循评估→决策→措施的程序，如此循环往复，直到完成复苏。

（四）复苏步骤
对窒息的新生儿，护理人员应配合医生，按新生儿窒息复苏步骤和程序立即采取复苏措施。

1. 快速评估　出生后立即用数秒快速评估 4 项指标：是否足月、羊水是否清澈、是否有呼吸或哭声、肌张力是否正常，如以上任何 1 项为"否"，则应进行初步复苏。

2. 清理呼吸道（A）及初步复苏（要求应在 15～20 s 完成）。

（1）保暖：新生儿娩出后立即用温热干毛巾包裹置于预热的远红外线辐射床上。

（2）摆好体位：使患儿仰卧，肩部用毛巾垫高 2～3 cm，颈部轻微仰伸。

（3）清理呼吸道：立即吸尽口腔和鼻腔的黏液，先吸口腔，后吸鼻腔（图 6-10），吸引时间不超过 10 s。如羊水混有胎粪，且新生儿肌张力低，清理呼吸道后心率<100 次/分，应立

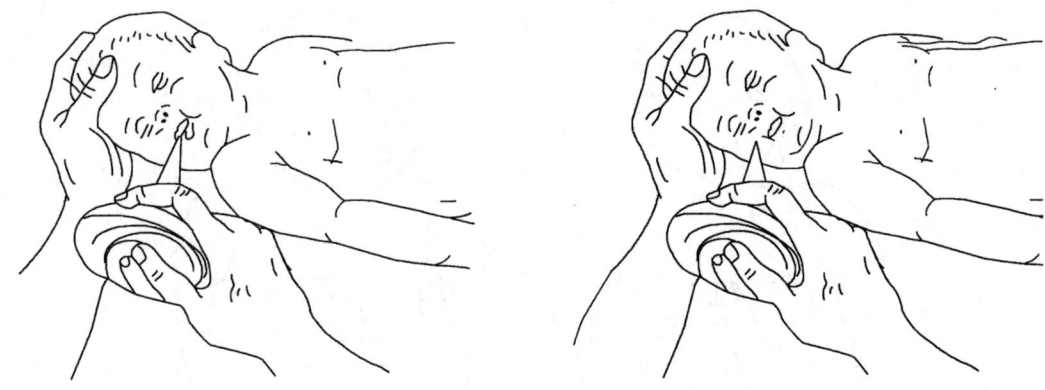

图 6-10　吸引先口腔后鼻腔

即进行气管插管将胎粪吸出。

3. 建立呼吸（B）

（1）触觉刺激：用手拍打或手指弹患儿的足底或摩擦背部 2 次以诱发自主呼吸（图 6-11）。

（2）正压人工通气：触觉刺激后如无自主呼吸建立或心率 < 100 次 / 分，应立即用复苏囊或面罩正压通气（图 6-12）。面罩应密闭遮盖下颌尖端、口鼻，但不盖住眼睛，通气频率为 40～60 次 / 分，吸呼比 1：2，压力以胸廓起伏适中、听诊呼吸音正常为宜。经 30 s 后再评估，如心率 > 100 次 / 分，出现自主呼吸，可予以观察；如无规律性呼吸，或心率 < 100 次 / 分，则需进行气管插管正压通气。

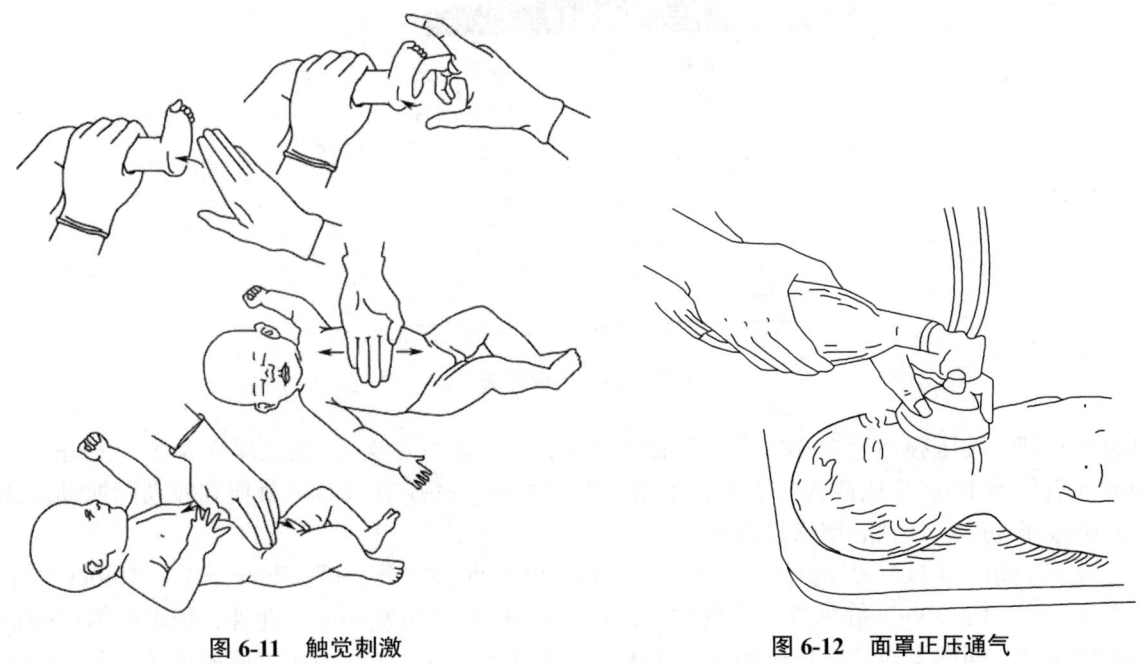

图 6-11　触觉刺激　　　　　　　　图 6-12　面罩正压通气

4. 维持正常循环（C）　如无心率或气管插管正压通气 30 s 后心率持续 < 60 次 / 分，应同时进行胸外心脏按压，可采用双拇指法或中食指法。

（1）双拇指法（图 6-13）：操作者双拇指并排或重叠于患儿胸骨体下 1/3 处（两乳头连线下方），其他手指围绕胸廓托在后背。

（2）中食指法（图 6-14）：操作者一手的中食指按压胸骨体下 1/3 处，用另一手或硬垫支

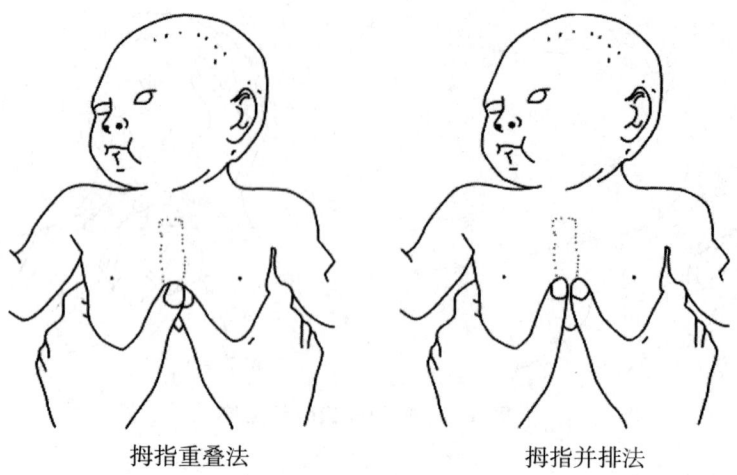

拇指重叠法　　　　　　　拇指并排法

图 6-13　双拇指法

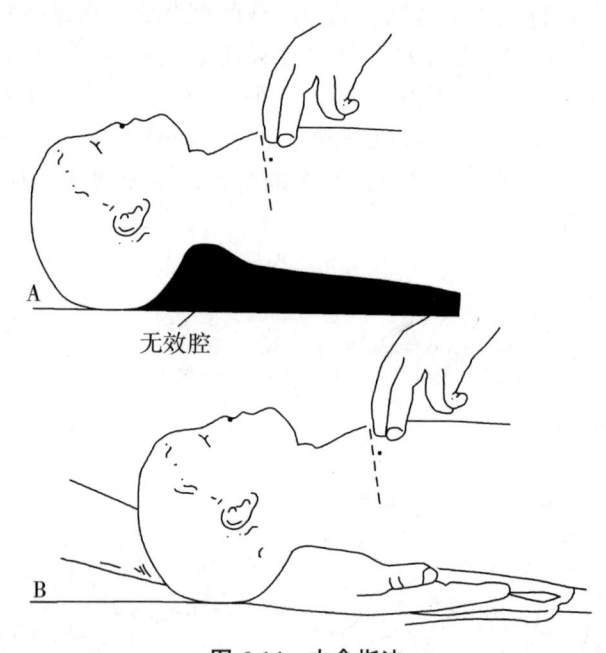

图 6-14　中食指法

撑患儿背部。按压频率为 90 次 / 分（每按压 3 次，正压通气 1 次），按压深度为 2～3 cm，或胸廓前后径的 1/3。按压放松过程中，手指不离开胸壁，按压有效时可触摸到股动脉搏动。胸外心脏按压 30 s 后评估心率恢复情况。

5. 药物治疗（D）　经胸外按压 30 s 后，心率仍＜ 80 次 / 分，遵医嘱给予 1∶10 000 肾上腺素 0.1～0.3 ml/ kg，静脉或气管内注入，3～5 min 后可重复一次。此外，根据病情可酌情选用扩容剂、纠酸及血管活性药物等。如患儿母亲在产前 4～6 h 内用过麻醉或镇痛药，应给予纳洛酮，每次 0.1 mg/kg，经静脉或气管内注入。

6. 复苏后监护　复苏后仍需监测体温、呼吸、心率、血压、尿量、肤色、血氧饱和度及窒息所导致的神经系统症状，注意酸碱失衡、电解质紊乱、排尿及排便异常、感染和喂养等问题。如并发症严重，需转运到 NICU 治疗。

（五）预防

1. 加强围生期保健，及时处理高危妊娠。

2. 加强胎儿监护，避免宫内胎儿缺氧。
3. 推广复苏技术，培训产科、儿科医护人员。
4. 各级医院产房内需配备复苏设备，高危妊娠分娩时必须有掌握复苏技术的人员在场。

第五节　新生儿缺氧缺血性脑病的护理

新生儿缺氧缺血性脑病（HIE）是指各种围生期窒息引起的部分或完全缺氧、脑血流减少或暂停而导致胎儿或新生儿脑损伤，是新生儿窒息后的严重并发症，是引起新生儿急性死亡和慢性神经系统损伤的主要原因之一。

一、病因与发病机制

（一）病因

1. 缺氧　是本病发生的根源，如各种围生期窒息、反复的呼吸暂停、严重的呼吸系统疾病、右向左分流型先天性心脏病，其中围生期窒息是最主要的原因。

2. 缺血　见于各种引起脑血流灌注减少的疾病，如严重的心动过缓，心脏病，严重失血、贫血，重度心力衰竭。

（二）发病机制

1. 脑血流改变

（1）不完全性缺氧：早期体内血液第一次重新分配，保证心、脑、肾上腺的血液供给；如缺氧持续存在，脑血流灌注下降，则出现体内血液第二次重新分配，供应大脑半球的血流减少，以保证脑干、丘脑和小脑的血流灌注量，此时脑室周围白质和大脑皮质矢状旁区最易受损。

（2）急性完全性缺氧缺血：上述代偿机制无法及时起效，直接损害基底神经节、丘脑、脑干等脑代谢最旺盛的部位，而大脑皮质不受影响。

（3）脑血管自主调节功能障碍：缺氧和高碳酸血症还可导致脑血管自主调节功能障碍，当血压升高过大时可致颅内出血；当血压下降时，脑血流减少引起缺血性脑损伤。

2. 脑组织代谢改变　葡萄糖是人类脑组织能量的最主要来源。缺氧时脑组织无氧酵解增加，乳酸堆积，导致低血糖和代谢性酸中毒；能量急剧减少，细胞膜上钠泵、钙泵功能不足，大量 Na^+、Ca^{2+} 进入细胞内导致脑细胞不可逆性损害。

二、临床表现

新生儿缺氧缺血性脑病患儿主要表现为意识障碍、肌张力和原始反射的改变，重者可出现中枢性呼吸衰竭。临床上分为轻、中、重3度（表6-6）。

表6-6　新生儿缺氧缺血性脑病（HIE）临床分度

分度	轻度	中度	重度
意识	过度兴奋	嗜睡、迟钝	昏迷
肌张力	正常	减低	松软或间歇性伸肌张力增加
拥抱反射	稍活跃	减弱	消失
吸吮反射	正常	减弱	消失
惊厥	无	常有	多见，频繁发作
中枢性呼吸衰竭	无	无或轻	常有

续表

分度	轻度	中度	重度
瞳孔改变	无	无或缩小	不对称或扩大、光反应消失
前囟张力	正常	正常或稍饱满	饱满、紧张
病程及预后	兴奋症状在24 h内最明显，3天内逐渐消失，预后好	症状大多在1周末消失，10天后仍不消失者可能有后遗症	病死率高，多在1周内死亡，存活者症状可持续数周，后遗症可能性较大

三、辅助检查

1. 血清酶测定　血清肌酸激酶同工酶（CPK-BB）升高。

2. 头颅B超　对脑水肿、脑室及其周围出血有较好的诊断价值。

3. 头颅CT　有助于了解脑水肿的程度、颅内出血部位和性质。最适宜的检查时间为生后2～5天。

4. 脑电图　可客观反映脑损伤的严重程度及判断预后。

四、治疗原则

1. 支持疗法

（1）维持良好的通气功能：是支持疗法的核心，保持 PaO_2 > 7.98～10.64 kPa（60～80 mmHg）、$PaCO_2$ 和 pH 在正常范围。

（2）维持脑和全身良好的血液灌注：是支持疗法的关键措施，可避免脑灌注过低或过高。

（3）维持血糖在正常高值：为4.16～5.55 mmol/L，以保证神经细胞代谢所需能源。

2. 控制惊厥　首选苯巴比妥，顽固性抽搐者可加用地西泮（安定）或水合氯醛。

3. 纠正酸中毒　代谢性酸中毒可酌情使用碳酸氢钠。

4. 减轻脑水肿　避免输液过量，每日液体总量不超过60～80 ml/kg。颅内压增高时，首选呋塞米，严重者可用20%甘露醇。

五、护理诊断

1. 潜在并发症　如颅内压增高、呼吸衰竭。

2. 低效性呼吸型态　与缺氧、缺血致呼吸中枢损害有关。

3. 有失用综合征的危险　与缺氧、缺血导致的后遗症有关。

4. 焦虑、恐惧（家长）　与患儿病情危重及预后差有关。

六、护理措施

1. 一般护理　根据病情选择合适的喂养方式，必要时鼻饲喂养或静脉营养，以保证热量供给。

2. 病情观察　监测患儿意识状态、肌张力、呼吸、心率、囟门等情况，注意有无呼吸衰竭、循环障碍及惊厥，一旦发现及时报告医生并做好抢救准备。

3. 用药护理　苯巴比妥负荷剂量为20 mg/kg，12 h后给予维持量每日3～5 mg/kg；在扩容、纠酸的基础上，使用多巴胺或多巴酚丁胺，剂量为每分钟2～5 μg/kg，从小剂量开始，根据病情逐渐增加剂量；减轻脑水肿应用呋塞米，每次0.5～1 mg/kg，颅内高压明显时应用20%甘露醇，每次0.25～0.5 g/kg，每4～6 h 1次，连用3～5天。

4. 对症护理　及时清除呼吸道分泌物，选择适当的给氧方法。

5. 心理护理　向家长耐心细致地解释病情以取得理解。恢复期指导家长掌握康复干预措施，如给予患儿功能训练和感知刺激。

七、健康指导

1. 疾病知识指导　向家长介绍导致本病的病因、目前患儿病情状况、为患儿拟订的治疗计划及采取的护理措施，以取得家长的配合及支持。告知家长重度缺血缺氧患儿留有神经系统后遗症的可能性大，提早做好心理准备。

2. 卫生保健知识指导　坚持定期随访，指导家长早期给予患儿动作训练和感知刺激，促进脑功能的恢复。

第六节　新生儿颅内出血的护理

案例 6-2

新生儿，日龄 1 天，家中分娩，出生时有窒息史。因生后半天出现烦躁不安、哭声高尖、呼吸急促入院。作为一名接诊护士，

问题：

1. 该患儿最可能的临床诊断是什么？
2. 该患儿需要做哪些检查以明确诊断？
3. 该患儿主要的护理诊断有哪些？

新生儿颅内出血是由缺氧或产伤引起的严重脑损伤性疾病，临床表现以中枢神经系统兴奋或抑制状态相继出现为特征。早产儿多见，病死率高，预后较差，存活者常留有神经系统后遗症。

一、病因与发病机制

1. 缺氧　任何引起缺氧、缺血的因素都可导致颅内出血，以早产儿多见。缺氧和酸中毒可使毛细血管通透性增高、破裂出血，引起室管膜下生发层基质出血、脑实质点状出血，以及蛛网膜下腔出血。

2. 产伤　以足月儿、巨大儿最为多见。如胎头过大、头盆不称、急产、臀位产、高位产钳和吸引器助产，可使胎儿头部受挤压造成颅内出血。医疗或护理操作时对头部按压过重也可造成颅内出血。

3. 其他　机械通气不当、快速输入高渗液体、颅内先天血管畸形或全身出血性疾病等也可导致毛细血管破裂引起颅内出血。

二、临床表现

（一）症状和体征

症状和体征主要与出血部位和出血量有关，轻者可无症状，大量出血者可在短期内死亡。常见症状和体征有以下几方面。

1. 神志改变　如激惹、嗜睡、昏迷，兴奋与抑制交替出现。
2. 呼吸改变　如呼吸增快或减慢、不规则或暂停。

3. 颅内压增高　如前囟隆起、脑性尖叫、血压增高、惊厥、角弓反张。
4. 眼征　如双目凝视、斜视、眼球上转困难、眼球震颤、瞳孔不对称、对光反射消失。
5. 肌张力改变　早期增高，以后减低。
6. 原始反射　减弱或消失
7. 其他　不明原因的苍白、贫血及黄疸等。

（二）不同类型的颅内出血特点

1. 脑室周围-脑室内出血　多见于早产儿，胎龄越小，发病率越高，是引起早产儿死亡的常见原因之一。大部分在出生3天内发病，主要表现为呼吸暂停、嗜睡、肌张力低下、拥抱反射消失等。
2. 原发性蛛网膜下腔出血　常见于早产儿，与缺氧、酸中毒、产伤有关。典型者于生后第2天发生惊厥，发作间歇情况良好。大多数预后良好，极少数病例因大量出血于短期内死亡，存活者可并发脑积水。腰穿可见血性脑脊液。
3. 硬脑膜下出血　是产伤性颅内出血最常见的类型，多见于足月巨大儿。出血量少者可无症状，出血明显者多于出生24 h后出现症状，常有惊厥、偏瘫、斜视等，存活者可并发硬脑膜下积液。

三、辅助检查

1. 影像学检查　头颅B超、CT、MRI检查可显示出血部位、程度、范围，有助于确诊和判断预后。
2. 脑脊液检查　由于是有创性检查，且并非所有颅内出血的脑脊液都有变化，故很少用于诊断颅内出血。

四、治疗原则

1. 止血　可选用维生素 K_1、酚磺乙胺（止血敏）、卡巴克络（安络血）、巴曲酶（立止血）等，必要时输入新鲜血、血浆。
2. 降低颅内压　可选用地塞米松、呋塞米，并发脑疝时应用小剂量20%甘露醇。
3. 控制惊厥　选用苯巴比妥、地西泮（安定）。
4. 支持疗法　保持患儿安静，保证热量、液体的供给，维持正常血压及内环境稳定，呼吸困难、发绀者给予氧气吸入。

五、护理诊断

1. 潜在并发症　颅内压增高。
2. 低效性呼吸型态　与呼吸中枢受损有关。
3. 有窒息的危险　与惊厥、昏迷有关。
4. 体温调节无效　与感染、体温调节中枢受损有关。
5. 焦虑、恐惧（家长）　与患儿病情危重、预后差有关。

六、护理措施

1. 一般护理　保持患儿安静，避免搬动，所有操作集中进行，尽量减少对患儿的刺激，防止加重颅内出血；保持呼吸道通畅，必要时给氧或采用人工呼吸机维持呼吸；保证热量供给，满足机体营养需要；严格控制输液速度，维持血压在稳定范围。
2. 病情观察　严密监测生命体征、意识状态、眼部症状、前囟张力、呼吸情况、肌张力和瞳孔变化等；定期测量头围；注意观察有无惊厥、呼吸暂停等，一旦发生上述情况及时报告医生，并做好抢救准备。

3. 合理用药　控制惊厥首选苯巴比妥，先用负荷量，再改用维持量；对颅内压增高者可用地塞米松每日 0.5～1.0 mg/kg，分 4 次静脉滴注，速度不宜太快；呼吸节律不整、瞳孔不等大时可使用甘露醇，每次 0.25～0.5 g/kg，每 6～8 h 一次；选用维生素 K_1、酚磺乙胺（止血敏）、肾上腺色腙（安络血）等止血，严重患儿可少量多次输新鲜血浆或全血。

4. 对症护理　及时清理呼吸道分泌物，保持呼吸道通畅。避免压迫胸部，影响呼吸。根据缺氧程度给予用氧，注意用氧的方式和浓度，症状好转及时停用氧气，以防氧中毒。体温过高时给予物理降温，体温过低时用远红外辐射床、温箱或热水袋保暖。

5. 心理护理　病情危重时应及时向家长介绍病情、治疗、护理方案，鼓励家长表达内心感受，耐心解答家长的疑问。恢复期应指导康复方法，鼓励坚持治疗和随访。有后遗症时，护理人员教会家长给患儿进行功能训练的技术，增强战胜疾病的信心。

七、健康指导

1. 疾病知识指导　向家长介绍导致本病的病因、目前患儿病情状况、为患儿拟订的诊疗计划、采取的护理措施及预后情况，以取得家长的积极配合。告知家长重度颅内出血患儿出现神经系统后遗症的可能性大，提早做好心理准备。

2. 卫生保健知识指导　加强围生期保健工作，减少异常分娩所致的产伤和窒息。对有后遗症者，指导家长做好智力开发、肢体功能训练等早期康复干预。

第七节　新生儿黄疸的护理

案例 6-3

社区护士小刘进行新生儿家庭访视，宝宝为足月顺产，出生后 5 天，面色微黄，吃奶好，哭声响亮，大小便正常。

问题：

1. 引起宝宝面色微黄的原因可能是什么？
2. 小刘应如何向家长解释宝宝的身体状况？

新生儿黄疸又称为新生儿高胆红素血症，是由于新生儿时期胆红素在体内积聚而引起皮肤、黏膜、巩膜等黄染的现象，为新生儿期常见症状之一。黄疸临床分为生理性黄疸与病理性黄疸两大类。病理性黄疸病因复杂，临床症状轻重不一，重者可导致中枢神经系统受损，产生胆红素脑病，引起死亡或严重后遗症，尤以早产儿更易发生。

一、新生儿胆红素代谢特点

（一）胆红素生成较多

新生儿每日生成的胆红素约为 8.8 mg/kg，而成人仅为 3.8 mg/kg，主要是未结合胆红素。其原因为：

1. 胎儿时期氧分压偏低，红细胞代偿性增多，而出生后氧分压升高，过多的红细胞遭到破坏。

2. 新生儿红细胞寿命比成人短 20～40 天，且血红蛋白的分解速度是成人的 2 倍。

3. 其他来源的胆红素生成较多，如来自肝等器官的血红素蛋白和骨髓中无效造血的胆红素前体较多。

（二）结合胆红素的能力不足

早产儿胎龄越小，白蛋白含量越低，其结合胆红素的量也越少；刚出生的新生儿常有不同程度的酸中毒，也可减少胆红素与白蛋白的结合。

（三）肝功能不成熟

1. 摄取胆红素的能力差　新生儿生后5天内，肝细胞内缺乏摄取胆红素所必需的Y蛋白和Z蛋白，5～10天后才达成人水平。

2. 结合胆红素的能力差　肝细胞内尿苷二磷酸葡糖醛酸转移酶（OPPGT）的含量和活力不足，不能将未结合的胆红素有效地转换成结合胆红素，此酶活性在1周后逐渐正常。

3. 排泄结合胆红素的能力差　出生时，肝细胞将结合胆红素排泄到肠道的能力低下，可出现暂时性肝内胆汁淤积。

（四）肠肝循环增加

刚出生的新生儿，肠道正常菌群尚未建立，不能将进入肠道的胆红素还原成粪胆原、尿胆原；肠腔内葡糖醛酸糖苷酶活性较高，易将肠道内结合胆红素水解为未结合胆红素，重新吸收入血液而达肝，加重肝负担。若胎粪排出延迟，则肠壁吸收胆红素更多。

考点提示

生理性黄疸与病理性黄疸的异同。

二、临床表现

（一）生理性黄疸
特点见表6-7。

（二）病理性黄疸
特点见表6-7。病理性黄疸的常见原因包括感染性和非感染性两大类。

表6-7　生理性黄疸和病理性黄疸的特点比较

	生理性黄疸	病理性黄疸
出现时间	足月儿生后2～3天，4～5天达到高峰 早产儿生后3～5天，5～7天达到高峰	生后24 h内，进行性加重或退而复现
胆红素浓度	足月儿< 221 μmol/L（12.9 mg/dl） 早产儿< 256 μmol/L（15 mg/dl）	足月儿> 221 μmol/L（12.9 mg/dl） 早产儿> 256 μmol/L（15 mg/dl）
进展速度	慢，胆红素每日上升< 85 μmol/L（mg/dl）	快，胆红素每日上升> 85 μmol/L（5 mg/dl）
持续时间	足月儿≤ 2周，早产儿≤ 4周	足月儿> 2周，早产儿> 4周
一般状况	好	差，伴原发病表现

1. 感染性因素

（1）新生儿肝炎：多数由病毒感染引起，以巨细胞病毒最常见，其他如乙肝病毒、风疹病毒、疱疹病毒、甲型肝炎病毒等都可引起。一般起病慢，常在生出后1～3周或更晚出现黄疸，可伴有厌食、呕吐、体重不增等，随黄疸加重，粪便可由黄变为浅黄或灰白色。轻症4～6周逐渐恢复，重症可逐渐发展为肝硬化。

（2）新生儿败血症：细菌毒素可抑制葡糖醛酸（UDPG）转移酶的活力，并使红细胞破坏增加而致黄疸。感染早期以未结合胆红素为主，晚期以结合胆红素为主。黄疸随感染发展而加重，随感染控制而消失。

2. 非感染性因素

（1）胆道闭锁：以肝内胆管闭锁多见。表现为出生后 2~3 周出现黄疸并进行性加重。皮肤呈黄绿色，尿色深黄，粪便由浅黄渐转为白色。肝进行性增大，质地硬，3~4 个月后发展为胆汁淤积性肝硬化。主要为结合胆红素增加。应早期手术治疗。

（2）母乳性黄疸：常与生理性黄疸重叠，患儿一般状态良好，可持续 4~12 周。胆红素可高达 342 μmol/L，但停止母乳 24~72 h 胆红素即可明显下降。其原因可能与母乳中 β- 葡糖醛酸糖苷酶活性高有关。

（3）新生儿溶血病：是指因母婴血型不合，母亲的血型抗体通过胎盘进入胎儿循环，发生同种免疫反应，导致胎儿、新生儿红细胞破坏而引起的溶血。目前已知血型抗原有 160 多种，但新生儿溶血病以 ABO 血型不合溶血病最为多见，其次为 Rh 血型不合溶血病。ABO 血型不合溶血病主要发生在母亲为 O 型血，婴儿为 A 型或 B 型血的情况下，若母亲为 AB 型或婴儿为 O 型，则不会发生 ABO 血型不合溶血病，发生在第一胎者为 40%~50%。Rh 血型不合溶血病主要发生在 Rh 阴性孕妇和 Rh 阳性的胎儿，一般不会发生在第一胎，但随着胎次增多越来越严重。新生儿溶血病临床表现轻重程度不一，一般 ABO 血型不合溶血病较轻，Rh 血型不合溶血病较重。常见的临床表现有 ①黄疸，Rh 溶血者大多在 24 h 内出现黄疸并迅速加重，而 ABO 血型不合溶血病大多在出生后 2~3 天出现，血清胆红素以未结合型为主。②贫血，Rh 血型不合溶血病患儿贫血出现得早且重，ABO 血型不合溶血病患儿贫血多不明显，一般到新生儿后期才出现。重度贫血者出生时全身水肿，皮肤苍白，常有胸腔积液、腹水、肝脾大及贫血性心力衰竭。③肝脾大，Rh 血型不合溶血病患儿多有不同程度的肝脾大，由于髓外造血活跃所致。ABO 血型不合溶血病患儿则不明显。④胆红素脑病（核黄疸），一般发生在出生后 2~7 天，10 天以后少见，早产儿尤易发生，典型临床表现可分为警告期、痉挛期、恢复期、后遗症期 4 期（表 6-8）。

表 6-8 胆红素脑病的临床表现

分期	警告期	痉挛期	恢复期	后遗症期
主要表现	反应低下、吸吮无力、肌张力下降、嗜睡	肌张力增高、发热、双眼凝视、抽搐、呼吸不规则	肌张力恢复、体温正常、抽搐减少或停止	脑积水、智力低下、眼球运动障碍、手足徐动、牙釉质发育不良
持续时间	12~36 h	12~36 h	2 周	终生

三、辅助检查

1. 血清胆红素测定　有助于病因诊断及早期识别发生胆红素脑病的危险。
2. 母子血型、红细胞、血红蛋白及网织红细胞检查　可证实有无血型不合及溶血存在。
3. 特异性抗体检查

（1）改良直接抗人球蛋白试验：阳性可确诊。

（2）抗体释放试验：阳性也为诊断溶血病的可靠依据。

（3）血清游离抗体试验：仅此一项阳性不能确诊。

四、治疗原则

1. 病因治疗 积极治疗原发病。
2. 对症治疗 注意保暖，合理喂养，供给足够热量，保持排便通畅，纠正代谢性酸中毒，防治感染。
3. 降低血清胆红素 防止胆红素脑病发生可采取蓝光疗法，使用酶诱导剂、血浆或白蛋白、中药等方法，必要时考虑换血疗法。

五、护理诊断

1. 潜在并发症 如胆红素脑病。
2. 知识缺乏（家长） 缺乏新生儿黄疸的病因和护理等相关知识。

六、护理措施

（一）一般护理

注意保暖，避免低体温，使体温维持在36～37℃。合理喂养，有利于建立肠道菌群，使胎粪排出，减少胆红素的肠肝循环，减轻黄疸的程度。患儿黄疸期间常表现为食欲缺乏、吸吮无力，应耐心喂养，保证热量供给，必要时静脉滴注10%葡萄糖溶液，以防止发生低血糖。母乳性黄疸，停止母乳3天，黄疸明显下降，即诊断明确，可及时恢复母乳喂养，即使黄疸稍加重，也不必停母乳。停母乳期间宜用吸奶器将母乳吸出，应保持乳汁分泌，婴儿暂时改用其他代乳品。

（二）病情观察

1. 观察黄疸出现的时间、颜色、范围及程度，注意皮肤黏膜、巩膜的色泽，根据患儿皮肤黄染的部位和范围，估计血清胆红素的近似值，评价进展情况。
2. 严密监测生命体征，吸吮能力，有无呕吐、肌张力改变及肝大小、质地变化等。如患儿出现拒食、嗜睡、肌张力减退等胆红素脑病的早期表现，立即通知医生，做好抢救准备。
3. 观察排尿、排便次数、量、性质、颜色深浅的变化。如胎粪延迟排出，应予灌肠处理，促进粪便及胆红素排出。

（三）诊疗护理

降低血清胆红素浓度，以减少新生儿死亡率和智残儿童的发病率。
1. 光照疗法的护理 参见第五章第七节。
2. 换血过程中的护理 参见第五章第七节。
3. 用药护理

（1）白蛋白：遵医嘱给予血浆5～10 ml/kg或白蛋白1 g/kg，使未结合胆红素与白蛋白结合，以防胆红素脑病的发生。

（2）纠正代谢性酸中毒：用5%碳酸氢钠提高血pH，以利于未结合胆红素与白蛋白的结合。

（3）肝酶诱导剂：能增加UDPGT的生成和肝摄取未结合胆红素的能力。常用苯巴比妥，每日5 mg/kg，分2～3次口服，共4～5日；也可用尼可刹米，每日100 mg/kg，分2～3次口服，共4～5日。

（4）还可应用中药消退黄疸。

（四）对症护理

及时纠正缺氧、酸中毒，预防和控制感染，避免使用引起新生儿溶血或抑制肝酶活性药物，如维生素K_3、磺胺。

（五）心理护理

了解家长对疾病的心理反应及认识程度，通过疾病知识指导，消除家长由于对诊疗护理不了解而产生的焦虑。

七、健康指导

1. 疾病知识指导　向家长解释新生儿黄疸的特点，指导家长进行黄疸观察及评估黄疸进展；介绍导致本病的病因、目前患儿病情状况及预后、为患儿拟订的诊疗计划及采取的护理措施，以取得家长的配合及支持。

2. 用药指导　对新生儿溶血病患儿的家长，应做好产前咨询及孕妇预防性服药，如对 Rh 阴性的妇女在流产或第一胎分娩 Rh 阳性胎儿后，72 h 内肌内注射抗 Rh（D）球蛋白 300 μg，以中和进入母血中的 Rh 抗原，避免母体被致敏。对先天性胆管闭锁的患儿，告知家长，早期综合治疗，部分患儿可获缓解，必要时及早手术。对因败血症而引起黄疸者，应按疗程积极抗感染治疗。

3. 卫生保健知识指导　若为母乳性黄疸，嘱其暂停母乳喂养或改为隔次母乳喂养，黄疸消退后再恢复母乳喂养。若为葡萄糖-6-磷酸脱氢酶（G-6-PD）缺乏症者，嘱忌食蚕豆及其制品，不穿有樟脑丸气味的衣服，避免使用可诱发溶血的药物。发生胆红素脑病，有神经系统后遗症者及早给予康复指导和护理。

第八节　新生儿败血症的护理

新生儿败血症（neonatal septicemia）是指致病菌侵入血液循环并生长、繁殖、产生毒素而造成的全身性感染性疾病，其发病率和病死率均较高。常见的病原体为细菌，也可为真菌、病毒或原虫等。

一、病因与发病机制

（一）病原菌

致病菌随不同地区和年代而异。我国以葡萄球菌、大肠埃希菌最为多见。近年来由于极低体重儿的存活率提高和血管导管、气管插管技术的广泛使用，机会致病菌（表皮葡萄球菌、铜绿假单胞菌、克雷伯菌、肠杆菌、不动杆菌、变形杆菌、沙雷菌、微球菌、D 组链球菌）、厌氧菌（类杆菌群、产气荚膜梭菌）和耐药菌株感染有增加趋势，空肠弯曲菌、幽门螺杆菌等也成为败血症新的致病菌。

（二）感染途径

1. 产前（宫内）感染　与孕期感染有关，主要通过胎盘传播，尤其是羊膜腔的感染更易发病。

2. 产时（产道）感染　与胎儿娩出通过产道时被细菌感染有关，如胎膜早破、产程延长、急产或助产时消毒不严格。

3. 产后感染　为最主要的感染途径。细菌（尤其是金黄色葡萄球菌）通过皮肤黏膜损伤处、脐部或呼吸道、消化道侵入血液；还可因医疗器械消毒不严格造成医源性感染，以脐部最为多见。环境、用具、家庭成员及医护人员，均可通过飞沫、皮肤接触等感染新生儿。近年来医源性感染有增多的趋势。

（三）自身免疫功能低下

新生儿尤其是早产儿和极低体重儿，免疫功能不完善，皮肤角质层薄，黏膜柔嫩，易破损感染；血中补体少，白细胞在应激状态下杀菌力下降，T细胞对特异性抗原反应差，IgM、IgA缺乏，且对病变局限能力差，细菌一旦侵入易致感染扩散而引发败血症。

二、临床表现

临床症状常不典型，主要为严重的感染中毒症状，并可累及多个系统。早期表现为食欲缺乏、哭声弱、体温异常、体重不增等。继而迅速发展为精神萎靡、嗜睡、不吃、不哭、不动、面色发灰及出现病理性黄疸、呼吸异常。少数严重者很快出现循环衰竭、呼吸衰竭、弥散性血管内凝血（DIC）、中毒性肠麻痹、酸碱平衡紊乱和胆红素脑病。常并发化脓性脑膜炎、肺炎及骨髓炎等。

三、辅助检查

1. 血常规　血白细胞总数升高或降低，中性粒细胞增高，出现中毒颗粒和核左移，血小板减少。
2. 细菌培养　阳性是确诊的依据，也可取脑脊液、尿液、脐带残端分泌物等做细菌培养协助诊断。
3. C反应蛋白　C反应蛋白（CRP）在急性感染早期可增加，感染控制后可迅速下降。

四、治疗原则

1. 控制感染　早期、联合、足量、足疗程、静脉给药，一般疗程为10～14天。选用敏感、杀菌、易透过血脑屏障的抗生素，如葡萄球菌感染时，应选用耐酶青霉素或万古霉素；革兰氏阴性杆菌感染宜选用氨苄西林、第三代头孢菌素。病原菌尚未明确前，应选择两种抗生素联合使用。
2. 及时处理局部感染病灶　如脐炎、毛囊性脓疱疮、口腔病灶感染。
3. 对症治疗和支持疗法　保暖、供氧、纠正酸中毒及电解质紊乱；保证能量及水的供给。必要时可静脉输注高营养液、新鲜血、血浆、血小板、免疫球蛋白等。

五、护理诊断

1. 体温调节无效　与感染有关。
2. 皮肤完整性受损　与脐炎、毛囊性脓疱疮等感染病灶有关。
3. 营养失调　营养摄入量低于机体需要量，与吸吮无力、摄入量不足有关。
4. 潜在并发症　感染性休克、化脓性脑膜炎等。

六、护理措施

1. 一般护理　吸吮能力较好者，母乳喂养最适宜；拒乳或吸吮能力差者可采取鼻饲喂养或静脉补充营养，以保证新生儿的正常需要，并注意维持患儿水电解质平衡。对感染患儿与非感染患儿应采取隔离管理。工作人员在护理患儿前后应加强手的清洁消毒。患儿所用器械、用具、衣物、床褥均应高压消毒处理，避免发生医源性感染。
2. 病情观察　加强巡视，注意观察患儿生命体征、神志、皮肤颜色、前囟、哭声、呕吐情况等。如患儿出现面色青灰、呕吐、前囟饱满、脑性尖叫、两眼凝视表现，则提示有脑膜炎的可能。如患儿面色青灰、皮肤发花、四肢厥冷、脉搏细弱、皮肤有出血点，应考虑感染性休克或弥散性血管内凝血，一旦发现及时通知医生，积极配合抢救处理，必要时专人看护。
3. 控制感染　积极处理局部病灶，保持皮肤清洁、干燥，做好脐部、口腔、皮肤等的护理。脐部感染时，应每日清创换药 1～2 次，先用 3% 过氧化氢清洗后再涂以聚维酮碘。皮肤小脓疱，可用无菌针头将脓疱刺破，以利于脓液流出，操作前后用 75% 乙醇溶液消毒。有口腔炎症和其他皮肤（患儿颈部、腋下、腹股沟等皮肤皱褶处）破损时均应及时处理，防止感染蔓延扩散。

4. 对症护理　败血症患儿体温波动较大时，应每 1～2 h 监测体温 1 次。新生儿不宜用退烧药、酒精擦浴等方法降温。体温高者可采用调节环境温、湿度，多喂水，松开包被，或温水浴等物理方法降温，体温即可下降；体温不升时，应用热水袋或温箱使患儿恢复正常体温。

5. 心理护理　做好家长的心理护理，减轻家长的恐惧及焦虑。

七、健康指导

1. 疾病知识指导　向家长介绍导致本病的病因、目前患儿病情状况及预后、为患儿拟订的诊疗计划及采取的护理措施，以取得家长的配合及支持。

2. 用药指导　告知家长抗生素的使用方法及副作用的观察，避免滥用抗生素。

3. 卫生保健知识指导　指导家长正确喂养和护理患儿。教会家长脐部护理、保持皮肤清洁干燥、体温测量及新生儿物理降温等护理方法。

第九节　新生儿寒冷损伤综合征的护理

案例 6-4

患儿，生后 2 天，因拒乳、皮肤凉、发硬 1 天入院，拟诊为"新生儿寒冷损伤综合征"。查体：T 31℃，大腿外侧、小腿、臀部皮肤硬化伴水肿。

问题：

1. 患儿主要的护理诊断有哪些？
2. 应如何为患儿复温？

新生儿寒冷损伤综合征，简称新生儿冷伤，也称新生儿硬肿症，多发生于寒冷季节，由多种原因引起皮肤和皮下脂肪变硬及水肿，常伴有低体温，严重者可发生多器官功能损伤。

近 20 年来，随着居住条件的改善、新生儿转运技术的开展和新生儿保暖技术的普及，该病的发病率已显著下降。

一、病因与发病机制

（一）病因

寒冷、感染、早产、窒息等为主要原因。

（二）发病机制

1. 产热少　新生儿缺乏寒战反应，寒冷时主要靠棕色脂肪代偿产热，但其代偿能力有限，早产儿由于棕色脂肪储存少，代偿产热能力更差。在感染、窒息时棕色脂肪的产热过程受到抑制。

2. 散热多　新生儿体温中枢发育不成熟，体表面积相对较大，皮下脂肪层薄，血管丰富，体温易随环境温度波动，尤其是早产儿。

3. 皮下脂肪特点　新生儿皮下脂肪中的饱和脂肪酸含量多，熔点高，当受寒、体温降低时易凝固而致皮肤硬化。

4. 多器官功能损害　低体温及皮肤硬肿可使局部血液循环瘀滞，引起缺氧和代谢性酸中毒，导致皮肤毛细血管壁通透性增加，出现水肿。如低体温持续存在和皮肤硬肿面积扩大，缺氧和代谢性酸中毒进一步加重，可引起多器官功能损害。

 考点提示

寒冷损伤的身体评估和复温措施。

二、临床表现

本病多发生于冬、春寒冷季节，主要在生后 1 周内，以早产儿多见。夏季发病者，多由严重感染或窒息导致。临床以低体温和皮肤硬肿为主要特点。

1. 一般表现　反应低下，吮乳弱或拒乳，哭声低弱或不哭，活动减少，也可出现呼吸暂停等。
2. 低体温　患儿体核温度（肛门内 5 cm 处温度）常降至 35℃以下，重者低于 30℃，可出现四肢或全身冰凉，常伴有心率减慢。
3. 皮肤硬肿　皮肤紧贴皮下组织，不易被捏起，不易移动，按之如橡皮样，呈暗红色或青紫色，伴水肿者压之有轻度凹陷。硬肿发生的顺序为：小腿→大腿外侧→整个下肢→臀部→面颊→上肢→全身，常呈对称性分布。硬肿范围可按头颈部 20%，双上肢 18%，前胸及腹部 14%，背及腰骶部 14%，臀部 8%，双下肢 26% 计算。
4. 多器官功能损害　早期常有心音低钝、心率缓慢，严重者可出现休克、心力衰竭、DIC、急性肾衰竭和肺出血等多器官功能衰竭的表现。
5. 病情分度　根据体温、硬肿范围及器官功能受损程度，分为轻、中、重 3 度（表 6-9）。

表 6-9　新生儿寒冷损伤综合征诊断分度评分标准

程度	轻度	中度	重度
肛温（℃）	≥35	<35	<30
腋 - 肛温差	正值	0 或负值	负值
硬肿范围（%）	<20%	20%～50%	>50%
全身情况及器官功能改变	无或轻度功能低下	反应差、功能明显损害	休克、DIC、急性肾衰竭

三、辅助检查

合并感染时白细胞总数及中性粒细胞有不同程度的升高。根据病情需要，检查血气分析、血糖、电解质、凝血时间、凝血酶原时间、尿素氮、肌酐等。必要时行心电图、X 线胸片检查。

四、治疗原则

1. 复温　是治疗低体温患儿的关键。应循序渐进，逐渐复温。
2. 支持疗法　酌情选择经口喂养或静脉营养，以利于体温恢复，但应严格控制输液量及速度。
3. 纠正多器官功能紊乱　及时处理微循环障碍、肺出血、肾衰竭及 DIC。
4. 控制感染　有感染者及病情严重者选用抗生素。

五、护理诊断

1. 体温过低　与体温调节功能低下、寒冷、早产、窒息、感染有关。
2. 营养失调　营养摄入量低于机体需要量，与吸吮无力、摄入不足有关。
3. 皮肤完整性受损　与皮肤硬化、水肿、局部血液供应不良有关。
4. 有感染的危险　与患儿机体抵抗力低下有关。
5. 潜在并发症　如休克、肺出血、DIC。
6. 知识缺乏（家长）　缺乏有关新生儿正确保暖及育儿知识。

六、护理措施

（一）复温

复温是治疗硬肿症的关键措施，原则是循序渐进，逐步复温。

1. 肛温＞30℃、腋-肛温差为正值、产热良好的轻中度硬肿症患儿　用温箱复温，将患儿置于预热至30℃的温箱内，根据患儿体温恢复情况，调节箱温在30～34℃，每小时测体温1次，使患儿在6～12 h内恢复正常体温。当肛温升至35～36℃后，温箱温度调至该患儿的适中温度。条件较差的医疗单位可采用提高室温，采用热水袋、热炕、电热毯或母亲怀抱等方法取暖。

2. 肛温在30℃以下者或腋-肛温差为负值、产热衰竭的重度硬肿症患儿　将其置入比体温高1～2℃的温箱中，每小时提高箱温0.5～1℃，箱温不超过34℃，使患儿在12～24 h恢复正常体温。还可辅以恒温水浴疗法，水温39～40℃，脐带用消毒纱布和橡皮膏包扎固定。每次15 min，每日1～2次，浴后擦干放入温箱。用自控式开放式抢救台快速复温时，床面温度从30℃开始，随体温升高逐步提高床温，最高33℃；为防止空气对流的影响，可在暖床和婴儿上方覆盖无色透明的塑料薄膜。为防止塑料薄膜烫伤患儿，勿直接接触患儿。体温正常后将患儿置入已预热的适中温度温箱内。

（二）一般护理

1. 合理喂养　能吸吮的患儿可经口喂养；吸吮无力者可采用滴管、鼻饲或静脉营养；重度患儿可输全血及血浆，以保证热量和液体的供应，促进疾病的康复。开始每日热量为210 kJ/kg（50 kcal/kg），水分为50 ml/kg；随着体温的上升逐渐增至每日419～502 kJ/kg（100～120 kcal/kg），水分为100～120 ml/kg。严格控制输液速度，最好应用输液泵，以免发生心力衰竭和肺出血。

2. 预防感染　加强皮肤护理，勤翻身，尽量避免局部皮肤受压、受损；做好消毒隔离，严守无菌操作规程，注意温箱、气管插管和呼吸机等的清洁消毒，防止发生感染而加重病情进展。

（三）病情观察

对患儿应进行持续全面的评估，严密监测和记录生命体征、温箱温度、硬肿范围、尿量，以及摄入的热量和液体量等。观察患儿有无出血，如发现患儿呼吸突然/增快，面色青紫，肺部湿啰音迅速增多，泡沫样鲜血自鼻、口流出，考虑并发肺出血，应及时报告医生，并做好气管插管等急救准备。

（四）用药护理

感染是硬肿症的诱因之一，应根据感染性质适当选用抗生素。有微循环障碍者应及时扩容、纠正酸中毒，如血压降低伴心率减慢者首选多巴胺，以每分钟5～10 μg/kg 静脉滴注。DIC高凝状态时，立即用肝素，首剂0.5～1 mg/kg，并酌情输新鲜全血或血浆，每次20～25 ml。有出血倾向的患儿，可给维生素K_1、酚磺乙胺等。出现肾功能不全时，可给予呋塞米，每次 1 ~ 2 mg/kg，并严格限制液体入量。

（五）心理护理

做好家长的心理护理，减轻家长的恐惧及焦虑。

七、健康指导

1. 疾病知识指导　向家长介绍导致本病的病因、目前患儿病情状况及预后、为患儿拟订的诊疗计划及采取的护理措施，以取得家长的配合及支持。

2. 卫生保健知识指导　向家长介绍新生儿寒冷损伤综合征的预防措施，指导正确的保暖方法。鼓励母乳喂养，尽早合理喂养，为机体提供足够的热量，预防感染。

第十节　新生儿脐炎的护理

脐带是胎儿时期母亲供给胎儿营养和胎儿排泄废物的通道。新生儿脐炎是指断脐残端被细菌侵入、繁殖所引起的急性炎症。

一、病因与发病机制

新生儿脐炎多与断脐时消毒处理不严或断脐后护理不当，造成细菌感染有关。常见致病菌有金黄色葡萄球菌、大肠埃希菌，其次为溶血性链球菌或混合细菌感染。

二、临床表现

1. 脐部表现　轻者脐带根部或脐轮周围皮肤发红，脐窝湿润，伴有少量浆液性分泌物；重者脐轮及脐周皮肤红肿、发硬，有较多的脓性分泌物，常有臭味，可形成局部脓肿；危重者可向周围皮肤或组织扩散，引起腹壁蜂窝织炎、腹膜炎、败血症等。

2. 伴随表现　轻者仅有脐部改变，一般情况尚好，重者可有发热、吃奶少、精神不好、烦躁不安等非特异性表现。

三、辅助检查

脐部的脓性分泌物涂片可见细菌及较多的中性粒细胞；脓液培养阳性率很高。

四、治疗原则

清除局部感染灶，选用合适的抗生素，对症治疗。

1. 轻症者　用 3% 过氧化氢液清洗脐部，再涂以 75% 乙醇，每日 3 次。

2. 脐部化脓性炎、蜂窝织炎或出现全身症状者　可用青霉素、新霉素Ⅱ、氧哌嗪青霉素等药物，对已形成脓肿者，及时切开排脓。

3. 肉芽肿形成者　可用 10% 硝酸银溶液烧灼，后敷以油膏，每日更换敷料，直到愈合为止。如肉芽肿较大，可做手术切除。

五、护理诊断

1. 皮肤完整性受损　与脐部感染有关。

2. 潜在并发症　败血症、腹膜炎等。

3. 知识缺乏（家长）　缺乏脐部的护理知识。

六、护理措施

1. 保持清洁　保持脐部皮肤清洁、干燥；勤换尿布，防止尿液污染。
2. 加强脐部护理　脐蒂未脱落者，用0.5%聚维酮碘或75%乙醇从脐蒂根部开始，由内向外环形清洁消毒，每日1次；脐蒂脱落有脐炎者，先清理脓液，再用0.5%聚维酮碘或75%乙醇由内向外环形清洁消毒，清除脓液，必要时可涂抗生素软膏，每日2～3次。
3. 对症处理　加强营养，增强体质；重症患儿遵医嘱使用抗生素。

七、健康指导

普及新法接生，断脐时严格执行无菌操作；向家长宣传脐炎的相关知识，指导家长掌握脐炎的预防及正确的脐部护理方法。

第十一节　新生儿低血糖的护理

新生儿低血糖是指新生儿全血血糖＜2.2 mmol/L（40 mg/dl）者。其发生以低出生体重儿更为常见，发生率在足月儿中占0.1%～0.3%，在早产儿中占4.3%。

一、病因

新生儿低血糖分为暂时性低血糖或持续性低血糖两类。

（一）暂时性低血糖

低血糖持续时间较短，不超过新生儿期。病因如下。
1. 葡萄糖储存不足　主要见于早产儿、小于胎龄儿。
2. 葡萄糖消耗增加　如寒冷、创伤、缺氧窒息、败血症、先天性心脏病。
3. 葡萄糖利用增加　多见于母亲患有糖尿病的新生儿、Rh血型不合溶血病等。

（二）持续性低血糖

持续性低血糖指低血糖持续到婴儿期或儿童期，常见于胰岛细胞瘤、先天性垂体功能不全、遗传代谢病等。

考点提示

新生儿低血糖的判断标准及配合治疗。

二、临床表现

多数患儿无临床症状（称为无症状性低血糖），少数表现为精神萎靡、嗜睡、喂养困难、哭声异常、肌张力低或烦躁、激惹、颤抖，甚至惊厥、呼吸暂停等非特异性表现，经补充葡萄糖后症状消失，血糖恢复正常（称为症状性低血糖）。如反复发作应考虑由先天性垂体功能不全、糖原贮积症等疾病引起。

三、辅助检查

1. 血糖测定　是确诊和早期发现本病的主要手段，高危儿应在出生后4 h内，反复监测血糖；以后每隔4 h复查一次，直至血糖浓度稳定。
2. 持续性低血糖　根据病情测定血胰岛素、胰高血糖素、生长激素等。

四、治疗原则

保持血糖稳定，防止低血糖发生。

1. 无症状者，口服葡萄糖。如无效则改为静脉输注葡萄糖。
2. 有症状者，应立即静脉输注葡萄糖。
3. 严重患者或上述两种治疗效果均不佳时，根据病情需要可用肾上腺皮质激素治疗。
4. 积极治疗原发病。

五、护理诊断

1. 营养失调：营养摄入量低于机体需要量　与摄入不足、消耗增加有关。
2. 潜在并发症　如惊厥、呼吸暂停。

六、护理措施

1. 保证能量供给　新生儿出生后应尽早开奶，给予母乳喂养或10%葡萄糖溶液；吸吮能力弱、早产儿或窒息儿应尽快建立静脉通道，保证葡萄糖输入。
2. 定期监测血糖　每4～6h监测1次，为及时调整葡萄糖的输注量和速度提供依据。
3. 密切观察病情　注意有无呼吸暂停、震颤、惊厥、昏迷等，一旦发生及时报告医生，配合治疗。
4. 对症处理　呼吸困难儿给予氧气吸入，呼吸暂停儿立即给予拍背、弹足底等处理；低体温儿应予以保暖。

七、健康指导

向家长宣传低血糖的相关知识，指导家长学会观察病情、新生儿喂养、保暖、防止感染等护理方法，嘱咐家长带小儿定期到门诊复查。

第十二节　新生儿低钙血症的护理

低钙血症是指血清总钙低于1.75 mmol/L（7 mg/dl）或血清游离钙低于0.9 mmol/L（3.5 mg/dl）。新生儿低钙血症是新生儿惊厥的常见原因之一，主要与暂时的生理性甲状旁腺功能低下有关，分为早期低钙血症和晚期低钙血症。

一、病因与发病机制

（一）病因

1. 早期低钙血症　发生在出生3天以内，多见于早产、难产、窒息、颅内出血、感染、低血糖等疾病患儿及母亲患有糖尿病的新生儿。
2. 晚期低钙血症　发生于出生3天以后，高峰在第1周末，多见于人工喂养的新生儿。
3. 其他　维生素D缺乏或先天性甲状旁腺功能减退症患儿，低血钙持续时间长。

（二）发病机制

新生儿低钙血症主要与暂时的生理性甲状旁腺功能减退有关。

> 💡 **考点提示**
>
> 新生儿低钙血症的判断标准及用药护理。

二、临床表现

临床表现差异很大，与血钙浓度不一定平行。轻者可无症状，重者主要表现为神经-肌肉兴奋性增高，出现激惹、肌肉抽动及震颤、惊跳或抽搐，常伴有不同程度呼吸改变、心率增加、发绀等，严重时可出现呼吸暂停、喉痉挛而导致窒息。惊厥发作间歇期患儿神志清楚，一般情况良好。

三、辅助检查

1. 血生化测定　血清总钙 < 1.75 mmol/L（7 mg/dl）或血清游离钙 < 0.9 mmol/L（3.5 mg/dl），血清磷 > 2.6 mmol/L（8 mg/dl），碱性磷酸酶多正常。
2. 心电图检查　QT 间期延长，早产儿 > 0.2 s，足月儿 > 1.9 s。

四、治疗原则

静脉补充钙剂为特效治疗方法。一旦发生低血钙，应立即静脉缓注 10% 葡萄糖酸钙。

五、护理诊断

1. 有窒息的危险　与血清钙降低、喉痉挛有关。
2. 婴儿行为紊乱　与神经-肌肉兴奋性增高有关。

六、护理措施

（一）遵医嘱补钙

1. 常用 10% 葡萄糖酸钙液，每次 2 ml/kg，加等量 5% 葡萄糖液稀释后，静脉缓慢注射或静服滴注，推注速度 < 1 ml/min，以免引起呕吐和心搏骤停。专人监护心率，心率 < 80 次/分应停用。
2. 确保输液通畅，一旦发生药液外渗，应立即停止注射，给予 25%～50% 硫酸镁局部湿敷，以免造成组织坏死。

（二）口服钙剂

口服钙剂时，应在两次喂奶之间给药，禁忌与牛奶搅拌在一起，以免影响钙的吸收。

（三）准备急救物品

备好吸引器、氧气、气管插管等抢救物品。严密观察病情变化，一旦发生惊厥或喉痉挛，立即报告医生，协助急救和护理。

七、健康指导

1. 加强孕母营养，特别是妊娠最后 3 个月，多食含钙及维生素 D 丰富的食物或补充钙剂。
2. 定期产检，预防早产和窒息。
3. 向家长解释病因及预后，鼓励母乳喂养，多晒太阳。人工喂养儿及时补充钙剂及维生素 D。

第十三节　新生儿产伤性疾病的护理

新生儿产伤性疾病是指分娩及复苏过程中因机械因素对胎儿或新生儿造成的损伤，是引起新生儿死亡及远期致残的原因之一，其发生率为0.1%~0.7%。常见的高危因素包括胎位异常、器械助产、头盆不称、早产、巨大儿和剖宫产。近年来随着产前检查的广泛开展及助产技术的提高，其发生率已明显下降。下面介绍几种常见产伤。

一、头颅血肿

1. 病因　头颅血肿是由产伤导致颅骨骨膜下血管破裂，血液积聚在骨膜下所致。常由胎位不正、头盆不称、胎头吸引术或产钳助产等引起。

2. 临床表现　血肿部位以顶部多见，枕部、颞部、额部少见，常为一侧性，但也可两侧同时发生。头颅血肿在出生时不明显，以后慢慢增大，且吸收较慢，小血肿吸收约需2周，大血肿吸收需1~2个月甚至更长。吸收缓慢者，在血肿周边出现机化和钙盐沉着，并逐渐包裹形成骨囊肿，内含陈旧血液，外观如头上生角，触之较硬。

3. 治疗原则　对明显影响外观者可施行手术治疗，凿去钙化的血肿壁及去除陈旧血性物。为避免出现骨囊肿，对于2周左右仍不吸收的大血肿，可在严格无菌操作下穿刺抽吸和加压包扎，同时加用抗菌药物预防感染，肌内注射维生素K_1，促进凝血。

4. 鉴别诊断　产瘤，又称先锋头，见于头位产婴儿，是由于分娩时先露部头皮受压，血液循环瘀滞、血管渗透性改变及淋巴回流受阻引起的皮下水肿。最常见的部位为顶部，出生时即可发现，肿块边界不清，可超过骨缝，压之柔软、有凹陷感。出生后2~3天即消失，无须特殊治疗。

二、锁骨骨折

1. 病因　锁骨骨折为产伤性骨折中最常见的一种，发生率为2.1%。因分娩过程中肩部娩出困难或臀位产时用力过猛所致。

2. 临床表现　骨折多发生在锁骨中部，分为完全性骨折和不完全性骨折（即青枝骨折）两种。如为青枝骨折，大部分患儿无明显症状，观察不仔细极易漏诊。对于完全性骨折，如仔细观察可发现患儿患侧上肢活动减少或被动活动时哭闹，患侧拥抱反射消失，锁骨局部有肿胀、畸形及压痛。X线检查可证实骨折及移位情况。

3. 治疗原则　不完全性骨折一般无需治疗；完全性骨折可置一棉垫于腋下，并将患肢用绷带固定于胸壁，一般于2周左右愈合。

三、臂丛神经麻痹

（一）病因

臂丛神经麻痹是由于难产、臀位、肩娩出困难等因素导致臂丛神经过度牵拉受损而引起的肌麻痹，是新生儿周围神经损伤中最常见的一种。

（二）临床表现

按受损部位不同可分为以下类型。

1. 迪谢内-埃尔布综合征（Duchenne-Erb syndrome）　又称臂丛神经麻痹，损伤限于第5、6颈神经根，是最常见的类型，约占90%。患侧上臂下垂、内收，不能外展及外转；前臂内收、伸直，不能旋后或弯曲；腕、指关节屈曲。

2. 全臂丛损伤　第5颈神经至第1胸神经所有神经根受累，较少见，约占10%。整条手臂瘫痪，前臂、腕、手的伸展动作丧失或减弱；腕部屈肌及手肌无力，握持反射弱；如第1胸椎根的交感神经纤维受损，可引起受损侧霍纳（Horner）综合征，表现为瞳孔缩小、睑裂变狭等。磁共振成像可确定病变部位，肌电图检查及神经传导试验也有助于诊断。

（三）治疗原则及预后

可用夹板将上肢固定于外展、外旋，前臂肘关节于屈曲位置。7～10天后可以开始理疗和被动运动以防肌肉萎缩，大部分病例可于治疗后2～3个月内获得改善和治愈。预后取决于受损程度，若损伤为神经功能性麻痹，数周内可完全恢复，如为神经撕裂，则留有永久麻痹。

思政园地

万婴之母——林巧稚

林巧稚是北京协和医院第一位中国籍妇产科主任及首届中国科学院唯一的女性学部委员（院士），虽然一生没有结婚，却亲自接生了5万多名婴儿，被尊称为"万婴之母""生命天使""中国医学圣母"，她把一生都奉献给了医学，救死扶伤，医者仁心。为了挑战女性不能拿手术刀的偏见，为了那些对妇产科疾病一无所知的中国妇女，她毅然选择了那时被许多人看不起的妇产科。在孕妇临产的时候，林巧稚总是握着她们的手，帮她们擦去脸上豆大的汗珠。当时的协和医院妇产科主任，美国人惠特克不屑地说："林大夫，你以为拉拉产妇的手，给产妇擦擦汗就能成为教授吗？"而就是握手、擦汗这些举动，让患者无条件地信任、信赖她。数十年后，即使她已经成为了妇产科首屈一指的专家，仍然会握着产妇的手，给她们擦汗。

作为著名的妇产科大夫，林巧稚在医学上成就卓著，许多在业界被认为是难以攻克的疾病，却在她手上得到突破和解决。一方面是她有扎实的医学基础理论和丰富的临床经验；另一方面是她对患者无微不至的关爱，身体力行地做到"以患者为中心"。在当前，医疗设备和医疗技术日新月异，但无论哪种设备或技术都替代不了医务人员对患者的零距离观察，替代不了医务人员对患者的呵护与关爱。护理学是研究并最终服务于人的科学，天然涵盖了科学精神与人文精神，"以患者为中心"是医学模式转变的需要，是对重设备、轻人文倾向的纠正，更是对林巧稚"东方圣母"般优良传统回归的呼唤和渴望。

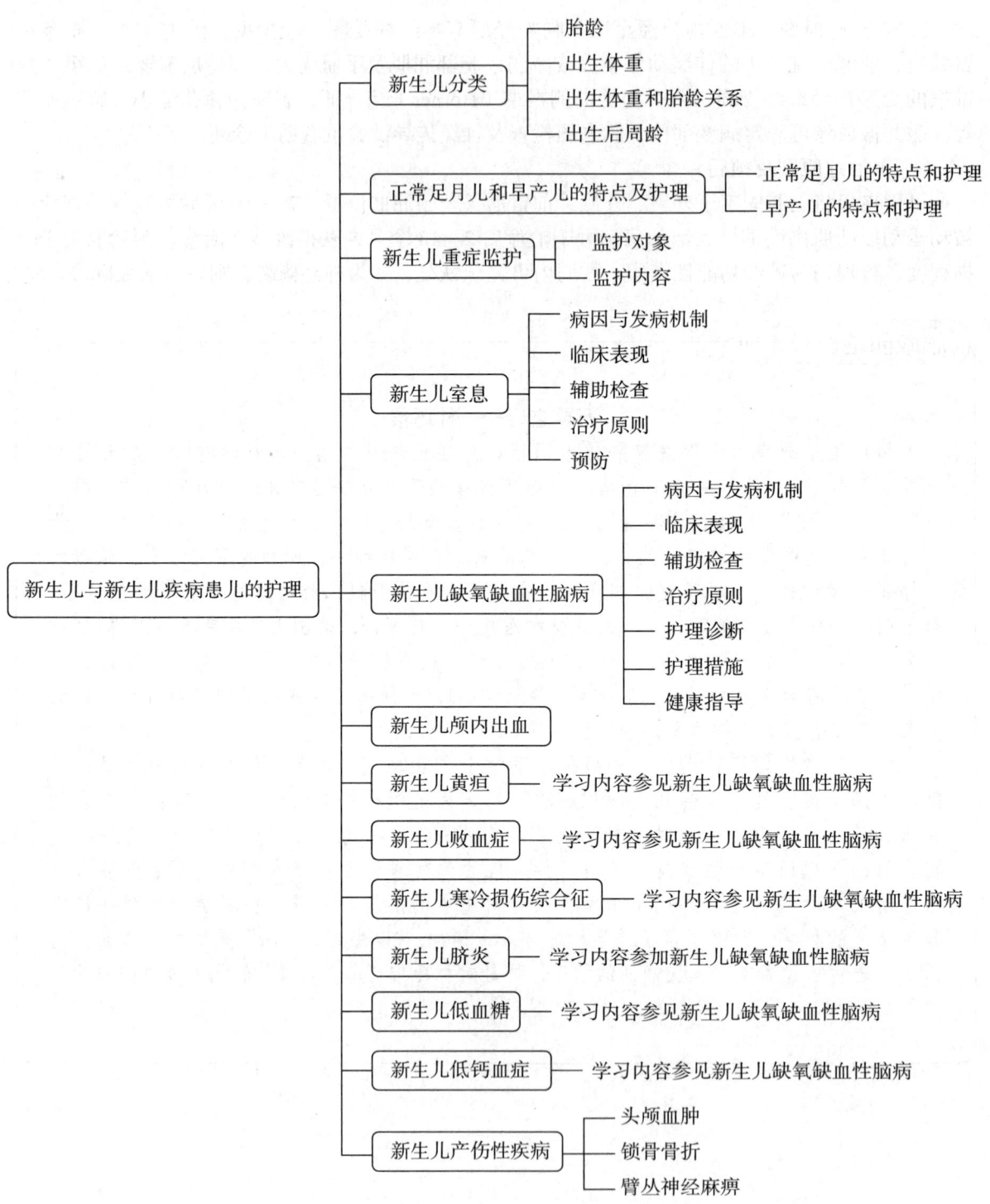

自 测 题

一、选择题

1. 我国围生期是指
   A. 自胎儿娩出、脐带结扎到出生后满 28 天　　B. 出生后 7 天以内

C. 妊娠 28 周至出生后 7 天　　　　　　D. 自出生到满 1 岁

E. 自出生后到满 3 周岁

2. 早产儿是指

A. 胎龄满 14 周至未满 28 周的新生儿　　B. 胎龄满 28 周至未满 37 周的新生儿

C. 胎龄满 28 周至未满 42 周的新生儿　　D. 胎龄满 37 周至未满 42 周的新生儿

E. 胎龄满 42 周以上的新生儿

3. 胎龄 37 周末至未满 42 周，出生体重 2350 g 的新生儿称

A. 正常足月新生儿　　　　　　　　　　B. 足月小样儿

C. 小于胎龄儿　　　　　　　　　　　　D. 适于胎龄儿

E. 大于胎龄儿

4. 患儿，男性，10 天，新生儿缺氧缺血性脑病后出现后遗症。出院时护士应重点给予的指导是

A. 合理喂养，保证足够热量　　　　　　B. 避免上呼吸道感染

C. 定期随访　　　　　　　　　　　　　D. 进行功能训练和智力开发的意义

E. 多晒太阳预防佝偻病

5. 胎龄 38 周的新生儿，围生期窒息出现嗜睡、肌张力低下、拥抱、吸吮反射减弱，诊断为缺血缺氧性脑病，进行亚低温（头部降温）治疗。此时，护士应持续监测的是

A. 头罩温度　　　　　　　　　　　　　B. 温箱温度

C. 腋下温度　　　　　　　　　　　　　D. 肛门温度

E. 环境温度

（6～7 题共用题干）

新生儿，男，出生后 3 天，因皮肤，巩膜出现黄染。入院查体：T 36.8℃、P 132 次/分、R 24 次/分，精神差，食欲消退及大小便均正常。

6. 该男婴最可能为

A. 颅内出血　　　　　B. 病理性黄疸　　　　　C. 生理性黄疸

D. 败血症　　　　　　E. 先天性胆道闭锁

7. 此时最佳的处理措施是

A. 给予白蛋白　　　　B. 给予蓝光治疗　　　　C. 观察黄疸变化

D. 补液　　　　　　　E. 暂停母乳喂养

（8～10 题共用题干）

新生儿，男，出生后 3 天。体重 3200 g，皮肤巩膜发黄，血清胆红素 280 μmol/L。

8. 根据该新生儿的临床表现，应考虑为

A. 正常新生儿　　　　B. 生理性黄疸　　　　　C. 高胆红素血症

D. 新生儿低血糖　　　E. 新生儿颅内出血

9. 应立即采取的处理措施是

A. 换血疗法　　　　　B. 光照疗法　　　　　　C. 验全血

D. 输血浆　　　　　　E. 输白蛋白

10. 对该新生儿最主要的观察重点是

A. 尿量　　　　　　　B. 瞳孔　　　　　　　　C. 体重

D. 体温变化　　　　　E. 皮肤、巩膜

二、简答题

1. 新生儿常见的特殊生理状态有哪些?
2. 简述新生儿胆红素代谢的特点。
3. 新生儿生理性黄疸和病理性黄疸的鉴别要点有哪些?

三、案例分析题

患儿,女,胎龄34周,生后Apgar评分7分。出生后第2天出现拒乳,少哭,体温35℃,双下肢外侧皮肤出现发硬、水肿,诊断为新生儿硬肿症。

问题:

(1)列出主要的护理诊断。
(2)简述护理要点。

(崔 静)

第七章　营养障碍性疾病患儿的护理

学习目标

通过本章学习，学生应达到：

1. **素质目标**　具有关心、爱护儿童身心健康的人文素养；具有对国家、对儿童的社会责任感；具有国家民族自豪感，养成爱惜粮食、不挑食不浪费的良好生活习惯。

2. **能力目标**　运用护理程序对上述营养性疾病患儿进行整体护理；配合医生对维生素 D 缺乏性手足搐搦患儿实施急救护理；能根据所学营养知识对营养性疾病患儿及家长进行健康指导。

3. **知识目标**　复述营养不良、肥胖症、维生素 D 缺乏性佝偻病、维生素 D 缺乏性手足搐搦的定义；解释上述营养性疾病患儿的病因。

营养是指人体获得和利用食物维持生命活动的整个过程。营养素是指食物经过机体的消化吸收及代谢能够维持生命活动的物质。儿童由于生长发育迅速，新陈代谢旺盛，能量及营养素的需要相对较多，合理均衡的能量和营养素的摄入有利于儿童的健康成长，否则易发生营养障碍性疾病。

第一节　蛋白质－能量营养不良患儿的护理

案例 7-1

患儿，男，8 个半月，因"体重不增 2 个月"入院。患儿近两月来反复腹泻、大便呈稀水样或蛋花样，每日十余次，食欲较差，治疗后好转。G1P1，足月顺产，出生体重 3.2 kg。4 个月前母乳喂养，后添加牛奶及米粉，近 2 个月主要喂米粉。

体格检查：H 65 cm，W 6600 g，T 36.4℃，P 100 次 / 分，R 36 次 / 分。精神差，皮肤弹性差，腹壁脂肪约 0.5 cm。前囟稍凹，前囟 2 cm×2 cm，心肺听诊（－）。腹胀，肝肋下 1.5 cm，脾未及，四肢肌肉松软。

辅助检查：血红蛋白 102 g/L，尿常规（－），大便常规（－）。

问题：
1. 请说出该患儿目前存在的主要护理诊断和合作性问题。
2. 预防该病应做哪些健康宣教？

蛋白质 - 能量营养不良（protein-energy malnutrition，PEM）是由于各种原因致能量和（或）蛋白质缺乏的一种慢性营养缺乏症。多见于婴幼儿。其临床特征为体重不增、体重减轻、渐进性消瘦或水肿（凹陷性）、皮下脂肪减少或消失，严重者伴有多器官功能紊乱及其他营养素缺乏。因能量供应不足为主者称为消瘦型；因蛋白质供应不足为主者称为水肿型，又称恶性营养不良（kwashiorkor）；介于两者之间者为消瘦 - 水肿型。

知识链接

1. **新陈代谢异常** 蛋白质摄入不足使体内蛋白质代谢处于负平衡，当血清总蛋白浓度 < 40 g/L、白蛋白 < 20 g/L 时可发生低蛋白水肿。体内脂肪大量消耗致血清胆固醇下降、肝脂肪浸润。糖原储存不足或消耗过多可致低血糖症。含水量少的脂肪大量消耗致细胞外液量相对增加，低蛋白血症进一步加剧引起水肿；ATP 生成不足影响细胞膜上的 Na^+-K^+ 泵功能，Na^+ 在细胞内潴留，故细胞外液常为低渗状态；能量及营养素摄入不足可出现低钾血症、低钙血症及代谢性酸中毒等。由于热量摄入不足，皮下脂肪薄，散热快，体温偏低。

2. **各系统功能低下** 消化液及消化酶分泌量少且酶活性低，易致消化功能低下和腹泻。心肌收缩力减弱，心搏出量减少，血压偏低，脉搏细弱。肾浓缩功能降低，尿量增多而比重下降。神经系统调节功能失常，运动和语言发育迟缓。免疫功能明显降低，易并发各种感染，PPD 试验可呈阴性。

一、护理评估

（一）健康史

1. **摄入不足** 喂养不当是我国婴幼儿蛋白质-能量营养不良最主要的病因。患儿的照顾者有无喂养知识缺乏，如母乳不足又未及时添加其他乳品、牛乳配制过稀、长期用淀粉类食物哺喂、突然断奶等。患儿有无不良饮食习惯，如进食不定时、挑食、偏食等。

2. **消化吸收不良** 患儿有无消化系统疾病和先天畸形可妨碍蛋白质等营养素的吸收和利用。如幽门梗阻、过敏性肠炎、迁延性腹泻、唇裂、腭裂。

3. **需要量增加** 患儿有无因需要量增多未适量供给而造成营养相对缺乏。如糖尿病、大量蛋白尿、甲状腺功能亢进、急慢性传染病后的恢复期、双胎早产、生长发育快速阶段，或造成机体营养素消耗量过大或需要量增加的情况。

 考点提示

营养不良的主要原因。

（二）身体状况

1. **体重不增** 是儿童营养不良的早期表现，继而体重下降，皮下脂肪逐渐减少甚至消失，其顺序是：腹部（皮下脂肪层是判断营养不良程度的重要指标之一）→躯干→臀部→四肢→面颊。严重者身高低于正常，智力发育落后。皮肤苍白、干燥、无弹性。肌肉松弛、萎缩，头发干枯，额部出现皱纹。精神萎靡，反应低下，体温偏低，心率缓慢，心音低钝，呼吸浅表，肌张力降低，食欲低下，常腹泻、便秘交替。水肿型的婴幼儿，外表似"泥膏样"，体重下降不明显，水肿一般出现较早，多从内脏开始，后出现于四肢、面部。

 考点提示

营养不良患儿皮下脂肪消退的顺序。

2. **营养不良** 3 岁以下小儿营养不良（PEM）的临床分度见表 7-1。3 岁以下儿童营养不良（PEM）评估及分类见表 7-2。

3. 并发症　①营养性贫血，以缺铁性贫血最常见；②维生素及微量元素缺乏，常见为维生素 A 缺乏和锌缺乏；③感染，由于免疫功能低下，故易患各种感染，特别是婴儿腹泻，和营养不良互为因果，形成恶性循环；④自发性低血糖，患儿面色灰白、神志不清、脉搏减慢、呼吸暂停、体温不升、无抽搐，若处理不及时，有死亡危险。

表 7-1　3 岁以下小儿营养不良（PEM）的临床分度

体征	轻度（Ⅰ度）	中度（Ⅱ度）	重度（Ⅲ度）
体重低于正常均值	15%～25%	25%～40%	>40%
腹部皮下脂肪	0.8～0.4 cm	<0.4 cm	消失
消瘦	不明显	明显	皮包骨状
精神状态	正常	烦躁不安	萎靡、烦躁与抑制交替
肌肉	基本正常	松弛	萎缩
肌张力	基本正常	降低	低下
皮肤颜色	稍苍白	苍白	苍白
皮肤弹性	稍差	差	极差，弹性消失
身高	正常	稍低于正常	明显低于正常

考点提示

营养不良分度的标准。

表 7-2　3 岁以下儿童营养不良（PEM）评估及分类

指标	测量值、标准差法	评价
体重/年龄	M-3SD～M-2SD	中度体重低下
	<M-3SD	重度体重低下
身长（身高）/年龄	M-3SD～M-2SD	中度生长迟缓
	<M-3SD	重度生长迟缓
体重/身长（身高）	M-3SD～M-2SD	中度消瘦
	<M-3SD	重度消瘦

（三）心理社会状况

患儿的家庭经济状况；患儿个性发育状况，有无情感淡漠、兴趣缺乏、厌食、性格内向等；患儿父母对疾病的认识程度，有无焦虑或无能为力感。

（四）辅助检查

血清白蛋白降低是营养不良（PEM）的特征性改变，但不灵敏。前白蛋白、视黄醇结合蛋白较敏感。胰岛素样生长因子Ⅰ（IGF-Ⅰ）是营养不良（PEM）早期诊断的灵敏可靠指标。血清酶的活性下降，血糖、血胆固醇、血 PH、血电解质水平降低。生长激素水平增高。

> **考点提示**
>
> 血浆白蛋白浓度降低是营养不良患儿特征性的改变；胰岛素样生长因子Ⅰ（IGF-Ⅰ）是营养不良早期诊断的灵敏可靠指标。

（五）治疗原则

积极处理危及生命的并发症、祛除病因、调整饮食、促进和改善消化功能。

二、护理诊断

1. 营养失调：营养摄入量低于机体需要量　与能量、蛋白质摄入不足和（或）需要量、消耗量增加有关。
2. 有感染的危险　与免疫力低下有关。
3. 生长发育迟缓　与营养素质缺乏，不能满足生长发育的需要有关。
4. 潜在并发症　如低血糖、缺铁性贫血、维生素 A 缺乏。
5. 知识缺乏（家长）　缺乏儿童营养知识和合理喂养知识。

三、护理目标

1. 患儿在院期间每天能够摄入必需的营养素，营养状况改善至正常，体重逐渐增加至正常。
2. 患儿在院期间不发生感染或发生后能得到及时有效的治疗。
3. 患儿在院期间不发生并发症或发生后能够得到及时有效的治疗。
4. 患儿家长经指导能说出病因及儿童营养的需要并能掌握正确的喂养方法。

四、护理措施

（一）一般护理

1. 调整饮食　应根据 PEM 的程度、消化能力和对食物的耐受情况逐渐增加热量和营养素的供应量。

（1）饮食调整的原则：由少到多、由稀到稠、循序渐进、逐渐增加的原则。

（2）食物的选择：应选择高热量、高蛋白、高维生素的易消化的低脂饮食。

（3）能量供给：按实际体重计算总热量，由低至正常，超过正常。轻度营养不良（PEM）可从每日 60～80 kcal/kg（250～330 kJ/kg）开始，中重度营养不良（PEM）从 40～60 kcal/kg（165～250 kJ/kg）开始，可逐步少量增加到 120～170 kcal/kg（500～710 kJ/kg）。待体重恢复、体重/身高（长）接近正常后，恢复至正常需要量。

（4）蛋白质供给：蛋白质摄入量从每日 1.5～2.0 g/kg 开始，逐步增加到 3.0～4.5 g/kg。选择优质蛋白，必要时给予酪蛋白水解物、氨基酸混合液等。

（5）其他营养素的补充：治疗后组织修复加速，故食物中维生素和矿物质的供给量应大于每日推荐量。治疗早期即给予一次剂量的维生素 A 1500 μg（5000 IU），元素铁 1～3 mg/d，锌 1 mg/d，同时注意补充钾、镁等。

（6）喂养方式：能母乳喂养者鼓励继续母乳喂养，实行按需哺乳。人工喂养者可从稀释乳开始，少量多次哺喂。混合性膳食者采取少量多餐，餐间加水果。待患儿消化功能恢复后，再恢复到正常饮食。进食困难者可用鼻饲，必要时采取静脉高营养，输液时速度宜慢，量不宜多。

（7）建立良好的饮食习惯：纠正偏食、挑食、吃零食的习惯，早餐要吃饱，午餐要保证能量和蛋白质的摄入。

 考点提示

饮食调整的原则和方法。

2. 预防感染

（1）预防口炎：加强口腔护理，进食后及时清洁口腔。

（2）预防呼吸道感染：保持环境卫生，给予适宜的温、湿度，做好保护性隔离，注意保暖，及时增减衣物。

（3）预防皮肤感染：保持床铺清洁、平整、松软；长期卧床者定时协助翻身，局部受压部位经常按摩，必要时可垫气圈等；保持皮肤清洁、干燥，便后及时清洗臀部，勤换尿布；水肿患儿尽量避免肌内注射，若必须采用肌内注射则进针宜深，拔针后应用干棉签局部压迫数分钟；严格执行无菌操作规程。

（4）预防消化道感染：注意饮食卫生，养成饭前便后洗手的习惯。加强肠炎患儿的粪便管理。

（二）病情观察

每天记录进食情况和液体的出入量，每周测体重1次（水肿患儿每周2次），每月测身长1次，以判断疗效，对疗效不显、体重恢复不满意者，及时报告医生，尽快调整治疗护理方案。每日监测体温变化，及时发现潜在的感染病灶。密切观察病情，注意有无低血糖、酸中毒、维生素及微量元素缺乏、输液速度过快引起肺水肿等表现并及时报告医生，做好急救护理准备。

（三）治疗配合

1. 促进消化，改善食欲

（1）创造一个良好的饮食环境：环境应安静、清洁舒适、空气清新、温度适宜。患儿在进食前避免劳累，保持良好的情绪。

（2）遵医嘱给予各种药物：口服消化酶（胃蛋白酶、胰酶）和B族维生素；在供给充足热量和蛋白质的基础上应用蛋白质同化类固醇制剂如苯丙酸诺龙深部肌注，每次10～25 μg，每周1～2次，连续2～3周，可促进蛋白质合成和增进食欲；胰岛素可降低血糖，提高食欲。注射前先服葡萄糖20～30 g，胰岛素2～3 U皮下注射，每日一次，1～2周为一疗程；锌剂可提高味觉敏感度，增加食欲。每日口服元素锌0.5～1.0 mg/kg。

（3）中医：中药如参苓白术散等能调整脾胃功能，改善食欲；针灸、推拿也有一定的效果。

2. 防治并发症

（1）感染：严重贫血者可少量多次成分输血，低蛋白血症者可输白蛋白。如合并感染，遵医嘱使用抗生素，观察疗效及不良反应。

（2）低血糖：少量多餐，定时进餐，早餐及时，保证充足糖的摄入，不能进食者可遵医嘱静脉补充；密切观察病情，特别是在夜间及清晨时，一旦发生低血糖表现（面色灰白、神志不清、脉搏减慢、呼吸暂停、体温不升），需立即遵医嘱注射25%～50%葡萄糖溶液。

 考点提示

自发性低血糖的评估和抢救措施。

（四）心理护理

1. 指导家长对患儿表达关心，避免经常指责患儿的饮食习惯，引导患儿改进进食行为。
2. 对贫困、缺乏喂养知识的家长给予支持，指导家长选择既能满足营养需要又经济实惠的食物。

（五）健康指导

1. 康复指导 向患儿家长宣传营养不良的病因、表现、治疗和护理要点，指导家长协助医护人员完成饮食的调整，纠正营养的失调，协助观察病情变化。
2. 预防宣教

（1）做好孕期保健：加强孕妇的营养指导，可防止胎儿期营养不良。

（2）宣传婴幼儿营养保健知识：婴儿期提倡母乳喂养，合理添加辅食。幼儿饮食要做到营养丰富，均衡膳食，培养小儿不挑食、不偏食的良好进食习惯。

（3）监测婴幼儿生长发育情况：定期进行儿童保健，监测生长发育情况，及时发现生长发育的偏离，及时矫治。

（4）积极防治疾病：定期进行预防接种，矫治消化道的畸形，积极治疗消化道和呼吸道的感染性疾病等。介绍PEM的病因，指导科学喂养方法；宣传定期健康检查的重要性；解释调整饮食的基本方法及其意义；指导及时治疗各种疾病；指导合理安排生活制度，按时预防接种，加强体格锻炼，保证睡眠充足；教会家长观察病情。

五、护理评价

1. 患儿食欲有无改善，食量有无增加，食物选择是否合理，体重是否增加。
2. 患儿有无发热、咳嗽、腹泻等感染征象。
3. 患儿有无并发症的发生，如已发生，是否得到有效的控制。
4. 患儿家长能否说出病因及儿童营养的需要，是否能采取正确的喂养方法。

第二节 单纯性肥胖症患儿的护理

案例 7-2

患儿，男，8岁。因"体重增长较快2年"来院就诊。2年前患儿胃纳亢进，平时喜食油腻食物及甜食，性格内向，不爱活动。足月顺产，无其他疾病史。

体格检查：体重45 kg，身长127 cm，皮肤未见紫色皮纹，皮下脂肪丰满，分布均匀，心肺检查（－），肝脾未触及，外阴幼稚，睾丸触诊不佳，轻度膝外翻。

辅助检查：TG、TC、LDL、VLDL增高，HDL降低。腹部B超显示脂肪肝。

问题：

1. 请说出该患儿目前存在的主要护理诊断和合作性问题。
2. 针对该患儿应采取哪些护理措施？

儿童单纯性肥胖症（obesity）是由于能量摄入长期超过人体的消耗，使体内脂肪过度积聚，体重超过一定范围的一种营养障碍性疾病。不伴有明显的内分泌和代谢性疾病。小儿体重增加超过同性别、同身高参照人群体重均值20%者即可诊断为肥胖症，20%～29%为轻度肥胖症，30%～49%为中度肥胖症，超过50%为重度肥胖症。儿童体重指数［BMI=体重（kg）/身高的平方（m²）］也是评价儿童肥胖的一种指标，BMI因年龄、性别而异，与同年龄、同性别儿童比较，当 BMI 在 $P_{85} \sim P_{95}$ 为超重，$> P_{95}$ 为肥胖。肥胖不仅会增加儿童患脂肪肝、高血压、冠心病、糖尿病等疾病的风险，还会影响儿童的心理发育，另外儿童肥胖的患病危险因素也会延续至成年期。

> **知识链接**
>
> 肥胖儿童对环境温度变化的应激能力降低，有低体温倾向。脂类代谢紊乱，常伴有血清甘油三酯、胆固醇、低密度脂蛋白（LDL）、极低密度脂蛋白（VLDL）增高，高密度脂蛋白（HDL）降低，以后易合并脂肪肝、动脉硬化、高血压、冠心病、胆石症等。胰岛素抵抗加重了胰岛 β 细胞负担，易患 Ⅱ 型糖尿病。嘌呤代谢异常，血尿酸水平增高，易发生痛风症。血清甲状旁腺激素（PTH）、25-羟胆钙化醇［25-(OH)D_3］、24,25-(OH)$_2 D_3$ 升高。雌激素水平可增高。生长激素水平降低，但 IGF-Ⅰ 分泌正常，无明显生长发育障碍。

一、护理评估

（一）健康史

1. **患儿有无长期热量摄入过多** 患儿不良的饮食习惯，如进食速度过快、喜食甜食和油腻食物、爱吃零食、爱喝饮料，可导致小儿热量摄入过多，热量摄入多于消耗，多余部分便会转化为脂肪贮存在体内，出现肥胖。

2. **患儿有无活动过少** 即使摄入不多，但因消耗过低，也可引起肥胖，肥胖儿大多不喜欢活动，形成恶性循环。

3. **患儿双亲是否肥胖** 双亲皆肥胖的子代发生肥胖的概率达 70%～80%，一方肥胖为 40%～50%，双亲正常的仅为 10%～14%。

4. **患儿出生时是否为巨大儿** 人体脂肪组织的增加包括脂肪细胞的体积增大和数量增多。人体脂肪细胞的数量在胎儿出生前 3 个月、生后第 1 年及 11～13 岁增多显著。如肥胖发生在这 3 个阶段，治疗困难且易复发。

5. **患儿婴儿期是否人工喂养** 人工喂养者较母乳喂养者易发生肥胖。

6. **患儿有无精神受创伤的经历** 针对精神创伤后产生的负性情绪，患儿可能将进食作为一种应对方式。

7. **患儿的家庭环境（文化水平、教养方式、饮食习惯等）** 家庭环境不良或教养方式不当，儿童产生焦虑情绪，易发生肥胖。父母（尤其是母亲）不良的饮食习惯常直接导致儿童不良饮食习惯的形成。

（二）身体状况

儿童肥胖常多见于婴儿期、5～6 岁及青春期，男孩多于女孩。食欲亢进，进食量大，喜食甜食、油腻食物及饮料，爱吃零食。常有疲乏感，不喜活动，动作笨拙，活动后气短。严重肥胖者胸廓和膈肌运动受限致肺通气量不足，引起低氧血症、红细胞增多、气促、发绀、心脏扩大或出现充血性心力衰竭，甚至死亡，称肥胖-换氧不良综合征。皮下脂肪丰满，分布均匀，严重者胸腹、臀部及大腿皮肤可出现白纹或紫纹。少数患儿因体重过重，走路时双下肢负荷过大可致膝外翻和扁平足。男孩因阴茎隐匿在会阴部堆积的脂肪组织中而被误认为阴茎发育不良。女孩月经初潮常提前，胸部脂肪过多应与乳房发育相鉴别（后者可触到乳腺组织硬结）。

性发育一般较早或正常，生长激素水平低，故最终身高可略低于正常儿童。

（三）心理社会状况

患儿有无常伴有沮丧等负性情绪，自我评价低；患儿有无因体态胖被别人讥笑或差别待遇而不愿与其他儿童交往，出现心理障碍，如内向、焦虑、自卑、胆怯、孤独；患儿家庭的经济状况；患儿家长对肥胖危害的重视程度，有无"胖小孩较可爱""胖即是福"的观念；患儿家长对疾病知识的了解程度及对患儿的病情及预后有无焦虑、恐惧情绪。

（四）辅助检查

血清甘油三酯（TG）、总胆固醇（TC）、低密度脂蛋白（LDL）、极低密度脂蛋白（VLDL）、胰岛素（INS）、血尿酸（UA）大多增高，严重者β脂蛋白也可增高，高密度脂蛋白（HDL）、生长激素（HGH）水平降低。超声检查常有脂肪肝。

（五）治疗原则

遵循综合治疗的原则。运动疗法和饮食疗法是两项最主要的措施；心理治疗，可消除心理障碍，改变不良的饮食习惯；药物治疗效果不确切，应慎用；手术治疗并发症严重，不宜用于儿童。

二、护理诊断

1. 营养失调：营养摄入量高于机体需要量　与高热量食物摄入过多、运动量过少等有关。
2. 社交障碍　与肥胖引起心理障碍有关。
3. 潜在并发症　如高血压、高血脂、糖尿病。
4. 知识缺乏（家长）　缺乏营养知识和儿童喂养知识。

三、护理目标

1. 患儿能够建立良好的饮食习惯，坚持适量运动，体重逐渐降低至正常。
2. 患儿能够克服心理障碍，自觉配合治疗，增加社会交往。
3. 患儿在院期间不发生并发症。
4. 患儿家长能说出病因并能掌握正确的喂养方法。

四、护理措施

（一）一般护理

1. 饮食管理　儿童正处于生长发育阶段，必须保证小儿的基本营养及生长发育所需要的营养。肥胖儿童为了达到体重控制的目的，每日的热量摄入必须低于机体消耗。

（1）多采用低脂肪、低碳水化合物、高蛋白、高微量营养素、适量膳食纤维的膳食方案，脂肪、碳水化合物、蛋白质的能量分配为20%~25%、40%~45%、30%~35%。

（2）为避免饥饿感，应鼓励患儿多吃体积大而能量低的蔬菜类食物，如黄瓜、芹菜、萝卜、莴苣、竹笋。每周能减少体重0.5 kg。

2. 适量运动　能促使脂肪分解，减少胰岛素分泌，减少脂肪合成，促进蛋白质合成，有利于肌肉发育。应鼓励患儿选择喜欢的、有效又容易坚持的运动如跑步、跳绳、游泳，每天坚持至少半小时，循序渐进，避免剧烈运动后食欲增加，以运动后不感疲劳、无心慌气促为宜。

（二）病情观察

每周测量体重一次，体重不宜骤减。开始时控制体重增加，以后使体重逐渐下降。当降至该年龄正常值以上10%左右时，不再严格限制饮食。

（三）治疗配合

一般不主张药物治疗，行为疗法在控制肥胖儿童体重方面疗效显著。通过改变家庭不良饮食习惯和生活方式纠正患儿不良饮食习惯，不要经常用食物对儿童进行奖励，平时不要让患儿看到美味食品，增加患儿咀嚼次数，减慢进餐速度，避免边玩边吃，或看电视、使用电子产品、玩游戏时间太长，避免不吃早餐或晚餐过饱、吃零食、喝软饮料、吃夜宵的习惯。

（四）心理护理

1. 指导家长对患儿表达关心，避免经常指责患儿的饮食习惯。
2. 指导家长避免因对肥胖过分担忧而四处求医给患儿带来精神压力。
3. 引导患儿正确对待存在的问题，改进进食行为。
4. 鼓励患儿坚持饮食控制和适量运动，有成绩时及时表扬增强信心，提高依从性。
5. 鼓励患儿说出害怕及担忧的心理感受，帮助患儿接纳自身形象，消除自卑。
6. 鼓励患儿参加正常的社交活动，以缓解胆怯、孤独等心理问题。

（五）健康指导

1. 宣传儿童肥胖的危害，引起家长对小儿肥胖的重视，消除"胖即是福""长大后再减肥"等错误观念。
2. 教会家长掌握合理营养知识和科学喂养知识，家长应做好模范作用，改变不良的饮食习惯。
3. 指导患儿坚持饮食控制和体格锻炼，不宜采用药物、禁食、手术等方法。
4. 指导家长对患儿实施生长发育监测，定期测量小儿的体重，定期门诊随访。

五、护理评价

1. 患儿是否建立良好的饮食习惯，能否坚持每天适量运动，体重是否逐渐减轻至正常范围。
2. 患儿是否消除焦虑等心理障碍，能否配合治疗，社会交往有无改善。
3. 患儿家长能否说出病因并能掌握正确的喂养方法。

第三节　维生素 D 缺乏症患儿的护理

维生素 D 是一组具有生物活性的脂溶性类固醇衍生物，包括维生素 D_2（麦角骨化醇）和维生素 D_3（胆骨化醇），前者由植物中的麦角固醇经紫外线照射转变生成，后者由人和动物皮肤内含有的 7-脱氢胆固醇经紫外线照射转变生成。

一、概述

1. 婴幼儿体内维生素 D 的来源　有 3 个途径：①胎儿期通过胎盘从母体获得，获得量的多少与母亲维生素 D 的营养状况及胎龄有关；②内源性维生素 D_3，为人体维生素 D 的主要来源，即皮肤中的 7-脱氢胆固醇经日光中紫外线（波长 290～320 nm）照射生成，内源性维生素 D_3 量与日照时间、暴露的皮肤面积、波长有关；③外源性维生素 D，从食物中获得，海鱼肝含量较为丰富，禽畜肝、蛋黄和乳类含量少，肉、白鱼、坚果含量很少，谷物、蔬菜、水果含量甚微，一般情况下，单靠食物中获得的维生素 D 是不能满足机体需要的，婴幼儿可通过配方奶粉、米粉等强化维生素 D 的食品中获得充足的维生素 D。

2. 维生素 D 在体内的转化　内源性维生素 D_3 直接进入血液循环，食物中维生素 D 与脂肪一起，在胆汁的作用下，于小肠刷状缘经淋巴管吸收。维生素 D 先与维生素 D 结合蛋白（DBP）结合后运输到肝经 25-羟化酶作用生成 25-（OH）D_3，血液循环中的 25-（OH）D_3 再

与 α-球蛋白结合转运至肾经 1-α 羟化酶作用生成 1,25-(OH)$_2$D$_3$。

3. 维生素 D 的生理功能　25-(OH)D$_3$ 可动员骨钙入血,但抗佝偻病的活性低。1,25-(OH)$_2$D$_3$ 主要与 DBP 结合,通过作用于靶器官(肠、肾、骨)发挥生理功能:①促进小肠黏膜细胞合成钙结合蛋白(CaBP),促进钙磷的吸收;②促进肾近曲小管对钙、磷的重吸收;③促进成骨细胞增殖和破骨细胞分化,促进钙、磷在骨样组织的沉积,促进旧骨中的骨盐溶解。1,25-(OH)$_2$D$_3$ 还参与许多细胞(如造血系统、角化细胞、分泌甲状旁腺素和胰岛素的细胞)的增殖、分化及免疫功能的调控。

考点提示

维生素 D 的主要来源。

二、维生素 D 缺乏性佝偻病

案例 7-3

患儿,男,9 个月,因"烦躁、多汗、夜惊 1 个月"来院就诊。冬季出生,足月顺产,人工喂养。4 个月起间断服用鱼肝油,6 个月开始添加米粉等。至今不能爬。

体格检查:T 36.4℃,P 120 次/分,R 32 次/分。发育尚可,前囟 2 cm×2 cm,有枕秃、手镯、足镯,乳牙未出,心肺检查(-),腹软,肋缘外翻,肝肋下 1 cm,质软,脾未触及,轻度膝外翻。

辅助检查:血钙降低、血磷降低、碱性磷酸酶升高。长骨 X 线显示骨骺端钙化带消失,干骺端呈毛刷样改变。

问题:

1. 请说出该患儿目前存在的主要护理诊断和合作性问题。
2. 就此病,应向社区人群做哪些预防宣教?

维生素 D 缺乏性佝偻病(vitamin D deficiency rickets)是由于儿童体内维生素 D 不足引起钙、磷代谢紊乱,产生以骨骼病变为主要特征的一种慢性营养性疾病。最常见于 3 个月～2 岁的婴幼儿。发病机制见图 7-1。

(一)护理评估

1. 健康史

(1)评估有无母体-胎儿转运不足。患儿是否早产、多胎;孕母妊娠有无补充维生素 D、有无出现手脚发麻或抽筋。

(2)评估有无日光照射不足。日光照射不足是造成维生素 D 缺乏的主要原因。患儿是否冬季出生;生活地区情况(日照时间长短、空气污染情况、雨雾天多寡、是否住高层建筑等);户外活动情况(时间、有无遮盖),在阳台上晒太阳开不开玻璃窗等。

(3)评估有无摄入不足。患儿的喂养方式是母乳喂养或人工喂养;有无按时添加富含维生素 D 的食物或补充鱼肝油等。

(4)评估患儿生长速度是否过快。

(5)评估患儿的疾病史。有无肝胆、胃肠、肾等疾病。

(6)评估患儿的用药史。有无长期服用苯妥英钠、苯巴比妥、糖皮质激素等药物。

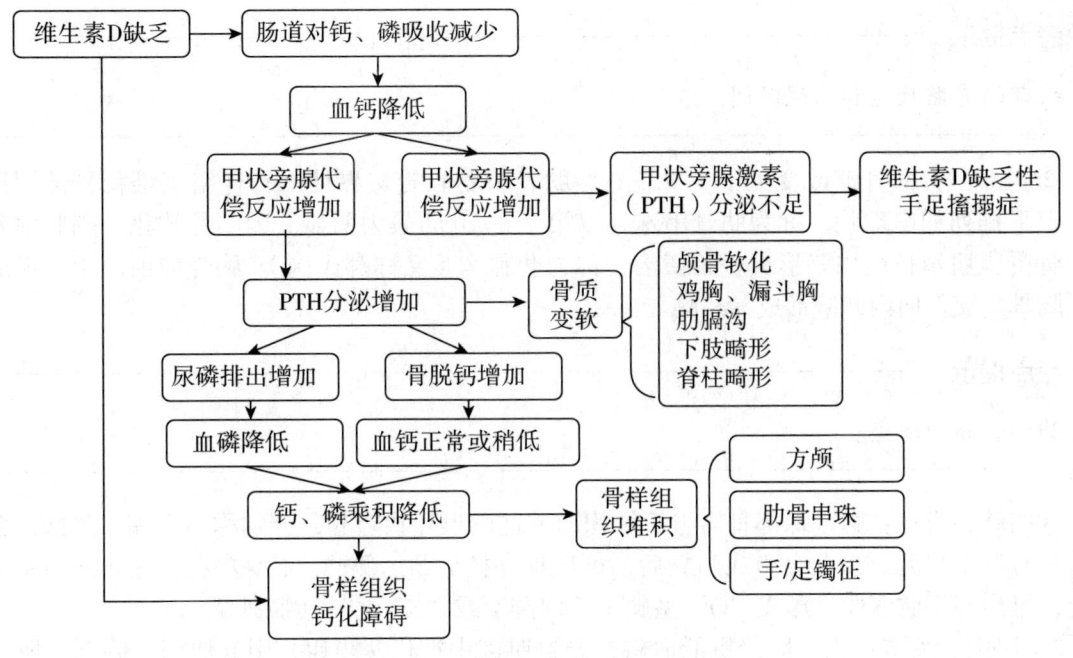

图 7-1 维生素 D 缺乏症的发病机制

> **考点提示**
>
> 维生素 D 缺乏的主要原因。

2. 临床表现 维生素 D 缺乏性佝偻病临床上分为 4 期：初期、活动期、恢复期、后遗症期。

（1）初期（早期）：多见于 6 个月内，特别是 3 个月内的小婴儿，主要表现为非特异性的神经精神症状，如易激惹、烦躁、睡眠不安、夜惊、夜啼、多汗、枕秃（汗液刺激头皮致摇头擦枕）。

> **考点提示**
>
> 初期的主要症状为神经精神症状。

（2）活动期（激期）：以骨骼改变为主要表现，最先发生在生长速度快的部位。

> **考点提示**
>
> 激期的主要表现是骨骼改变。

1）骨骼改变

①头部：颅骨软化是最早出现的体征，多见于 3~6 个月小儿，用手指轻压枕骨或顶骨中央可感觉颅骨内陷，6 月龄后逐渐消失。方颅，多见于 7~8 个月以上的婴儿，额骨和顶骨双侧骨样组织增生呈对称性隆起，严重时呈鞍状或十字状头颅。前囟闭合延迟，乳牙萌出延迟或牙釉质发育差。

考点提示

头部的骨骼改变和出现时间。

②胸部：胸部骨骼改变见于1岁左右。肋骨与肋软骨交界处因骨样组织堆积呈钝圆形隆起，上下排列如串珠状，称为肋骨串珠，以第7～10肋最为明显。因肋骨软化，膈肌附着处的肋骨受膈肌牵拉而内陷形成一条横沟，称为肋膈沟（又称郝氏沟）。胸骨向前凸出，形成鸡胸。胸骨剑突部向内凹陷形成漏斗胸。

 考点提示

胸部骨骼的改变。

③四肢、脊柱：腕、踝部骨样组织堆积形成钝圆形环状隆起，分别称为手镯、足镯，多见于6个月以上患儿。患儿会坐或站立后，可出现脊柱后凸、侧凸。1岁左右，患儿开始站立和行走，可出现下肢弯曲，形成"O"型腿（膝内翻）或"X"型腿（膝外翻）。

2）肌肉、关节：患儿因严重低血磷，导致肌肉中糖代谢障碍，引起肌张力降低、肌力减弱，肌肉、关节韧带松弛，运动发育落后，腹肌张力降低，腹部膨隆（蛙腹）。

3）其他：重症患儿神经系统发育落后，表情淡漠，语言发育迟缓，条件反射形成缓慢。免疫力低下易感染。贫血也较常见。

（3）恢复期：患儿经治疗后症状和体征逐渐减轻或消失，血钙、血磷数天内恢复正常，骨骼X线片显示在2～3周后逐渐改善，碱性磷酸酶（AKP）1～2个月后降至正常。

（4）后遗症期：少数重症患儿除残留骨骼畸形外其余正常。多见于2岁以上儿童。

 考点提示

后遗症期常见于2岁以上患儿。

3. 心理社会状况　患儿有无烦躁、夜惊、运动发育落后等。重症患儿可留有骨骼畸形，有无焦虑、自卑心理。患儿家庭的经济状况。患儿家长对患儿的病情进展有无焦虑情绪，是否给予患儿足够的心理支持。

4. 辅助检查　维生素D缺乏性佝偻病辅助检查特点见表7-3。

表7-3　维生素D缺乏性佝偻病辅助检查特点

项目		初期	激期	恢复期	后遗症期
血生化检查	血钙	稍低或正常	稍降低	数天恢复正常	正常
	血磷	降低	明显降低	降低或正常	正常
	钙磷乘积	30～40	<30	数天恢复正常	正常
	AKP	正常或稍高	明显增高	1～2个月降至正常	正常
	25-(OH)D_3	降低	明显降低	数天恢复正常	正常

续表

项目	初期	激期	恢复期	后遗症期
骨骼X线表现 长骨X线	正常或钙化带稍模糊	长骨临时钙化带消失，干骺端呈毛刷样或杯口状改变，骨骺软骨带增宽，骨密度降低，骨皮质变薄，可有骨干弯曲畸形	2～3周改善，出现不规则钙化线，骨骺软骨带逐渐恢复正常	重症可仅见骨骼畸形表现

5. **治疗原则** 目的在于控制活动期，防止骨骼畸形。给予维生素D制剂，适当补充钙剂，严重骨骼畸形患儿4岁后可考虑手术矫正。

 考点提示

维生素D缺乏性佝偻病患儿的治疗方案。

（二）护理诊断

1. 营养失调 营养摄入量低于机体需要量，与日光照射不足和（或）维生素D摄入不足等有关。
2. 有感染的危险 与免疫功能低下有关。
3. 潜在并发症 如骨骼畸形、骨折、维生素D过量中毒。
4. 知识缺乏 患儿家长缺乏佝偻病的预防及护理知识。

（三）护理目标

1. 患儿及时得到维生素D的补充，症状和体征逐渐减轻或消失。
2. 患儿不发生感染或发生感染后能得到及时、有效的治疗。
3. 患儿不发生并发症或发生维生素D中毒后能得到及时、有效的治疗。
4. 患儿家长能说出病因、预防要点及护理要点。

（四）护理措施

1. 一般护理

（1）增加日光照射：指导家长每天带患儿直接接受日光照射。足月儿出生2～3周后即可进行户外活动，每日接受日光照射由开始的5～10 min逐渐延长到1～2 h。冬季在背风处、夏季在阴凉处、室内活动时应打开玻璃窗，尽量多暴露皮肤。

（2）调整饮食：提倡母乳喂养，按时添加富含维生素D、钙、磷和蛋白质的食物，如动物肝（鱼肝）、蛋、蘑菇、酵母。

（3）预防骨折：护理操作时动作要轻柔，忌重压、强力牵拉。

（4）防止感染：保持居室空气新鲜，注意通风。患儿出汗多，应保持皮肤清洁，勤换内衣、被褥、枕套。接受日光照射时应注意保暖，避免去人多的场所。

 考点提示

佝偻病患儿不宜过久地坐、站、走。

2. **病情观察** 注意观察进食量，报告医生帮助判断是否需要补充钙剂。观察患儿的临床表现、血生化、骨骼X线改变有无改善。大剂量使用维生素D制剂时，应注意观察有无抽搐发作。长期使用维生素 D 制剂，应密切观察有无维生素 D 中毒症状，及时检查血钙、尿钙。

3. 治疗配合

（1）遵医嘱补充维生素 D：应以口服为主，一般剂量为 2000～5000 IU/d（50～125 μg/d），4～6 周后改预防量，小于 1 岁者 400 IU/d，大于 1 岁者 600 IU/d。口服维生素 D 可将药物直接滴于患儿口内以保证用量准确，治疗时不宜使用鱼肝油，以免发生维生素 A 中毒；对重症佝偻病有并发症或无法口服者可一次肌内注射维生素 D_3 30 万 IU，2～3 个月后口服预防量。肌内注射时宜选择较粗的针头，深部肌内注射，如需再次注射要更换注射部位，以利于吸收。

考点提示

佝偻病患儿口服维生素 D 的剂量、疗程。

（2）遵医嘱补钙：乳类喂养者，如乳量足够一般不需要补充钙剂，有低血钙表现、严重佝偻病及营养不良时需要补充钙剂。注射大剂量维生素 D 前应先补钙 2～3 天，以防发生低钙惊厥。

（3）防治骨骼畸形：患儿运动发育落后，但不能为了促进运动发育，过早、过久地坐、站、走，以免发生或加重骨骼畸形。患儿衣着应柔软、宽松，床铺要松软。若已有畸形发生可进行矫正，如胸部畸形可做俯卧位抬头展胸运动、"O"型腿可按摩下肢外侧肌群、"X"型腿可按摩下肢内侧肌群，以增强肌张力，矫正畸形。严重骨骼畸形者 4 岁后可考虑手术矫正。

（4）预防维生素 D 中毒：严格按照医嘱补充维生素 D 制剂，不擅自增加用量。观察患儿有无出现厌食、烦躁、呕吐、头痛、腹泻、顽固性便秘、体重下降、多饮、多尿、夜尿增多、嗜睡、表情淡漠、血钙＞3 mmol/L（12 mg/dl）、尿钙强阳性等表现，立即报告医生。如考虑维生素 D 中毒应立即配合医生处理：①停服维生素 D、停止日光照射；②如血钙过高应限制摄入钙盐；③加速钙的排泄，如呋塞米每次 0.5～1 mg/kg 静脉注射；④减少钙的吸收，如每天口服泼尼松 2 mg/kg。重症口服氢氧化铝或依地酸钠，皮下或肌内注射降钙素 50～100 IU/d。

考点提示

口服维生素 D 的注意事项。

4. 心理护理　接触患儿时态度和蔼，关心、体贴患儿，及时满足患儿的合理需求，避免不良刺激。操作前耐心给患儿解释，动作轻柔。向患儿及家长解释本病只要配合治疗，一般不会产生严重后遗症，2 岁前骨骼畸形一般可以自行矫正，鼓励患儿配合治疗。

5. 健康指导

（1）指导家长掌握护理要点：正确补充维生素 D，宣传维生素 D 中毒的表现及危害。

（2）介绍矫正骨骼畸形的方法：严重骨骼畸形者 4 岁后可考虑手术矫正。

（3）指导改善患儿的居住条件：介绍佝偻病的预防方法，强调应从胎儿期开始。

1）胎儿期：孕妇应多晒太阳，每日至少 1～2 h；多食富含钙、磷、维生素 D 及蛋白质的食物；妊娠后期口服维生素 D 制剂 800 IU/d。

2）婴幼儿期：足月儿出生后 1 个月后开始户外活动接受日光照射，逐渐延长至 1～2 h/d；提倡母乳喂养，及时添加富含钙、磷、蛋白质、维生素 D 的辅食；足月儿出生后 2 周开始口服维生素 D 400 IU/d，早产、双胎、低体重儿在出生后 1 周开始口服维生素 D 800 IU/d，3 个月后改为 400 IU/d。可补充至 2 岁。

第七章 营养障碍性疾病患儿的护理

 考点提示

1. 预防佝偻病补充维生素 D 的时间。2. 维生素 D 的预防剂量。

（五）护理评价

1. 患儿是否得到合理的维生素 D 的补充，症状和体征是否改善或消失。
2. 患儿有无发热、咳嗽等感染征象。
3. 患儿有无发生骨折及维生素 D 中毒；患儿家长是否学会观察维生素 D 的中毒表现。
4. 患儿家长能否说出病因、预防要点及护理要点。

三、维生素 D 缺乏性手足搐搦症

案例 7-4

患儿，男，8 个月，人工喂养。因"惊厥发作"来院就诊。患儿今天突发惊厥，发作时两眼上翻，四肢抽搐，神志不清，发作持续约 1 min 后入睡，清醒后一切如常。

体格检查：体温 36.7℃，前囟 2 cm×2 cm，有枕秃，乳牙未出，心肺检查（-），腹软，肝肋下 2 cm，质软，脾未触及，脑膜刺激征（-）。

辅助检查：血钙 1.68 mmol/L。

问题：

1. 请说出该患儿目前存在的主要护理诊断和合作性问题。
2. 指导家长在患儿突发惊厥时应采取哪些护理措施？

维生素 D 缺乏性手足搐搦症（tetany of vitamin D deficiency）又称维生素 D 缺乏性低钙惊厥，是由于维生素 D 缺乏引起血钙降低致神经肌肉兴奋性增高，出现以惊厥、手足搐搦和喉痉挛为主要症状的一种营养障碍性疾病，多见于 6 个月内的婴儿。近年因广泛应用维生素 D 预防，本病发病率已降低。

维生素 D 缺乏性手足搐搦症的直接原因是血清 Ca^{2+} 浓度降低。正常血清 Ca^{2+} 浓度为 2.25～2.27 mmol/L，当血钙降低时，刺激甲状旁腺使其功能亢进，分泌甲状旁腺激素，使尿磷排出增加和旧骨脱钙，以补充血钙不足。但是，在甲状旁腺反应迟钝时，甲状旁腺素分泌不足，血钙就不能维持正常。当血清总钙低于 1.75～1.88 mmol/L（7～7.5 mg/dl），或离子钙低于 1 mmol/L（4 mg/dl），患儿就可以出现上述症状。

 考点提示

佝偻病患儿发生惊厥的血钙离子浓度。

（一）护理评估

1. 健康史

（1）评估患儿有无维生素 D 缺乏的病史（参考维生素 D 缺乏性佝偻病）。

（2）评估有无诱发因素：

1）患儿有无近期户外活动增多或补充大量维生素 D。
2）患儿近期有无发热、感染、饥饿、腹泻等。
3）患儿近期有无补充白蛋白、纠正酸中毒等。

4）人工喂养的患儿哺喂乳品的含磷情况。

（3）评估患儿既往有无类似惊厥发作史。

2. 临床表现　患儿除有程度不等的活动期佝偻病表现外有下列表现。

（1）典型发作：血钙＜1.75 mmol/L时可出现惊厥、手足搐搦和喉痉挛。

1）惊厥：最常见症状。婴儿多见，尤其2～6个月。患儿突然发生四肢抽动、眼球上翻、面肌颤动、神志不清。发作持续数秒或数分钟以上，发作次数可数日1次或1日数次甚至数十次。发作停止后，意识恢复，精神萎靡入睡，醒后活泼如常，一般不发热。轻者仅有短暂眼球上翻和面肌抽动，神志清楚。

考点提示

维生素D缺乏性手足搐搦症的最常见症状，以及惊厥的特点。

2）手足搐搦：最典型症状。多见于较大婴儿及幼儿。发作时腕关节屈曲、拇指贴于掌心、其余四指伸直，似"助产士手"；踝关节伸直、足趾向下弯曲，似"芭蕾舞足"。

3）喉痉挛：最危险症状。婴儿多见。喉部肌肉及声门突发痉挛，出现呼吸困难、吸气时喉鸣，甚至窒息引起死亡。

考点提示

维生素D缺乏性手足搐搦症患儿的最严重症状是喉痉挛。

（2）隐性体征　血钙在1.75～1.88 mmol/L，没有典型发作的症状，但可引出下列体征。

1）面神经征［低钙击面征（Chvostek sign）］：用指尖或叩诊锤轻叩患儿颧弓与口角间的面颊部，引起眼睑和口角抽动为面神经征（+）。新生儿可有假阳性。

2）腓反射（peroneal reflex）：用叩诊锤叩击膝下外侧腓骨小头上腓神经处，引起足向外侧收缩为腓反射（+）。

3）陶瑟征（Trousseau sign）：又称低钙束臂征，用血压计袖带包裹上臂，使血压计袖带的压力维持在收缩压与舒张压之间，5 min内该手出现痉挛症状为陶瑟征（+）。

3. 心理社会状况　评估家长有无因患儿突然惊厥发作、窒息而感到紧张、恐惧。评估家长有无因担心典型发作造成患儿大脑损伤影响智能发育或害怕再次发作而焦虑。

4. 辅助检查　正常儿童血钙为2.25～2.75 mmol/L（9～11 mg/dl）。患儿血钙＜1.75～1.88 mmol/L（7～7.5 mg/dl），或离子钙＜1.0 mmol/L（4 mg/dl）。

5. 治疗原则

（1）急救处理：立即给氧，保持呼吸道通畅；迅速控制惊厥和喉痉挛。

（2）钙剂：尽快缓慢静脉注射钙剂，惊厥停止后改口服钙剂。

（3）维生素D：可按维生素D缺乏性佝偻病补充维生素D。

（二）护理诊断

1. 有窒息的危险　与惊厥、喉痉挛有关。

2. 有受伤的危险　与惊厥有关。

3. 营养失调：营养摄入量低于机体需要量　与维生素D缺乏及低钙有关。

4. 知识缺乏（家长）　患儿家长缺乏惊厥发作及喉痉挛的护理知识。

（三）护理目标

1. 患儿惊厥、喉痉挛发作时能及时被发现并控制，不发生窒息。

2. 患儿不发生外伤。

3. 患儿能得到维生素 D 的合理补充。

4. 患儿家长能掌握惊厥发作及喉痉挛的护理要点。

（四）护理措施

1. 一般护理　保持环境安静，避免患儿家长喊叫、紧抱及摇晃患儿，以免患儿受到刺激后抽搐不止。不可强行喂食、喂水以防止窒息。备好各种抢救器材、药物，准备抢救。

2. 病情观察　密切观察并记录惊厥发作的表现及次数，有无喉痉挛发生，呼吸道是否通畅，有无缺氧症状。按医嘱用药，过程中应加强巡视，静脉注射地西泮时观察患儿呼吸、血压的变化；静脉注射钙剂时观察患儿心率、心律的变化及有无全身发热、恶心、呕吐等表现，患儿如出现呼吸变浅、血压下降或心律失常，应暂停注射并报告医生。

3. 治疗配合

（1）预防窒息

1）保持呼吸道通畅：

①惊厥发作时，应就地抢救。患儿平卧位，有呕吐时头偏向一侧，及时清除口鼻分泌物，松开衣领，头稍向后仰，以保持呼吸道通畅。

②喉痉挛者须立即将舌头拉出口外并立即通知医生，进行人工呼吸或加压给氧，必要时行气管插管或气管切开。

2）止惊：

①惊厥发作时，指压人中、合谷、十宣等穴来控制惊厥。

②按医嘱使用抗惊厥药物。如 10% 水合氯醛保留灌肠，每次 40~50 mg/kg；或地西泮肌内注射或静脉注射，每次 0.1~0.3 mg/kg，静脉注射时速度要慢，每分钟不超过 1 mg，以免抑制呼吸。

3）补钙：按医嘱及时补充钙剂，常用 10% 葡萄糖酸钙 5~10 ml，以 10% 葡萄糖溶液稀释 1~3 倍后缓慢静脉推注（时间不小于 10 min，防止速度过快导致呕吐甚至心搏骤停）或静脉滴注，必要时每日可重复 2~3 次。注射时应选择较大的血管，避免使用头皮静脉，以防钙剂外渗而造成局部组织坏死，一旦渗出可用 2% 普鲁卡因局部封闭、20% 硫酸镁湿敷、抬高注射肢体。惊厥停止后用 10% 氯化钙加糖水稀释口服，每次 5~10 ml，每日 3 次，3~5 天后改口服葡萄糖酸钙，以免发生高氯性酸中毒。口服钙剂应与乳类分开服用，以免影响钙的吸收。

考点提示

维生素 D 缺乏性手足搐搦症的治疗要点。

4）按医嘱补充维生素 D（参考佝偻病患儿的护理）。

（2）预防外伤：惊厥发作时应将患儿轻放于地上或床上，应移开周围一切硬物，防止碰伤；切勿强行约束患儿肢体，防止骨折或关节脱位；加设床档，防止坠床、摔伤；在患儿上下臼齿之间放置用纱布包裹的压舌板，防止舌（唇）咬伤。

4. 心理护理　隔离家长，给予情感支持，向家长介绍疾病的预后，减轻心理压力，消除恐惧、焦虑情绪。

5. 健康指导

1. 教会家长惊厥发作、喉痉挛时的处理方法。

2. 向家长解释疾病的病因、诱因及预后，该病一般不会反复发作造成严重后遗症。

3. 指导家长遵医嘱正确给患儿补充钙剂和维生素D，介绍口服钙剂的注意事项。

4. 指导家长合理喂养小儿，坚持每天带小儿进行户外活动。

（五）护理评价

1. 患儿是否得到合理的维生素D的补充，血钙是否恢复正常，症状和体征是否得到控制。
2. 患儿有无发生外伤、窒息。
3. 患儿家长是否掌握惊厥发作及喉痉挛的护理要点。

思政园地

"中国是个英雄"

自2012年中国共产党第十八次全国代表大会（简称中共十八大）以来，中央和国家机关出台230多个政策文件、实施方案，各地相继出台完善"1+N"配套举措，许多"老大难"问题有了解决方案。5年来，中央专项扶贫资金投入2822亿元，年均增长22.7%。金融扶贫再加力，累计发放4437亿元扶贫小额信贷，支持1123万贫困户发展产业。

来自国务院扶贫办的信息，中国贫困人口数量从1978年末的7.7亿人下降到2017年末的3046万人，累计减贫7.4亿，年均减贫人口规模接近1900万，贫困发生率也从97.5%下降到3.1%，对全球减贫的贡献率逾七成。按现行贫困标准，2013年至2017年累计减贫6853万人，减贫幅度接近70%，不仅每年减贫人数均在1000万以上，而且首次实现了贫困县数量的净减少。中国共产党创新提出的"精准扶贫"政策，取得了每年减贫1300万人以上的成就。英国《经济学人》杂志评论说，在减贫脱贫方面，"中国是个英雄"。

联合国开发计划署2015年发布的《联合国千年发展目标报告》明确指出，"中国在全球减贫中发挥了核心作用"。中国"精准扶贫"的新理论、新实践也为全球减少贫困提供了中国范例。

2021年，我国脱贫攻坚战取得了全面胜利，现行标准下9899万农村贫困人口全部脱贫，832个贫困县全部摘帽，12.8万个贫困村全部出列，区域性整体贫困得到解决，完成了消除绝对贫困的艰巨任务。这从根本上消除了儿童营养不良的主要病因，大大降低了营养缺乏性疾病的发生率，保障我国儿童健康生长发育，增强国民基本体格素质。

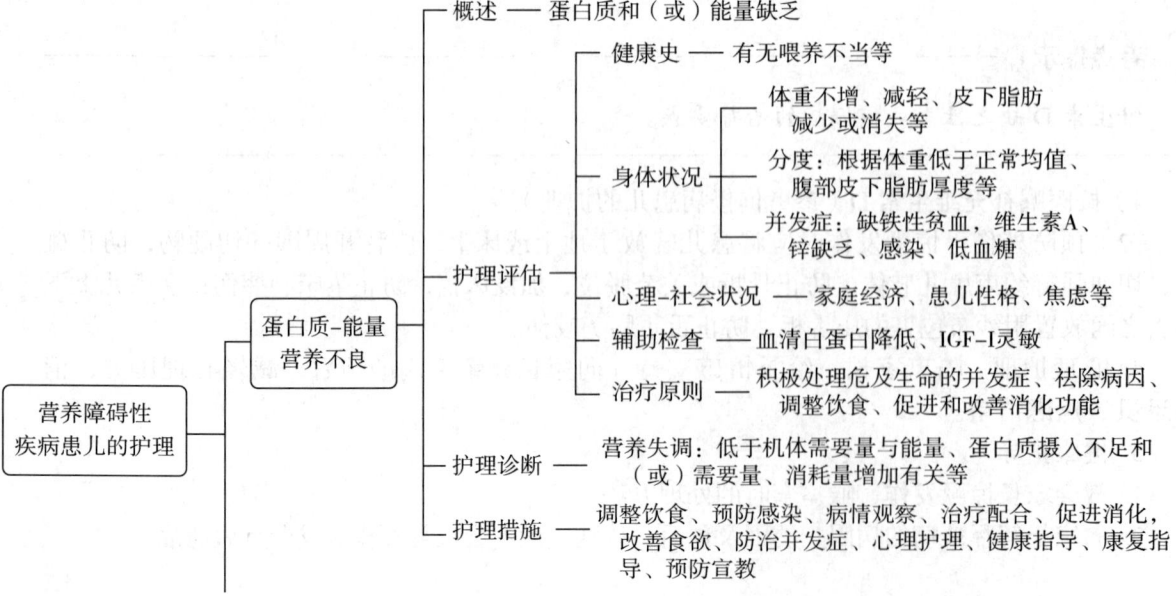

第七章 营养障碍性疾病患儿的护理

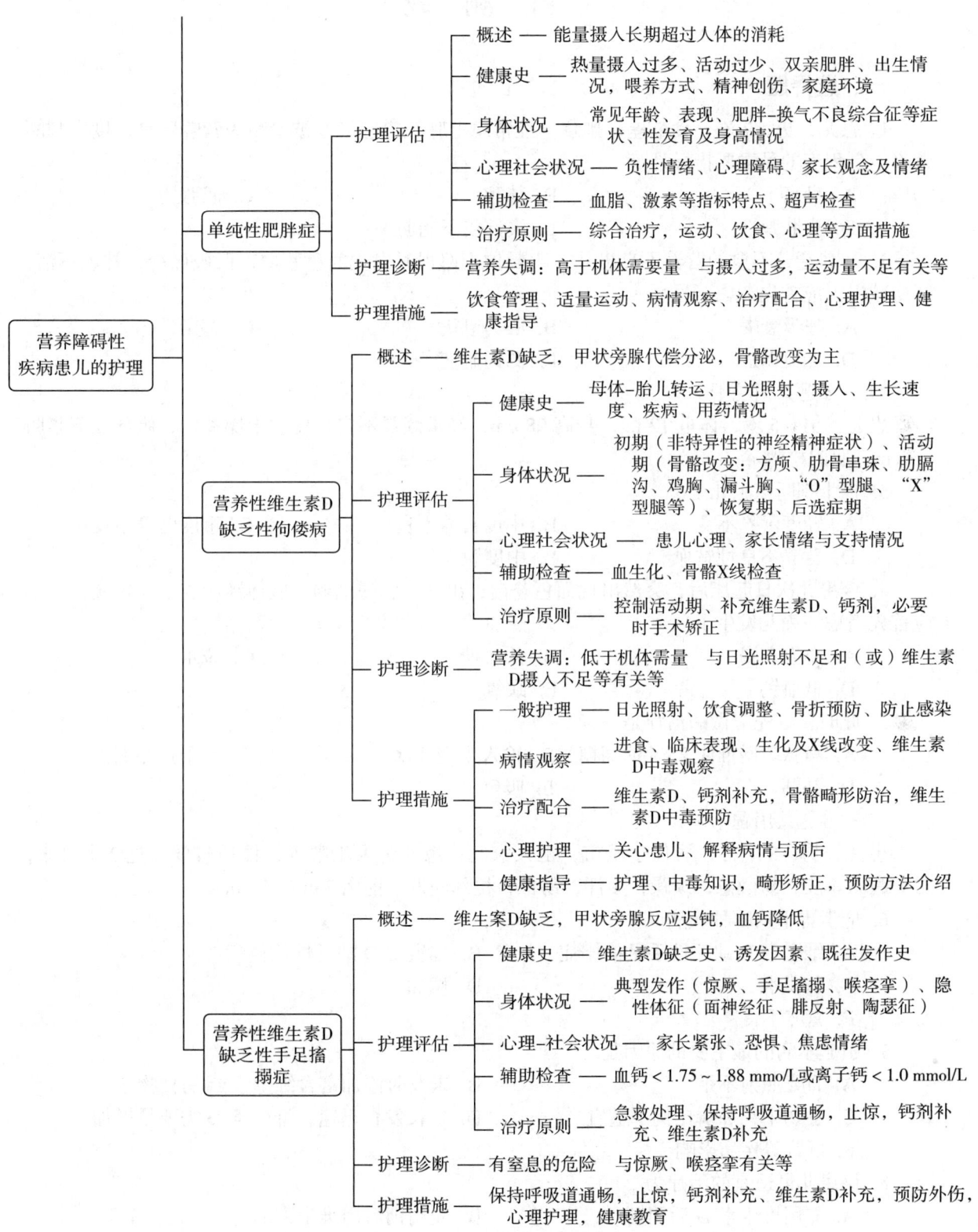

自 测 题

一、选择题

1. 患儿，男，7岁，食欲差，挑食，经常患上呼吸道感染，被诊断为营养不良Ⅰ度，判断营养不良程度的最重要指标是
   A. 身高　　　　　　　　B. 体重　　　　　　　　C. 肌张力
   D. 皮肤弹性　　　　　　E. 腹部皮下脂肪

2. 一名迁延不愈的营养不良患儿，凌晨护士巡视时发现面色苍白，四肢厥冷，神志不清，脉搏减慢。应首先考虑
   A. 呼吸衰竭　　　　　　B. 心力衰竭　　　　　　C. 感染性休克
   D. 低血糖症　　　　　　E. 低钙血症

（3～5题共用题干）

患儿，男，5岁，体重12 kg，身高98 cm，经常烦躁不安，皮肤干燥苍白，腹部皮下脂肪0.3 cm，肌肉松弛。

3. 护士判断该患儿是
   A. 轻度营养不良　　　　B. 中度营养不良　　　　C. 重度营养不良
   D. 营养不良性贫血　　　E. 中度脱水

4. 该患儿次日起床后，突然出现面色苍白，出汗，脉搏细弱，肢体冰冷，意识模糊，护士应首先考虑该患儿发生了
   A. 心力衰竭　　　　　　B. 低血糖　　　　　　　C. 脱水
   D. 低血钙　　　　　　　E. 缺氧

5. 此时，首先应做的治疗是
   A. 静脉缓慢推注25%葡萄糖　B. 输入生理盐水　　　C. 给予强心剂
   D. 补钙　　　　　　　　E. 吸氧

（6～8题共用题干）

患儿，男，8个月，居住于城市，工人家庭，患儿为人工喂养，体质较弱，近2个月来，常有睡眠不安，易激惹，烦躁，多汗，易惊，枕部脱发，前囟3 cm×3 cm，

6. 应考虑下列哪种疾病
   A. 维生素D缺乏性手足搐搦症　　B. 维生素D缺乏性佝偻病
   C. 脑积水　　　　　　　　　　　D. 癫痫
   E. 营养不良

7. 引起本病的最主要的原因是
   A. 日光照射不足　　　　　　　　B. 未及时添加富含维生素D的食物
   C. 食物中钙和磷比例不适宜　　　D. 生长发育迅速，维生素D需要量增加
   E. 肝肾等疾病影响

8. 该患儿最适宜的治疗为
   A. 先用维生素D后用钙　　　　　B. 先用钙后用维生素D
   C. 维生素D与钙同用　　　　　　D. 仅用维生素D
   E. 仅用钙剂即可

(9～11题共用题干)

患儿，男，10个月，因惊厥发生3次来院就诊，患儿是牛乳喂养，体质较差，昨日起突然发生惊厥，表现为四肢抽动，两眼上翻，面肌抽动，神志不清，每次发作时时间大约持续1 min，缓解后一切活动自如，检查：体温36.8℃，除方颅、枕秃外，其他无异常。

9. 诊断应首先考虑
   A. 维生素D缺乏性佝偻病　　B. 维生素D缺乏性手足搐搦症
   C. 营养不良　　　　　　　　D. 低血钠
   E. 癫痫

10. 其治疗原则是
    A. 先用维生素D后用钙剂　　B. 先用钙剂再用维生素D
    C. 反复使用止惊剂　　　　　D. 维生素D和钙剂同时使用
    E. 立即使用维生素D

11. 惊厥发生时，下列护理措施哪项是错误的
    A. 就地抢救　　　　　　　　B. 患儿平放于地或床上
    C. 指压人中　　　　　　　　D. 遵医嘱用钙剂
    E. 使患儿取坐位

二、简答题

1. 简述营养不良患儿饮食管理的要点。
2. 简述维生素D缺乏性佝偻病的病因。
3. 简述维生素D缺乏性手足搐搦症典型发作的主要表现。

三、案例分析题

1. 患儿，女，9个月，生后母乳喂养至6个月，因母乳量不足，停喂母乳，改喂米糊。近来患儿不活泼，好哭，查体：体重7.2 kg，身长69 cm，腹壁皮下脂肪厚度0.5 cm。经医生诊断为营养不良。

问题：
（1）请判断该患儿的营养不良分度。
（2）该患儿目前主要的护理诊断。
（3）怎样指导家长护理该患儿？

2. 患儿，男，11个月，因"出牙少"就诊，患儿平素汗多，夜惊，爱哭闹，查体：出牙2颗，方颅，前囟2 cm×2 cm，见肋骨串珠。

问题：
（1）该患儿可能的诊断是什么？还应该了解哪些健康史？进一步做何检查？
（2）医生经诊断，给患儿开了口服维生素D和钙剂，怎样指导家长给患儿服用？
（3）就此病，应向社区人群在哪些方面进行预防宣教？

（邱林利）

第八章数字资源

第八章 消化系统疾病患儿的护理

学习目标

通过本章学习，学生应达到：

1. 素质目标 具有"敬佑生命、救死扶伤、甘于奉献、大爱无疆"的医者精神，能坚定地走科学发展路线，传递科学育儿的观念，为儿童健康成长保驾护航。
2. 能力目标 能够为口炎及腹泻患儿提供正确的护理程序。
3. 知识目标 描述口炎、腹泻的临床表现，简述腹泻的病因及防治方法。

第一节 小儿消化系统解剖生理特点

一、消化道

1. 口腔 是消化道的起端，具有吸吮、吞咽、咀嚼、消化、感觉和语言等功能。足月新生儿出生时已具有较好的吸吮和吞咽功能，早产儿则较差；新生儿及婴幼儿口腔黏膜薄嫩，血管丰富，因此易受损伤和发生局部感染；3个月以下婴儿唾液腺发育不够完善，唾液分泌少，唾液中淀粉酶含量不足，故不宜喂食淀粉类食物；3～4个月时唾液分泌开始增加，5～6个月时明显增多，但婴儿口腔容量小且不能及时吞咽所分泌的全部唾液，因此常出现生理性流涎。

2. 食管 新生儿和婴儿食管呈漏斗状，腺体缺乏，弹力组织及肌层尚不发达，食管下段括约肌发育不成熟，控制能力差，常发生胃食管反流，一般在9个月左右症状消失。

3. 胃 婴儿胃呈水平位，当开始站立后渐变为垂直位，幽门括约肌发育较好而贲门括约肌发育不成熟，且婴儿胃容量较小（新生儿30～60 ml，1～3个月90～150 ml，1岁时250～300 ml），吮奶时常吞咽过多空气，故易发生溢乳。胃排空时间因食物种类不同而异，水为1.5～2 h，母乳为2～3 h，牛乳为3～4 h。早产儿胃排空慢，易发生胃潴留。

4. 肠 儿童肠道相对较长，吸收面较大，黏膜血管丰富，小肠绒毛发育较好，有利于消化吸收。但婴幼儿尤其是未成熟儿由于肠壁薄，通透性高，肠黏膜屏障作用差，肠内毒素、过敏原及不完全分解产物可经肠黏膜吸收进入血液循环，引起全身性感染或变态反应性疾病。另外，小儿因肠黏膜肌层发育差，肠系膜柔软而长，固定功能差，肠活动度大，易发生肠套叠和肠扭转。

二、消化腺

1. 肝 年龄越小，肝相对越大，正常婴幼儿肝可在右肋缘下1～2 cm处扪及，6～7岁后则不能触及。小儿肝血管丰富，肝细胞再生能力强，但肝功能不成熟，解毒能力差，故在感染、缺氧、中毒等情况下易发生肝充血肿大和变性。婴儿期胆汁分泌较少，故对脂肪的消化和吸收功能较差。

2. 胰腺 出生时胰液分泌量少，3～4个月后逐渐增加，6个月以内婴儿胰液中淀粉酶含量低，1岁后才接近成人，故3个月以下的小儿不宜喂淀粉类食物。新生儿及婴幼儿胰脂肪酶和胰蛋白酶的活性都低，故对脂肪及蛋白质的消化和吸收较差。婴幼儿时期胰液及其消化酶的分泌易受天气和疾病的影响而受抑制，容易发生消化不良。

三、肠道细菌

胎儿肠道无细菌，生后数小时细菌很快从口、鼻、肛门侵入肠道，主要分布在结肠和直肠，一般情况下胃内几乎无菌。肠道菌群受食物成分影响，单纯母乳喂养儿以双歧杆菌为主，人工喂养和混合喂养儿肠内的大肠埃希菌、嗜酸杆菌、双歧杆菌及肠球菌所占比例几乎相等。正常肠道菌群对侵入肠道的致病菌有一定的拮抗作用，婴幼儿肠道正常菌群脆弱，易受许多内外界因素影响致菌群失调，导致消化功能紊乱。

四、健康小儿粪便

1. 胎粪 是由胎儿肠道脱落的上皮细胞、消化液及吞下的羊水组成。新生儿在24 h内排出胎便为深墨绿色、黏稠、无臭味，2～3天后逐渐过渡为正常粪便。如出生24 h内无胎粪排除，应注意检查有无肛门闭锁等消化道畸形。

2. 母乳喂养儿粪便 为金黄色，糊状，不臭，呈酸性反应，每日2～4次，一般在添加辅食后次数减少。

3. 人工喂养儿粪便 为淡黄色，较干稠，呈碱性或中性，含乳凝块较多、量多，有臭味，每日1～2次，易发生便秘。

4. 混合喂养儿粪便 与人工喂养者相似，但质地较软、颜色较黄。添加谷类、蛋、肉、蔬菜等辅食后，粪便性状逐渐接近成人，每日1次。

 考点提示

小儿唾液分泌特点、胃容量及易发生溢乳的原因、消化腺的特点、健康小儿的粪便特点。

第二节 口炎患儿的护理

口炎（stomatitis）是指口腔黏膜的炎症，若病变仅局限于舌、齿龈、口角亦可称为舌炎、齿龈炎或口角炎等。本病多见于婴幼儿。可单独发生，也可继发于全身疾病，如腹泻、营养不良、维生素B或维生素C缺乏等全身性疾病。感染常由病毒、真菌、细菌引起。不注意餐具和口腔卫生或各种疾病导致机体抵抗力下降等因素均可导致口炎的发生。目前细菌感染性口炎已经很少见，病毒和真菌感染所致的口炎仍经常见到。

一、病因

1. 鹅口疮（thrush，oral candidiasis） 又名雪口病，由白念珠菌感染导致。多见于新生儿、营养不良、腹泻、长期应用广谱抗生素或激素的患儿。新生儿多由产道感染或因哺乳时奶头不洁及使用污染的奶具感染。

2. 单纯疱疹性口炎（herpes simplex stomatitis） 由单纯疱疹病毒Ⅰ型感染引起，全年均可发病，多见于1～3岁小儿。传染性强，在卫生条件差的家庭和集体托幼机构感染容易传播。主要通过飞沫或直接接触感染。

3. 溃疡性口炎（ulcerative stomatitis） 主要由链球菌、金黄色葡萄球菌、肺炎链球菌、绿脓杆菌或大肠埃希菌等感染引起。以婴幼儿多见，常发生于急性感染、长期腹泻等机体抵抗力降低时。

二、临床表现

1. 鹅口疮 特征是在口腔黏膜上出现白色乳凝块样小点或小片状物，病变可逐渐融合成大片，不易擦去，周围无炎症反应。若强行剥离后，局部黏膜潮红、粗糙、可有溢血。一般无全身症状，患处不痛、不流涎、不影响吃奶。最常见于颊黏膜，其次是舌、牙龈、上腭，重症整个口腔均被白色斑膜覆盖，甚至可蔓延到咽、喉、食管、肠道、气管、肺等，出现呕吐、吞咽困难、声音嘶哑或呼吸困难。

2. 单纯疱疹性口炎 起病时发热可达38～40℃，局部疼痛，患儿可表现流涎、拒食、烦躁、颌下淋巴结肿大。在齿龈、唇内、舌和颊黏膜等口腔黏膜上出现单个或成簇小疱疹，周围有红晕，疱疹迅速破裂后形成溃疡，表面覆盖黄白色渗出物。多个小溃疡可融合成不规则的大溃疡，有时累及上腭及咽部。口唇可红肿裂开，近口角及唇周皮肤可有疱疹。体温多在3～5天后恢复正常，病程为1～2周。

3. 溃疡性口炎 口腔各部位均可发生，常见于舌、唇内及颊黏膜处，可蔓延到唇及咽喉部。开始时口腔黏膜充血水肿，随后形成大小不等的糜烂或溃疡，上有纤维素性炎性渗出物形成的假膜，常呈灰白色或黄色，边界清楚，易拭去，露出溢血的创面，但不久又被假膜覆盖。患处疼痛，出现流涎、拒食、局部淋巴结肿大，常有发热，可达39～40℃。轻者约1周体温恢复正常，溃疡逐渐痊愈，严重者可出现脱水和酸中毒。

考点提示

口炎患儿的临床表现。

三、辅助检查

1. 外周血白细胞检查 细菌感染时白细胞和中性粒细胞总数增多；病毒感染时正常或减少。
2. 病原学检查 溃疡性口炎：取渗出物涂片染色可见大量细菌；鹅口疮：取白膜少许放在玻片上加10%氢氧化钠1滴，在显微镜下可见真菌的菌丝和孢子。

四、治疗原则

1. 局部药物治疗 鹅口疮：用2%碳酸氢钠溶液清洗口腔后局部涂抹10万～20万 U/ml制成霉菌素鱼肝油混悬溶液，每日2～3次；单纯疱疹性口炎：局部可涂碘苷（疱疹净），也可用锡类散、冰硼散等中药；溃疡性口炎：3%过氧化氢溶液清洗溃疡面后可涂2.5%～5%金霉素鱼肝油。
2. 对症及支持治疗 发热时可给予物理降温等；继发细菌感染时使用抗生素；重视口腔卫生，多饮水，保持口腔清洁；加强营养，适当增加维生素B_2和维生素C。

考点提示

口炎患儿的治疗原则。

五、护理诊断

1. 口腔黏膜改变　与口腔黏膜感染有关。
2. 疼痛　与口腔黏膜糜烂、溃疡有关。
3. 体温　过高与口腔感染有关。
4. 营养失调：营养摄入量低于机体需要量　与疼痛引起拒食有关。
5. 知识缺乏　患儿及家长缺乏本病的预防和护理知识。

六、护理目标

1. 患儿黏膜愈合，疼痛消失，恢复日常进食。
2. 患儿体温维持正常。
3. 家长熟悉口腔黏膜感染的预防及正确护理方法。

七、护理措施

1. 口腔护理　根据病原体选用相应溶液清洗口腔后涂药，较大儿童可用含漱剂。鼓励患儿多饮水，进食后漱口，以保持口腔黏膜湿润和清洁。对流涎者，及时清除分泌物，保持皮肤干燥、清洁，避免引起皮肤湿疹及糜烂。
2. 正确涂药　为了确保局部用药达到目的，涂药前应先将纱布或干棉球放在颊黏膜腮腺管口处或舌系带两侧，以隔断唾液，然后用干棉球将病变部黏膜表面吸干净后再涂药，涂药应在饭后 1 h，涂药后嘱患儿闭口 10 min，再取出隔离唾液的纱布或棉球，并嘱患儿不可立即漱口、饮水或进食。
3. 发热护理　监测体温，体温超过 38.5℃时，为患儿松解衣服、物理降温，必要时给予药物降温。
4. 饮食护理　以高热量、高蛋白、含丰富维生素的温凉流质或半流质食物为宜，避免摄入刺激性食物和酸性饮料。对因口腔黏膜糜烂、溃疡引起疼痛影响进食者，于进食前局部涂 2% 利多卡因。对不能进食者，应给予肠道外营养，以确保能量与水分供给。患儿使用的餐具应煮沸消毒或高压灭菌消毒。

八、护理评价

患儿疼痛是否减轻或消失；体温能否维持正常，逐渐恢复日常进食；家长是否熟悉口腔黏膜正确涂药方法。

九、健康指导

1. 从小培养儿童养成良好的卫生习惯，纠正吮指、不刷牙等不良习惯；年长儿应教导其进食后漱口。宣传均衡营养对提高机体抵抗力的重要性，避免偏食、挑食，培养良好的饮食习惯。
2. 餐具专用，做好清洁消毒工作。鹅口疮患儿使用过的奶瓶、水瓶及奶嘴应放于 5% 的碳酸氢钠溶液浸泡 30 min 后洗净煮沸消毒。患急性感染、腹泻等疾病时适当补充维生素 C 和 B 族维生素。

 考点提示

口炎患儿的护理要点。

第三节 腹泻患儿的护理

案例 8-1

患儿，女，9个月。因"腹泻、呕吐2天，加重1天"入院。患儿于入院前2天开始腹泻，呈黄色稀水样便，每日5～6次，量中等。时有呕吐，为胃内容物，呈非喷射状，量不多。有轻咳、流涕。1天前排便次数增多，每日10余次。发病后患儿食欲缺乏，精神萎靡，尿量稍少。患儿足月顺产，混合喂养。体格检查：T 37.8℃，P 138次/分，R 38次/分，W 8.5 kg，精神萎靡，皮肤稍干，弹性稍差，前囟和眼眶凹陷，口腔黏膜稍干，双肺（－），心音有力，腹稍胀，肠鸣音4次/分，四肢温暖，膝腱反射正常，肛周皮肤发红。辅助检查：血钠136 mmol/L，血钾3.2 mmol/L，血HCO_3^- 20 mmol/L。

问题：
1. 初步的医疗诊断及诊断依据是什么？
2. 护理诊断及相应的护理措施是什么？

小儿腹泻（infantile diarrhea）或称腹泻病，是一组由多种病原、多种因素引起的以大便次数增多和大便性状改变为特点的临床综合征，严重者可引起脱水和电解质紊乱。本病是我国儿童保健需要重点防治的"四病"之一，其发生率仅次于呼吸道感染。发病年龄以6个月至2岁多见，其中1岁以内约占半数，是造成小儿营养不良、生长发育障碍甚至死亡的主要原因之一。一年四季均可发病，但夏秋季发病率最高。

知识链接

腹泻病是多病因、多因素引起的一组疾病，是儿童时期发病率最高的疾病之一，是世界性公共卫生问题，全球大约每年至少10亿人次发生腹泻，根据世界卫生组织调查，每天大约1万人死于腹泻。在我国，腹泻病同样是儿童的常见病，有关资料显示，我国5岁以下儿童腹泻病的年发病率为201%，平均每年每个儿童年发病3.5次，其死亡率为0.51%。小儿腹泻除了影响对食物中营养物质的吸收外，还消耗体内储存的营养物质，损害某些机体组织。这是因为在腹泻过程中，本来应该消化吸收的营养物质不能进入机体，但机体内各器官还需照常进行各项生理功能。如长期慢性腹泻就会造成营养不良，使患儿身体瘦弱，抵抗力降低，容易感染各种疾病。这不仅影响婴幼儿的正常生长发育，还会引起营养不良及维生素缺乏症。

一、易感因素

婴幼儿容易患腹泻病，主要与下列易感因素有关：
1. 消化系统发育不成熟　胃酸和消化酶分泌不足，消化酶活性低，对食物变化耐受力差。
2. 生长发育快　对营养物质的需求相对较多，消化道负担较重，容易发生功能紊乱。
3. 机体防御功能差　婴幼儿血清免疫球蛋白、胃肠道sIgA水平及胃内酸度均较低，对感染的防御能力差。

4. 肠道菌群失调　正常肠道菌群对入侵的致病微生物有拮抗作用，新生儿出生后尚未建立正常肠道菌群或因使用抗生素时，使肠道菌群失调，易患肠道感染。

5. 人工喂养　由于不能从母乳中获得sIgA、巨噬细胞和粒细胞等免疫因子，加上食物、餐具易被污染等因素，人工喂养儿肠道感染发生率明显高于母乳喂养儿。

二、分类

1. 按病程分类　急性腹泻病程＜2周、迁延性腹泻病程为2周～2个月、慢性腹泻病程＞2个月。

2. 按病情分类　轻型腹泻病（无脱水，无中毒症状）、重型腹泻病（重度脱水或有明显中毒症状）。

3. 按病因分类　感染性腹泻病（霍乱、痢疾、其他普通感染）、非感染性腹泻病（饮食性、过敏性、症状性、其他）。

三、病因

（一）感染因素

1. 肠道内感染　可由病毒、细菌、真菌、寄生虫引起。

（1）病毒：常见于秋冬季节，80%婴幼儿腹泻是由病毒感染引起，以轮状病毒最为常见，其次为埃可病毒、柯萨奇病毒、腺病毒、冠状病毒等。

（2）细菌（不包括法定传染病致病菌）：以致腹泻大肠埃希菌为主，包括肠致病性大肠埃希菌（EPEC）、肠产毒性大肠埃希菌（ETEC）、肠侵袭性大肠埃希菌（EIEC）、肠出血性大肠埃希菌（EGEC）和肠集聚性大肠埃希菌（EAEC）。其他有空肠弯曲菌、耶尔森菌、沙门菌、变形杆菌、金黄色葡萄球菌等。

（3）真菌：以白念珠菌多见，其次是曲菌和毛霉菌等。

（4）寄生虫：蓝氏贾第鞭毛虫、阿米巴原虫和隐孢子虫等感染均可引起腹泻。

2. 肠道外感染　因发热和病原体毒素作用使消化功能紊乱而产生腹泻症状，多见于上呼吸道感染、肺炎、泌尿道感染、皮肤感染或急性传染病时。有时肠道外感染的病原体可同时感染肠道。

（二）非感染因素

1. 饮食因素　如喂养不定时、食物的量和质不适宜、食物种类改变太快、过早给予淀粉或脂肪类食品等均可引起腹泻。

2. 气候因素　天气突然变冷，腹部受凉导致肠蠕动增加；天气过热致消化液分泌减少，或天热口渴吃奶过多，均易诱发消化功能紊乱而致腹泻。

3. 过敏因素　因对牛奶、大豆及某些食物成分过敏或不耐受而引起腹泻。

 考点提示

小儿腹泻的易感因素及常见病因。

四、发病机制

（一）导致腹泻发生的机制

1. 肠腔内存在大量不能吸收的具有渗透活性的物质（渗透性腹泻）。

2. 肠腔内电解质分泌过多（分泌性腹泻）。

3. 炎症所致的液体大量渗出（渗出性腹泻）。

4. 肠道运动功能异常（肠道功能异常性腹泻）等。但临床上不少腹泻并非由某单一机制引起，而是由多种机制共同作用的结果。

（二）腹泻的发病机制

1. 感染性腹泻

（1）病毒性肠炎：病毒侵入肠道后，在小肠绒毛顶端的柱状上皮细胞上复制，使小肠绒毛细胞受损，致使小肠黏膜回吸收水分和电解质的能力下降，肠液在肠腔内大量积聚而引起腹泻。同时，发生病变的肠黏膜细胞分泌双糖酶不足且活性降低，使食物中糖类消化不全而积滞在肠腔内，并被肠道内细菌分解成小分子的短链有机酸，使肠腔的渗透压增高；微绒毛破坏也可造成上皮细胞葡萄糖钠与载体结合耦联转运吸收障碍，两者均造成水和电解质的进一步丧失，加重腹泻。由于轮状病毒感染仅有肠绒毛破坏，故粪便镜检阴性或仅有少量白细胞。

（2）肠毒素性肠炎：各种产生肠毒素的细菌可引起分泌性腹泻，如霍乱弧菌、肠产毒性大肠埃希菌。病原体侵入肠道后，一般不侵入肠黏膜，仅在肠腔内繁殖，通过其释放的肠毒素，抑制小肠绒毛上皮细胞吸收 Na^+、Cl^- 和水，并促进肠腺分泌 Cl^-，导致小肠液总量增多，超过结肠的吸收限度时排出大量水样便，并可导致患儿脱水和电解质紊乱。

（3）侵袭性肠炎：各种侵袭性细菌感染可引起渗出性腹泻，如志贺菌属、沙门菌属、肠侵袭性大肠埃希菌、空肠弯曲菌、耶尔森菌和金黄色葡萄球菌等均可直接侵袭小肠或结肠肠壁，造成广泛的炎症反应，如充血、水肿、炎症细胞浸润，引起渗出和溃疡等病变。患儿排出含有大量白细胞和红细胞的菌痢样粪便，并出现全身中毒症状。结肠由于炎症病变而不能充分吸收来自小肠的液体，且某些致病菌还可产生肠毒素，故也可同时出现水样便。

2. 非感染性腹泻　主要由饮食不当引起。当进食过量或食物成分不恰当时，消化过程发生障碍，食物不能被充分消化和吸收而积滞于小肠上部，使肠腔内酸度减低，有利于肠道下部的细菌上移和繁殖（即内源性感染），致使食物发酵和腐败，分解产生的短链有机酸使肠腔的渗透压增高，腐败性毒性产物如胺类刺激肠壁使肠蠕动增加导致腹泻、脱水和电解质紊乱。过敏性腹泻主要是变态反应所致。

五、临床表现

（一）急性腹泻

1. 轻型腹泻　多由饮食因素或肠道外感染引起。起病可急可缓，以胃肠道症状为主，主要表现为食欲缺乏，偶有呕吐或溢乳；大便次数增多，一般每天多在十次以内，每次大便量不多，稀薄或带水，呈黄色或黄绿色，有酸味，常见白色或黄白色奶瓣和泡沫，大便镜检可见大量脂肪球；患儿精神尚好，无明显全身中毒症状，体温大多正常；无脱水及全身中毒症状，多在数日内痊愈。

2. 重型腹泻　多由肠道内感染所致，常急性起病，除有较重的胃肠道症状外，还有全身中毒症状及明显的脱水、电解质紊乱及酸碱平衡失调（图8-1）。

（1）胃肠道症状：食欲低下，常伴有呕吐，严重者可吐咖啡样液体；大便次数明显增多，每天十余次至数十次，多为黄绿色水样便或蛋花汤样便，量多，可有少量黏液。大便镜检可见脂肪球及少量白细胞。

（2）全身中毒症状：如发热、烦躁不安、精神萎靡或嗜睡，甚至昏迷、惊厥。

（3）水、电解质和酸碱平衡紊乱症状：有脱水、代谢性酸中毒、低钾血症、低钙血症、低镁血症等。

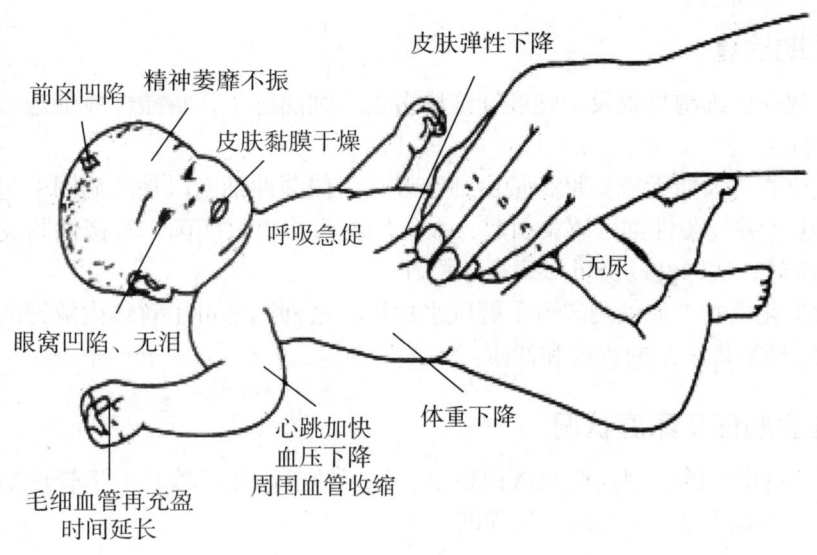

图 8-1 重症腹泻患儿症状

（二）迁延性腹泻和慢性腹泻

迁延性腹泻和慢性腹泻多与营养不良、急性腹泻治疗未彻底或治疗不当有关。表现为腹泻迁延不愈，病情反复，大便次数和性质不稳定，严重时可出现水电解质紊乱。

（三）生理性腹泻

生理性腹泻多见于 6 个月以内婴儿，外观虚胖，常有湿疹，生后不久即出现腹泻，除大便次数增多外，无其他症状，食欲好，生长发育正常。添加辅食后，大便即逐渐转为正常。

（四）几种常见急性感染性肠炎的临床特点

1. **轮状病毒肠炎** 好发于秋、冬季，以秋季流行为主，故又称秋季腹泻。多见于 6～24 个月的婴幼儿，大于 4 岁少见。起病急，常伴有发热和上呼吸道感染症状，病初即出现呕吐，随后出现腹泻，大便次数多、量多、水分多，呈黄色或淡黄色水样或蛋花汤样便，无腥臭味。常并发脱水、酸中毒及电解质紊乱。本病为自限性疾病，数日后呕吐渐停，腹泻减轻，自然病程为 3～8 天。

2. **大肠埃希菌肠炎** 多发生在 5～8 月气温较高季节。肠致病性大肠埃希菌肠炎和肠产毒性大肠埃希菌肠炎大便呈蛋花汤样或水样，混有黏液，常伴呕吐，严重者可伴发热、脱水、电解质紊乱和酸中毒；肠侵袭性大肠埃希菌肠炎可排出痢疾样黏液脓血便，常伴恶心、呕吐、腹痛和里急后重，可出现严重的全身中毒症状甚至休克；肠出血性大肠埃希菌肠炎开始为黄色水样便，后转为血水便，有特殊臭味，常伴腹痛，大便镜检有大量红细胞。

3. **抗生素诱发性肠炎** 由于使用大剂量抗生素后，导致肠道菌群失调，使肠道内耐药的金黄色葡萄球菌、某些梭状芽孢杆菌和白念珠菌等大量繁殖，引起肠炎。真菌性肠炎多为白念珠菌感染所致，常并发鹅口疮，大便次数增多，为黄色稀便，泡沫较多带黏液，有时可见豆腐渣样细块（菌落）。金黄色葡萄球菌肠炎，为葡萄球菌在肠道内大量繁殖，侵袭肠壁而致病，临床上可见黄色或暗绿色海水样便，有腥臭味，可伴有黏液或伪膜排出，少数有血便，严重者可伴有水和电解质紊乱及不同程度中毒症状，如发热、呕吐、腹痛、乏力，甚至休克。

 考点提示

小儿腹泻临床表现。

六、辅助检查

1. 血常规　白细胞总数及中性粒细胞增多提示细菌感染，嗜酸性粒细胞增多考虑寄生虫感染或过敏性病变。

2. 大便检查　大便无或偶见少量白细胞者常为侵袭性细菌以外的病因引起，大便有较多的白细胞者常由各种侵袭性细菌感染引起，大便培养可检出致病菌；真菌性肠炎，大便镜检可见真菌孢子及菌丝；病毒性肠炎可做病毒学检查。

3. 血液生化检查　血钠测定可了解脱水性质；血钾测定可了解体内缺钾的程度；血气分析可了解体内酸碱平衡紊乱的程度和性质。

七、社会心理及家庭状况

了解家长对疾病的心理反应及认识程度，是否缺乏小儿喂养和卫生管理知识；评估患儿家庭居住环境、经济状况、家长的文化程度。

八、治疗原则

腹泻的治疗原则为调整饮食，预防和纠正脱水，合理用药，加强护理，预防并发症。急性腹泻应多注意维持水电解质平衡及抗感染，迁延性腹泻及慢性腹泻则应注意肠道菌群失调问题及饮食疗法。

（一）调整饮食（详见护理措施）

（二）纠正水、电解质和酸碱平衡紊乱（详见第五章第六节）

1. 口服补液（详见第五章第六节）
2. 静脉补液（详见第五章第六节）
3. 药物治疗

（1）控制感染

1）水样便腹泻患者（约占70%）：多为病毒及非侵袭性细菌所致，一般不用抗生素，应合理使用饮食疗法、液体疗法，选用微生态制剂和黏膜保护剂。如伴有明显的全身症状不能用脱水解释者，尤其是对重症患儿、新生儿、小婴儿和免疫功能低下患儿应选用抗生素治疗。

2）黏液脓血便患者（约占30%）：多为侵袭性细菌感染，应根据临床特点，经验性选用抗生素，再根据粪便细菌培养及药敏试验结果进行调整。大肠埃希菌、空肠弯曲菌、耶尔森菌、鼠伤寒沙门菌所致感染常选用抗G^-杆菌抗生素及大环内酯类抗生素。抗生素相关性腹泻应停用原使用的抗生素，根据症状选用万古霉素、苯唑西林钠、利福平、甲硝唑或抗真菌药物治疗。寄生虫性肠炎可选用甲硝唑、大蒜素等。婴幼儿选用氨基糖苷类及其他副作用较为明显的抗生素时应慎重。

（2）微生态疗法：有助于恢复肠道正常菌群的生态平衡，抑制病原菌定植和侵袭，控制腹泻。常选用双歧杆菌、嗜酸乳杆菌、枯草杆菌、布拉氏酵母菌等制剂。

（3）肠黏膜保护剂：能吸附病原体和毒素，维持肠细胞的吸收和分泌功能，并与肠道黏液蛋白相互作用增强其屏障功能，阻止病原体的攻击。常用蒙脱石散。

（4）对症治疗：一般不用止泻剂（如洛哌丁胺），因其有抑制胃肠动力的作用，增加细菌繁殖和毒素的吸收，对于感染性腹泻有时是很危险的。腹胀明显者可肌内注射新斯的明或肛管排气。呕吐严重者可针刺足三里或肌内注射氯丙嗪等。

（5）补锌治疗：对于急性腹泻患儿应补充元素锌，6个月以下婴儿补充10 mg/d，6个月以上小儿补充20 mg/d，疗程10～14天，可缩短病程。

4. 预防并发症　因迁延性腹泻、慢性腹泻常伴有营养不良和其他并发症，病情复杂，必须采取综合治疗措施，如去除病因、合理饮食、配合中医辨证论治。

 考点提示

小儿腹泻的治疗原则。

九、护理诊断

1. 腹泻　与喂养不当、感染导致胃肠道功能紊乱有关。
2. 体液不足　与腹泻、呕吐导致体液丢失过多和摄入量不足有关。
3. 体温过高　与感染有关。
4. 有皮肤完整性受损的危险　与大便次数增多刺激臀部皮肤有关。
5. 潜在并发症　水、电解质紊乱及酸碱平衡紊乱。
6. 知识缺乏（家长）　缺乏喂养知识及相关的护理知识。

十、护理目标

1. 患儿腹泻、呕吐逐渐减少并恢复正常。
2. 脱水、电解质及酸碱平衡紊乱纠正。
3. 患儿体温逐渐恢复正常。
4. 患儿臀部皮肤保持正常。
5. 患儿不发生低钾等并发症。
6. 家长能掌握小儿喂养知识及腹泻的预防及护理知识。

十一、护理措施

（一）腹泻的护理

1. 调整饮食　除严重呕吐者暂禁食 4～6 h（不禁水）外，均应继续进食。母乳喂养者继续哺乳，暂停辅食；人工喂养者可喂等量米汤、稀释的牛奶或其他代乳品，腹泻次数减少后，由米汤、粥、面条等逐步过渡到正常饮食。病毒性肠炎多有双糖酶缺乏症，应暂停乳类喂养，不宜用蔗糖，可用豆制代乳品或给予发酵奶，以减轻腹泻，缩短病程。腹泻停止后，逐渐恢复营养丰富的饮食，并每日加餐 1 次，共 2 周。

2. 用药护理　根据医嘱给患儿进行药物治疗，并注意观察药效及不良反应。感染是引起腹泻的主要原因，故控制感染是治疗的关键。必须严格执行消毒隔离，感染性腹泻与非感染性腹泻患儿应分室居住以防交叉感染。

（二）体液不足的护理

根据医嘱并遵循"补液原则"及时分期、分批输入液体，纠正水、电解质紊乱及酸碱失衡。

（三）发热护理

密切观察体温变化，体温过高时，给予物理降温，必要时给予药物降温。

（四）维持皮肤完整性（尿布皮炎的护理）

选用吸水性强的、柔软布质或纸质尿布，避免使用不透气塑料布或橡皮布；尿布湿了应及时更换；每次便后用温水清洗臀部并擦干，以保持皮肤清洁干燥；局部皮肤发红处涂以 5% 鞣酸软膏或 40% 氧化锌油并按摩片刻，促进局部血液循环；也可采用暴露法，臀下仅垫尿布，不加包扎，使臀部皮肤暴露于空气中或阳光下；局部皮肤溃疡可用灯泡照射，每次 20～30 min，每日3次，照射后局部可涂油膏。

（五）密切观察病情

1. 监测生命体征，如神志、体温、脉搏、呼吸、血压。
2. 观察水、电解质及酸碱平衡紊乱程度。当患儿出现呼吸深长、精神萎靡、口唇樱红，应考虑代谢性酸中毒。在输入液体的过程中，当发现患儿全身乏力、哭声低下或不哭、吃奶无力、肌张力低下、反应迟钝、恶心呕吐、腹胀及听诊肠鸣音减弱或消失时，提示有低血钾存在，及时报告医生并配合医生进行相应处理。
3. 观察大便情况。观察并记录大便次数、颜色、气味、性状、量，及时送检，采集标本时注意应采集黏液脓血部分。做好动态观察，为输液方案和治疗提供可靠依据。
4. 观察有无全身中毒症状，如发热、烦躁不安、精神萎靡、反应低下。

十二、护理评价

1. 患儿大便次数及性状是否恢复正常。
2. 患儿脱水、电解质紊乱、酸中毒等症状是否得到纠正。
3. 家长是否掌握小儿喂养知识及腹泻的护理和预防措施。
4. 患儿有无红臀发生。

十三、健康指导

1. 宣传母乳喂养的优点，指导合理喂养，避免在夏季断奶，按时逐步添加辅食，防止过食、偏食及饮食结构突然变动。
2. 告知家长避免长期滥用抗生素，以免导致肠道菌群失调。
3. 指导家长配制和使用口服补液盐（ORS溶液）。
4. 养成良好的卫生习惯，注意乳品的保存。奶具、餐具、玩具、便器应定期清洗和消毒。教育儿童饭前便后洗手，勤剪指甲。
5. 及时治疗营养不良、佝偻病等，加强体格锻炼，适当户外活动。
6. 气候变化时防止受凉或过热，夏天多喝水。

  考点提示

小儿腹泻的护理要点。

思政园地

科学防治腹泻

WHO在科学研究腹泻病的基础上，结合各国的具体情况，最后推荐以下7项措施预防儿童腹泻，即母乳喂养、合理添加辅食、使用清洁水、饭前洗手、不随地排便、正确处理小儿粪便和麻疹免疫接种。我国借鉴WHO的研究成果，结合我国多年来腹泻病防治的经验，针对目前的防治情况，在国家腹泻病控制规划中，明确规定下列措施为今后腹泻病预防工作的重点，即提高4个月以内婴儿的纯母乳喂养率；改善个人的卫生习惯；饭前便后洗手；正确处理儿童粪便；使用充足的清洁水；粪便无害化处理；应用安全卫生的方法制备家庭食品，尤其是合理、卫生地添加辅食；加强食品生产、运输和销售过程中的卫生管理和监督。

第八章 消化系统疾病患儿的护理

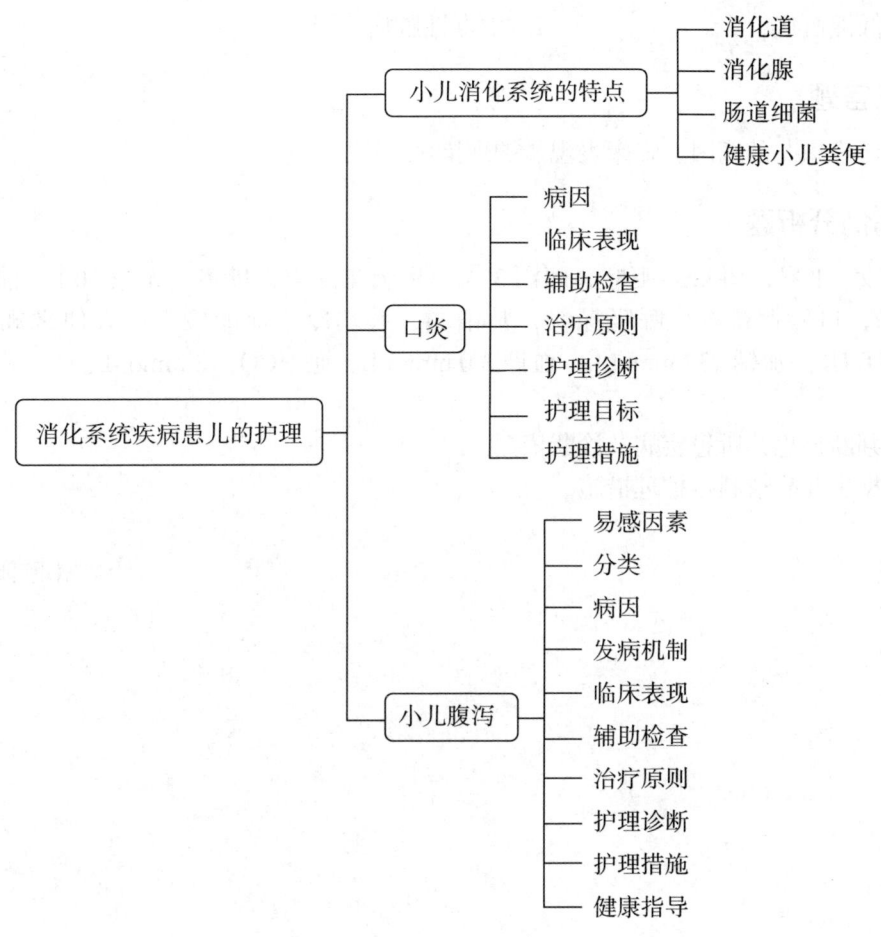

自 测 题

一、选择题

1. 引起单纯疱疹性口炎的病原体是
   A. 链球菌
   B. 腺病毒
   C. 单纯疱疹病毒
   D. 白念珠菌
   E. 柯萨奇病毒

2. 轻、重型腹泻的主要区别是
   A. 病程长短
   B. 大便次数
   C. 大便性状
   D. 呕吐次数
   E. 有无脱水、酸碱失衡及电解质紊乱

3. 重型腹泻易发生的酸碱失衡类型是
   A. 代谢性酸中毒
   B. 呼吸性碱中毒
   C. 混合性碱中毒
   D. 代谢性碱中毒
   E. 呼吸性酸中毒

4. 中度脱水时，失水占体重的百分比是
   A. 1%～3%
   B. 3%～5%
   C. 5%～10%
   D. 11%～12%
   E. 13%～15%

5. 腹泻患儿出现腹胀、肠鸣音消失大多是由于
   A. 消化功能紊乱
   B. 低钠血症
   C. 中毒性肠麻痹

D. 低钾血症　　　　　　E. 中毒性脑病 3 级

二、简答题

简述鹅口疮患儿的病因、临床表现、护理措施。

三、病例分析题

患儿，女，1 岁，10 kg。呕吐、腹泻 3 天，呈蛋花汤样，量多，无尿 10 h。前囟深凹陷，皮肤弹性差，口唇樱桃红，呼吸深快，脉细弱，肢端冷。辅助检查：大便常规 WBC 1～2/HP，RBC 0/HP。血钠 132 mmol/L，血钾 3.0 mmol/L，血 HCO_3^- 12 mmol/L。

问题：

（1）请判断该患儿所患疾病及诊断依据。

（2）根据患儿病情制定护理措施。

（欧阳明珠）

第九章 呼吸系统疾病患儿的护理

学习目标

通过本章学习，学生应达到：

1. 素质目标　能具备爱婴、护婴，以人为本、生命至上的职业道德。
2. 能力目标　能运用护理程序的方法采集病史，提出护理诊断，规范书写护理病历；能根据肺炎患儿的具体情况合理选择给氧；能正确处理肺炎患儿痰液排出；了解重症肺炎患儿各种并发症的发生，并能配合医生进行有效抢救。
3. 知识目标　掌握小儿呼吸系统的解剖生理免疫特点，以及急性上呼吸道感染、急性支气管炎和小儿肺炎的病因、发病机制、临床表现、治疗原则、护理措施。熟悉所学的几种不同病原体所致肺炎的特点，能够完成小儿肺炎分类。

第一节　小儿呼吸系统解剖生理特点

呼吸系统以环状软骨为界分为上、下呼吸道两部分。上呼吸道包括鼻、鼻窦、咽、咽鼓管、会厌和喉；下呼吸道包括气管、支气管、毛细支气管、呼吸性细支气管、肺泡管及肺泡。小儿呼吸系统的解剖生理和免疫特点与成人有一定的差异，这些差异与小儿易患呼吸系统感染性疾病密切相关。

一、解剖特点

1. 上呼吸道

（1）鼻：年龄越小鼻腔相对越狭窄，加之小儿鼻黏膜下毛细血管丰富，一旦受到各种刺激如物理、化学、病原微生物的损害，容易因黏膜充血水肿而发生鼻塞。小儿鼻泪管较短，开口处的瓣膜发育不良，上呼吸道感染时病原体可经鼻泪管逆行而并发眼结合膜炎。

（2）扁桃体：咽扁桃体生后6个月开始发育，腭扁桃体则迟至1岁左右开始发育，发育高峰期在4～10岁，因此婴幼儿期较少发生扁桃体炎，4～10岁的年长儿则为扁桃体炎的高发人群。

（3）咽鼓管：特点为宽、短、直，呈水平位，鼻咽部炎症易扩散至中耳，导致中耳炎。

（4）喉：小儿喉部狭窄，支撑喉腔的软骨发育不良，喉黏膜下血管丰富，一旦受到感染及其他因素刺激，极易发生充血水肿，而致声音嘶哑，严重者可致喉部梗阻。

2. 下呼吸道

（1）气管、支气管：婴幼儿气管及支气管管腔相对狭小，软骨发育不良，且缺乏弹力组织支持，加之黏膜下血管丰富，纤毛运动差，清除力弱，易发生感染和通气功能障碍。由于右侧支气管粗短，为气管的直接延续，因此，异物易坠入右侧支气管，引起肺不张或肺气肿。

（2）肺：婴幼儿肺弹力纤维发育差，血管丰富，间质发育旺盛，肺泡数量较少且面积小，使肺含血量相对较多而含气量少，故易于感染，引起间质性炎症、肺不张或肺气肿等。

（3）胸廓和纵隔：婴幼儿胸廓短，肋骨较水平，加之呼吸肌发育不良，胸廓活动范围小，导致肺不能充分舒张，在病理情况下易发生通气和换气功能障碍，导致缺氧及二氧化碳潴留。小儿的纵隔占胸腔体积相对较大，周围组织松软，当发生胸腔积液或气胸时易发生纵隔移位。

二、生理特点

1. **呼吸频率与节律** 小儿新陈代谢率高，呼吸效率低（由于气体弥散量小、气道阻力大、胸廓舒张度小等原因），因此只有增加呼吸频率来满足机体对氧的需求，且年龄越小呼吸频率越快（表9-1）。婴幼儿因呼吸中枢发育不完善，易出现呼吸节律不齐，以新生儿最为明显，早产儿可出现生理性呼吸暂停。

表9-1 各年龄小儿呼吸和脉搏频率

年龄	呼吸（次/分）	脉搏（次/分）	呼吸：脉搏
新生儿	40～45	120～140	1：3
0～1岁	30～40	110～130	1：3～4
1～3岁	25～30	100～120	1：3～4
4～7岁	20～25	80～100	1：4
8～14岁	18～20	70～90	1：4

2. **呼吸类型** 婴幼儿因呼吸肌发育不全，胸廓活动幅度小，以腹式呼吸为主。随着年龄增长，胸式呼吸增强，逐渐成为胸腹式呼吸。

3. **呼吸功能特点** 小儿各项呼吸功能的储备能力较低，患呼吸道疾病时较易发生呼吸功能紊乱。

（1）肺活量：指1次深呼吸后的最大呼气量，小儿为50～70 ml/kg。按体表面积计算成人肺活量是小儿的3倍。

（2）潮气量：指安静呼吸时每次呼吸进出呼吸道的气体量，小儿为6～10 ml/kg，年龄越小潮气量越小。

（3）静息每分通气量：指潮气量与每分钟呼吸频率的乘积。按体表面积计算，小儿的每分通气量接近于成人。

（4）气体弥散量：二氧化碳的排出主要靠弥散作用。小儿肺泡毛细血管的总面积和总容量均较成人低，故气体总弥散量也明显低于成人，但若以单位肺容量计算则与成人相近。

（5）气道阻力：因呼吸道管腔狭窄，小儿气道阻力较高，随年龄增长气道阻力逐渐下降。

4. **血气分析** 可有效了解患儿的呼吸功能及体内酸碱平衡状况，为临床诊断和治疗提供可靠依据，是小儿呼吸系统疾病常用的检查方法之一。不同年龄段小儿的血气分析正常值不同（表9-2）。

表9-2 小儿动脉血气分析参考值

项目	新生儿	28天～2岁	＞2岁
pH值	7.35～7.45	7.35～7.45	7.35～7.45
PaO_2（kPa）	8～12	10.6～13.3	10.6～13.3
$PaCO_2$（kPa）	4～4.67	4～4.67	4.67～6
SaO_2（%）	90～97	95～97	96～98

续表

项目	新生儿	28天~2岁	>2岁
BE（mmol/L）	-6 ~ +2	-6 ~ +2	-4 ~ +2
HCO$_3^-$（mmol/L）	20 ~ 22	20 ~ 22	22 ~ 24

三、免疫特点

小儿呼吸道的非特异性与特异性免疫功能均较差，尤其是新生儿及婴幼儿咳嗽反射、气道平滑肌收缩功能及纤毛运动功能均较差，不能有效地清除吸入的异物颗粒。婴幼儿还缺乏保护呼吸道黏膜免受感染的分泌型IgA（sIgA），其他的免疫球蛋白IgA、IgG等含量也偏低，再加上肺泡巨噬细胞功能不足，乳铁蛋白、溶菌酶、干扰素、补体等的数量和活性不足，故婴幼儿时期易患呼吸道感染。

第二节　急性上呼吸道感染患儿的护理

急性上呼吸道感染（acute upper respiratory tract infection），简称上感，是小儿时期最常见的疾病之一，占儿科门诊的第一位。一般统称为上呼吸道感染。如病变部位局限，也可诊断为急性鼻炎、急性扁桃体炎、急性喉炎等。

一、病因

各种病原体都可导致急性上呼吸道感染，其中以病毒最为常见，占90%以上，主要为呼吸道合胞病毒、流感病毒、副流感病毒、腺病毒、鼻病毒、柯萨奇病毒等。因小儿免疫功能差，在病毒感染的基础上易继发或合并细菌感染，最常见的是溶血性链球菌，其次为肺炎链球菌、流感嗜血杆菌等。近年来肺炎支原体感染也不少见。

考点提示

急性上呼吸道感染常见病原体。

二、临床表现

1. 一般类型上呼吸道感染　发病前1~3天多有受凉等诱因，因患儿年龄及感染的病原体不同，临床症状也轻重不一。轻症多见于年长儿，以鼻塞、流涕、打喷嚏、咳嗽等上呼吸道局部症状为主，全身症状较轻。体格检查可见咽部充血、扁桃体肿大，可伴颌下淋巴结肿大、触痛。总病程为3~5天。重症上呼吸道感染，有明显全身中毒症状，表现为高热、畏寒、头痛、食欲缺乏、乏力。婴幼儿伴有呕吐、腹泻、腹痛、烦躁等，体温可达39℃以上，易发生高热惊厥。

2. 两种特殊类型上呼吸道感染

（1）疱疹性咽峡炎（herpetic angina）：病原体为柯萨奇A组病毒，好发于夏、秋季。表现为急起高热，精神及食欲差，伴咽痛、流涎、呕吐等，因咽部疼痛，患儿常哭闹不安，拒食。早期往往无咳嗽、流涕、鼻塞等典型的上呼吸道感染症状。体格检查可见咽部明显充血，咽腭弓、悬雍垂、软腭等处可见2~4mm大小疱疹，周围绕以红晕，疱疹破溃后形成浅表溃疡，表面呈黄白色。病程在1周左右。

（2）咽结膜热（pharyngoconjunctival fever）：病原体为腺病毒3、7型，好发于春、夏季。

主要通过呼吸道传播,也可经直接接触(如游泳池水污染、与患者共用毛巾)感染。在集体儿童机构中可造成流行。临床表现以发热、咽痛、眼结膜充血为特征。体温常高达39℃以上,持续3~5天,可伴有恶心、呕吐、腹泻等胃肠道症状。眼结膜病变以一侧为主或两侧病变程度不同,分泌物较少。体格检查可见咽部明显充血,一侧或两侧眼结膜充血水肿,可见滤泡,颈部、耳后淋巴结大。病程为1~2周。

3. 并发症 炎症向周围组织蔓延及向下发展,可并发中耳炎、结膜炎、泪囊炎、咽后壁脓肿、颈淋巴结炎、气管炎、支气管炎、肺炎等;如为A组β型溶血性链球菌感染,部分年长儿可引起急性肾小球肾炎、风湿热等。

三、辅助检查

血常规白细胞总数大多正常,重症者白细胞总数及中性粒细胞数可下降,淋巴细胞数增加。继发细菌感染时,白细胞总数及中性粒细胞数增加。必要时可做相应的病原学检查。

四、治疗要点

以一般治疗及对症治疗为主,注意预防并发症。可给予利巴韦林等抗病毒药物治疗。有继发细菌感染或发生并发症者,可选用抗生素。如确诊为链球菌感染,可用青霉素。体温过高者及时给予物理或药物降温避免发生高热惊厥。

五、护理诊断

1. 体温过高 与病原体感染有关。
2. 疼痛 与发热及局部炎症有关。
3. 潜在并发症 高热惊厥、中耳炎、副鼻窦炎、肺炎、肾炎、风湿热等。

六、护理措施

1. 一般护理 保持室内空气新鲜清洁,温度适宜,湿度为50%~60%。督促患儿多休息,多饮水,给予清淡富含维生素、易消化饮食。
2. 病情观察 注意监测体温变化,高热患者应注意神志、肌张力、颜面部及口唇颜色的改变,防止高热惊厥发生;同时应注意患儿有无与病情严重程度不成比例的剧烈哭闹、烦躁不安、抓耳、碰头等,如有以上表现应考虑合并中耳炎。
3. 对症护理

(1)发热的护理:轻度发热者一般不需特殊处理。体温超过38.5℃时,要及时松解衣物,给予温水浴、酒精擦浴等物理降温或药物降温措施。

(2)口腔护理:有口腔及咽喉部炎症者应给予口腔护理。

(3)疼痛护理:咽喉部疼痛者应给予刺激性小的流质、半流质饮食,疼痛剧烈影响进食者,可于进食前10~15 min局部涂2%利多卡因。有明显腹痛者可给予腹部按摩、热敷等处理,疼痛剧烈者应做进一步检查,以排除急腹症。

4. 心理护理 了解家长及患儿对疾病的认知程度,并通过相关知识的宣教,消除家长及患儿的恐惧和焦虑,缓解心理压力。

七、健康指导

1. 疾病知识指导 向家长宣传介绍有关上呼吸道感染的知识,如发病原因、预防要点及护理要点,取得家长的配合及支持。要重视手足口病的防治,一旦发现小儿有类似急性上呼吸道感染表现，同时在手、足、口，以及肛门、外生殖器周围有可疑疱疹时，应及时就医，以免贻误治疗和造成疾病传播。

2. 用药指导　急性上呼吸道感染绝大多数是病毒感染所致，故不要滥用抗生素。无高热惊厥史且体温在38.5℃以下者，慎用药物降温，避免因大量出汗导致体液丢失过多而致虚脱。有高热惊厥史，或体温＞38.5℃的患儿在物理降温的同时应给予药物降温。

3. 卫生保健知识指导　注意居室空气的流通，在呼吸道疾病高发季节尽量不要带小儿去人员密集的公共场所。平时应注重体格锻炼增强体质。有贫血、佝偻病、营养不良等疾病者应积极治疗，以提高小儿的自身免疫能力。

第三节　急性感染性喉炎患儿的护理

案例 9-1

2023年5月6日下午2∶00，一名3岁男孩因"突然面色青紫、呼吸困难2 min"急诊入院。查体：T 38.5℃，P 102次/分，R 15次/分，吸气性呼吸困难，烦躁不安、口唇及指趾端发绀，双眼圆睁，惊恐状；听诊可闻及喉鸣，双肺呼吸音弱，心音弱；诊断为：急性感染性喉炎。

问题：患儿应有什么相应的护理诊断和护理措施？

急性感染性喉炎（acute infectious laryngitis）是指由于各种致病原引起的喉部黏膜急性弥漫性炎症，以犬吠样咳嗽、声音嘶哑、喉鸣和吸气性呼吸困难为特征，多发于冬春季节，婴幼儿多见。

一、病因

凡能引起上呼吸道感染的病毒和细菌皆可成为喉炎的病原体，常为混合感染。

二、临床表现

急性感染性喉炎起病急缓不一，大多先有上呼吸道感染症状，以发热、犬吠样咳嗽、声音嘶哑、呼吸稍快、三凹征为主。双肺呼吸音粗糙，可闻及喉鸣。一般白天症状轻，入睡后加重。严重者迅速出现烦躁不安、吸气性呼吸困难、青紫、心率加快等缺氧症状。体检可见咽部充血，间接喉镜检查可见喉部及声带充血、水肿。临床上按吸气性呼吸困难的轻重，将喉梗阻分为4度（见表9-3）：

表9-3　喉梗阻的分度

分度	临床症状	体征
Ⅰ度	仅于活动后出现吸气性喉鸣和呼吸困难	呼吸音及心率无改变
Ⅱ度	安静时有喉鸣和吸气性呼吸困难	可闻及传导音或管状呼吸音，心率加快
Ⅲ度	喉鸣和吸气性呼吸困难，烦躁不安、口唇呼吸音明显减弱，心及指/趾端发绀，双眼圆睁，惊恐万状，头面出汗	音低钝，心率快
Ⅳ度	渐显衰竭，昏睡状态，由于无力呼吸，三凹征不明显，面色苍白发灰	呼吸音几乎消失，可有气管传导音，心音低钝、弱，心律不齐

考点提示

婴幼儿急性感染性喉炎的临床表现。

三、辅助检查

辅助检查同急性上呼吸道感染

四、治疗要点

1. 保持呼吸道通畅　用肾上腺皮质激素雾化吸入，可消除黏膜水肿。
2. 控制感染　选择敏感抗生素，常用青霉素类、氨基糖苷类或头孢菌素类抗生素。
3. 肾上腺皮质激素　有抗炎和抑制变态反应等作用，可减轻喉头水肿，缓解症状。
4. 对症治疗　缺氧者予以吸氧，烦躁不安者可用异丙嗪镇静，除镇静外还有减轻喉头水肿的作用，痰多者可选用祛痰剂。

经上述处理后仍严重缺氧或有Ⅲ度以上喉梗阻者，应立即进行气管切开术。

五、护理诊断

1. 低效性呼吸形态　与喉头水肿有关。
2. 有窒息的危险　与喉梗阻有关。
3. 体温过高　与细菌或病毒感染有关。

六、护理措施

1. 一般护理　保持室内空气新鲜，温、湿度适宜，置患儿于舒适体位，及时吸氧，保持安静，遵医嘱给予雾化吸入，有利于缓解喉头水肿，及时清除呼吸道分泌物。
2. 密切观察病情变化　观察患儿的呼吸、心率、精神状态、呼吸困难的程度，做好气管切开的准备，以备急救。
3. 对症护理

（1）遵医嘱给予抗生素或抗病毒药。

（2）密切观察体温变化，体温超过38.5℃时给予对症处理（措施参考急性上呼吸道感染章节）。

（3）保证充足的水分及营养供给。耐心喂养，避免呛咳，必要时行静脉补液。

（4）保持口腔清洁，婴幼儿可在进食后喂适量开水，以清洁口腔；年长儿童应在晨起、餐后、睡前漱洗口腔。

第四节　急性支气管炎患儿的护理

急性支气管炎（acute bronchitis）是由各种病原体感染所致的支气管黏膜炎症。多继发于急性上呼吸道感染，也可为肺炎的早期表现，因常合并气管炎症也称为急性气管支气管炎（acute tracheobronchitis）。临床突出表现为咳嗽，可伴（或不伴）呼吸道分泌物增多。

一、病因

凡能引起上呼吸道感染的病原体都可致急性支气管炎。其中以病毒和细菌为主，也可为混合性感染。有免疫功能失调、营养不良、佝偻病、副鼻窦炎等疾病患儿及特异性体质患儿,易反复发生支气管炎。

二、临床表现

1. 症状　患儿大多先有上呼吸道感染症状。年长儿以咳嗽为主要表现,初期多为干咳,数小时或数天后可伴有咳痰,活动后或晨起及夜间入睡时因体位变动可致咳嗽、咳痰加剧。婴幼儿及体质较弱者全身症状明显,常有不同程度的发热,精神及食欲不佳,并可有呕吐、腹泻等消化道症状。部分患儿伴有喘息。如咳喘反复发作且以喘息为主要表现者可称为喘息性支气管炎(又称哮喘性支气管炎,asthmatic bronchitis),应与支气管哮喘鉴别。

2. 体征　一般无气促和发绀。双肺听诊呼吸音增粗,可闻及散在的不固定的(因体位变动及咳嗽咳痰后出现或消失)干啰音及中、粗湿啰音。

三、辅助检查

1. 实验室检查　病毒性感染白细胞总数多正常,细菌性感染则白细胞总数及中性粒细胞数增高。

2. X线检查　病情较重或病程较长者可见双肺清晰度下降,多有肺纹理增粗。

四、治疗要点

1. 控制感染　有条件者应根据病原学检查结果给予相应的抗感染治疗。婴幼儿、体质虚弱及发热较重者,合并细菌性感染的可能性大,抗生素的应用指征可放宽。痰量较多而颜色发黄者,多为细菌感染,应选用有效抗生素治疗。

2. 对症治疗　遵医嘱口服祛痰止咳药物,痰液黏稠不易咳出者可行超声雾化吸入。有明显喘息者可服用解痉平喘药物,也可行吸入疗法。

五、护理诊断

1. 清理呼吸道无效　与痰液黏稠不易咳出或咳嗽无力有关。
2. 体温过高　与感染有关。
3. 舒适的改变　频繁咳嗽、胸痛等与气管支气管炎症有关。

六、护理措施

1. 一般护理　经常开窗通风,使室内空气保持新鲜。病情较重或有发热的患儿应注意休息。鼓励患儿多喝水,必要时可经静脉补液。饮食以易消化、营养丰富为宜,发热患儿给予流质或半流质食物。

2. 病情观察　观察体温变化、呼吸道分泌物的量及性质。如在治疗过程中患儿发热、咳嗽、气喘等症状没有减轻,反而加重时,应考虑并发肺炎。

3. 对症护理

(1)发热的护理:参见本章第二节。

(2)保持呼吸道通畅:指导并鼓励患儿有效咳嗽;若痰液黏稠不宜咳出时可适当提高室内湿度(湿度维持在60%左右),并鼓励患儿多喝水;也可采用超声雾化等方法使痰液稀释利于排出;对于咳嗽无力的患儿,应经常更换体位、给予拍背,以利于痰液咳出。

(3)喘息的护理:伴喘息的患儿平卧时应适当垫高颈肩部,并遵医嘱给予解痉平喘药物,重者给予氧气吸入。

七、健康指导

1. **疾病指导** 小儿出现发热、鼻塞、流涕等急性上呼吸道感染症状时应及时就医，避免感染向下呼吸道蔓延。
2. **用药指导** 咳嗽伴咳痰者可选用有稀释痰液作用的祛痰止咳类药物；干咳无痰，并严重影响学习休息者，可在医护人员指导下适当应用镇咳类药物。
3. **卫生保健知识指导** 加强营养，适当开展户外活动，增强机体对气温变化的适应能力。在呼吸道疾病流行期间，尽量不要带小儿到公共场所，以免交叉感染。积极防治营养不良、佝偻病、贫血和各种传染病，按时预防接种，增强机体免疫力。

第五节 肺炎患儿的护理

案例 9-2

患儿，男，6个月。发热、咳嗽3天，烦躁、喘憋加重半天入院。查体：体温38.5℃，面色苍白，口唇发绀，四肢冷。呼吸80次/分，两肺广泛细湿啰音。心音低钝，心率182次/分，肋下3.5 cm扪及肝，血压10/7 kPa。医疗诊断为：重症肺炎、心力衰竭。

问题：
1. 提出主要的护理诊断。
2. 写出相应的护理措施。
3. 出现何种情况时，应及时报告医师并协助处理？

肺炎（pneumonia）指各种不同病原体及其他因素（如吸入异物、变态反应）所引起的肺部炎症。小儿肺炎是我国重点防治的儿童"四病"之一。

一、分类

肺炎尚无统一的分类方法，常用的分类方法如下。

1. **病因分类** 感染因素引起的病毒性肺炎、细菌性肺炎、支原体肺炎、衣原体肺炎和真菌性肺炎等。非感染性因素引起的吸入性肺炎、坠积性肺炎等。
2. **病理分类** 可分为大叶性肺炎、支气管肺炎、间质性肺炎和毛细支气管炎等。
3. **病程分类** 可分为急性肺炎（病程在1个月之内）、迁延性肺炎（病程在1~3个月）和慢性肺炎（病程超过3个月）。
4. **病情分类** 可分为轻症肺炎和重症肺炎。
5. **其他** 还可按临床表现是否典型分为典型肺炎和非典型肺炎。目前还可从病原学和抗生素合理使用的角度，将院外感染及入院48 h内发生的肺炎称为社区获得性肺炎，入院48 h后感染的肺炎称为医院获得性肺炎。

在临床上若是病原体明确应按病因分类，否则按病理分类。小儿肺炎以支气管肺炎（又名小叶性肺炎）为主，占小儿肺炎总数的80%以上，多见于3岁以下婴幼儿。临床特点为发热、气促、呼吸困难和肺部固定中、细湿啰音。低出生体重、合并营养不良、维生素D缺乏性佝偻病、先天性心脏病时病情严重，容易迁延不愈，病死率较高。

第九章　呼吸系统疾病患儿的护理

考点提示

小儿肺炎最常见的病理类型。

二、病因

1. **感染因素**　引起上呼吸道感染的各种病原体均可导致肺炎，其中以病毒和细菌最为常见，在发达国家以病毒为主，发展中国家则以细菌为主（以肺炎链球菌占首位），我国细菌性肺炎和病毒性肺炎的发病率接近，引起小儿肺炎最常见的病毒是呼吸道合胞病毒；近年来肺炎支原体肺炎、肺炎衣原体肺炎和流感嗜血杆菌肺炎等发病率有增加的趋势。

2. **非感染因素**　包括吸入性肺炎和过敏性肺炎。

考点提示

引起小儿肺炎最常见的病原体。

三、病理生理

病原体多由呼吸道侵入，引起支气管、肺泡、肺间质的炎症。支气管因黏膜水肿而管腔变窄；肺泡壁因充血水肿而增厚，肺泡腔内充满炎性渗出物，从而造成通气和换气功能障碍，导致低氧血症与高碳酸血症。由于缺氧，患儿呼吸与心率加快，出现鼻翼扇动和三凹征。由于病原体毒素的作用，重症患儿常伴有毒血症，引起不同程度的感染中毒症状。缺氧、二氧化碳潴留及毒血症可导致循环系统、消化系统、神经系统的一系列症状，以及水、电解质紊乱与酸碱平衡紊乱，严重时可发生呼吸衰竭。

四、临床表现

（一）支气管肺炎

支气管肺炎又称小叶性肺炎，是小儿肺炎中最常见的病理类型，好发于婴幼儿。一年四季均可发病，在我国北方地区以冬春季多见，南方则多发于夏秋季节，可呈散发或流行。除居住拥挤、通风不良、空气混浊易患本病外，患有营养不良、维生素缺乏、先天性心脏病等基础疾病者也使肺炎发病率增高，且病情更趋严重。

临床根据呼吸系统症状、全身中毒症状的严重程度及有无其他系统重要器官功能障碍等，支气管肺炎分为轻症肺炎和重症肺炎。

1. **轻症肺炎**　以呼吸系统症状为主，一般无其他系统器官功能障碍。

（1）症状：全身中毒症状相对较轻，患儿多数精神尚好，发热一般为轻到中度，可伴有轻度恶心呕吐、腹痛、腹泻等消化道症状。初起咳嗽较频，大多为阵发性干咳；极期开始出现呼吸急促，并有少量咳痰，此时大多数患儿咳嗽的次数及剧烈程度反而减轻；进入恢复期后痰量逐渐增加，或伴有喉中痰鸣音。小婴儿及体质虚弱者大多起病迟缓，发热不高或不发热甚至体温不升，咳嗽不明显，常见拒食、呛奶、呕吐、口吐白沫或呼吸困难等表现。

（2）体征：呼吸往往增快，可伴有鼻翼扇动、点头呼吸、三凹征、唇周及鼻根部发绀等。胸部叩诊，多无异常，当病变部位融合形成大病灶时，则可出现肺实变体征；胸部听诊，双肺呼吸音增粗，在肺底部及肩胛间区可听到较固定的中、细湿啰音，吸气末最明显。部分喘息较重患儿为使呼吸通畅，头常向后仰，若被动地向前屈颈时，可有抵抗感，应与脑膜刺激征鉴别。新生儿及小婴儿体征不明显,可仅表现为口吐白沫、面色及全身皮肤发绀等。

2. **重症肺炎** 除呼吸系统症状及全身中毒症状较重外,伴有循环、神经、消化等系统受累的临床表现。

(1) 循环系统受累:常见心肌炎及心力衰竭。

1) 心肌炎:病原体及其产生的毒素可作用于心肌,导致心肌炎。临床主要表现为面色苍白、心动过速、心音低钝等程度不同的急性心功能不全表现;各种类型的心律不齐及相应的心电图改变。

2) 心力衰竭:因心肌缺氧及心肌炎,使心肌收缩功能下降;缺氧及二氧化碳潴留还可引起肺小动脉反射性收缩形成肺动脉高压,使肺循环阻力增加。因此重症肺炎往往合并心力衰竭,一般以右心衰竭为主。肺炎合并心力衰竭时的评估依据:①呼吸困难突然加重,呼吸 > 40 ~ 60 次 / 分(新生儿 > 60 次 / 分,婴儿 > 50 次 / 分,儿童 > 40 次 / 分),不能以肺炎或其他并发症解释;②心率突然增快,> 140 ~ 180 次 / 分(新生儿 > 180 次 / 分,婴儿 > 160 次 / 分,儿童 > 140 次 / 分),不能以体温升高和呼吸困难解释;③突然极度烦躁不安,明显发绀,面色苍白发灰,指(趾)甲微血管充盈时间延长,经吸氧、镇静等处理不能缓解;④心音低钝,奔马律,颈静脉怒张;⑤肝在短期内迅速增大;⑥尿少或无尿,颜面和或双下肢水肿。出现前 5 项即可诊断为肺炎合并心力衰竭。

(2) 神经系统受累:由于病原体毒素作用及缺氧、二氧化碳潴留,使颅内毛细血管扩张,毛细血管壁通透性增加,引起脑间质水肿;脑细胞因缺氧、能量代谢障碍、离子泵功能下降而出现肿胀,两者均可使颅内压增高。临床表现为头痛、呕吐及不同程度的意识障碍,如嗜睡、昏睡、谵妄甚至昏迷;新生儿及小婴儿易发生惊厥及呼吸暂停。查体可见前囟门膨隆、肌张力增高、脑膜刺激征、巴宾斯基征阳性,甚至偏瘫等中枢神经系统阳性体征。

(3) 消化系统受累:严重缺氧和毒血症,可导致中毒性肠麻痹而出现严重腹胀,使呼吸困难加重;合并消化道出血时可有呕吐咖啡色物、便血或粪便潜血阳性等表现。

(4) 酸碱平衡紊乱:严重缺氧可致代谢性酸中毒,二氧化碳潴留则可导致呼吸性酸中毒。故重症肺炎常表现为混合性酸中毒。

(5) 其他:危重患儿可出现血压下降,四肢冰冷,脉速而弱,皮肤、黏膜及胃肠道出血导致休克及弥散性血管内凝血(DIC)。

 考点提示

肺炎合并心力衰竭的诊断。

3. **并发症** 若诊断治疗不及时或病原菌致病力强,可引起脓胸、脓气胸及肺大疱等并发症,还可发生肺脓肿、化脓性心包炎等。以金黄色葡萄球菌感染多见,其次是某些革兰氏阴性杆菌肺炎。

(二)几种不同病原体所致肺炎的特点

几种不同病原体所致肺炎的特点见表 9-4。

表 9-4 几种不同病原体所致肺炎的特点

项目	金黄色葡萄球菌性肺炎	腺病毒性肺炎	呼吸道合胞病毒肺炎	肺炎支原体肺炎
年龄	新生儿至婴幼儿多见	6 个月~2 岁	< 3 岁,1 岁以内尤多	年长儿多见
发热	弛张热	稽留高热	发热不高或无热	不规则热

续表

项目	金黄色葡萄球菌性肺炎	腺病毒性肺炎	呼吸道合胞病毒肺炎	肺炎支原体肺炎
临床表现	起病急，进展快，中毒症状重，可并发休克、败血症、化脓病灶、多形性皮疹病变	起病急，中毒症状重，轻重不等的呼吸困难和发绀，易发生心肌炎、心力衰竭及中毒性脑病等，病死率最高	较明显的呼吸困难喘憋重，口唇发绀，鼻翼扇动及三凹征	起病缓慢，病情较轻，痉挛性咳嗽，伴咽痛、肌肉酸痛
肺部啰音	出现早，有散在中、细湿啰音	啰音出现晚，发热4~5天才出现啰音	多有中、细湿啰音，以喘鸣音为主	不明显
X线检查	肺部有小片状阴影，迅速出现肺脓肿、脓胸、脓气胸和肺大泡	比啰音出现得早，常有大片状阴影或积液	肺气肿或小片状阴影	改变明显，可见肺门阴影增浓及均匀实变影，与体征不成比例
白细胞	明显增高，核左移	正常或降低	正常或降低	正常或偏高
抗生素治疗	有效	无效	无效	红霉素有效
病程	数周至数月	数周或数月	1周左右	2~4周

 考点提示

不同病原体所致肺炎的特点。

五、辅助检查

1. 血常规检查　病毒性肺炎患儿的白细胞总数大多正常或降低；细菌性肺炎患儿的白细胞总数及中性粒细胞数常增高，并有核左移，胞浆中可见中毒颗粒。

2. 病原学检查　取鼻咽拭子或气管分泌物做病毒或肺炎支原体的分离鉴定；取气管吸出物、胸腔积液、脓液及血液做细菌培养；免疫学方法进行细菌抗原检测；冷凝集试验、双份血清抗体的测定及检测血清中特异性抗体等均有助于病原学诊断。

3. 胸部X线检查　支气管肺炎早期可见肺纹理增多、增粗、紊乱。随之出现非特异性小斑片状肺实质浸润阴影，可融合成片。以双肺下野、中内带及心膈角区居多。小斑片病灶可部分融合在一起成为大片状浸润影，甚至可类似节段或大叶性肺炎的形态。当肺野中出现较多的小圆形病灶时，应考虑多发性肺脓肿。由于支气管内分泌物和肺炎的渗出物阻塞，可出现局限性肺不张或肺气肿表现。

六、治疗要点

1. 一般治疗　病情较重患儿要卧床休息。尽量保持安静，必要时可给予镇静剂及吸氧等处理，以减轻缺氧症状。鼓励患儿适当喝水，饮食以清淡易消化、营养丰富为宜，发热患儿最好进食流质或半流质食物。

2. 抗感染治疗　根据不同病原体选用敏感药物积极控制感染。重症细菌性肺炎患儿应用抗生素的原则为早期、联合、足量、足疗程、静脉给药。如为肺炎支原体肺炎则应选用大环内酯类抗生素。一般用药时间应持续至体温正常后5~7天，或临床症状消失后3天；支原体肺炎至少使用2~3周；葡萄球菌性肺炎在体温正常后2~3周可停药，总疗程6周以上。对病毒性感染目前尚无特效药物，可选用利巴韦林等抗病毒药物。

 考点提示

支气管肺炎的用药疗程。

3. 对症治疗　①体温过高者应给予物理或药物降温；②当全身中毒症状明显，或有严重喘憋、脑水肿、感染性休克、呼吸衰竭等症状时，可应用肾上腺糖皮质激素；③咳嗽重及痰液黏稠不易咳出者，可给予祛痰止咳药物或雾化吸入以稀释痰液，使之易于咳出，以保持呼吸道通畅；④喘息较重者可给予支气管扩张剂，但应注意其副作用，最好选择只作用于 $β_2$-肾上腺素受体的支气管扩张剂，如硫酸沙丁胺醇、硫酸特布他林口服溶液；⑤注意维持呼吸功能，改善低氧血症和高碳酸血症，及时纠正酸碱平衡紊乱。

七、护理诊断

1. 气体交换受损　与肺部炎症有关。
2. 清理呼吸道无效　与呼吸道分泌物过多，痰液黏稠，无力排痰有关。
3. 体温过高　与感染有关。
4. 潜在并发症　心力衰竭、中毒性脑病、中毒性肠麻痹。
5. 焦虑及恐惧心理　与病情危重及剧烈咳嗽、缺氧等带来的不适有关。

八、护理措施

1. 一般护理

（1）经常开窗通风，使室内空气保持清洁新鲜，室温最好保持在18~20℃，相对湿度为50%~60%。

（2）患儿应卧床休息并尽量保持安静，以降低氧气的消耗，减轻缺氧症状。

（3）保证水和热量的供给，鼓励患儿进食高热量、高蛋白食物，适当多饮水。蛋白质和热量不足会影响疾病的恢复，摄入足够的水分可保证呼吸道黏膜的湿润与黏膜病变的修复，并可增加纤毛运动能力，防止分泌物干结，以利于痰液排出。同时可以保证机体能量代谢及酸碱、水、电解质代谢平衡。重症患儿最好进食流质或半流质食物。食欲差、进食少或不能进食者可经静脉补充水和热量。

 考点提示

支气管肺炎患儿护理中适宜的室内温度、湿度。

2. 病情观察

（1）密切观察病情变化，做好出入量、体温、脉搏、呼吸、血压等记录。

（2）密切观察患儿有无循环系统并发症的表现，若出现不明原因的烦躁不安、面色苍白、呼吸困难加重、心率加快（>180次/分）、短时间内肝急剧增大等表现则考虑并发心力衰竭。应及时报告医师，并立即减慢输液速度，准备好强心、利尿、扩张血管等抢救药物。若患儿出现咳嗽加重、咳吐粉红色泡沫样痰等急性肺水肿的表现时，可给患儿吸入经20%~30%乙醇湿化的氧气，乙醇能降低肺泡泡沫的表面张力，使泡沫破裂消散，以改善气体交换，迅速减轻缺氧症状。每次吸入不宜超过20 min，15~30 min后可重复一次。

（3）密切观察患儿有无意识、瞳孔、前囟门及肌张力的改变，若出现嗜睡、极度烦躁不安或嗜睡、烦躁不安交替出现，惊厥、昏迷、呼吸不规则、前囟门膨隆、肌张力增高等颅内压增高表现时，应告知值班医师立即组织抢救。

（4）密切观察腹胀程度、肠鸣音是否减弱或消失，同时注意观察呕吐物及粪便的颜色，以便及时发现中毒性肠麻痹和消化道出血。

（5）若患儿突然哭闹不安，呼吸困难加重，与病情严重程度不成比例时，可能发生了气胸或脓气胸。应立即协助医生进行抢救。经有效抗生素治疗病情无好转或好转后病情出现反复者应考虑是否合并脓胸、肺脓肿等。

3. 用药护理

（1）洋地黄类药物的使用：心力衰竭患儿应给予洋地黄类药物，选用中长效剂型时应注意用量用法，避免毒副作用。①洋地黄化法：病情较重或不能口服者可选择地高辛静脉注射，首次给洋地黄化总量的1/2，余量分2~3次，每隔4~6 h静脉注射1次，多数患儿可于12~24 h内达到洋地黄化。能口服的患儿，开始给予口服地高辛，首次给洋地黄化总量的1/3或1/2，余量分为2次，每隔6~8 h给予。②维持量法：通常从首次给药24 h后（或洋地黄化后12 h）开始给予维持量。对轻度慢性心力衰竭者，也可用地高辛维持量5~7天，进行缓慢洋地黄化。维持量的疗程视病情而定。

（2）利尿剂及脱水剂的使用：应用洋地黄类药物心力衰竭仍未完全控制，或伴有显著水肿、颅内压增高，加用利尿剂或脱水剂治疗时，应注意观察患儿的尿量、神志、皮肤弹性及肌张力改变，避免因脱水导致水、电解质紊乱及酸碱平衡紊乱。急性心功能不全或肺水肿患者，脱水应选用速效利尿剂如呋塞米，慎用甘露醇等渗透性脱水剂。

（3）血管扩张剂的使用：可降低小动脉的阻力，扩张静脉系统，减轻心脏前后负荷。使用时应重点观察血压的改变，避免因用量过大导致血压下降。

（4）镇静剂的使用：极度烦躁不安或惊厥患儿需使用镇静剂时，应注意观察患儿的神志、呼吸及肌张力的改变，及时发现药物不良反应、过量或用量不足等表现，为医生正确用药提供可靠依据。

4. 对症护理

（1）减轻缺氧症状　①镇静：病室尽量保持安静，进行护理操作时动作应轻柔准确，避免或减轻患儿烦躁、哭闹。必要时可适当应用苯巴比妥等镇静剂；②吸氧：喘息较重或有发绀者可给予吸氧，流量为3~5 L/h（浓度30%~50%），湿化后经鼻导管或面罩吸入；新生儿可采用头罩给氧；一般患儿采用间歇给氧，缺氧严重者，可连续呼吸道正压吸氧或应用人工呼吸器。

（2）保持呼吸道通畅　①帮助患儿采取合适体位：有脓胸或脓气胸者应鼓励患儿患侧卧位以减轻疼痛及减少咳嗽；床头可抬高30°~60°，在患儿颈肩部垫小枕头，使颈部略向后仰，并经常变换体位，以利于肺的通气，减少肺淤血，促进呼吸道分泌物排出。②及时清除呼吸道分泌物：指导患儿进行有效的咳嗽，排痰前协助转换体位，可五指并拢、稍向内合掌、由下向上、由外向内地轻拍背部，边拍边鼓励患儿咳嗽，促使肺泡及呼吸道的分泌物借助重力和震动易于排出；采用超声雾化吸入等方法稀释痰液，易于咳出；确因痰液黏稠或患儿病情较重咳嗽无力，痰液不易排出时应给予吸痰。

（3）高热的护理：体温升高可使机体代谢率加快，耗氧量增加，加重机体缺氧，故应密切监测体温，同时应警惕高热惊厥的发生。体温过高者应采取相应的降温措施（参见本章第二节）。

（4）并发症的护理：心力衰竭患儿应严格控制输液速度及液体量，以免增加心肺负担，诱发心肺功能障碍。有条件者最好使用输液泵。

5. 心理护理　及时与患儿及其家长沟通，解释当前病情和可能发生的并发症，消除焦虑及恐惧心理。并说明目前采取的治疗、护理方案与疾病康复的关系，尽量取得患儿及家长的理解和配合。

九、健康指导

1. 疾病知识指导　小儿患病期间应注意休息，尽量防止哭闹；饮食以清淡、易消化为宜，并适量饮水；指导家长通过拍背、变换体位、增加居室内湿度等方法，促使患儿痰液排出，保持呼吸道通畅。

2. 用药指导　让家长了解常用药物的名称、剂量、用法及常见不良反应，并严格按医嘱用药，不得自行增减药物。特别是在呼吸道分泌物较多的情况下，不要使用镇咳类药物。

3. 卫生保健知识指导　平素应注意营养平衡，经常到户外活动，进行体格锻炼，增强体质和呼吸功能。教育患儿不要随地吐痰、咳嗽、打喷嚏时应该用手帕或纸巾捂住口鼻，防止病菌污染空气而传染他人。易患呼吸道感染的患儿，在寒冷季节或气候骤变外出时，应注意保暖，避免着凉。

第六节　支气管哮喘患儿的护理

支气管哮喘（bronchial asthma）简称哮喘，为一种异质性疾病，常以慢性气道炎症为特征，包含随时间不断变化的呼吸道症状，如喘息、气短、胸闷和咳嗽，同时具有可变性呼气气流受限。临床主要表现为反复发作的呼气性呼吸困难、哮鸣音或咳嗽等症状。

支气管哮喘可发生在任何年龄，近年来发病率有逐年增高的趋势。据有关文献报道，2000年我国居民年支气管哮喘的发生病为1.2%，以14岁以下儿童组发病率最高，为3.4%（大多在3岁内起病）。世界卫生组织于2000年将每年的5月3日定为"世界哮喘日"，并提出了"防治哮喘，让人人正常地呼吸"的宣传口号，以提高人们对哮喘这一全球性健康问题的重视，积极参与防治工作。

一、病因与发病机制

1. 病因　哮喘的病因还不十分清楚，多认为是与多基因遗传有关的变态反应性疾病，环境因素对发病也起重要的作用。

（1）遗传因素：哮喘患儿多属过敏性体质，除哮喘外往往有其他过敏性疾病史，如婴幼儿湿疹、荨麻疹、血管神经性水肿。大多有家族史，其亲属中哮喘的患病率高于群体患病率，且血缘关系越近，患病率相对越高，并与病情的严重程度成正相关。

（2）变应原作用：①直接吸入植物花粉、尘螨、化学气体、真菌孢子等；②摄入异种蛋白质如水产品、蛋、奶、肉类及昆虫性食物；④服用或接触某些药物如普萘洛尔、阿司匹林；③病毒、细菌、支原体或衣原体等引起的呼吸系统感染。

（3）其他：气候变化、神经、精神因素及内分泌因素等。

2. 发病机制　本病的发病机制较为复杂，系多种致病因素共同作用的结果。其中气道高反应性是哮喘发作的最基本特征，而气道的慢性变应性炎症则是哮喘的基础病理改变。

二、临床表现

1. 诱因　支气管哮喘发病往往与各种诱因有关，如气候的突然变化、吸入特异性或刺激性气味、食用或服用特殊食物及药物、情绪激动及剧烈运动。

2. 症状　支气管哮喘大多在夜间或凌晨突然发病，发作前患儿往往先有鼻部及咽喉部发痒、异物感、打喷嚏、流泪、喉部发紧、胸闷及刺激性干咳等先兆表现，随即在几秒或几分钟内出现具有特征性的伴有哮鸣音的呼气性呼吸困难，患儿因缺氧而烦躁不安，重者呈端坐呼吸。大多数哮喘可自行或经药物治疗在数十分钟至数小时内缓解，哮喘缓解前常咳吐大量白色黏液痰。

3. 体征　哮喘发作时胸廓膨隆，肋骨变平，肋间隙增宽；叩诊双肺呈过清音，肺下界下移，心浊音界变小；听诊双肺满布以呼气相为主的哮鸣音，呼气时间延长，合并感染者则可闻及湿啰音。缓解期多无异常体征，长期反复发作者可呈桶状胸，也可因长期慢性缺氧影响营养和发育而致体格瘦小。

4. 哮喘持续状态　哮喘发作严重，经正规内科治疗24 h不能缓解者，称为哮喘持续状态；临床表现为严重的呼吸困难、发绀、大汗、四肢冷、脉细弱。因长时间的喘息患儿体力消耗严重，加之气道阻塞等因素的存在，查体时肺部哮鸣音反而减轻。最后可因大量失水、电解质失衡和酸碱平衡失调、肺部感染等进一步加重病情，如不及时抢救，多因呼吸衰竭而死亡。

5. 小儿哮喘的分型　成人哮喘按发病原因，可分为感染性（内源性）哮喘、吸入性（外源性）哮喘和混合性哮喘3种类型。小儿哮喘目前尚无统一的分类方法，下述分类法可作为参考。

（1）儿童哮喘（3～12岁）：诊断依据为，①喘息反复发作（或可追溯与某种变应原或刺激因素有关）；②发作时肺部出现哮鸣音；③解痉平喘药物治疗有效。

（2）婴幼儿哮喘：凡年龄＜3岁，哮喘反复发作者，可按记分法进行诊断。①记分方法，喘息反复发作≥3次，3分；肺部出现哮鸣音，2分；喘息症状突然发作，1分；有其他特异性病史（过敏性疾病史），1分；一、二级亲属中有哮喘病史，1分。②诊断标准：总分≥5分者诊断为婴幼儿哮喘；哮喘发作2次，或总分≤4分者初步诊断为婴幼儿哮喘。

（3）咳嗽变异性哮喘：又称过敏性咳嗽。诊断依据为——①咳嗽持续或反复发作＞1个月，常伴有夜间或清晨发作性咳嗽，痰少，运动后加重；②临床无明显感染征象，或经长期抗生素治疗无效；③用支气管扩张剂可使咳嗽发作缓解（诊断本症的基本条件）；④有个人或家族过敏史，气道反应性测定、变应原检测等可作为辅助诊断依据。

6. 鉴别　应与喘息性支气管炎鉴别。支气管哮喘虽有反复发作的特点，但一般没有慢性咳嗽、咳痰病史，与感染无明确相关性，而以发作性的喘息及肺部哮鸣音为主要特征，用支气管解痉药物治疗有效。喘息性支气管炎多有明确的感染史，在咳嗽、咳痰的基础上伴发喘息，肺部听诊除了哮鸣音外，常有湿啰音，用抗感染药物治疗有效。

知识链接

哮喘慢性持续期病情严重程度分级

级别	日间症状	夜间症状	PEF或FEV$_1$占预计值（%）
一级（轻度间歇）	＜1次/周，发作间歇无症状	≤2次/月	≥80%
二级（轻度持续）	≥1次/周，＜1次/天，发作时可能影响活动	＞2次/月	≥80%
三级（中度持续）	每日有症状，影响活动	＞1次/周	60%～80%
四级（重度持续）	持续有症状，体力活动受限	频繁	≤60%

注：①患儿只要具有某级严重程度的一个特点，就可将其列为该级别，即严重程度按最严重一项来确定。
②患儿属于任何一级，甚至间歇发作，都可以有严重的哮喘发作。

三、辅助检查

1. 血常规检查　哮喘发作时可有嗜酸性粒细胞增高，但多数不明显，如并发细菌感染时可有白细胞总数及嗜中性粒细胞比例增高。

2. 痰液检查　痰液涂片在显微镜下可见较多嗜酸性粒细胞。如合并呼吸道细菌感染，痰涂片革兰氏染色、细菌培养及药物敏感试验有助于病原菌诊断及指导治疗。

3. 肺功能检查　哮喘发作时，由于呼气流速受限，表现为肺活量及第一秒用力呼气量（FEV_1）减少，残气量和肺总量增加，残气占肺总量百分比增高。经过治疗后可逐渐恢复。缓解期肺功能多在正常范围。

4. 血气分析　哮喘发作时可因缺氧，导致 PaO_2 和 SaO_2 降低，$PaCO_2$ 则因过度通气而下降，pH 值上升，表现为呼吸性碱中毒。重症哮喘者，因气道阻塞严重，$PaCO_2$ 上升，表现呼吸性酸中毒。如同时有明显缺氧，可合并代谢性酸中毒。

5. 胸部 X 线检查　哮喘发作时可见两肺透亮度增加，呈过度充气状态；如并发呼吸道感染，可见肺纹理增加及炎性浸润影。同时要注意肺不张、气胸或纵隔气肿等并发症的存在。缓解期多无明显异常。

6. 特异性过敏原的检测　可用放射性变应原吸附试验（RAST）测定特异性 IgE，过敏性哮喘患者血清 IgE 可较正常人高 2～6 倍。缓解期可做皮肤过敏原试验寻找过敏原，但应防止发生过敏反应。

四、治疗要点

支气管哮喘的病因及发病机制虽未完全阐明，但只要能坚持长期规范治疗，绝大多数患儿能够得到理想的控制，减少复发乃至不复发，与正常儿童一样生活和学习。

1. 去除病因　发作与过敏有关的应立即脱离过敏原；因感染诱发者应积极治疗原发感染。

2. 控制发作　使用拟肾上腺素类、茶碱类等支气管扩张剂及肾上腺糖皮质激素解除支气管痉挛，达到控制哮喘发作的目的。以吸入治疗为首选治疗方法。

3. 注意保护各系统重要脏器的功能，维持酸碱代谢及水电解质平衡。

4. 预防复发　空气中的灰尘和细菌是导致哮喘发病的主要致敏原，因此哮喘患儿居所一定要保持清洁及空气流通。根据全球防治哮喘倡议（GINA）的用药推荐，糖皮质激素吸入治疗是当前防治哮喘最有效的方法，因此有哮喘反复发作史者应坚持长期规范地吸入治疗，以降低气道高反应性，减少哮喘的发作。同时应加强锻炼，增强体质，减少感染机会。

5. 急性发作期　指患者出现以喘息为主的各种症状，其发作持续的时间和程度不尽相同，哮喘急性发作期病情严重程度评估见表 9-5。

表 9-5　哮喘急性发作期病情严重程度的分级

临床特点	轻度	中度	重度	急性呼吸暂停
呼吸急促	走路时	稍事活动时	休息时	
体位	可平卧	喜坐位	前弓位	
讲话能力	能成句	成短句	说单字	难以说话
精神意识	可	时有焦虑、烦躁	焦虑、烦躁	嗜睡、意识模糊
出汗	无	轻微	大汗淋漓	
呼吸频率	轻度增加	增加	明显增加	减缓或暂停
辅助呼吸肌活动及三凹征	一般没有	通常有	通常有	胸腹矛盾运动

续表

临床特点	轻度	中度	重度	急性呼吸暂停
哮鸣音	散在，呼吸末期出现	响亮、弥漫	响亮、弥漫	减弱乃至消失
脉率（次/分）（>8岁）	<100	100~120	≥120	减慢，不规则
吸入速效 β_2 激动剂后 PEF 占正常预计值或本人最佳值百分比（%）	>80%	60%~80%	≤60% 或 β_2 激动剂作用持续时间<2h	
PaO_2（吸空气，kPa）	正常	>8.0	<8.0 可能有呼吸衰竭	
$PaCO_2$（kPa）	<6.0	≤6.0	≥6.0	
SaO_2（吸空气，%）	>95%	91%~95%	≤90%	
pH				降低

注：多个参数可同时出现，但不一定均有；1 kPa=7.5 mmHg。

考点提示

目前治疗支气管哮喘首选的给药方法。

五、护理诊断

1. 气体交换障碍　与气道梗阻使气血比例失调有关。
2. 清理呼吸道无效　与呼吸道分泌物增多及水分丢失过多使痰液黏稠不易咳出有关。
3. 活动耐力下降　与缺氧有关。
4. 潜在并发症　酸碱平衡紊乱、呼吸衰竭等，与气道阻力增加、气体交换功能障碍有关。
5. 睡眠紊乱　与严重喘息、缺氧及焦虑有关。
6. 焦虑与恐惧　与病情严重及哮喘反复发作有关。

六、护理措施

1. 一般护理

（1）注意休息：长时间的过度呼吸及低氧血症会使患儿感到疲倦。因此，要给患儿提供安静、舒适的休息环境，并有计划地安排护理和治疗活动，尽量减少对患儿睡眠的干扰。哮喘发作时最好采取半坐卧位或坐位，使肺部尽量扩张，提高呼吸效率。

（2）保证水分和热量供应：饮食宜清淡，以高热量、富含维生素及易消化的食物为宜，尽量避免摄入海鲜类及辛辣的刺激性食物。患儿在哮喘发作时过度呼吸、大量出汗，导致体液丢失增加，因此要鼓励患儿多喝水（不要喝碳酸类饮料），以补充体液，并可防止因痰液黏稠不易排出，加重呼吸道梗阻。对不能进食者，可经静脉补充以确保热量与水分的供给。

2. 病情观察

（1）哮喘发作时，观察患儿有无咳大量白黏痰、呼气性呼吸困难、呼吸加快及哮鸣音，有无大量出汗、疲倦、发绀及呕吐情况，有无胸廓饱满、呈吸气状，叩诊时有无过清音，听诊全肺有无哮鸣音，当呼吸困难加重时有无呼吸音及哮鸣音的减弱或消失、心率加快等。

（2）密切观察患儿是否有烦躁不安、气喘加剧、心率加快、短时间内肝急剧增大等情况。警惕心力衰竭等并发症的发生。

（3）密切观察患儿哮喘发作情况，及对药物治疗的反应。若严重哮喘经有效支气管扩张药物治疗后仍持续24 h（或以上）不缓解，则应警惕发生哮喘持续状态。确认是哮喘持续状态者应立即吸氧，协助患儿保持半卧位，并协助医师做好急救处理。

3. 用药护理

（1）支气管扩张剂（拟肾上腺素类、茶碱类及抗胆碱类等药物）：可采用直接吸入、口服、皮下注射或静脉滴注等方式给药。其中吸入治疗具有用量少、起效快、副作用小等优点，是首选的药物治疗方法。使用时嘱患儿在按压喷药的同时深吸气，然后闭口屏气10 s，可获较好效果。

①常用的拟肾上腺素类药物：有沙丁胺醇（又名舒喘灵）、特布他林（又名博利康尼、喘康舒）等。拟肾上腺素类药物的副作用主要是心动过速、血压升高、虚弱、恶心、过敏反应及反常的支气管痉挛。

②常用茶碱类药物：有氨茶碱，其副作用主要有胃部不适、恶心、呕吐、头晕、头痛、心悸及心律不齐等。由于氨茶碱的有效浓度与中毒浓度很接近，故宜做血药浓度监测，维持在10～15 ml水平为最佳血药浓度。

（2）肾上腺糖皮质激素：是目前治疗哮喘最有效的药物，但长期使用可产生较多的副作用，如二重感染、向心性肥胖。现多选用经呼吸道直接给药，以减少用量、增加疗效。在使用时要帮助患儿或其家长选择合适的剂型及吸入装置，并教会其正确的使用方法。

4. 对症护理

（1）吸氧：哮喘发作时因通气功能障碍，大多有缺氧现象，故应给予氧气吸入，以减少体内的无氧代谢，预防代谢性酸中毒。氧气吸入浓度以30%～40%为宜。并动态观测动脉血气分析，作为治疗效果的评价。

（2）适当控制患儿活动，减少耗氧量：协助患儿的日常生活，尽量避免情绪激动。轻症患儿可根据病情缓解程度，逐渐增加活动量。患儿活动前后，应注意监测其呼吸和心率情况，如有气促、心率加快者应立即停止活动，严重者应给予吸氧。过度疲劳及极度虚弱者，应注意休息。

（3）保持呼吸道通畅：发现患儿咳痰困难、咳嗽半途中止及喉头有痰鸣音者，应考虑痰液黏稠不易咳出，重症患儿还要考虑咳嗽无力。出现以上情况除应给予吸氧等处理外，还应指导患儿保持合适体位，以利于痰液排出。对于无效咳嗽者，示范并指导患儿采用正确的咳嗽方法（让患儿深吸气后屏住呼吸3～5 s，然后用力将痰咳出）。痰液黏稠者应增加水分的摄入，并按医嘱给予祛痰药物及雾化吸入等以稀释痰液，病室空气也应保持新鲜和足够的湿度。

5. 心理护理　支气管哮喘是一种与心理因素密切相关的疾病。哮喘患儿刚入院时，因病情严重，痛苦不堪，再加上睡眠不佳，往往会有烦躁不安、焦虑等表现；病情缓解后又因担心复发，不能根治而顾虑重重，悲观失望。这些不良情绪都会直接影响哮喘的治疗效果，甚至可诱发哮喘。因此，哮喘患儿的心理护理十分重要。采取不同的方式与患儿及其家长进行交流、沟通，了解其心理状态，并以真诚热情的语言及实际行动（如丰富的哮喘防治知识，熟练的护理操作技术），增强患儿的信任感，消除患儿及家长焦虑不安的心理，稳定情绪，自觉配合治疗和护理；通过语言暗示、诱导等方法，分散患儿对疾病本身的过分关注，放松心情；同室患儿病情较重需要抢救时，应尽量避开患儿视线，并做好安抚工作，消除其恐惧心理，避免因情绪紧张导致哮喘的发作或加重。

七、健康指导

重视对患儿的健康指导，指导患儿养成良好的生活习惯。可有效地减少哮喘的发作次数，提高生存质量。

1. 疾病知识指导　利用宣讲和发放科普手册等方式，宣传有关哮喘的防治知识，让患儿及其家长了解哮喘病的发病机制及诱发因素。认识到哮喘虽是一种可防可治的疾病，但要防治复发，控制发作，除要注意生活环境清洁和改变不良生活习惯外，还必须坚持长期、规范用药。患儿发病期间则要尽量多喝水，避免脱水及因体液丢失导致的痰液黏稠不易咳出。

2. 用药指导　教会患儿及家长正确使用哮喘防治药物。

3. 卫生保健知识指导

（1）重视居住环境的清洁卫生，平素饮食宜清淡、低蛋白、营养丰富、易消化，多食蔬菜、水果。勿食冷、酸、辛辣等刺激性食物，尤其是对已知的引起哮喘的药物及食物应避免接触。在天气变化较大的季节，应注意及时添减衣物，并尽量减少外出。

（2）患儿在日常生活中应保持心情愉快放松，尽量不要观看和听一些刺激性强的电影、电视剧、故事等，避免因情绪波动而诱发或加重哮喘。

（3）指导患儿适当地休息与活动，在患儿呼吸平稳、无咳嗽和喘息、自我感觉良好的情况下，可参加适当的运动，如游泳、散步、慢跑，以增强体质，提高机体免疫能力，减少因感染诱发哮喘的概率。同时也可使肺的呼吸功能得到锻炼和加强。尽量避免剧烈活动，以免诱发哮喘发作。

> **思政园地**
>
> 2020年新型冠状病毒肺炎疫情的暴发给全球人民生命安全带来严重威胁，患者出现发热、乏力、干咳、呼吸困难等症状，严重者甚至出现呼吸衰竭、多器官功能衰竭等，且具有传染性。习近平总书记在第一时间做出重要指示，明确把人民的生命健康放在防疫工作的首要位置。全国各地医护人员不顾自身的安危，竭尽全力救治患者。在多方的共同努力下，防疫工作取得积极成效。之后，中国一直以实际行在力所能及的范围内，大力支持各国的抗疫工作，为维护全球公共卫生做出贡献。推动世界各国团结起来共同抗击疫情，构建人类命运共同体。

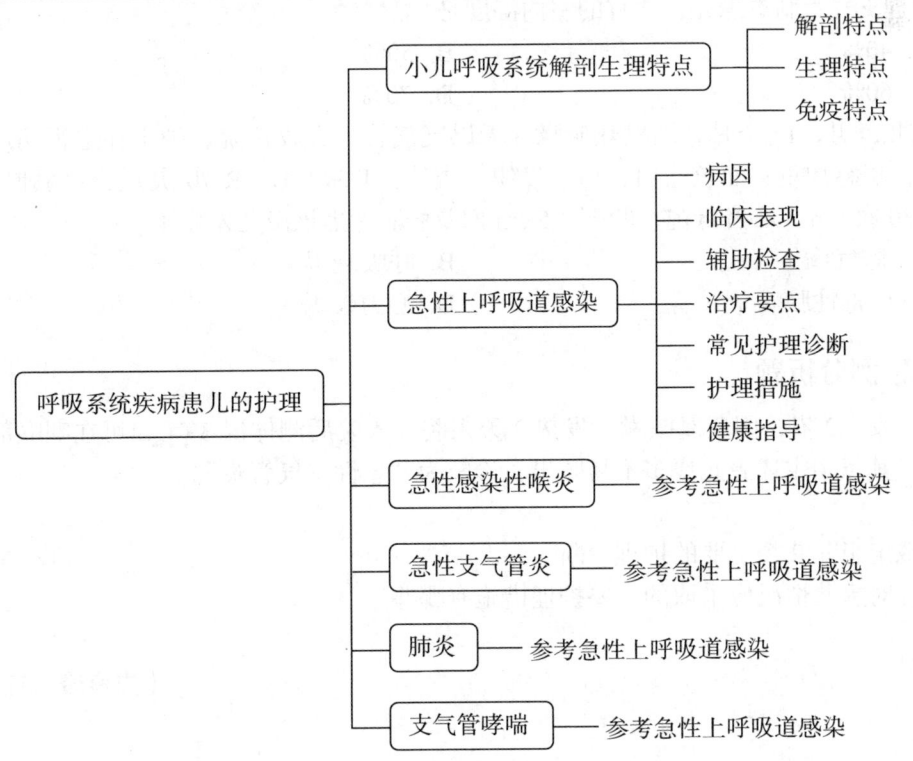

自 测 题

一、选择题

1. 引起小儿急性上呼吸道感染的最主要病原体是
   A. 病毒
   B. 真菌
   C. 支原体
   D. 衣原体
2. 引起小儿肺炎最常见的病毒是
   A. 腺病毒
   B. 柯萨奇病毒
   C. 流感病毒
   D. 呼吸道合胞病毒
3. 目前治疗支气管哮喘最有效的药物是
   A. 茶碱类药物
   B. 抗胆碱药物
   C. 肾上腺皮质激素
   D. 抗生素
4. 急性感染性喉炎咳嗽的特点是
   A. 喘息性咳嗽
   B. 阵发性咳嗽
   C. 刺激性干咳
   D. 犬吠样咳嗽
5. 咽结膜热的病原体是
   A. 溶血性链球菌
   B. 呼吸道合胞病毒
   C. 金黄色葡萄球菌
   D. 腺病毒
6. 目前治疗支气管哮喘首选的给药方法是
   A. 吸入疗法
   B. 静脉滴注
   C. 口服给药
   D. 肌内注射
7. 护理支气管肺炎患儿，适宜的室内湿度是
   A. 40%
   B. 50%
   C. 60%
   D. 70%
8. 患儿，男，15个月，因发热咳嗽3天以支气管肺炎收住院。护士在巡视病房时发现该患儿烦躁，喘憋加重，面色苍白，口唇发绀。查体：T 37.8℃，R 70次/分，两肺广泛细湿啰音，HR 180次/分，心音低钝，肋下3.5 cm扪及肝。考虑该患儿发生了
   A. 脓气胸
   B. 呼吸衰竭
   C. 中毒性脑病
   D. 心力衰竭

二、案例分析题

患儿，女，2岁，因反复咳嗽、发热3天入院。入院后测体温39℃，可在咽喉部及肺部闻及痰鸣音，其母亲主述患儿痰多不易咳出，诊断为"急性支气管炎"。

问题：

（1）拟定患儿2个主要的护理诊断。
（2）针对患儿情况应采取的主要护理措施有哪些？

（史良俊　连冬梅）

第十章 循环系统疾病患儿的护理

学习目标

通过本章的学习，学生应达到：

1. 素养目标　具备高尚的职业道德，培养以儿童及其家庭为中心的全方位整体护理的能力，增强为患儿及其家庭服务的意识。

2. 能力目标　能运用所学知识评估常见类型先天性心脏病患者存在的主要护理诊断及制订护理计划。

3. 知识目标　描述小儿心率、血压的正常范围；常见先天性心脏病各自临床特点；常见先天性心脏病血流动力学的不同点。

第一节　小儿循环系统解剖生理特点

一、心脏的胚胎发育

胚胎第 2 周开始形成原始心脏，心房的左右之分起始于胚胎第 3 周末，胚胎第 4 周心脏开始有循环作用，胚胎第 5～6 周心房间隔形成，第 7 周心室间隔形成，胚胎第 8 周房室中隔完全形成，即成为具有四腔的心脏。心脏发育的关键时期是胚胎 2～8 周，在此期间如受到某些物理、化学和生物因素的影响，则易导致心血管发育畸形。

 考点提示

心脏的胚胎发育。

二、胎儿 - 新生儿循环转换

1. 正常胎儿循环　胎儿时期的营养和气体交换是通过脐血管和胎盘与母体之间以弥散方式而进行交换的，由胎盘来的动脉血经脐静脉进入胎儿体内，在肝下缘分流为二支：一支入肝与门静脉汇合，给肝脏供血后经肝静脉流入下腔静脉；另一支经静脉导管直接进入下腔静脉，与来自下半身的静脉血混合，流入右心房。来自下腔静脉的血液（以动脉血为主）进入右心房后，大部分经卵圆孔流入左心房，再经左心室流入升主动脉，主要供应心脏、脑和上肢（上半身）；小部分流入右心室。来自上半身的静脉血经上腔静脉进入右心房后，绝大部分流入右心室，再转入肺动脉。由于胎儿肺脏处于压缩状态，故肺动脉的血只有少量流入肺，大部分经动脉导管流入降主动脉，供应腹腔器官和下肢（下半身），最后血液经脐动脉回至胎盘，再次进行营养和气体交换。

综上所述，胎儿血液循环有以下特点：①胎儿的营养物质、代谢产物和气体交换是通过胎盘和脐血管与母体之间以弥散方式来完成的；②只有体循环，而无有效的肺循环；③除脐静脉是动脉血以外，其他部位都是混合血。其中肝血液含氧量最高，心脏、上肢次之，下半身含氧量最低；④存在静脉导管、卵圆孔和动脉导管等特殊通路。

2. 出生后血液循环的改变

（1）胎盘血液循环停止：脐带结扎，脐血管被阻断，胎盘血液循环停止，脐血管及静脉导管在血流停止6～8周完全闭锁，形成韧带。

（2）卵圆孔关闭：随着自主呼吸的建立，肺泡扩张，肺小动脉管壁肌层逐渐退化，管壁变薄并扩张，肺循环阻力下降，从右心室流入肺内的血液增多，以致回流到左心房的血量也增多，当左心房压力超过右心房时，卵圆孔瓣膜先形成功能上的关闭，到生后5～7个月，解剖上大多闭合。

（3）动脉导管闭合：由于肺循环压力降低，体循环压力增高，使流经动脉导管内的血流逐渐减少，最后停止，足月儿约80%在生后10～15 h动脉导管形成功能性关闭。同时由于动脉血氧含量增高，致使动脉导管平滑肌收缩而逐渐闭合，约80%婴儿生后3～4个月、95%婴儿1岁时形成解剖上的闭合。若动脉导管持续未闭，可认为有畸形存在。

三、正常各年龄小儿心脏、心率、血压的特点

1. 心脏大小　新生儿心脏相对比成人大，其重量为20～25 g。随着年龄的增长，心脏重量与体重的比值下降，且左、右心室增长不平衡。4个心腔的容积初生时为20～22 ml，1岁时达出生时的2倍，2岁半时达3倍，7岁半时增至5倍，为100～120 ml，以后增长缓慢，18～20岁达240～250 ml。

2. 心脏位置　小儿心脏在胸腔的位置随年龄而改变。新生儿和小于2岁婴幼儿的心脏多呈横位，心尖冲动位于左侧第4肋间锁骨中线外侧0.5～1 cm处，心尖部主要为右心室。以后心脏逐渐由横位转为斜位，3～7岁时心尖冲动已位于左侧第5肋间锁骨中线处，心尖部主要为左心室。7岁以后心尖位置逐渐移到锁骨中线以内0.5～1 cm。

3. 心率　由于小儿新陈代谢旺盛和交感神经兴奋性较高，故心率较快，随年龄增长而逐渐减慢。新生儿平均为120～140次/分，1岁以内为110～130次/分，2～3岁为100～120次/分，4～7岁为80～100次/分，8～14岁为70～90次/分。进食、活动、哭闹和发热可影响小儿心率，因此，应在小儿安静或睡眠时测量心率和脉搏。一般体温每升高1℃，心率增加10～15次/分。若脉搏显著增快，且在安静或睡眠时不见减慢者，则应怀疑有器质性心脏病。

4. 血压　小儿由于心搏出量较少，动脉壁的弹性较好，血管口径相对较大，故血压偏低，随着年龄的增长而逐渐升高。新生儿收缩压平均为60～70 mmHg（8.0～9.3 kPa），1岁时为70～80 mmHg（9.3～10.7 kPa），2岁以后收缩压可按公式计算：收缩压（mmHg）=年龄×2＋80 mmHg（年龄×0.26＋10.7 kPa），舒张压为收缩压的2/3。收缩压高于此标准20 mmHg（2.6 kPa）为高血压，低于此标准20 mmHg（2.6 kPa）为低血压。正常情况下，下肢的血压比上肢约高20 mmHg（2.6 kPa）。

 考点提示

儿童心率，血压的计算公式。

第二节 先天性心脏病患儿的护理

案例 10-1

患儿,男,2岁,出生后不久即发现口唇青紫,且呈进行性加重,哭闹后青紫加剧伴气促,会走路后发现其喜蹲踞。查体:患儿青紫明显,唇、甲床、结膜均青紫,杵状指(趾),营养不良,双肺呼吸音清,心前区稍隆起,心律齐,心音有力,心率92次/分,胸骨左缘2~4肋间可闻及收缩期喷射性杂音。

问题:
1. 该患儿可能患何种疾病?
2. 根据患儿病情制订护理计划。

先天性心脏病(congenital heart disease,CHD)简称先心病,是胎儿期心脏和大血管发育异常而致的先天畸形,是小儿时期最常见的心脏病。流行病学调查资料提示,活产婴儿中发病率为0.5%~0.8%,估计我国每年约有15万先天性心脏病新生儿出生,如未经治疗,约1/3的患儿在生后1年内可因病情严重和复杂畸形而死亡。近年来,由于医疗科学技术的不断发展,医学诊断设备日趋先进,大多数先天性心脏病患儿能得到及时、准确的诊断。加上先心病介入治疗技术的快速发展,以及低温麻醉和体外循环心脏直视手术等技术的进步,大多数先天性心脏病可在更小的年龄进行手术治疗,根治手术效果也大大提高,先天性心脏病的预后已大为改观。

一、病因

先天性心脏病发病与遗传、母体和环境因素有关。

1. 遗传因素 主要包括染色体易位与畸变、单一基因突变、多基因病变和先天性代谢紊乱。但是大多数先天性心脏病是多基因的遗传缺陷。

2. 母体和环境因素 相关性较强的主要有:①早期宫内感染,如风疹、流行性感冒、流行性腮腺炎和柯萨奇病毒感染等;②孕妇有与大剂量放射线的接触史和服用药物史(如抗癌药、降糖药、抗癫痫药);③孕妇有代谢紊乱性疾病,如糖尿病;④引起胎儿宫内缺氧的各种慢性疾病;⑤孕妇妊娠早期大量酗酒和吸毒。

二、分类

根据左、右心腔或大血管间有无直接分流、血流动力学特点和临床有无青紫等分为三大类。

1. 左向右分流型(潜伏青紫型)先心病 左、右心之间有异常通道,正常情况下,由于体循环压力高于肺循环,血液从左向右分流而不出现青紫。当屏气、剧烈哭闹或病理情况下致使肺动脉或右心室压力增高并超过左心室压力时,则可使血液自右向左分流而出现暂时性青紫,故此型又称潜伏青紫型。如室间隔缺损、房间隔缺损和动脉导管未闭。

2. 右向左分流型(青紫型)先心病 为先天性心脏病中最严重的一组。因心脏结构异常,致右心压力增高并超过左心使血液从右向左分流,或大动脉起源异常,使大量静脉血流入体循环,均可出现持续性青紫,如法洛四联症和大动脉错位。

3. 无分流型(无青紫型)先心病 在心脏左、右两侧或动、静脉之间无异常通路或分流,如主动脉缩窄和肺动脉狭窄。

三、病理生理

1. 左向右分流型先心病　患儿共同的病理生理改变是具有自左向右的血液分流，致使肺动脉内血流量增大，早期引起动力性肺动脉高压。晚期因肺小动脉肌层及内膜增厚，管腔狭窄导致梗阻性肺动脉高压，当肺动脉压力高于主动脉压力时，产生自右向左分流，出现持久性青紫，即艾森门格（Eisenmenger）综合征。分流量的存在使肺循环血流量大于体循环血流量。

（1）室间隔缺损：是左、右心室之间的异常通道，是最常见的先天性心脏病，约占我国先天性心脏病的50%。根据缺损位置不同分为膜周部缺损和肌部缺损。根据缺损大小分为①小型缺损：缺损直径小于0.5 cm，常见于肌部；②中型缺损：缺损直径为0.5～1.5 cm；③大型缺损：缺损直径大于1.5 cm，常见于膜部。正常情况下左心室压力高于右心室，存在室间隔缺损时，左心房血液进入左心室后，一部分流入主动脉到达体循环，为有效循环，另一部分经缺损处分流入右心室到达肺循环，为无效循环。分流量的多少取决于缺损大小、心室间压差及肺小动脉阻力（图10-1）。

（2）房间隔缺损：是由于原始心房间隔发育、融合、吸收等异常所致，发病率约为活产婴儿的1/1500，占先天性心脏病发病总数的5%～10%，男女性别比例为1：2。根据解剖病变的不同可分为①原发孔（第一房间孔）型缺损，占15%；②继发孔（第二房间孔）型缺损，占75%；③静脉窦型缺损，约5%；④冠状静脉窦型房间隔缺损，约2%。房间隔缺损可合并其他心血管畸形，较常见的有肺静脉畸形引流入右心房。出生后初期左、右心室壁厚度相似，顺应性也相近，分流量不多。随年龄增长，肺血管阻力及右心室压力下降，心房水平血液自左向右的分流量增加，分流造成右心房和右心室负荷过重而产生右心房和右心室增大，肺循环血量增加和体循环血量减少。分流量的大小取决于缺损的大小和两侧心室顺应性（图10-2）。

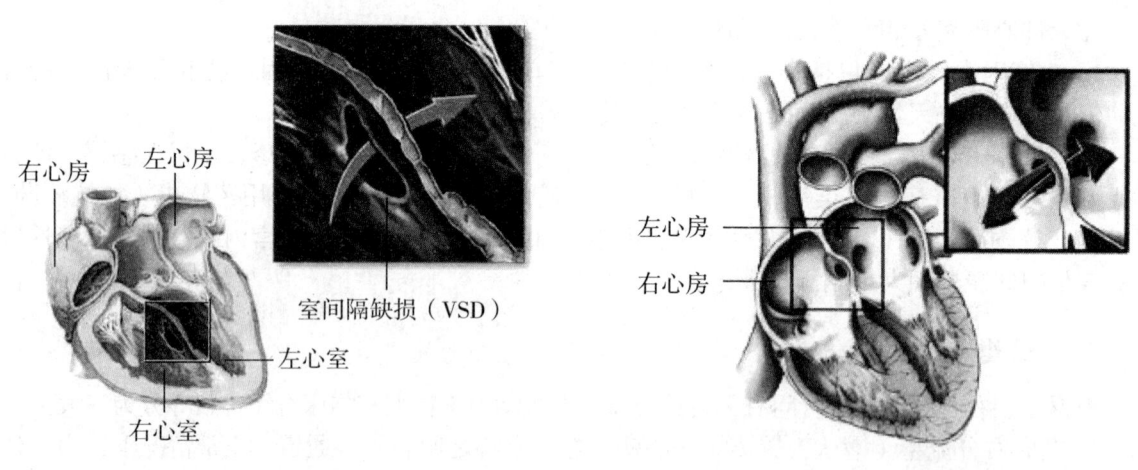

图10-1　室间隔缺损　　　　　　　　图10-2　房间隔缺损

（3）动脉导管未闭：动脉导管为胎儿肺动脉与主动脉之间的正常通道，出生后应自行关闭。若持续开放，并产生病理生理改变，称动脉导管未闭（patent ductus arteriosus，PDA）。根据未闭的动脉导管大小、长短和形态，一般分为3型，即管型、漏斗型及窗型。分流量的大小与导管的粗细及主、肺动脉之间的压力差有关。分流量大者，长期高压冲击造成肺动脉管壁增厚，肺动脉压力增高，当肺动脉压力超过主动脉时，即产生右向左分流，患儿呈现下半身青紫，左上肢轻度青紫，右上肢正常，称为差异性青紫（图10-3）。

2. 右向左分流型先心病　此类先心病最常见的是法洛四联症（tetralogy of Fallot）。法洛四联症是一组复合畸形,包括4种病理改变:肺动脉狭窄、室间隔缺损、主动脉骑跨、右心室肥厚,其中以肺动脉狭窄最重要,对患儿的病理生理和临床表现影响最大。由于肺动脉狭窄,血液进入肺循环受阻,引起右心室负荷增加导致心室肥厚,右心室压力增高,当右心室压力超过左心室时,血液自右心室流向左心室,同时,由于主动脉骑跨于两心室之上,主动脉除接受左心室的血液外,还直接接受一部分来自右心室的静脉血,因而出现青紫。另外,由于肺动脉狭窄,肺循环进行气体交换的血流减少,使青紫更为严重。由于长期缺氧,使红细胞代偿性增多,血液黏滞性增加,容易形成血栓(图10-4)。

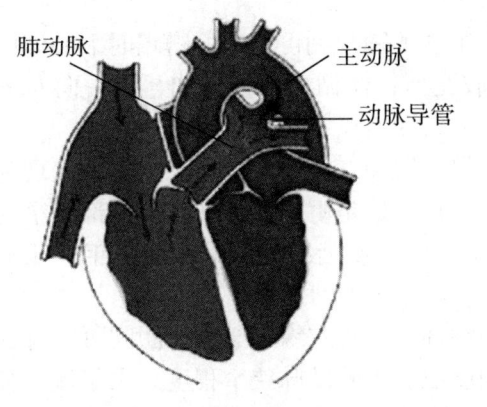

图10-3 动脉导管未闭

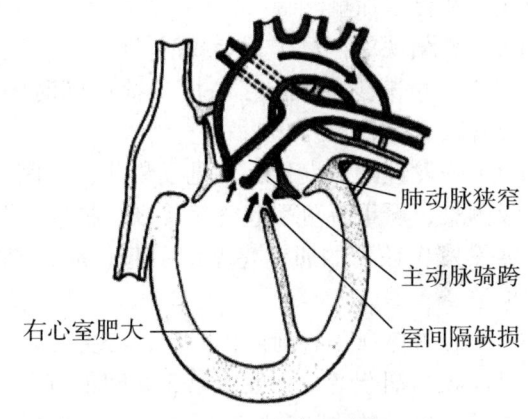

图10-4 法洛四联症

四、临床表现

临床表现取决于分流量多少、缺损大小及畸形发生部位。

1. 左向右分流型先心病　患儿共同的临床表现有:①由于体循环血量减少,患儿活动无耐力,易出现活动后气促及疲乏感。②因肺循环血量增加,易患呼吸道感染,此为患儿就诊主要原因。③一般情况下无青紫,当哭闹、屏气或肺炎合并心力衰竭,出现右向左分流时可青紫;晚期出现梗阻型肺动脉高压时可持续青紫。④体格发育落后,营养状况落后于同龄儿,尤以缺损严重、分流量大者明显。⑤心前区可较饱满,心尖冲动弥散;均有肺动脉瓣区第二心音增强或亢进。⑥易出现支气管肺炎、充血性心力衰竭、肺水肿、亚急性感染性心内膜炎等并发症。

(1) 室间隔缺损:为最常见的先天性心脏病。室间隔缺损在新生儿期由于右心室及肺动脉压力较大,可阻挡左心室流过来的血液,所以出生1周内,可能听不到心脏杂音。生后4～8周时,在其胸骨左缘第3～4肋间可闻及Ⅲ～Ⅳ级粗糙的全收缩期杂音,向心前区广泛传导。小的缺损对患儿影响不大,但可以出现较响亮的杂音;相反,缺损大者因为血流平稳杂音不明显。

(2) 房间隔缺损:在婴儿期,由于右心室心肌较厚、较硬,从左心房流过来的血液会受到一些阻挡,因此较少听到杂音。随着年龄的增长,右心室室壁变薄、弹性增加,由左心房流过来的血量增加,造成肺动脉瓣相对狭窄,杂音逐渐明显。在其胸骨左缘2～3肋间可闻及Ⅱ～Ⅲ级收缩期喷射性杂音。由于流经肺动脉血流增多,肺动脉瓣关闭延迟,可出现肺动脉瓣区第二心音固定分裂。

(3) 动脉导管未闭:在早产儿,体重在1.5 kg以下者,由于发育不成熟,其发生率高达40%～50%,但大部分无症状,通常在12周内自动关闭。动脉导管未闭患儿在胸骨左缘第2肋间可闻及粗糙响亮的连续性机器样杂音,占据整个收缩期和舒张期,向左上和腋下传导。

因脉压差增大可引起枪击音、水冲脉、毛细血管搏动征阳性等周围血管征。

2. 右向左分流型先心病　患儿共同的临床表现有：①青紫为本病最突出的表现，由于肺循环血流量减少，患儿可以出现不同程度的青紫。②患儿长期处于缺氧环境中，可使指、趾端毛细血管扩张增生，出现杵状指（趾）；体格发育落后，重者智能发育也落后。③由于长期缺氧，红细胞增加，血液黏稠高，血流变慢易引起血栓。此类先心病最常见的是法洛四联症，约占先天性心脏病发病总数的10%。以下重点介绍法洛四联症的临床特点。

（1）青紫：为主要表现，在出生后不久即有青紫，其程度和出现的早晚与肺动脉狭窄程度有关，青紫以唇、球结膜、指（趾）等毛细血管丰富的部位明显。在吃奶、哭闹、活动后即可出现气急和青紫加重。

（2）蹲踞现象：每于行走或活动时，因气急而主动下蹲片刻再行走。蹲踞时下肢屈曲，使静脉回心血量减少，减轻了心脏负荷；同时因下肢受压，体循环阻力增加，使右向左分流减少，缓解缺氧状态。

（3）阵发性缺氧发作：多见于婴儿，诱因有吃奶、哭闹、情绪激动、感染等，表现为阵发性呼吸困难，严重者可引起突然昏厥、抽搐，甚至死亡。这是由于在肺动脉漏斗部狭窄的基础上，突然发生该处的肌肉痉挛，引起一时性肺动脉梗阻，使脑缺氧加重所致。年长儿常诉头痛、头晕。

（4）心脏体征：心前区可隆起，心尖冲动呈抬举性。胸骨左缘第2～4肋间可闻及Ⅱ～Ⅲ级喷射性收缩期杂音，一般以第3肋间最响，其响度取决于肺动脉狭窄程度。由于流经肺动脉的血流量减少，导致肺动脉瓣区第二心音减弱。发绀持续6个月以上，出现杵状指（趾）。

（5）并发症：红细胞增多症、脑血栓、脑脓肿和亚急性感染性心内膜炎。

 考点提示

先天性心脏病的病因、分类、临床表现。

五、辅助检查

1. 血液检查　法洛四联症患儿周围血红细胞增多，血红蛋白和血细胞比容增高。
2. X线检查　缺损小或狭窄轻者可无明显改变；中、大型缺损者改变明显（表10-1）。

（1）左向右分流型先心病：患儿可有肺动脉段突出，肺门血管影增粗呈"肺门舞蹈"征，肺野充血，主动脉影缩小等共同特点。①室间隔缺损：以左心室增大为主，左心房也常增大，晚期可出现右心室增大。②房间隔缺损：右心房、右心室增大为主，心影略呈梨形。③动脉导管未闭：以左心室和左心房增大为主，晚期可出现右心室增大。

（2）右向左分流型先心病：患儿可有肺门血管影缩小，肺纹理减少，透亮度增加等共同特点。法洛四联症的典型心影呈靴形，是由右心室肥大使心尖上翘和漏斗部狭窄，导致心腰凹陷所致。

3. 心电图　小型缺损者可无改变，中、大型缺损者可出现与X线检查相一致的心室、心房肥大，房间隔缺损可有电轴右偏和不完全性右束支传导阻滞。

4. 超声心动图　二维超声心动图可显示室间隔或房间隔回声中断，提示缺损的位置和大小。多普勒彩色血流显像可直接见到血液分流的位置、方向及分流的大小，且属于无创检查，故超声心动图检查是先天性心脏病最有价值的辅助检查。

5. 其他　根据需要，可选择心导管检查、心血管造影、磁共振成像等检查，以明确诊断。

表 10-1 先天性心脏病 X 线检查及主要体征鉴别

		室间隔缺损	房间隔缺损	动脉导管未闭	法洛四联症
X 线检查	胸透：肺门舞蹈征	有	有	有	无
	肺动脉段	凸出	凸出	凸出	凹陷
	肺野	充血	充血	充血	清晰
	肺门阴影	增粗	增粗	增粗	缩小
	房室增大	左室（早）、右室（晚）	右房（早）、右室（晚）	左室，偶有左房	右室，靴型心
体征	杂音部位	胸骨左缘第 3、4 肋间	胸骨左缘第 2、3 肋间	胸骨左缘第 2 肋间	胸骨左缘第 2~4 肋间
	杂音性质	粗糙，全收缩期杂音	收缩期喷射性杂音	连续性机器样杂音	喷射性收缩期杂音
	P_2	亢进	亢进且固定分裂	亢进	减弱
	其他体征	艾森门格综合征	艾森门格综合征	周围血管征、差异性青紫	杵状指（趾）、心前区隆起

六、治疗要点

1. 内科治疗 防治感染、心力衰竭、血栓形成、缺氧发作等并发症，确保患儿健康成长，安全达到适合手术的年龄。

2. 手术治疗

（1）手术适应证：分流量小，无明显临床症状者可不做手术，但应定期随访，根据病情变化再做决定。分流量大，症状明显者应尽早进行手术治疗，以免发展成梗阻性肺动脉高压后失去手术机会。

（2）手术年龄：一般先天性心脏病最适宜的手术年龄为 4~5 岁，但如果症状明显或反复出现心力衰竭等并发症者，可不受年龄限制。近年来，随着外科手术的不断发展，手术年龄在不断提前，如某些复杂先天性心脏病手术，国外多主张在新生儿期进行。

（3）手术方法：房、室间隔缺损可做缺损修补术；动脉导管未闭可行单纯结扎或切断缝合术，法洛四联症可行根治术或先行姑息手术再做根治术。

3. 介入治疗 近年来，导管介入疗法治疗小儿先天性心脏病已取得了很大进展，该法治疗动脉导管未闭、房间隔缺损、室间隔缺损等不需开胸，安全，恢复快，并发症少，且疗效确切。如采用微型弹簧圈或蘑菇伞堵塞动脉导管已成为首选的治疗方法。

七、常见护理诊断

1. 活动无耐力 与体循环血流量减少或血氧饱和度下降有关。
2. 营养失调：营养摄入量低于机体需要量 与喂养困难及体循环血流量减少、组织缺氧有关。
3. 生长发育改变 与体循环血流量减少或血氧下降影响生长发育有关。
4. 有感染的危险 与肺血流量增多及心内缺损易致心内膜损伤有关。
5. 潜在并发症 如心力衰竭、感染性心内膜炎、脑血栓。
6. 焦虑 与疾病的威胁和对手术担忧有关。

八、护理措施

1. 一般护理

（1）建立合理的生活制度：安排好患儿的作息时间，保证身体舒适、环境安静、睡眠充足。各种护理及治疗尽量集中进行，避免剧烈哭闹和情绪激动，以免增加心脏负担。除重症患儿应卧床休息外，其他可根据病情适当安排活动量，以患儿不感到疲乏为度，以增强心脏储备功能。

（2）供给充足营养：注意营养搭配，供给充足能量、蛋白质和维生素，保证营养需要，以增强体质，提高对手术的耐受。对喂养困难的小儿喂养要耐心，可少量多餐，避免呛咳。心功能不全有水钠潴留时，应根据病情，采用无盐或低盐饮食。

（3）保持排便通畅：多食含纤维素丰富的食物，防止便秘。患儿超过2天无排便时应报告医生给予缓泻剂，避免因下地独自排便而发生意外。

2. 病情观察

（1）监测生命体征：如神志、体温、脉搏、呼吸、血压。

（2）缺氧发作：注意防止法洛四联症患儿因活动、哭闹、便秘等引起缺氧发作。

（3）并发症：观察患儿有无心率增快、呼吸困难、端坐呼吸、吐泡沫样痰、水肿、肝大等心力衰竭表现；有无血培养阳性、较长时间发热、原有心脏杂音改变等感染性心内膜炎表现；有无肢体发麻及运动障碍、言语不清、眩晕、视物模糊等脑血栓表现。

3. 诊疗护理　根据诊疗计划为患儿实施辅助检查及药物治疗。

（1）辅助检查：做好相关检查，如心导管检查和心血管造影患儿手术前后的护理。

（2）缺氧发作：立即置患儿于膝胸卧位，给予吸氧，并根据医嘱给予药物治疗：普萘洛尔（心得安）每次0.1 mg/kg，加入葡萄糖20 ml缓慢（5～10 min）静脉推注，必要时15 min后再重复一次；重者可皮下注射吗啡，每次0.1～0.2 mg/kg；纠正酸中毒。经常有缺氧发作者，可口服普萘洛尔（心得安）预防。

（3）心力衰竭：立即置患儿于半卧位，给予吸氧，遵医嘱给予抗心力衰竭治疗，并按心力衰竭实施护理。

（4）蹲踞现象：患儿不可强行拉起，可让患儿自行休息，以改善缺氧症状。

4. 对症护理

（1）防止血栓形成：法洛四联症患儿血液黏度高，发热、出汗、吐泻时，体液量减少，加重血液浓缩易形成血栓，因此要注意供给充足液体，必要时可静脉输液。

（2）预防感染：注意体温变化，并及时加减衣服，避免受凉引起呼吸系统感染。注意保护性隔离，以免交叉感染。做小手术时，如拔牙应给予抗生素预防感染，防止感染性心内膜炎发生，一旦发生感染应积极治疗。

5. 心理护理　评估患儿是否有因正常活动、游戏、学习受到不同程度的限制和影响而出现抑郁、焦虑、自卑、恐惧等心理。了解家长是否因本病的检查和治疗比较复杂、风险较大、预后难以预测、费用高而出现焦虑和恐惧等。分析导致心理问题产生的原因，通过建立良好的护患关系，关心爱护患儿，消除患儿的紧张心理，向家长和患儿解释病情和检查、治疗经过，以取得他们的理解和配合。

九、健康指导

1. 疾病知识指导　向家长介绍导致先天性心脏病的病因、目前患儿的病情状况、为患儿拟订的诊疗计划及采取的护理措施，以取得家长的配合及支持。

2. 用药指导　指导家长和患儿合理用药，预防感染和出现并发症。

3. 卫生保健知识指导　加强孕期保健，远离与发病有关的危险因素。同时，可以在妊娠早中期通过胎儿超声心动图及染色体、基因诊断等手段对先天性心脏病进行早期诊断和早期干预。指导家长掌握先天性心脏病患儿的日常护理，建立合理的生活制度，定期复查，调整心功能到最好状态，使患儿能安全到达手术年龄，顺利地完成手术。

第三节　病毒性心肌炎患儿的护理

病毒性心肌炎是各种病毒侵犯心脏引起的心肌间质炎症细胞浸润和邻近的心肌细胞坏死，导致心功能障碍和其他系统损害的疾病。其病理特征为心肌细胞的坏死或变性，有时病变也可累及心包或心内膜。儿童期的发病率尚不明确。国外资料显示本病非常见病。

一、病因及发病机制

引起心肌炎的病毒种类较多，以柯萨奇 B 组病毒最多见，其次为埃可病毒、脊髓灰质炎病毒、流感和副流感病毒、腺病毒、单纯疱疹病毒等。其他病毒性感染如麻疹、风疹、水痘、腮腺炎、肝炎偶可并发心肌炎。值得注意的是新生儿期柯萨奇 B 组病毒感染可导致群体流行，其死亡率可高达 50% 以上。

二、临床表现

病情轻重不一，取决于年龄和感染的急性或慢性过程，轻症患者可无明显自觉症状，仅有心电图改变；重症患者可出现严重的心律不齐、充血性心力衰竭、心源性休克，甚至猝死。

1. 症状　典型病例在起病前数日或 1～3 周有呼吸道或消化道感染，可伴有发热、咳嗽、咽痛、周身不适、腹泻、皮疹等前驱症状，继而出现心脏症状。根据病情可分为轻、中、重三型。轻者症状轻，以乏力为主，有多汗、食欲缺乏、心悸、气短及心前区不适等；中型除上述症状外，多有充血性心力衰竭，患儿拒食、面色苍白、呕吐、呼吸困难、烦躁不安等；重型少见，呈暴发型，起病急，可因严重心律失常致晕厥发作、心源性休克或猝死。新生儿患病时病情进展快，可表现为高热、反应低下、呼吸困难及嗜睡等，常伴脑膜炎、胰腺炎、肝炎等其他脏器炎症。

2. 体征　轻症常缺乏相应体征，仅有心动过速、期前收缩等。典型病例可有心脏扩大，第一心音低钝，奔马律，阵发性心动过速、异位搏动、心房颤动、心室颤动等心律失常；伴心包炎者可听到心包摩擦音；一般无器质性杂音，仅在胸前或心尖区闻及 Ⅰ～Ⅱ 级吹风样收缩期杂音。重症可发展为充血性心力衰竭或血压下降、心源性休克而出现相应体征。

 考点提示

病毒性心肌炎的常见病原体、临床表现和护理措施。

三、辅助检查

1. 心电图　可见严重心律失常，如各种期前收缩尤以室性期前收缩多见，尚有室上性或室性心动过速，心房扑动或颤动，心室颤动，部分性或完全性窦房、房室或室内传导阻滞。心肌受累明显时可见多导联 ST 段偏移和 T 波低平、双向或倒置，QT 间期延长，QRS 波群低电压；大片心肌坏死时有宽大的 Q 波，类似心肌梗死。心电图常缺乏特异性，必要时需动态观察。

2. 血清心肌酶谱测定 病程早期血清肌酸激酶（CK）及其同工酶CK-MB）、乳酸脱氢酶（LDH）及其同工酶（LDH1）、血清天冬氨酸转氨酶（AST）均增高。近年来通过随访观察发现心肌肌钙蛋白（cTn或cTnT）的变化对心肌炎诊断的特异性更强。

3. 超声心动图检查 可显示心房、心室的扩大，心室收缩功能受损程度，探查有无心包积液及瓣膜功能。

4. 病毒学诊断 可通过分离病毒和从恢复期血清中检测相应抗体，有助于病原体的诊断。

5. 心肌活检 确诊心肌炎和分期的金标准，但由于取材部位的局限性，及患者的依从性不高，阳性率不高。

四、治疗原则

1. 休息 急性期需卧床休息以减轻心脏负担。
2. 抗感染治疗 适用于病毒感染早期，但疗效不确定。
3. 改善心肌营养 果糖-1,6-二磷酸有益于改善心肌能量代谢，促进受损细胞的修复，同时可选用大剂量维生素C、泛醌（CoQ10）、维生素E和维生素B族。中药可选用生脉饮、黄芪口服液。
4. 糖皮质激素 一般不使用。对重症患儿合并心源性休克、Ⅲ度房室传导阻滞、室性心动过速、严重心力衰竭时可足量、短期使用。
5. 大剂量丙种球蛋白 通过免疫调节作用减轻心肌损害。
6. 对症治疗

（1）控制心力衰竭：心肌炎时对洋地黄制剂比较敏感，容易中毒，故剂量应偏小，一般用有效剂量的2/3即可。重症患儿加用利尿剂时，尤应注意电解质平衡，以免引起心律失常。

（2）心源性休克：静脉大剂量滴注肾上腺皮质激素，或静脉推注大剂量维生素C常可取得较好的效果，如效果不满意可应用调节血管紧张度的药物如多巴胺、异丙肾上腺素和重酒石酸间羟胺（阿拉明）加强心肌收缩、维持血压和改善微循环。

（3）心律失常：一般轻度心律失常如期前收缩、Ⅰ度房室传导阻滞，多不用药物纠正；快速心律失常者可用抗心律失常药；心率缓慢和Ⅲ度房室传导阻滞或出现阿-斯综合征者需安装人工心脏起搏器。

五、护理诊断

1. 活动无耐力 与心肌收缩力下降、组织供氧不足有关。
2. 潜在并发症 如心律失常、心力衰竭、心源性休克。

六、护理措施

1. 一般护理

（1）休息：活动和疲劳可使病情加重，故休息相当重要。急性期需卧床休息至热退后3～4周，心影恢复正常后，才可下床轻微活动。恢复期应继续限制活动量，一般总休息时间不少于3～6个月。病情较重，心脏增大者，卧床不少于6个月，如心脏未明显缩小，应适当延长卧床时间。有心功能不全者，应绝对卧床休息，心力衰竭获得控制，心脏情况好转后，才可轻度活动。

（2）饮食：给予高热量、高蛋白、清淡易消化且营养丰富的饮食，多食富含维生素C的新鲜蔬菜及水果，少量多餐。

2. 病情观察

（1）生命体征：密切观察和记录患儿精神状态、面色、心率、心律、呼吸、体温和血压变化。

（2）并发症：有明显心律不齐者应进行连续心电监护，发现多源性期前收缩、频发室性期前收缩、高度或完全性房室传导阻滞、心动过速、心动过缓时应立即报告医生；观察患儿有无心率增快、呼吸困难、肝大、颈静脉扩张等心力衰竭表现；以及有无面色苍白、四肢厥冷、皮肤发花、指（趾）发绀、血压下降等心源性休克表现。

3. 诊疗护理　根据诊疗计划为患儿实施辅助检查及药物治疗。使用洋地黄时剂量应偏小，注意观察有无心率过慢，出现新的心律失常和恶心、呕吐等消化系统症状，如有上述症状暂停用药，并报告医生及时处理，避免洋地黄中毒；使用血管活性药物和扩张血管药时，要准确控制滴速，最好能使用输液泵，以避免血压波动过大。

4. 对症护理

（1）心力衰竭：置患儿于半卧位，给予吸氧，尽量保持其安静，必要时可根据医嘱给予镇静剂，静脉给药速度不宜过快，以免加重心脏负担。

（2）心悸及心前区不适：给予吸氧，采用高枕卧位、半坐卧位休息，尽量避免左侧卧位，因左侧卧位时患儿能感觉心脏的搏动，增加不适感。

（3）心律失常：严重心律失常致晕厥发作时，立即置患儿于平卧头低位，给予吸氧，松开衣领，松解衣服，注意保暖，做好电复律等急救准备。

（4）心源性休克：患儿应立即送重症监护病房，但在此之前，应每 15 min 测量一次心率、血压和呼吸，观察意识状况及血气分析的变化，并准确记录患儿的出入量。同时必须增加心肌供氧量，以最大限度增加心排血量，可通过鼻导管给氧 1～2 L/min，如果患儿有呼吸困难、低氧血症和严重肺水肿时需使用机械通气。当患儿疼痛或烦躁不安时，需给予镇静剂或镇痛剂。

5. 心理护理　患儿因正常活动、游戏、学习受到不同程度的限制和影响易出现抑郁、焦虑、自卑等心理。重型心肌炎患者，病情进展快，家长及患儿易产生紧张、恐惧心理。分析导致心理问题产生的原因，通过向患儿及家长介绍本病的治疗过程和预后，减少患儿和家长的焦虑和恐惧心理。

七、健康指导

1. 疾病知识指导　向家长介绍导致患儿心肌炎的病因、目前患儿的病情状况、为患儿拟订的诊疗计划及采取的护理措施，以取得家长的配合及支持。

2. 用药指导　向家长介绍常用营养心肌药物的种类、使用方法及注意事项。带抗心律失常药物出院的患儿，应让患儿和家长了解药物的名称、剂量、用药方法及其副作用。

3. 卫生保健知识指导　强调休息对心肌炎恢复的重要性，出院后需继续休息，避免劳累。注意保护性隔离，疾病流行期间避免患儿去公共场所。嘱患儿出院后定期到门诊复查，教会患儿及家长测脉搏的方法，发现异常或伴有胸闷、心悸等不适时及时复诊。

思政园地

中国小儿心胸外科创始人——丁文祥

丁文祥教授出生在安徽宿县（现宿州市），18 岁时考入上海震旦大学学习医科，以优异的成绩毕业。20 世纪 60 年代初，在小儿外科领域已经小有建树的丁文祥将目光投向了小儿外科难度最大的分支——小儿心胸外科，并付出自己毕生的精力。

他组建了新中国第一个小儿心胸外科，主持研发了第一台小儿人工心肺机，丁文祥设计并监制的小儿心脏手术专用器械等不仅填补了空白，更为中国开展婴幼儿心脏手术提供了基本的条件。这些器械被广泛应用，同行们称之为"丁氏"器械。

20 世纪 70 年代中期，丁文祥团队为 1 例 18 个月、体重 10 kg 的幼儿成功施行了深低温体外循环下的心胸外科手术并获得成功，开创了国内婴幼儿深低温心内直视手术先河，标志着中国小儿心胸外科的建设迈上新台阶。

1981 年丁文祥赴日本参观考察，学习世界一流的体外循环技术，并系统性地引入中国。回国后，丁文祥踏上了研制"人工肺"的征程。整整四年，国产膜肺终于问世。

如今，上海儿童医学中心成为世界最大的儿科先天性心脏病临床中心之一。心胸外科手术例数上升至每年 3000 例；其中，小于 1 岁的婴幼儿和复杂性先心病的比例都超过 55%，总体成功率为 98%，居国内领先地位。

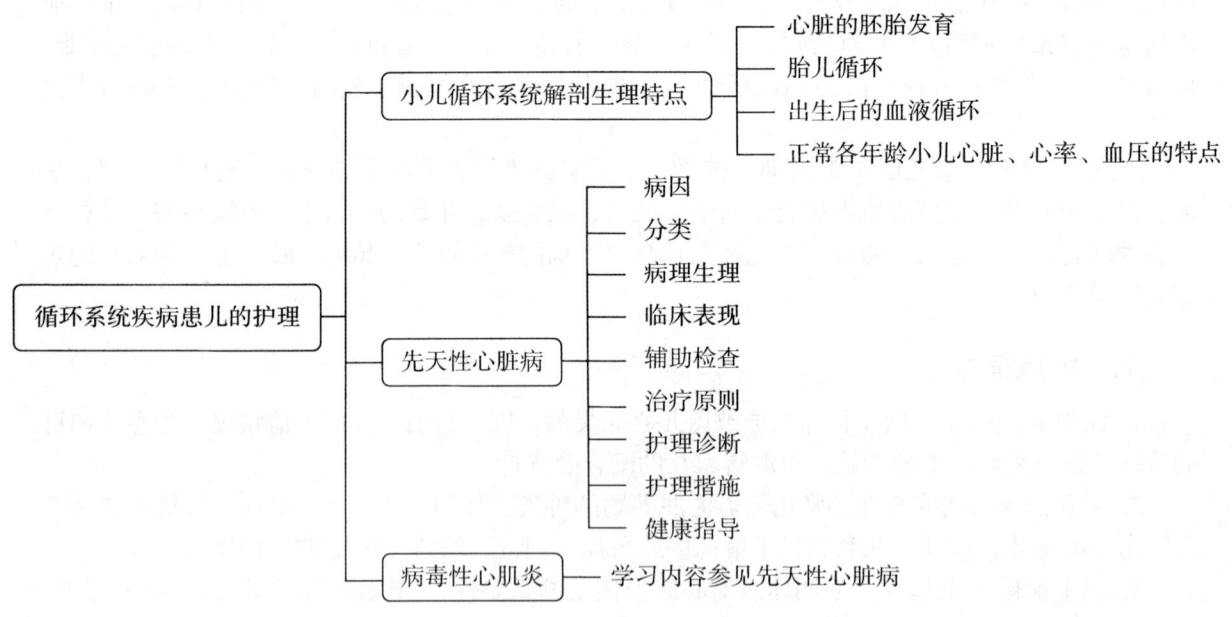

自测题

1. 简述胎儿血液循环特点。
2. 简述法洛四联症的组成。法洛四联症患儿喜蹲踞的原因是什么？

（刘 宇）

第十一章 泌尿系统疾病患儿的护理

学习目标

通过本章学习，学生应达到：

1. 素质目标　以解决患儿心理问题为目标，关心爱护儿童，具有良好的人文关怀，做好心理护理。

2. 能力目标　能够评估急性肾小球肾炎、原发性肾病综合征、尿路感染患儿，并制订护理计划、对患儿及家长开展健康指导。

3. 知识目标　简述急性肾小球肾炎、原发性肾病综合征、尿路感染的身体状况及治疗原则。解释小儿泌尿系统解剖生理特点与小儿泌尿系统疾病的关系，以及急性肾小球肾炎、原发性肾病综合征、尿路感染的基本知识（病因、发病机制）。

第一节　小儿泌尿系统解剖生理特点

一、解剖特点

1. 肾　小儿年龄越小，肾相对越大，足月新生儿肾长约 6.0 cm，重 24 g，两肾重量约为体重的 1/125（成人肾长约 12.0 cm，重 150 g，两肾重量约为体重的 1/220）。肾位于腹膜后脊柱两侧，左右各一，形似蚕豆。婴儿期肾的位置偏低，下极位于髂嵴以下第 4 腰椎水平，2 岁以后才达髂嵴以上，故 2 岁以内健康小儿腹部触诊容易触及肾。新生儿肾表面呈分叶状，至 2～4 岁时消失，若此后继续存在，应视为分叶畸形。

2. 输尿管　婴幼儿的输尿管长而弯曲，由于管壁肌肉及弹力纤维发育不全，容易扩张受压及扭曲导致梗阻，引起尿潴留而诱发尿路感染。

3. 膀胱　婴儿的膀胱位置相对较高，尿液充盈时可升入腹腔，其顶部常在耻骨联合以上，腹部触诊易扪及，以后随年龄增长逐渐下降至盆腔内。

4. 尿道　女婴尿道较短（新生女婴尿道长仅 1 cm，性成熟期为 3～5 cm），外口暴露且接近肛门，故易受粪便污染而发生上行性感染。男婴尿道较长（5～6 cm），常有包皮过长或包茎，积垢后也可引起细菌上行性感染。

二、生理特点

（一）肾功能

由于小儿肾发育尚未成熟，整个机体和肾的调节能力较弱，肾储备能力差。新生儿及婴幼儿对钠的调节幅度有限，在应急状态下，往往不能做出相应的反应，容易发生水钠潴留，导致水肿。小儿肾功能 1～1.5 岁达成人水平。

1. 肾小球滤过率（glomerular filtration rate，GFR）　新生儿出生时肾小球滤过率平均约为 20 ml/(min·1.73m^2),早产儿更低。生后 1 周时为成人的 1/4,3~6 个月为成人的 1/2,6~12 个月为成人的 3/4,2 岁达成人水平,故 2 岁以前小儿不能有效地排出体内过多的水分和溶质。

2. **肾小管吸收和分泌功能** 新生儿葡萄糖肾阈较低,口服或静脉输入葡萄糖量大时易出现糖尿;氨基酸和磷的肾阈也较成人低。新生儿钠的吸收主要在远端小管,生后数周近端小管功能逐渐成熟,钠吸收与成人相似。新生儿排钠能力差,易发生钠潴留,导致水肿。未成熟儿肾保钠能力差,易导致低钠血症。出生 10 天内的新生儿排钾能力较差,血钾偏高。

3. **浓缩和稀释功能** 新生儿及婴幼儿浓缩尿液的功能不足,尿最高渗透压仅达 700 mmol/L(成人可达 1400 mmol/L);排出溶质所需的液体量较多,脱水时易导致急性肾功能不全。新生儿和婴幼儿稀释尿的能力接近成人,尿可稀释至 40 mmol/L,但因为 GFR 低,大量水负荷或输液过快时,易出现水肿。

4. **酸碱平衡** 新生儿及婴幼儿因碳酸氢盐的肾阈低(19~22 mmol/L)、泌氢和生成铵的能力差,故血浆碳酸氢盐水平低,缓冲酸的能力有限,易致代谢性酸中毒。

5. **肾内分泌功能** 新生儿肾合成肾素较多,肾素分泌多,使血浆中血管紧张素 II 和醛固酮也高于成人,生后数周内逐渐降低。

(二)小儿尿液及排尿特点

1. 尿液特点

(1)尿色及酸碱度:正常小儿尿色淡黄,pH 为 5~7。出生后最初几天尿色较深,稍混浊,因含尿酸盐较多,放置后有褐色沉淀(尿酸盐结晶)。寒冷季节尿排出后变为白色混浊,是由于尿中盐类结晶所致。

(2)尿渗透压和尿比重:新生儿尿渗透压平均为 240 mmol/L,比重为 1.006~1.008,1 岁以后接近成人水平,儿童尿渗透压通常为 500~800 mmol/L,尿比重通常为 1.011~1.025。

(3)尿蛋白:正常小儿尿蛋白定性试验阴性,定量不超过每天 100 mg,超过 150~200 mg 为异常;一次尿蛋白(mg/dl)/肌酐(mg/dl)≤ 0.2,超过为异常。

(4)尿细胞和管型:正常小儿新鲜离心尿沉渣红细胞 < 3/HP,白细胞 < 5/HP,管型一般不出现。12 h 尿细胞计数(Addis count):红细胞 < 50 万,白细胞 < 100 万,管型 < 5000 个为正常。

2. **排尿次数** 93% 的新生儿在生后 24 h 内开始排尿,99% 在 48 h 内排尿。出生后最初几天因摄入少,每日排尿仅 4~5 次;1 周后因入量增加,代谢旺盛,而膀胱容量小,排尿次数增至 20~25 次/日;1 岁时排尿 15~16 次/日;学龄前和学龄期减到 6~7 次/日。

3. **尿量** 个体差异较大,与每日饮食、摄入水量、气温、活动量及精神等因素相关。新生儿正常尿量为每小时 1~3 ml/kg;每小时 < 1.0 ml/kg 为少尿,每小时 < 0.5 ml/kg 为无尿。正常每日尿量(ml)约为(年龄—1)×100+400。婴儿每日尿量为 400~500 ml,幼儿为 500~600 ml,学龄前小儿为 600~800 ml,学龄儿为 800~1400 ml。学龄儿每日尿量 < 400 ml,学龄前小儿 < 300 ml,婴幼儿 < 200 ml 为少尿。每日尿量 < 50 ml 为无尿。

4. **排尿控制** 婴儿期排尿机制由脊髓反射完成,以后建立脑干-大脑皮质控制。一般至 3 岁左右小儿已能控制排尿。在 1.5~3 岁,小儿主要通过控制尿道外括约肌和会阴肌而非逼尿肌来控制排尿;若 3 岁后仍保留这种排尿机制,不能控制膀胱逼尿肌收缩,则常表现为白天尿频、尿急或尿失禁和夜间遗尿,被称为不稳定膀胱。

第二节 急性肾小球肾炎患儿的护理

案例 11-1

患儿，男，两周前患扁桃体炎，经治疗后好转。最近两天早晨起来发现眼皮肿胀，睁眼困难，小腿也肿了，尿也变少了，而且排出来的尿就像洗过肉的水一样，家长很着急，所以带他来医院看病。经检查及化验后，医生诊断：急性肾小球肾炎。并告诉家长，要严格卧床休息。

问题：
1. 护理人员对该患儿如何进行护理评估？
2. 如何为家长讲解严格卧床的重要性？

急性肾小球肾炎（acute glomerulonephritis，AGN）简称急性肾炎，是一组不同病因引起感染后免疫反应导致的急性弥漫性肾小球炎性病变。主要临床表现为急性起病，多有前驱感染，以血尿、水肿和高血压为主要特点，可伴有不同程度的蛋白尿或肾功能不全。本病多发生于急性溶血性链球菌感染后，称为急性链球菌感染后肾小球肾炎（acute post-streptococal glomerulonephritis，APSGN）；而由其他感染后引起的急性肾炎，称为急性非链球菌感染后肾小球肾炎（acute non-poststreptococcal glomerulonephritis）。本节重点介绍 APSGN。本病多见于 5～14 岁小儿，男女之比约为 2：1。本病在小儿常呈自限过程，预后良好。轻者无明显临床症状，仅于尿检时发现异常；重者在病期两周以内可出现循环充血、高血压脑病、急性肾衰竭而危及生命。

一、病因及发病机制

急性肾小球肾炎绝大部分是由甲型乙型溶血性链球菌感染引起的一种免疫复合物性疾病。链球菌某些成分作为抗原刺激机体产生抗体，抗原抗体结合形成循环免疫复合物，此种循环免疫复合物不易被吞噬清除，随血液抵达肾，沉积于肾小球基膜上并激活补体系统，引起免疫和炎症反应，使基膜损伤，血液成分渗出毛细血管，尿中出现蛋白、红细胞、白细胞和各种管型。与此同时，细胞因子等刺激肾小球内皮和系膜细胞，使之肿胀、增长，严重时形成新月体，使肾小球滤过率降低，出现少尿、无尿，甚至急性肾衰竭。因 GFR 降低，水钠潴留，细胞外液和血容量增多，临床上出现不同程度的水肿、循环充血和高血压，严重者可出现高血压脑病（图 11-1）。

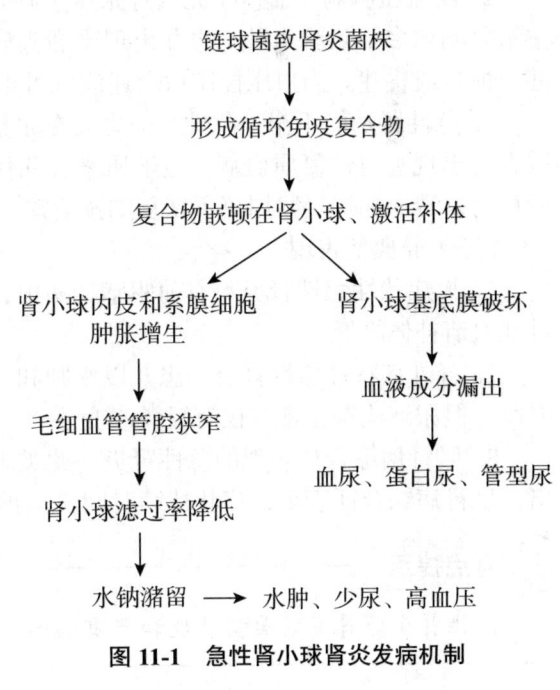

图 11-1 急性肾小球肾炎发病机制

考点提示

急性肾小球肾炎的病因。

二、临床表现

起病时可有低热、食欲缺乏、疲倦、乏力、头晕、腰部钝痛等非特异症状。部分患者有呼吸道或皮肤感染病灶。

（一）典型表现

1. 水肿　为早期常见症状。70%患儿有水肿，初期眼睑及颜面部水肿，晨起重，渐波及躯干、四肢，重者遍及全身，呈轻中度非凹陷性水肿。

2. 少尿　早期均有尿色深，尿量明显减少，严重者可出现无尿。

3. 血尿　为初起症状，起病时绝大多数患儿有血尿。轻者仅有镜下血尿，50%～70%有肉眼血尿，在酸性或中性尿液中血尿呈茶褐色，在碱性尿液中血尿呈鲜红色或洗肉水样。肉眼血尿多在1～2周消失后转为镜下血尿，少数持续3～4周，而镜下血尿一般持续1～3个月，运动后或并发感染时血尿可暂时加剧。

4. 高血压　30%～80%的患儿有血压增高，因水钠潴留血容量增多所致，学龄前儿童血压约为120/80 mmHg，学龄儿童血压130/90 mmHg。血压一般在1～2周后随尿量增多而恢复正常。

（二）严重病例

少数患儿在急性起病2周内可出现下列严重并发症，如不早期发现及时治疗，可危及生命。

1. 严重循环充血　由于水钠潴留，血浆容量增加而出现循环充血，轻者仅有轻度呼吸增快，肝大；严重者明显气急、端坐呼吸、咳嗽、咳粉红色泡沫痰，两肺布满湿啰音，心脏扩大，心率增快，有时可出现奔马律等症状。危重病例可因急性肺水肿于数小时内死亡。

2. 高血压脑病　血压（尤其舒张压）骤升，超过脑血管代偿性收缩机制，使脑组织血液灌注量急剧增多而致脑水肿。患儿出现剧烈头痛、烦躁不安、恶心、呕吐、一过性失明，严重者甚至惊厥或昏迷。当血压控制后上述症状可迅速缓解。

3. 急性肾功能不全　急性肾炎患儿在尿量减少同时可出现暂时性氮质血症，严重少尿或无尿患儿出现暂时性氮质血症、电解质紊乱和代谢性酸中毒，一般持续3～5日，尿量逐渐增多后病情好转。如持续数周仍不恢复则预后差。

（三）非典型表现

1. 无症状性急性肾炎　有前驱感染病史，患儿仅有镜下血尿，血清链球菌抗体可增高，一过性血清补体降低。

2. 肾外症状性急性肾炎　患儿以水肿和（或）高血压起病，严重者并发高血压脑病或循环充血，但尿液检查正常或仅有轻微改变。

3. 以肾病综合征表现的急性肾炎　此类患儿不多见，以急性肾炎起病，但水肿和蛋白尿突出，呈肾病综合征表现，症状持续时间长，预后较差，部分患儿可演变为慢性进行性肾炎。

 考点提示

急性肾小球肾炎的典型表现和严重病例。

三、辅助检查

（一）尿液检查

尿相对密度增加；镜检可见大量红细胞，尿蛋白定性＋～＋＋＋；白细胞＋～＋＋/HP，可见透明管型、颗粒管型或红细胞管型。

（二）血液检查

1. 有轻度贫血（血容量增加，血液被稀释有关），急性期血沉增快。
2. 血清抗链球菌抗体（如抗链球菌溶血素 O、抗透明质酸酶、抗脱氧核糖核酸酶）升高，提示新近链球菌感染，是诊断链球菌感染后肾炎的依据。
3. 血清总补体（CH_{50}）及 C_3 常在病程早期显著下降，多在 6～8 周恢复正常。
4. 少尿期有轻度氮质血症，尿素氮、肌酐暂时升高。

 考点提示

急性肾小球肾炎的辅助检查（尿液检查和血液检查特点）。

四、治疗原则

急性肾炎为自限性疾病，无特异性治疗方法。主要的治疗原则是严格休息，合理饮食，对症处理，清除残留感染灶，注意观察和防止急性期并发症，保护肾功能。

（一）控制感染

有感染灶时，应用青霉素肌内注射 10～14 天，青霉素过敏者改用红霉素，以清除病灶中的链球菌。

（二）对症治疗

1. 利尿　急性期有明显水肿、少尿、高血压者应给予利尿剂。一般口服氢氯噻嗪，每日 1～2 mg/kg，分 2～3 次。口服效果差及重症者用呋塞米（速尿）肌内注射或静脉注射，每次 1～2 mg/kg，每日 1～2 次。

2. 降压　经上述处理血压仍持续升高，当舒张压高于 90 mmHg（12.0 kPa）时应给降压药。首选硝苯地平（心痛定）0.25～0.5 mg/(kg·d)，最大剂量不超过 1 mg/(kg·d)，口服或舌下含服，每天 3～4 次。卡托普利，初始剂量 0.3～0.5 mg/(kg·d)，最大剂量 5～6 mg/(kg·d)，分 3 次口服，与硝苯地平交替使用效果好。

3. 高血压脑病　首选硝普钠，5～20 mg 加入 5% 葡萄糖液 100 ml 中，以 1 μg/(kg·min) 的速度静脉滴注。此药滴入后即起到降压效果，应严密监测血压，随时调节滴速，但最快不得超过 8 μg/(kg·min)。同时，给予地西泮止痉及呋塞米利尿脱水等。

4. 严重循环充血　应严格限制水、钠入量和用强利尿剂（如呋塞米）促进液体排出；如已发生肺水肿则可用硝普钠（剂量同前）扩张血管降压；一般不主张用洋地黄类强心剂，当上述措施无效时，可考虑使用，但剂量宜小，且不必维持治疗。

5. 急性肾衰竭　主要治疗是使患儿度过少尿期（肾衰期），使少尿引起的内环境紊乱减少至最小限度。具体措施为维持水电解质平衡，及时处理水过多、高钾血症和低钠血症等，必要时采用透析治疗。

 考点提示

急性肾小球肾炎的治疗原则。

五、护理评估

1. 健康史　每年秋、冬季节是 APSGN 的发病高峰，急性肾炎发病前多有呼吸道或皮肤链球菌前驱感染史。尤以咽扁桃体炎常见，秋季由皮肤感染引起，偶见猩红热。呼吸道感染至肾炎发病为1~2周，而皮肤感染则稍长，为2~4周。了解患儿目前有无发热、乏力、头痛、呕吐及食欲下降等全身表现。

2. 身体状况　评估目前的神志、精神状态、颜面水肿情况、尿色及尿量等，测量患儿生命体征及病程进展情况。

3. 心理-社会状况　了解家长及患儿的心态及对本病的认知程度、对治疗、理措施的依从程度。了解患儿来自疾病、活动和饮食限制的压力，了解患儿及家长有无因疾病中断学习的压力，了解家长及患儿有无因担心本病会转为慢性肾炎、肾功能不全而产生焦虑、恐惧心理。

4. 辅助检查状况　采集尿标本、血标本送检，记录尿色及尿量，分析检查结果有无血尿、蛋白尿、有无补体下降、抗链球菌溶血素O（ASO）增高，有无血肌酐及尿素氮增高。

六、护理诊断

1. 体液过多　与肾小球滤过率下降有关。
2. 活动无耐力　与水肿、血压升高有关。
3. 潜在并发症　如高血压脑病、严重循环充血、急性肾衰竭。
4. 知识缺乏　患儿及家长缺乏本病的护理知识。

七、护理目标

1. 患儿尿量增加，水肿减轻或消退。
2. 患儿活动耐力逐渐增强、倦怠乏力有所减轻。
3. 患儿不出现高血压脑病、严重循环充血、急性肾衰竭。
4. 患儿及家长了解急性肾小球肾炎的相关知识，能够积极配合治疗和护理。

 考点提示

急性肾小球肾炎的护理诊断。

八、护理措施

（一）一般护理

1. 休息　向患儿及家长强调休息的重要性，以取得合作。一般起病2周内应绝对卧床休息，待水肿消退、血压降至正常、肉眼血尿消失后，可下床轻微活动或户外散步；1~2个月内活动量宜加限制，3个月内避免剧烈活动；尿内红细胞减少、红细胞沉降率正常可上学，但需避免体育活动；Addis计数正常后恢复正常生活。

2. 饮食　尿少水肿时期，限制钠盐和水的摄入，食盐以每日60 mg/kg为宜，水分以不显性失水加尿量计算；有氮质血症时应限制蛋白质的摄入量，每日0.5 g/kg；供给高糖饮食以满足小儿能量的需要。在尿量增加、水肿消退、血压正常后，可恢复正常饮食，以保证小儿生长发育的需要。

（二）病情观察

1. 观察尿量、尿色和水肿情况，准确记录24 h出入水量，应用利尿剂时每日测体重，每周留尿标本送尿常规检查2次。患儿尿量增加、肉眼血尿消失，提示病情好转。如尿量持续减少，出现头痛、恶心、呕吐等，要警惕急性肾衰竭的发生。

2. 观察血压变化，若出现血压突然升高、剧烈头痛、呕吐、眼花等，提示高血压脑病。

3. 密切观察呼吸、心率、脉搏等变化，警惕严重循环充血的发生。

（三）用药护理

遵医嘱给予利尿剂、降压药。应用利尿剂前后注意观察体重、尿量、水肿变化，并做好记录，尤其是静脉注射呋塞米后要注意有无大量利尿、脱水和电解质紊乱等现象；硝普钠应新鲜配制，配置 4 h 后即不能再用，整个输液系统须用黑纸或铝箔包裹遮光，同时严密监测血压、心率变化，观察患儿有无恶心、呕吐、情绪不安定、头痛及肌痉挛等不良反应。

（四）对症护理

1. 水肿　水肿时要注意皮肤护理，保持患儿皮肤清洁，经常更换体位，注意床单位的平整、干燥，被服柔软，避免皮肤损伤。

2. 严重病例　急性肾衰竭时，除限制钠、水摄入量外，应限制蛋白质及含钾食物的摄入，以免发生氮质血症及高钾血症；要绝对卧床休息以减轻心脏和肾的负担，并做好透析前的心理护理；严重循环充血时，将患儿置于半卧位、吸氧，遵医嘱给予利尿、扩血管等治疗；高血压脑病时，除降压外需镇静，脑水肿时给予脱水剂。

（五）心理护理

了解患儿及家长对疾病的心理反应及认识程度。患儿多为年长儿，心理压力来源比较多，除来自疾病和医疗上对活动及饮食严格限制的压力外，还有来自家庭和社会的压力，如中断了日常与同伴的玩耍、游戏或不能上学而担心学习成绩下降，会产生紧张、忧虑、抑郁、抱怨等心理，表现为情绪低落、烦躁易怒等；家长因缺乏对本病的认识，担心转为慢性肾炎影响患儿将来的健康，可产生焦虑、失望、沮丧等心理；学龄期患儿的老师及同学因缺乏本病的有关知识，会表现出过度关心和怜悯，忽略对患儿的心理支持，使患儿产生自卑心理。通过疾病知识指导，消除患儿及家长由于对诊疗护理不了解而产生的焦虑，分析导致心理问题产生的原因，通过心理安慰、支持、疏导及环境调整等方式缓解心理压力。

九、健康指导

1. 疾病知识指导　向患儿及家长宣传本病是一种自限性疾病，强调限制患儿活动是控制病情进展的重要措施，尤以前两周最为关键，以取得患儿家长的配合及支持。

2. 用药指导　本病的预后良好，锻炼身体、增强体质、避免或减少上呼吸道感染是本病预防的关键，一旦发生了上呼吸道或皮肤感染，应及早应用抗生素彻底治疗。

3. 卫生保健知识指导　从小培养儿童良好的生活习惯，注意季节交替气温的变化，及时增减衣服，预防呼吸道感染及皮肤感染。宣传体育锻炼、均衡营养对提高机体抵抗力的重要性。告知家长热敷和保暖可解除肾血管痉挛，促进血液循环，增加肾小球滤过，使尿量增加，每天给予热敷肾区 1 次，每次 15～20 min。

 考点提示

急性肾小球肾炎的护理措施。

十、护理评价

护理评价包括评价患儿尿量是否增加，水肿是否减轻或消退；患儿活动耐力是否逐渐增强、倦怠乏力有所减轻；患儿有无出现高血压脑病、严重循环充血、急性肾衰竭；患儿及家长是否了解急性肾小球肾炎休息和饮食的重要性，是否能够积极配合治疗和护理。

第三节 肾病综合征患儿的护理

案例 11-2

患儿，男，3岁，全身水肿1周入院。1周前开始于眼睑出现水肿，渐累及全身。查体：面色稍苍白，眼睑、颜面明显水肿；辅助检查：尿蛋白（++++），血清白蛋白 14.8 g/L，血清总胆固醇 11.45 mmol/L。

问题：
1. 请你提出诊断依据？
2. 该患儿主要护理诊断是什么？

肾病综合征（nephrotic syndrome，NS）简称肾病，是由多种原因引起肾小球基膜通透性增高，导致大量血浆蛋白自尿中流失而引起的一组临床症候群。临床特征为：①大量蛋白尿；②低蛋白血症；③高胆固醇血症；④不同程度的水肿。肾病综合征在儿童肾脏疾病发病中仅次于急性肾炎，男女比例为 3.7 : 1。

按病因可分为先天性肾病综合征、原发性肾病综合征和继发性肾病综合征三大类。原发性肾病综合征病因不明，按其临床表现又分为单纯性肾病综合征和肾炎性肾病综合征，其中以单纯性肾病综合征多见；继发性肾病综合征是指在诊断明确的原发病基础上出现肾病表现，多见于过敏性紫癜，系统性红斑狼疮和乙型肝炎病毒相关性肾炎等疾病；先天性肾病综合征在我国少见，多于新生儿或生后6个月内起病。小儿时期绝大多数为原发性肾病综合征，故本节重点介绍原发性肾病。

一、病因及发病机制

原发性肾病综合征的病因及发病机制尚未完全明确。目前认为单纯性肾病综合征的发病可能与T细胞免疫功能失常，使肾小球基膜的静电屏障受损，血浆中带阴离子电荷的蛋白质（如白蛋白）大量滤出，形成选择性蛋白尿。肾炎性肾病综合征患者的肾病变中常可发现免疫球蛋白和补体成分沉积，提示与免疫病理损伤有关。先天性肾病综合征与遗传有关。

二、病理生理

1. **大量蛋白尿** 由于肾小球毛细血管基底膜通透性增高所致，是NS最根本的病理生理改变，也是导致本病其他三大临床特点的基本原因。当肾小球滤过膜的分子屏障及电荷屏障作用受损时，其对血浆蛋白的通透性增加，血浆蛋白大量渗出，当原尿中蛋白含量增多超过近曲小管重吸收量时，形成大量蛋白尿。凡增加肾小球内压力及导致高灌注、高滤过的因素，如合并高血压、输注血浆和进食高蛋白饮食等均可加重蛋白尿。长时间持续大量蛋白尿能促进肾小球系膜硬化和间质病变，可导致肾功能不全。

2. **低蛋白血症** 是病理生理改变中的关键环节，其原因是：①大量血浆蛋白自尿中丢失；②蛋白质分解增加。③蛋白质的丢失超过肝合成蛋白质的速度也使血浆蛋白的量减低；④蛋白质摄入不足，吸收不良或丢失等，可加重低蛋白血症。同时血浆白蛋白下降影响机体内环境的稳定及脂类代谢。

3. **高胆固醇血症** 低蛋白血症促进肝合成蛋白增加，其中大分子脂蛋白难以从肾排出，导致患儿血清总胆固醇和低密度脂蛋白、极低密度脂蛋白增高，形成高脂血症，持续高脂血症可促进肾小球硬化和间质纤维化。

4. 水肿　水肿的发生是由于低蛋白血症导致血浆胶体渗透压下降，使水由血管内转移到组织间隙是造成水肿的主要原因，当血浆蛋白低于 25 g/L 时，液体主要在间质区潴留，低于 15 g/L 时可同时出现胸水或腹水；其次有效循环血量减少，肾素-血管紧张素-醛固酮系统激活，远端小管对水、钠重吸收增多，造成水钠潴留，进一步加重水肿（图 11-2）。

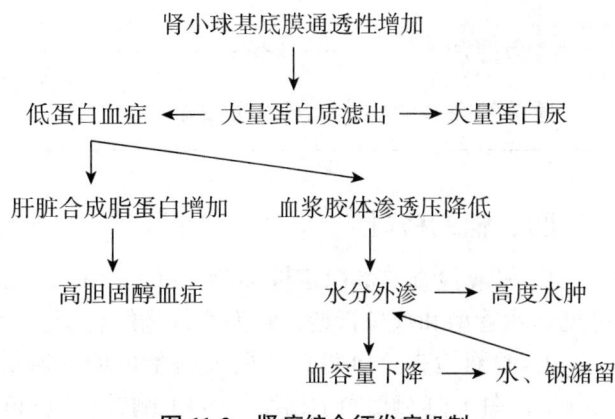

图 11-2　肾病综合征发病机制

 考点提示

肾病综合征的病理生理。

三、临床表现

（一）单纯性肾病综合征

单纯性肾病综合征多见于 2～7 岁小儿，男∶女发病比例为 2～4∶1。起病缓慢，无明显诱因，主要表现为水肿，水肿开始于眼睑、面部，逐渐波及四肢和全身，呈进行性加重，且随体位而改变。男孩阴囊水肿可使皮肤变薄而透明，甚至有液体渗出。重者可出现腹水、胸腔积液、心包积液；可呈凹陷性水肿，水肿严重者常伴有尿量减少，一般无血尿及高血压。

（二）肾炎性肾病综合征

发病年龄多在学龄期，水肿一般不严重，除具备肾病综合征四大特征外，尚有明显血尿、高血压、血清补体下降和不同程度的氮质血症。

（三）并发症

1. 感染　是本病最常见的并发症，由于肾病患儿免疫功能低下，蛋白质营养不良，以及患儿多用肾上腺皮质激素（或）免疫抑制剂治疗等，使患儿易合并各种感染，常见有呼吸道感染、皮肤感染、泌尿道感染和原发性腹膜炎等，而感染又是病情反复和加重的诱因，影响激素的疗效。

2. 电解质紊乱　由肾上腺皮质激素及利尿剂的使用、不恰当的禁盐引起。患儿常并发电解质平衡紊乱，常见有低钠血症、低钾血症、低钙血症。并发低钠血症时患儿可出现厌食、乏力、懒言、嗜睡及血压下降等症状；并发低钾血症时，可出现乏力、心音低钝、腱反射减弱或消失；并发低钙血症时，可出现手足搐搦。

3. 血栓形成　血栓形成的原因主要是在肾病综合征时存在高凝状态。其原因为：①肝合成凝血因子增加，呈高纤维蛋白原血症；②尿中丢失抗凝血酶Ⅲ，血浆抗凝物质减少；③高脂血症时血液黏度增高，血流缓慢，血小板聚集增加等。临床以肾静脉血栓最常见，可发生腰痛或腹痛，肉眼血尿或急性肾衰竭。

4. 急性肾衰竭　多见于起病或复发时低血容量所致的肾前性急性肾衰竭，部分与原因不明的滤过系数降低有关，少数为肾组织严重的增生性病变。

5. 生长延迟　主要见于频繁复发和长期接受大剂量皮质激素治疗的患儿。多数患儿在肾病好转后可有生长追赶现象。

考点提示

肾病综合征的临床表现及并发症。

四、辅助检查

1. 尿液检查　蛋白定性多为 +++ ～ ++++，24 h 尿蛋白定量 > 50 mg/kg，为大量蛋白尿，可见透明管型和颗粒管型，肾炎性肾病综合征患儿尿内红细胞可增多。

2. 血液检查　血浆总蛋白及白蛋白明显减少，总蛋白常低于 45 ～ 50 g/L，白蛋白低于 30 g/L，白蛋白/球蛋白比例（A/G）倒置；胆固醇明显增多 > 5.7 mmol/L；红细胞沉降率明显增快，多在 100 mm/h 以上；肾炎性肾病综合征患儿可有血清补体（CH50、C3）降低和（或）不同程度的氮质血症。

考点提示

肾病综合征的辅助检查。

五、治疗原则

坚持系统而正规地使用糖皮质激素，同时加强支持对症治疗及积极防治并发症。

（一）一般治疗

1. 防治感染　避免到公共场所，抗生素不作为预防用药，一旦发生感染应及时治疗。预防接种需在病情完全缓解且停用糖皮质激素 6 个月后才进行。

2. 补充维生素及矿物质　蛋白尿未控制或激素治疗中的患儿每日口服维生素 D400 IU 及加服适量钙剂。

（二）利尿治疗

对激素敏感患者用药 7 ～ 10 天即可利尿，一般无需给予利尿剂，如水肿严重，尤其有胸腔积液、腹水时应给予利尿剂。可输入血浆或白蛋白，但不宜过多，以免延迟肾病综合征缓解和增加复发机会。

（三）激素治疗

激素是治疗肾病综合征的首选药物。

1. 用药疗程　目前国内大多采用中、长程疗法。诱导缓解阶段：泼尼松 2 mg/（kg·d），分次口服，最大剂量不超过 80 mg/d。尿蛋白转阴后改为每日早晨顿服，疗程 6 周；巩固维持阶段：以后改为泼尼松 1.5 mg/（kg·d），最大剂量不超过 60 mg/d，隔日早晨顿服，共 6 周。再逐渐减量，一般以泼尼松原足量 2 天量的 2/3，隔日晨顿服 4 周，如尿蛋白持续转阴，以后每 2 ～ 4 周减 2.5 ～ 5 mg，至 0.5 ～ 1 mg/kg 时维持 3 个月，以后每 2 周减 2.5 ～ 5 mg 直至停药。疗程在 6 个月以内为中程疗法，疗程在 9 ～ 12 个月为长程疗法。

2. 疗效判断：泼尼松 2 mg/（kg·d）治疗 8 周进行评价。

（1）激素敏感：8 周内尿蛋白转阴，水肿消退。

（2）激素部分敏感：治疗 8 周内水肿消退，但尿蛋白仍为 + ～ ++。

（3）激素耐药：治疗满 8 周，尿蛋白仍在 ++ 以上。

（4）激素依赖：对激素敏感，但停药或减量 2 周内复发，再次用药或恢复用量后尿蛋白又转阴，并重复 2 次以上者（除感染及其他因素）。

（5）复发或反复：尿蛋白已转阴，停用激素 4 周以上，尿蛋白又超过 ++ 为复发；如在激素用药过程中出现上述变化为反复。

（6）频繁复发或反复：指半年内复发或反复 ≥ 2 次，或 1 年内 ≥ 3 次。

（四）免疫抑制剂治疗

免疫抑制剂治疗适用于激素部分敏感、耐药、依赖及复发的患者，常用药物为环磷酰胺（CTX）、环孢素等。

（五）抗凝治疗

抗凝治疗应用肝素钠、尿激酶、双嘧达莫等可防治血栓，减轻尿蛋白。

 考点提示

肾病综合征的治疗（激素、免疫抑制剂治疗及疗效判断）。

知识链接

肾病综合征药物使用方案及副作用观察

1. 环磷酰胺（CTX） 口服法：每日 2～2.5 mg/kg，分 3 次口服，8～12 周为 1 个疗程。累积量应 < 200 mg/kg；冲击法：CTX 10～20 mg/(kg·d) 加入 5% 葡萄糖生理盐水 100～200 ml 内静脉滴注 1～2 h，连续 2 天，每 2 周重复 1 次，累积量不超过 150～200 mg/kg。常见副作用有胃肠道反应、出血性膀胱炎、脱发、骨髓抑制及远期性腺损害等。

2. 利尿剂 氢氯噻嗪 2～5 mg/(kg·d) 或螺内酯（安体舒通）3～5 mg/(kg·d)，均分 3 次口服；呋塞米，每次 1～2 mg/kg，每 6～8 h 口服或肌内注射。水肿明显且血容量相对不足者给予低分子右旋糖酐 10 ml/kg，快速滴入（1 h 左右）后，静脉注射呋塞米（1 mg/kg），必要时每日重复 1～2 次，对大多数水肿患儿有良好的利尿效果。常见副作用有电解质紊乱。

六、护理评估

1. 健康史 询问患儿水肿开始的时间、部位、性质、进展情况，是首发还是复发，有无感染、劳累、预防接种等诱因；询问 24 h 尿量、颜色及饮食情况；询问目前的辅助检查、诊断及药物治疗情况。

2. 身体状况 评估目前患儿的神志、水肿进展情况、尿色及尿量，监测生命体征、体重、腹围，评估患儿是否发生感染、电解质紊乱、血栓等并发症。

3. 心理 - 社会状况 本病病程长、易复发，对首次发病的患儿及家长应了解其对本病的认知程度。对复发的患儿评估其治疗的信心及对用药、饮食要求的认知程度。注意评估患儿及家长对长期使用激素所造成的自我形象变化有无焦虑。

4. 辅助检查状况 采集尿标本、血标本送检，记录尿色及尿量，分析检查结果有无血尿、蛋白尿，有血浆总蛋白、白蛋白下降，有无补体下降、有无胆固醇增高等，有无血肌酐及尿素氮增高。

七、护理诊断

1. 体液过多 与低蛋白血症、胶体渗透压下降导致钠水潴留有关。

2. 营养失调：营养营养摄入量低于机体需要量　与大量蛋白从尿中丢失有关。
3. 有感染的危险　与免疫力低下有关。
4. 潜在并发症　血栓、电解质紊乱、药物副作用等。
5. 焦虑　与病情反复、病程长或担心预后有关。

考点提示

肾病综合征的护理诊断。

八、护理目标

1. 患儿水肿减轻或消退，体重及尿量恢复正常。
2. 患儿营养状况正常。
3. 住院期间患儿无发生感染。
4. 患儿不发生电解质紊乱、静脉血栓，或发生电解质紊乱、静脉血栓和药物副作用时能及时发现。
5. 能够消除或减轻患儿及家长的焦虑情绪。

九、护理措施

（一）一般护理

1. 休息　除严重水肿和高血压患儿需卧床休息外，一般不需要严格地限制活动。腹水严重时，患儿呼吸困难，应采取半卧位。即使卧床也应在床上经常变换体位，以防血栓等并发症发生。病情缓解后可逐渐增加活动量，但不易过度劳累，以免病情复发。
2. 饮食　帮助患儿制订饮食计划，如有明显水肿或高血压时应短期限盐，一般为 1～2 g/（kg·d），当水肿消退、尿量正常后则不易长期限盐，以免患儿食欲缺乏和发生低钠血症。严重水肿、尿少者应严格限制入水量。蛋白质的摄入控制在 1.5～2 g/（kg·d）为宜，食入高生物效价的优质蛋白，如富含必需氨基酸的动物蛋白；尿蛋白消失后适当多补充蛋白，因糖皮质激素可使机体分解蛋白质增强，出现负氮平衡。注意补充各种维生素和微量元素。

考点提示

肾病综合征的护理措施（饮食护理）。

（二）病情观察

注意生命体征及神志意识的观察，及时测量体温、脉搏、血压，防止各种并发症。观察水肿部位及水肿程度的变化。准确记录 24 h 出入水量，每日测体重 1 次，有腹水时每日测腹围 1 次，每周送检尿常规 2～3 次。密切观察患儿有无感染，水、电解质紊乱，血栓形成等问题，一旦出现相关症状及时告知医生。

（三）用药护理

泼尼松应用过程中严格遵照医嘱发药，保证按时按量服药，以免影响对疗效的评判。注意观察激素副作用如库欣综合征、高血压、消化道溃疡、骨质疏松。应用利尿剂期间应观察尿量，尿量过多时应及时与医生联系，减量或停药，防止发生电解质平衡紊乱。使用免疫抑制剂如环磷酰胺时，注意白细胞数下降、脱发、胃肠道反应及出血性膀胱炎等，用药期间要多饮水和定期查血常规。抗凝和溶栓疗法能改善肾病的临床症状，改变患儿对激素的效应，从而达到理想的治疗效果，在用药过程中注意监测凝血时间及凝血酶原时间。

 考点提示

肾病综合征的护理措施（用药护理）。

（四）预防感染

1. **皮肤护理** 注意保持患儿皮肤清洁、干燥，及时更换内衣；保持床铺清洁、整齐，被褥松软，经常翻身，皮肤破损者可涂聚维酮碘预防感染。严重水肿者应尽量避免肌内注射，以防药液外渗，导致局部潮湿、糜烂或感染。

2. **向患儿及家长解释预防感染的重要性** 肾病患儿由于免疫力低下易继发感染，而感染常使病情加重或复发，严重感染甚至危及患儿生命。肾病患儿应与感染性疾病患儿分室收治，病房每日进行空气消毒，减少探视人数。

3. **阴囊水肿的护理** 阴囊水肿明显者，用棉垫或吊带托起阴囊，使其抬高减轻水肿，以免皮肤破损，皮肤破损处覆盖消毒敷料、定时换药、预防感染，保持排尿通畅。

 考点提示

肾病综合征的护理措施（皮肤护理）。

（五）心理护理

关心、爱护患儿，多与患儿及其家长交谈，鼓励其说出内心的感受，如害怕、忧虑。同时，指导家长多给患儿心理支持，使其保持良好情绪。在恢复期可组织一些轻松的娱乐活动，适当安排一定的学习，以增强患儿信心，积极配合治疗，争取早日康复。活动时注意安全，避免奔跑、打闹，以防摔伤或发生骨折。

十、健康指导

1. **疾病知识指导** 向患儿及家长介绍导致患儿患病的病因、目前患儿病情状况、为患儿拟订的诊疗计划及采取的护理措施，以取得患儿及家长的配合及支持。

2. **用药指导** 讲解激素治疗的重要性，由药物引起的体态改变在停药后可自行恢复，使其能按时按量服药，出院定期来院随访、复查，递减剂量，不可骤然停药。用药时间越长，递减的速度应越慢，避免复发。

3. **卫生保健知识指导** 向患儿及家长解释本病的护理要点及预防知识，少去公共场所，注意保护性隔离等。

4. **预后** 微小病变型预后较好，90%~95%对首次应用糖皮质激素有效，复发在第1年较常见，3~4年未复发者，其后有95%的机会不会复发。

十一、护理评价

患儿水肿是否减轻或消退，体重及尿量是否恢复正常；患儿营养状况是否正常；住院期间患儿有无发生感染；患儿有无发生电解质紊乱、静脉血栓或发生电解质紊乱、静脉血栓和药物副作用时是否能及时发现；患儿及家长的焦虑情绪是否消除或减轻。

第四节 尿路感染患儿的护理

尿路感染（urinary tract infection，UTI）又称泌尿道感染，是指病原体直接侵入尿路，在尿液中生长繁殖，并侵犯尿路黏膜或组织而引起损伤。尿路感染按病原体侵袭的部位不同，分为肾盂肾炎、膀胱炎、尿道炎，肾盂肾炎又称上尿路感染，膀胱炎和尿道炎合称下尿路感染，小儿因局部定位困难，统称为尿路感染。临床以脓尿和（或）菌尿为特征，可有尿路刺激征、发热及腰痛等症状。新生儿、婴幼儿泌尿道感染的局部症状往往不明显，全身症状较重，易漏诊而延误治疗，使感染持续或反复发作从而影响小儿的健康。UTI 是小儿泌尿系统常见疾病之一，占小儿泌尿系统疾病的 12.5%，女孩高于男孩。

一、病因和发病机制

1. 易感因素　小儿易患 UTI 与小儿解剖生理特点有关。小儿输尿管长而弯曲，管壁弹力纤维发育不全，易扭曲而发生尿潴留；女孩尿道短，尿道口接近肛门，易被粪便污染；男孩有包茎，易发生积垢导致上行性感染。有报道指出，未做包皮环切术的男孩泌尿道感染的概率明显高于已做包皮环切术的男孩。新生儿与幼小婴儿的发病常与抵抗力低有关，感染多为血行播散。此外，目前认为任何年龄小儿的再发性和慢性尿路感染常由膀胱输尿管反流导致。

2. 病原体　各种病原体均可引起泌尿道感染，但以细菌感染多见，绝大多数为革兰氏阴性杆菌，如大肠埃希菌、副大肠埃希菌、变形杆菌、克雷伯菌、铜绿假单胞菌，少数为肠球菌和葡萄球菌，大肠埃希菌是 UTI 中最常见的致病菌，占 60%～80%。

3. 感染途径　上行感染是小儿 UTI 最常见的感染途径。血源性感染通常可为全身性败血症的一部分，主要见于新生儿和小婴儿。泌尿系邻近组织感染和肾周脓肿、阑尾脓肿和盆腔炎症等可直接蔓延引起 UTI。

二、临床表现

（一）急性尿路感染

病程 6 个月以内，不同年龄组症状不同。

1. 新生儿　多由血行感染引起。一般局部症状不明显，以全身症状为主。病情轻重不一，可为无症状性菌尿，或呈严重败血症表现，可有发热、体温不升、体重不增、拒奶、腹泻、黄疸、嗜睡和惊厥等表现。

2. 婴幼儿　婴幼儿期女性多见，全身症状重，局部症状轻微或缺如。主要表现为发热、呕吐、腹痛、腹泻等。部分患儿可有尿路刺激症状如尿线中断、排尿时哭闹、夜间遗尿。由于尿频致尿布经常浸湿可引发顽固性尿布皮炎。

3. 年长儿　表现与成人相似，上尿路感染多有发热、寒战、腰痛、肾区叩击痛等全身症状，有时也伴有尿路刺激症状。下尿路感染以膀胱刺激症状如尿频、尿急、尿痛为主，全身症状轻微。

（二）慢性尿路感染

病程多在 6 个月以上。轻者可无明显症状，也可间断出现发热、脓尿或菌尿。反复发作者可有贫血、乏力、腰痛、生长发育迟缓，重症者有肾实质损害，出现肾功能不全及高血压。

（三）无症状性菌尿

在常规的尿过筛检查中，可以发现健康儿童存在着有意义的菌尿，但无任何尿路感染症状。这种现象可见于各年龄组，在儿童中以学龄女孩常见。无症状性菌尿患儿常伴有尿路畸形和既往尿路感染史。病原体多数是大肠埃希菌。

三、辅助检查

1. 尿常规　清洁中段尿离心沉渣镜检可见白细胞＞10/HP，即可怀疑尿路感染，血尿也常见。肾盂肾炎患儿有蛋白尿、管型尿。

2. 尿细菌涂片　每个油镜视野≥1个细菌，有诊断意义。

3. 尿培养细菌学检查　清洁中段尿培养菌落数＞10^5/ml可确诊。$10^4 \sim 10^5$/ml男性有诊断意义，女性为可疑，＜10^4/ml则考虑尿液污染。

4. 影像学检查　对反复感染或迁延不愈者应进行影像学检查，以观察有无泌尿系畸形和膀胱输尿管反流。常用的有B型超声检查、静脉肾盂造影加断层摄片（检查肾瘢痕形成）、排泄性膀胱造影（检查VUR）、肾核素造影和CT扫描等。

四、治疗原则

（一）一般治疗

急性期应卧床休息，鼓励饮水，勤排尿；女童应注意清洁外阴。口服碳酸氢钠，以碱化尿液，减轻膀胱刺激征和增强氨基糖苷类抗生素、青霉素、红霉素和磺胺类的疗效，但勿与呋喃妥因同用以免降低药效。有严重膀胱刺激征者可适当使用苯巴比妥、地西泮等镇静剂，解痉药可用山莨菪碱（654-2）。

（二）抗菌治疗

宜及早开始抗菌药物治疗，在留中段尿细菌培养后即可。婴幼儿难以区分感染部位且有全身症状者均按上尿路感染用药；年长儿若能区分感染部位则治疗方法不同，上尿路感染应选择血中浓度高的抗生素，下尿路感染应选择尿中浓度高的抗生素。

1. 轻型和下尿路感染　首选磺胺类药物治疗。如复方磺胺甲噁唑（SMZCo），每日50 mg/kg；甲氧苄胺嘧啶（TMP）每日10 mg/kg，分2次口服，连服7～10天，待有培养结果后按药敏试验选用抗菌药物。

2. 上尿路感染　在做尿细菌培养后，即予以2种抗菌药物。常用氨苄西林、头孢噻肟钠、头孢曲松钠等，疗程10～14天。开始治疗后应连续3天进行尿细菌培养，若24 h后尿培养阴性，表示所用药物有效，否则应按尿培养药敏试验的结果调整用药。停药1周后再做尿培养一次。

3. 复发治疗　进行尿细菌培养后，选用2种抗菌药物，治疗10～14天，后以小剂量维持。同时检查有无泌尿异常和膀胱输尿管反流。有习惯性便秘者应给予处理，以保持排便通畅。

五、护理评估

1. 健康史　评估患儿排尿情况及尿色，有无发热、排尿哭闹；有无尿道口污染、留置导尿管等诱因；评估患儿是初发还是再发等。

2. 身体状况　观察患儿神志，有无发热、呕吐、拒食，评估婴幼儿有无排尿时哭闹，尿中断、夜间遗尿、尿频等情况，年长儿有无腰痛、肾区叩击痛，有无膀胱刺激征等。

3. 心理-社会状况　患儿及家长对该病的病因、治疗和护理知识缺乏，病程早期忽视疾病、不能坚持用药，病程较长的患儿家长表现出焦虑情绪，希望获得指导。

4. 辅助检查状况　采集尿标本送检，分析检查结果。

六、护理诊断

1. 体温过高　与细菌感染有关。

2. 排尿异常　与膀胱、尿道炎症有关。

七、护理目标

1. 24 h 体温降到正常。
2. 合理用药后排尿异常症状消除。

八、护理措施

（一）一般护理

1. 休息　急性期需卧床休息，保持室内空气新鲜，维持室温在 18～20℃，相对湿度为 55%～65%。出汗后及时更换内衣，保持皮肤、口腔清洁。减少细菌在尿道的停留时间，促进细菌和毒素排出；多饮水还可降低肾髓质及乳头部组织的渗透压，不利于细菌的生长繁殖。
2. 饮食　发热患儿宜给予流质或半流质饮食。食物应易于消化，含足够热量、丰富的蛋白质和维生素，以增加机体免疫力。

（二）病情观察

监测生命体征，如神志、体温、脉搏、呼吸、血压。高热者给予物理降温或药物降温。注意全身症状的变化，尤其是婴幼儿，除注意体温外，尚应观察消化道、神经系统等症状。

（三）诊疗操作护理

1. 尿标本的收集方法　留取尿标本时，常规清洁消毒外阴，取中段尿及时送检。婴幼儿用无菌尿袋收集尿标本。如怀疑其结果不可靠者可行耻骨上膀胱穿刺抽取尿标本，在不得已的情况下方可导尿，必须严格消毒，以免插管时将前尿道细菌带入膀胱。
2. 按医嘱应用抗菌药物　注意观察药物的副作用，口服抗菌药物可出现恶心、呕吐、食欲缺乏等现象，饭后服药可减轻胃肠道症状；服用磺胺药时应多喝水，并注意有无血尿、尿少、尿闭等。

（四）对症护理

患儿如有高热、头痛、腰痛的表现，遵医嘱应用解热镇痛剂缓解症状。尿道刺激征明显者，遵医嘱酌情应用阿托品、山莨菪碱等抗胆碱药，或应用碳酸氢钠碱化尿液。保持会阴部清洁，便后冲洗外阴，婴儿应勤换尿布，尿布用开水烫洗晒干，或煮沸消毒。

（五）心理护理

评估患儿及家长对本病的了解程度，分析导致心理问题产生的原因，通过疾病知识指导，消除患儿及家长由于对疾病不了解引起的焦虑，通过心理上的安慰、支持、疏导及环境调整等方式缓解心理压力。

九、健康指导

1. 疾病知识指导　向家长介绍导致患儿患病的病因，目前患儿病情状况，为患儿拟订的诊疗计划及采取的护理措施，以取得家长的配合及支持。
2. 指导按时服药，定期复查，防止复发与再感染　一般急性感染于疗程结束后每月随访一次，除尿常规外，还应做中段尿培养，连续 3 个月，如无复发可以认为治愈，反复发作者每 3～6 个月复查一次，共 2 年或更长时间。
3. 卫生保健知识指导　向患儿及家长解释本病的护理要点及预防知识，如幼儿不穿开裆裤，为婴儿勤换尿布，便后洗净臀部，保持清洁；女孩清洗外阴时从前向后擦洗，单独使用洁具，防止肠道细菌污染尿道，引起上行性感染；及时发现男孩包茎、女孩处女膜伞、蛲虫前行尿道等情况，并及时处理。

十、护理评价

合理用药后体温是否降到正常,排尿异常症状是否消除。

> **思政园地**
>
> 乐乐是个 6 岁的小姑娘,在 2020 年 12 月上呼吸道感染后,出现了眼睑水肿、下肢水肿。到医院治疗 3 次,病情反复发作。反复水肿伴蛋白尿 5 个月。在药物的影响下,乐乐很快出现了满月脸,水牛背,还出现了多毛。乐乐曾经在学校,被老师无意问到过,后背为什么长那么多毛?由于体形出现了变化,加之其他人异样的眼光,小女孩产生了自卑和孤独心理,情绪低落,心理敏感,甚至不愿再接受激素治疗,这样就导致病情不断反复。
>
> 作为护理人员,我们应该充分地关爱患儿,精神上给予鼓励和安慰,从心理上解除患儿的自卑感和孤独心理,树立战胜疾病的信心,以积极的态度完成治疗。

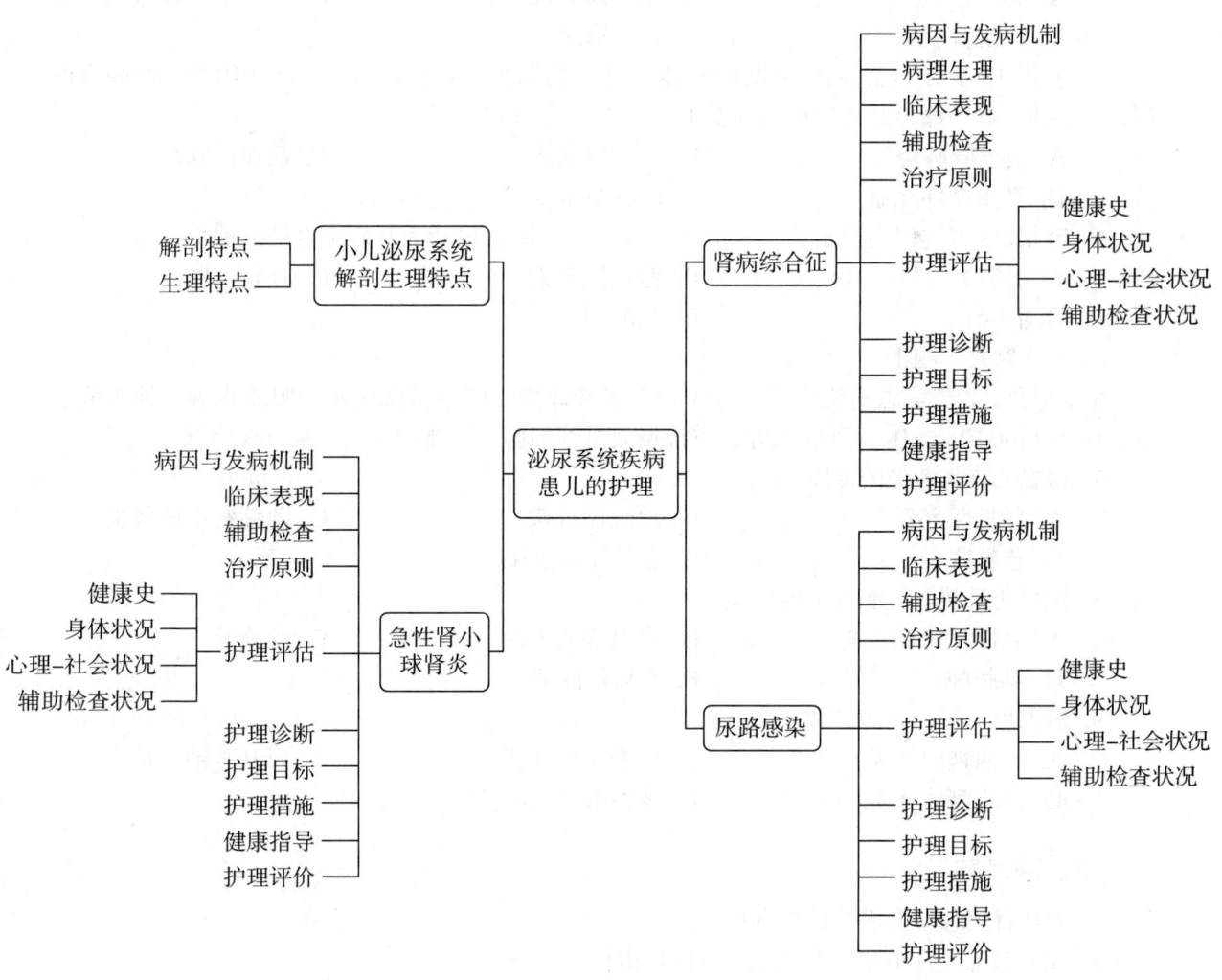

自 测 题

一、单选题

1. 急性肾小球肾炎的疾病性质是
   A. 感染后免疫性炎症　　B. 病毒直接感染肾　　C. 细菌直接感染肾
   D. 单侧肾化脓性炎　　　E. 双侧肾化脓性炎
2. 急性肾小球肾炎患儿恢复正常活动的标准是
   A. 尿常规正常　　　　　B. 红细胞沉降率正常　　C. 血压正常
   D. 尿沉渣细胞绝对计数正常　　E. 抗链球菌溶血素"O"效价正常
3. 肾病综合征最根本的病理生理特点是
   A. 大量蛋白尿　　　　　B. 低蛋白血症　　　　　C. 高脂血症
   D. 高度水肿　　　　　　E. 高血压
4. 原发性肾病综合征最常见的并发症为
   A. 感染　　　　　　　　B. 电解质紊乱　　　　　C. 高凝状态及血栓形成
   D. 急性肾衰竭　　　　　E. 生长迟缓
5. 患儿，9岁，因急性肾小球肾炎入院。2天后尿少、水肿加重，伴呼吸困难，两肺有湿啰音，心律呈奔马律，肝大，可能并发了
   A. 支气管肺炎　　　　　B. 急性肾衰竭　　　　　C. 高血压脑病
   D. 严重循环充血　　　　E. 电解质紊乱
6. 患儿，8岁，因高度水肿，尿蛋白（++++）入院，诊断为肾病综合征，治疗首选
   A. 青霉素　　　　　　　B. 糖皮质激素　　　　　C. 环磷酰胺
   D. 白蛋白　　　　　　　E. 利尿剂

（7～9题共用题干）

8岁男孩，2周前患扁桃体炎，近3天来尿量减少，尿色呈洗肉水，眼睑水肿，伴头痛恶心，血压140/110 mmHg，下肢水肿，尿检见大量红细胞，尿蛋白+～++，C3降低。

7. 该患儿首先考虑的诊断是
   A. 肾炎性肾病　　　　　B. 单纯性肾病　　　　　C. 急性肾小球肾炎
   D. 慢性肾炎　　　　　　E. 急性尿路感染
8. 该患儿目前最可能发生的情况是
   A. 急性肾功能不全　　　B. 水电解质失衡　　　　C. 脑膜炎
   D. 脑脓肿　　　　　　　E. 高血压脑病
9. 对该患儿不正确的护理措施是
   A. 定期查尿常规　　　　B. 监测血压变化　　　　C. 限制水钠入量
   D. 严格卧床休息　　　　E. 观察脑膜刺激征

二、简答题

1. 简述肾病综合征患儿的饮食护理。
2. 如何对急性肾小球肾炎患儿进行休息指导？

（周　密　张　臻）

第十二章 血液系统疾病患儿的护理

学习目标

通过本章学习，学生应达到：

1. **素质目标** 具有良好的儿童血液病护理岗位所需要的职业素质，形成科学思维和爱伤观念，具备团队精神和合作交流意识。

2. **能力目标** 能够应用相关知识解读血液病患儿的血象特点，用护理程序对血液病患儿实施整体护理，并提供有针对性的健康指导。

3. **知识目标** 陈述儿童造血特点、不同年龄阶段儿童的血液特点、各年龄组儿童贫血的诊断标准、儿童贫血的分类与分度方法、营养性缺铁性贫血及维生素 B_{12} 和叶酸缺乏的常见病因；定义骨髓外造血、生理性贫血、缺铁性贫血、营养性巨幼细胞贫血、血友病的概念；描述营养性缺铁性贫血、营养性巨幼细胞贫血、血友病的临床表现及治疗要点；比较小儿营养性缺铁性贫血与营养性巨幼细胞贫血的发病机制。

第一节 小儿造血和血液系统特点

一、造血特点

小儿造血分为胚胎期造血及出生后造血。

（一）胚胎期造血

根据造血组织发育和造血部位发生的先后，将此期分为中胚叶造血期、肝脾造血期、骨髓造血期3个阶段。

1. **中胚叶造血期** 自胚胎第3周，在卵黄囊壁上的中胚层间质细胞开始分化形成许多血岛，出现原始有核红细胞。第6~8周，中胚叶造血开始退化。

2. **肝脾造血期** 肝造血自胚胎第6~8周开始，第4~5个月达高峰，主要制造红细胞，也可造粒细胞和巨核细胞。至胎儿6个月后肝造血功能逐渐减退，出生后4~5日完全停止。约于胚胎第8周脾开始造血，主要为粒细胞、红细胞和少量淋巴细胞，至胎儿5个月后停止制造红细胞、粒细胞，仅保留制造淋巴细胞的功能。自胎儿8~11周开始，胸腺和淋巴结参与制造淋巴细胞。

3. **骨髓造血期** 胚胎第6周开始出现骨髓，但至胎儿4个月时开始造血活动，并迅速成为主要的造血器官，直至出生2~5周后骨髓成为唯一的造血场所。

（二）出生后造血

出生后造血为胚胎期造血的延续，分为骨髓造血和骨髓外造血。

1. **骨髓造血** 骨髓是出生后主要的造血器官。婴幼儿期所有骨髓均为红骨髓，全部参与造血，以满足生长发育的需要。5~7岁开始，长骨中的红骨髓逐渐被脂肪组织（黄骨髓）所代替，年长儿及成人仅在肋骨、胸骨、脊椎、骨盆、颅骨、锁骨和肩胛骨有红骨髓。黄骨髓具有潜在的造血功能，当造血需求增加时，可转变为红骨髓，恢复造血功能。小儿在出生后头几年缺少黄骨髓，其造血的代偿潜力很小，如果造血量需要增加，易出现骨髓外造血。

2. 骨髓外造血　正常情况下，骨髓外造血极少。在婴幼儿期，当发生感染或溶血性贫血等需要增加造血量时，肝、脾、淋巴结恢复到胎儿时期的造血状态，出现肝、脾、淋巴结肿大，外周血中可见有核红细胞和（或）幼稚中性粒细胞。这是小儿造血器官的一种特殊反应，称为骨髓外造血。感染或贫血纠正后即恢复正常。

二、血液特点

1. 红细胞数与血红蛋白量　由于胎儿期处于相对缺氧状态，红细胞数及血红蛋白量较高，出生时红细胞数为（5.0～7.0）×10^{12}/L，血红蛋白量为150～220 g/L。随着自主呼吸的建立，血氧含量增加，红细胞生成素减少；胎儿红细胞寿命较短，破坏较多（生理性溶血）；婴儿生长发育迅速，循环血量迅速增加等因素变化，红细胞数及血红蛋白量逐渐降低，至出生后2～3个月时，红细胞数降至3.0×10^{12}/L，血红蛋白量降至110 g/L左右，出现轻度贫血，称为生理性贫血。此种贫血在早产儿发生得更早，程度更重。生理性贫血呈自限性经过，3个月后，随着红细胞生成素的增加，红细胞数和血红蛋白量又逐渐上升，至12岁时达到成人水平。出生时，血红蛋白以胎儿血红蛋白（HbF）为主，平均占70%。出生后HbF迅速被成人血红蛋白（HbA）代替，2岁后达成人水平，HbF＜2%。HbF与氧的亲和力非常强，不易将氧释放到组织中去，故新生儿常处于相对低氧状态。

 考点提示

生理性贫血的特点。

2. 白细胞数与分类　出生时白细胞总数为（15～20）×10^9/L，出生后数小时逐渐增加，至24 h达高峰，之后逐渐下降，1周时平均为12×10^9/L，婴儿期白细胞数维持在10×10^9/L左右，8岁后接近成人水平。白细胞分类中性粒细胞和淋巴细胞有两次交叉。出生时中性粒细胞约占65%，淋巴细胞约占30%。随着白细胞总数下降，中性粒细胞比例也相应下降，生后4～6天时两者比例约相等，形成第一次交叉；至1～2岁时淋巴细胞约占60%，中性粒细胞约占35%，之后中性粒细胞比例逐渐上升，至4～6岁时两者比例又相等，即形成第二次交叉。6岁以后中性粒细胞比例增多，分类逐渐达成人值。嗜酸性粒细胞、嗜碱性粒细胞及单核细胞各年龄期差异不大。

 考点提示

正常儿童白细胞分类出现两次交叉的时间。

3. 血小板数　小儿血小板数与成人相似，为（150～300）×10^9/L。
4. 血容量　小儿血容量相对较成人多，新生儿血容量约占体重的10%，儿童血容量占体重的8%～10%，成人血容量占体重的6%～8%。

第二节 贫血患儿的护理

一、概述

（一）贫血的定义

贫血（anemia）是指单位容积外周血中红细胞数或血红蛋白量或血细胞比容低于正常。小儿贫血的国内诊断标准是：新生儿期血红蛋白（Hb）< 145 g/L，1～4 个月时 Hb < 90 g/L，4～6 个月时 Hb < 100 g/L。6 个月以上则按世界卫生组织标准：6 个月～6 岁者 Hb < 110 g/L，6～14 岁者 Hb < 120 g/L 为贫血。海拔每升高 1000 m，血红蛋白上升 4%。

 考点提示

WHO 贫血诊断标准。

（二）贫血的分度

根据外周血中血红蛋白量或红细胞数可将贫血分为轻、中、重、极重 4 度（表 12-1）。

表 12-1 贫血的分度

分度	红细胞计数（×10⁹/L）	儿童血红蛋白含量（g/L）	新生儿血红蛋白含量（g/L）
轻度	3.0～4.0	90～120	120～144
中度	2.0～3.0	60～90	90～120
重度	1.0～2.0	30～60	60～90
极重度	< 1.0	< 30	< 60

 考点提示

儿童贫血分度。

（三）贫血的分类

一般采用病因学分类和形态学分类。临床多采用病因学诊断，形态学诊断有助于推断病因。

1. 病因学分类

（1）红细胞生成不足性贫血：缺乏造血物质，如营养性缺铁性贫血、营养性巨幼细胞贫血；骨髓造血功能障碍，如再生障碍性贫血；其他如感染性贫血及癌症性贫血。

（2）溶血性贫血：细胞内在因素，如葡萄糖-6-磷酸脱氢酶缺乏症；细胞外在因素，如免疫性溶血性贫血、脾功能亢进。

（3）失血性贫血：急性失血性贫血，如外伤性失血；慢性失血性贫血，如溃疡病、肠息肉、钩虫病。

2. 形态学分类　根据红细胞数、血红蛋白量和血细胞比容计算平均红细胞体积（MCV）、平均红细胞血红蛋白含量（MCH）、平均红细胞血红蛋白浓度（MCHC），将贫血分为 4 类（表 12-2）。

考点提示

儿童最常见的贫血类型、形态学分类。

表 12-2 贫血的细胞形态学分类

	MCV（fl）	MCH（pg）	MCHC（g/L）
正常值	80～94	27～32	320～380
正细胞性贫血	80～94	27～32	320～380
大细胞性贫血	>94	>32	320～380
单纯小细胞性贫血	<80	<27	320～380
小细胞低色素性贫血	<80	<27	<320

二、营养性缺铁性贫血

案例 12-1

患儿，男，7 个月。早产儿，母乳喂养，暂未添加转换期食物，未服用过铁剂。因近 1 周喂奶困难、精神差就诊。体检：体重 5.8 kg，面色发黄，结膜、甲床苍白。血常规：Hb 82 g/L，RBC 3.5×10^{12}/L，红细胞大小不均，以小细胞为多，中央淡染区扩大，WBC 和 PLT 正常。

问题：

1. 该患儿贫血的程度属于哪类？
2. 护士应考虑该患儿最可能的诊断是什么？
3. 目前患儿有哪些主要的护理问题？

营养性缺铁性贫血（nutritional iron deficiency anemia，NIDA）是由于体内铁缺乏导致血红蛋白合成减少而引起的一种小细胞低色素性贫血，是小儿时期最常见的一种贫血，以 6 个月～2 岁发病率最高，是我国重点防治的小儿常见"四病"之一。

（一）病因

铁的来源有两条路径：

1. **内源性铁** 占人体铁的 2/3，主要是体内红细胞衰老或破坏的血红蛋白铁，几乎全部被再利用。

2. **外源性铁** 占人体铁的 1/3，主要来自食物，分为血红素铁和非血红素铁。血红素铁比非血红素铁吸收率高。动物性食物如肝、肾、瘦肉、血、鱼含铁高且为血红素铁。植物性食物如黑木耳、黑芝麻的含铁量也高，但为非血红素铁。

任何引起机体铁缺乏的因素都可能导致贫血，引起铁缺乏的原因主要有以下 5 点。

（1）先天性储铁不足：胎儿在孕期最后 3 个月从母体获得的铁最多，足月新生儿从母体获得的铁可以满足其生后 4～5 个月的造血所需。早产儿、双胎及多胎、胎儿失血、孕母患缺铁性贫血等均可使胎儿储存铁减少。

（2）铁摄入量不足：这是小儿缺铁性贫血的主要原因。单纯牛乳、人乳、谷类等低铁食品喂养而未及时添加含铁丰富的辅食的婴儿，有偏食、挑食习惯的年长儿等易致铁摄入不足。

（3）生长发育快：婴儿期、青春期的小儿生长发育快，易发生缺铁；早产儿和低体重儿生长发育更快，对铁的需量相对增多，若未及时添加含铁丰富的辅食，更易发生缺铁。

（4）铁吸收障碍：胃肠道疾病如慢性腹泻、肠黏膜细胞铁代谢相关分子基因突变、反复感染可减少铁的吸收，影响铁的利用。

（5）铁丢失过多：正常婴儿每日排铁量比成人多。生后2个月的婴儿通过粪便排出的铁比从食物中摄入的铁多。用未经加热的鲜牛奶喂养婴儿，肠息肉、膈疝、钩虫病等常因慢性少量肠出血，致使铁丢失过多。

考点提示

儿童缺铁性贫血最主要的原因。

（二）发病机制

1. **铁缺乏对造血系统的影响**　铁是合成血红蛋白的原料，机体血清铁减少明显时，血红素生成不足，血红蛋白合成减少，细胞质减少，细胞变小；而缺铁对细胞的分裂、增殖影响较小。故红细胞数量的减少程度不如血红蛋白明显，从而形成小细胞低色素性贫血。

2. **铁缺乏对非造血系统的影响**　机体铁缺乏严重时，可使多种含铁酶和铁依赖酶（如细胞色素C氧化酶、细胞色素C还原酶、过氧化物酶、琥珀酸脱氢酶、单胺氧化酶）活性减低，引起细胞功能紊乱，出现舌乳头萎缩、口角皲裂、吞咽障碍感、指甲变薄变脆甚至反甲、头发变脆易断、精神和行为改变、异食癖、对外界反应差、注意力不集中等非造血系统表现。此外，铁缺乏还可引起细胞免疫功能降低。

（三）临床表现

临床表现随病情轻重而有所不同，该病起病缓慢、隐匿；贫血多为轻、中度。

1. **一般表现**　皮肤黏膜逐渐苍白，以唇、口腔黏膜、睑结膜、甲床最明显。易疲乏无力，不爱活动，对周围环境反应淡漠。年长儿可诉头晕、眼前发黑、耳鸣等。

2. **骨髓外造血的表现**　肝、脾、淋巴结轻度肿大，年龄越小、病程越久、贫血越重，肝脾大越明显。

3. **非造血系统表现**

（1）消化系统表现：食欲缺乏，少数有异食癖（如嗜食泥土、墙皮、煤渣）；可有呕吐、腹泻；严重者可出现口腔炎、舌炎或舌乳头萎缩、萎缩性胃炎或吸收不良综合征。

（2）神经系统表现：表现为烦躁不安或萎靡不振，注意力不集中、记忆力减退，智力多数低于同龄儿，出现学习困难和行为异常。

（3）心血管系统表现：明显贫血时心率增快，严重者出现心脏扩大甚至发生心力衰竭等贫血性心脏病表现。

（4）其他：细胞免疫功能降低，易合并感染。铁酶缺乏出现皮肤干燥、角化、毛发无光泽、变脆、反甲（匙状甲）等。

考点提示

缺铁性贫血的非造血系统表现。

（四）辅助检查

1. **血常规**　血红蛋白降低比红细胞数减少明显，呈小细胞低色素性贫血。外周血涂片可见红细胞大小不等，以小细胞为多，中央淡染区扩大。网织红细胞数正常或轻度减少。白细胞、血小板一般无改变。

2. **骨髓象**　呈增生活跃，以中、晚幼红细胞增生为主。各期红细胞均较小，胞质少，胞质成熟程度落后于胞核。白细胞和巨核细胞系一般无明显异常。

3. 有关铁代谢的检查 血清铁蛋白（SF）< 12 μg/L，血清铁（SI）< 10.7 μmol/L，总铁结合力（TIBC）> 62.7 μmol/L，转铁蛋白饱和度（TS）< 15%，红细胞游离原卟啉（FEP）> 0.9 mmol/L；骨髓铁染色显示细胞外铁及铁粒幼细胞减少或缺如。

（五）治疗原则

关键是去除病因和铁剂治疗。

1. 一般治疗 加强护理，合理营养，保证充足睡眠，防治感染。

2. 病因治疗 纠正不合理的饮食习惯；积极治疗原发病如钩虫病、肠道畸形，控制慢性失血性疾病。

3. 铁剂治疗 铁剂是治疗缺铁性贫血的特效药。

（1）口服铁剂：多选用二价铁盐，易吸收。常用制剂有硫酸亚铁（含铁20%）、富马酸亚铁（含铁33%）、葡萄糖酸亚铁（含铁12%）、多糖铁复合物（力蓝能，含元素铁46%）等。口服铁剂的剂量为元素铁 2～6 mg/（kg·d），分3次餐间口服，可同时服用维生素C增加铁的吸收。牛奶、茶、咖啡及抗酸药等与铁剂同服均会影响铁的吸收。近年来国内外采用每周口服1～2次方法代替每天3次预防缺铁性贫血，疗效肯定且患儿顺应性好。

（2）注射铁剂：口服不能耐受或吸收不良者可选用右旋糖酐铁注射。注射铁剂较容易发生不良反应，甚至可发生过敏反应致死，应慎用。有以下情况可考虑选用。

1）口服铁剂发生严重副作用，经调整剂量和对症处理仍不能坚持口服者。

2）长期腹泻、呕吐或胃肠手术等严重影响胃肠对铁的吸收。可供肌内注射的铁剂有右旋糖酐铁和山梨醇枸橼酸铁复合物。供静脉注射的有含糖氧化铁和右旋糖酐铁等。能用肌内注射者尽量不用静脉注射。铁剂应服至血红蛋白正常后2个月，以补充储存铁。

4. 输注红细胞 一般情况下不主张输血治疗。输注红细胞的适应证包括①贫血严重，尤其是发生心力衰竭者；②合并感染者；③急需外科手术者。贫血越严重，每次输注量应越少，速度越慢，以免发生心功能不全。

（六）护理评估

1. 健康史 了解母亲的孕产史，如母亲孕期有无严重贫血，是否有早产、双胎、多胎及胎儿出血等，评估患儿是否有先天性储铁不足；了解患儿的喂养方法和饮食习惯，有无按时添加含铁辅食，食物搭配是否合理，是否摄入动物性食品过少；年长儿是否挑食、偏食、厌食等；有无生长发育过快；有无慢性疾病如消化道畸形、慢性腹泻、肠道寄生虫病、吸收不良综合征、反复感染；青春期少女需了解是否有月经量过多。

2. 身体状况 了解患儿贫血程度，观察皮肤、黏膜颜色及毛发、指甲情况，了解有无乏力、烦躁或萎靡、记忆力减退、成绩下降等，年长儿有无头晕、耳鸣、眼前发黑，贫血严重者要注意有无心率增快、心脏扩大及心力衰竭表现，还应了解患儿有无异食癖、口腔炎、舌炎，以及生长发育情况。了解血液及骨髓检查结果，有无 RBC、Hb、SI 下降，了解细胞形态及骨髓增生情况。

3. 心理社会状况 评估患儿及家长的心理状态，对本病的病因及防护知识的了解程度，对健康的需求及家庭背景等。一些病情较重、病程较长的年长儿，由于体格、智能发育受到影响，不能与同龄儿童一样尽情玩耍、游戏，学习时注意力不集中，记忆力、理解力较差，学习成绩很难提高，这些都会造成患儿情绪改变，产生焦虑、抑郁、自卑、厌学等心理。对有异食癖的患儿，家长和社会往往不能正确对待，过多地责备，甚至歧视，会对患儿心理产生不良的影响。

第十二章 血液系统疾病患儿的护理

（七）护理诊断

1. 活动无耐力　与贫血致组织缺氧有关。
2. 营养失调：营养摄入量低于机体需要量　与铁供应不足、吸收不良、丢失过多或消耗增加有关。
3. 有感染的危险　与免疫功能降低有关。
4. 知识缺乏（家长）　缺乏预防营养性缺铁性贫血的知识。

（八）护理目标

1. 患儿倦怠乏力有所减轻，活动耐力逐渐增强。
2. 家长能正确选择含铁较多的食物，能遵从指导协助患儿正确服用铁剂。
3. 治疗期间患儿未发生感染。
4. 治疗期间患儿未发生心力衰竭。
5. 家长及年长患儿能叙述其发病的原因，积极主动配合治疗，纠正不良的饮食习惯，合理搭配饮食。

（九）护理措施

1. 休息与活动　创设气氛和谐、舒适、愉快的生活和学习环境。居室应安静、整洁、阳光充足、空气新鲜，室内温、湿度要适宜。贫血程度较轻的患儿不需卧床休息，避免剧烈活动，生活要有规律，保证足够睡眠；贫血严重者应根据其活动耐力下降情况设定活动强度，以患儿不感到疲乏为度。

2. 合理安排饮食　提倡母乳喂养，因母乳中铁的吸收利用率较高；积极创造良好的进餐环境；指导合理搭配患儿的饮食，适当变换品种，并注意饮食色、香、味、形的调配，以增加患儿的食欲；指导家长给患儿添加铁强化食品和含铁丰富且易吸收的食物，如铁强化牛奶、铁强化米粉、精肉、动物血、内脏、鱼；告知家长维生素C、稀盐酸、氨基酸、果糖等有利于铁的吸收，可与铁剂或含铁丰富的食品同时进食；而茶、咖啡、牛奶、蛋类、麦麸、植物纤维等可抑制铁的吸收，应避免与铁剂及含铁丰富的食品同食。

考点提示

缺铁性贫血患儿的饮食护理要点。

3. 指导正确应用铁剂，观察疗效与副作用
   （1）辅助检查：如果患儿需进行骨髓穿刺术检查，做好术前及术后护理。
   （2）铁剂治疗：
   1）用药注意事项：为减轻胃肠道反应，宜从小剂量开始，并在两餐之间服用；可与促进铁吸收的食物和药物同服，忌与抑制铁吸收的药物或食物同服；服用铁剂时，为防止牙齿变黑，最好用吸管服药，且服药后应漱口；服用铁剂后，排出的粪便呈黑色，停药后可恢复正常。
   2）疗效观察：口服铁剂12～24 h，患者临床症状明显好转，表现为食欲增加，烦躁减轻；口服铁剂48～72 h，网织红细胞开始上升，5～7天达高峰，以后逐渐下降，2～3周降至正常；口服铁剂2～4周Hb至少上升10～20 g/L；如没有出现预期治疗反应，应查找原因。
   3）注射铁剂的注意事项：应精确计算剂量，抽取药液和给药必须使用不同的针头，以防铁剂渗入皮下组织，分次进行深部肌内注射，注射时分层注药，每次应更换注射部位，以免引起组织坏死；偶见注射右旋糖酐铁引起过敏性休克，首次注射应观察1 h。

考点提示

如何正确服用铁剂。

（3）输血治疗：输血前认真校验血型及交叉配血；输血过程中应严格按无菌技术要求操作；年龄越小，贫血程度越重者，每次输血量应越小，速度一般不宜太快，以免发生心力衰竭；注意观察有无输血反应，并及时与医生联系以便紧急处理。

（4）病情观察：观察贫血表现时，应在自然光线下观察口唇、眼结膜及甲床等颜色；重症贫血患儿应密切观察呼吸、脉搏、血压及尿量变化，注意有无心悸、气促、发绀、肝大等症状和体征，警惕发生心力衰竭；注意观察有无感染，如皮肤及口腔黏膜有无损伤及炎症，呼吸系统及其他系统有无感染等。

4. **预防感染** 注意环境卫生，避免到人多的公共场所；做好口腔护理；养成良好的饮食、卫生习惯；保持皮肤清洁。

5. **对症护理** 指导合理膳食并纠正不良饮食习惯（如偏食、挑食），在营养师的配合下帮助家长制订饮食计划；进食时保持患儿心情愉快；婴儿要提倡母乳喂养、按时添加含铁丰富的辅食或补充铁强化食品；鲜牛乳必须加热处理后才能喂养婴儿，以避免因过敏而导致肠道出血。

6. **心理护理** 注意年长儿有无因学习时注意力不易集中，理解力、记忆力较差，学习成绩下降，而产生自卑、抑郁及焦虑等心理问题；评估家长对本病的病因、危害性及防治知识的了解程度；分析导致心理问题的原因，通过心理上的安慰、支持、疏导、环境调整及疾病知识指导等方式缓解心理压力。

（十）护理评价

1. 患儿倦怠乏力症状有无减轻，活动耐力是否增强。
2. 能否正确选择含铁丰富的食物，合理安排患儿的饮食，并能正确服用铁剂。
3. 患儿治疗期间有无发生感染、心力衰竭等并发症。
4. 家长及年长患儿是否知道本病的发病原因，并主动配合治疗与护理。

（十一）健康指导

1. **疾病知识指导** 向患儿及家长讲解引起本病的致病原因、表现特点、治疗原则及预后估计；指出铁缺乏不仅会造成贫血，还会引起小儿记忆力减退、智能发展落后等，从而危害小儿的身心健康。

2. **用药指导** 详细告知家长口服铁剂的注意事项、服药的时间、用药后的反应，说明这些反应在停药后会恢复正常，坚持全疗程铁剂治疗。

3. **卫生保健知识指导**

（1）提倡母乳喂养。

（2）做好喂养指导，及时（早产儿从2个月开始，足月儿从4个月开始）添加含铁丰富且吸收率高的辅食。

（3）婴幼儿食品如谷类制品、牛奶制品应加入适量铁剂予以强化。

（4）预防和控制感染，避免到人多的公共场所，避免与感染性疾病患儿接触，注意预防交叉感染。

（5）贫血纠正后，仍应坚持合理安排小儿膳食、培养良好的饮食习惯，这是防止复发的关键。

> **知识链接**
>
> 对于新生儿，尤其是早产儿，延迟结扎脐带可以预防缺铁性贫血的发生。越来越多的证据表明，延迟结扎脐带可改善产后6个月小儿的铁营养状况。美国儿科学会认为，新生儿出生时，让脐带继续搏动 1～1.5 min，再夹住剪断，是预防婴儿期缺铁的最佳方法。

三、营养性巨幼细胞贫血

营养性巨幼细胞贫血（nutritional megaloblastic anemia，NMA）是由于缺乏维生素 B_{12} 和（或）叶酸，细胞核DNA合成障碍所引起的一种大细胞性贫血。本病起病缓慢，多见于6个月至2岁的婴幼儿。

（一）病因

人体所需的维生素 B_{12} 主要来源于动物性食物，如肝、肾、肉类、蛋类，乳类中含量少，羊乳几乎不含维生素 B_{12} 和叶酸，植物性食物中维生素 B_{12} 含量甚少。体内叶酸主要来源于食物，部分由肠道细菌合成，但吸收甚微。绿色新鲜蔬菜、水果、酵母、谷类和动物肝、肾等含丰富叶酸，但经加热易被分解破坏。导致维生素 B_{12} 和叶酸缺乏的原因主要包括以下几个方面。

1. 摄入量不足　胎儿可从母体获得维生素 B_{12} 和叶酸，并储存于肝内。如孕母缺乏维生素 B_{12} 和叶酸，出生后单纯母乳、羊乳或其他乳类制品喂养而未及时添加辅食的婴儿易致维生素 B_{12} 和（或）叶酸缺乏；年长儿偏食、素食者可出现维生素 B_{12} 不足。

2. 吸收障碍　叶酸主要在十二指肠和空肠近端吸收，维生素 B_{12} 在肠道吸收受胃酸、胃蛋白酶、胰酶和壁细胞分泌的内因子等影响，因此，胃炎、慢性腹泻、炎性肠病、肠道菌群失调等疾病影响叶酸和维生素 B_{12} 的代谢和吸收利用。

3. 需要量增加　生长发育迅速使需要量增加。严重感染使维生素 B_{12} 和叶酸消耗量增加。

4. 药物影响　长期服用某些药物如新霉素可使维生素 B_{12} 代谢障碍。长期或大量应用广谱抗生素使肠道菌群失调，减少肠道叶酸吸收；磺胺为叶酸类似物，影响叶酸代谢；长期使用抗叶酸制剂如甲氨蝶呤、抗癫痫药如苯妥英钠可致叶酸缺乏。

 考点提示

营养性巨幼细胞贫血的主要病因。

（二）发病机制

体内叶酸在叶酸还原酶的还原作用及维生素 B_{12} 的催化作用下转变为四氢叶酸，后者是合成DNA必需的辅酶。叶酸或维生素 B_{12} 缺乏引起DNA合成减少，使幼稚红细胞分裂和增殖时间延长，而胞质中的血红蛋白合成不受影响，造成细胞核的发育落后于胞质，红细胞体积变大，形成巨幼红细胞。由于红细胞生成速度慢，加之异形的红细胞在骨髓内易被破坏，进入血循环的成熟红细胞寿命也较短，从而造成贫血。

维生素 B_{12} 是甲基丙二酰辅酶A（methylmalonyl coenzyme A）歧化酶的辅助因子。当其代谢异常导致神经髓鞘中脂蛋白合成障碍及脱髓鞘病理改变而出现神经精神症状。维生素 B_{12} 缺乏还可使中性粒细胞和巨噬细胞作用减退而易感染。

（三）临床表现

约2/3病例见于6～12个月，2岁以上少见。

1. 一般表现　多呈虚胖或颜面轻度水肿，毛发纤细稀疏、黄色，严重者皮肤有出血点或瘀斑。
2. 贫血表现　皮肤常呈现蜡黄色，睑结膜、口唇、指甲等处苍白，偶有轻度黄疸；疲乏无力，常伴有肝脾大。
3. 神经精神症状　表现为烦躁不安、易怒等症状。维生素 B_{12} 缺乏者可出现表情呆滞、目光发呆、对周围反应迟钝，少哭不笑，智力、动作发育落后甚至倒退。重症病例可出现不规则性震颤，手足无意识运动，甚至抽搐、感觉异常、共济失调、踝阵挛和巴宾斯基征阳性等。叶酸缺乏不发生神经系统症状，但可导致神经、精神异常。
4. 消化系统表现　出现较早，如厌食、恶心、呕吐、腹泻和舌炎。

 考点提示

营养性巨幼细胞贫血的神经精神症状。

（四）辅助检查

1. 外周血象　为诊断的重要线索和依据，具有以下特点。
（1）呈大细胞性贫血，MCV＞100 fl，MCH＞32 pg。
（2）红细胞大小不等，卵圆形大红细胞为其显著特征，可见巨幼变的有核红细胞。
（3）因细胞核的发育落后于胞质，红细胞数量减少程度比血红蛋白降低程度更显著。
（4）中性粒细胞核分叶过多现象出现早，对诊断 NMA 敏感性和特异性高。
（5）网织红细胞、白细胞、血小板数常减少。
2. 骨髓象　增生明显活跃，以红细胞系增生为主。DNA 合成障碍及细胞核发育落后为其形态学特征。可累及三系细胞，表现为细胞体积增大，核染色质粗大疏松，中性粒细胞分叶过多和胞质空泡形成。巨核细胞的核分叶过多，可见巨大血小板。
3. 血清维生素 B_{12} 和叶酸测定　是诊断巨幼细胞贫血的重要依据。血清维生素 B_{12} ＜100 ng/L（正常为 200～800 ng/L），叶酸＜3 μg/L 提示缺乏（正常为 5～6 μg/L）。

（五）治疗原则

1. 一般治疗　注意营养，及时添加辅食；加强护理，防止感染；震颤明显而不能进食者可鼻饲喂养。
2. 去除病因　对引起维生素 B_{12} 和叶酸缺乏的原因应予以去除。
3. 维生素 B_{12} 和叶酸治疗
（1）补充维生素 B_{12}：维生素 B_{12} 500～1000 μg 一次肌内注射；或每次肌内注射 100 μg，每周 2～3 次，连用数周，直至临床症状好转，血象恢复正常为止；当有神经系统受累表现时，每日 1 mg，连续肌内注射 2 周以上。
（2）补充叶酸：口服叶酸每次 5 mg，每日 3 次，连续数周至临床症状好转、血象恢复正常为止。同时口服维生素 C 有助于叶酸的吸收。
（3）单纯维生素 B_{12} 缺乏者，不宜加用叶酸治疗，因为加用叶酸会使本来贮存不足的维生素 B_{12} 更多地参与叶酸的代谢，加速维生素 B_{12} 的耗竭，加重神经系统症状，而叶酸不能改善神经精神症状。
4. 对症治疗　重度贫血者可输注红细胞制剂；肌肉震颤者可给予镇静剂。

（六）护理诊断

1. 活动无耐力　与贫血致组织细胞缺氧有关。
2. 营养失调：营养摄入量低于机体的需要量　与维生素 B_{12} 和（或）叶酸的摄入不足、需要量增加，以及吸收、转运和代谢障碍有关。

3. 知识缺乏（家长）　缺乏预防小儿贫血的知识。

（七）护理措施

1. 注意休息，适当运动　根据患儿的活动耐受情况安排休息与活动。一般不需卧床，严重贫血者适当限制活动，协助满足其日常生活所需。

2. 加强营养，指导喂养　改善哺乳母亲营养，及时给患儿添加富含叶酸及维生素 B_{12} 的食物，如新鲜绿叶蔬菜、水果、果仁、酵母、谷类和肉类、动物肝、肾、海产食物及蛋类，注意饮食均衡，合理搭配食物。年长儿养成良好的饮食习惯，防止偏食、挑食，并设法改变烹调方法及注意食物的色、香、味调配，以增进患儿的食欲。若患儿舌肌震颤致吮乳或吞咽困难时，需耐心喂养，并耐心、细致地训练患儿的进食能力，少食多餐，必要时可改用鼻饲法喂养，以保证机体营养需要。

3. 遵医嘱合理用药，观察疗效

（1）按医嘱使用维生素 B_{12} 和（或）叶酸，注意疗效观察。一般用药 2～4 天时网织红细胞开始增加，6～7 天达高峰，2 周后降至正常。神经精神症状大多恢复较慢，少数患儿须经数月后才完全恢复。维生素 C 能促进叶酸利用，同服可提高疗效。在恢复期须加用铁剂，防止红细胞生成增加，造成铁缺乏。单纯维生素 B_{12} 缺乏时，不宜加用叶酸治疗，以免加剧神经精神症状。注意血钾监测，因为用药后，细胞合成加速，血钾大量进入新生红细胞内，可引起血清钾降低，应适当补钾。

（2）观察贫血症状，结合实验室检查结果，判断患儿贫血程度，评估患儿活动耐受能力；观察患儿有无维生素 B_{12} 缺乏导致的神经精神症状及心力衰竭、感染等并发症。

4. 加强护理，预防感染，防止受伤

（1）预防感染，加强保护性隔离，与感染性疾病的患儿分室居住，注意口腔护理和皮肤护理，冬季注意保暖，防止呼吸道感染。

（2）长期严重维生素 B_{12} 缺乏的患儿可出现局部或全身震颤，甚至抽搐、感觉异常、共济失调等，应限制患儿活动，必要时按医嘱给予镇静剂，以免发生外伤。

5. 心理护理　注意年长儿有无因学习时注意力不易集中，理解力、记忆力较差，学习成绩下降，而产生自卑、抑郁及焦虑等心理问题；评估家长对本病的病因、危害性及防治知识的了解程度。分析导致心理问题产生的原因，通过心理上的安慰、支持、疏导、环境调整及疾病知识指导等方式缓解心理压力。

（八）健康指导

1. 疾病知识指导　向家长介绍本病的致病原因、表现特点、治疗要点和预后；指出维生素 B_{12} 和叶酸缺乏不仅造成贫血，还会引起小儿智能与动作发育落后或倒退现象，从而危害小儿的身心健康，使家长明确及时治疗和精心护理，对小儿身心健康具有重要的意义。

2. 用药指导　WHO 建议儿童每日口服叶酸，每日摄入量婴儿为 3.6 μg/kg，1～6 岁为 3.3 μg/kg，指导家长正确服用叶酸，防止发生本病；积极治疗和去除影响维生素 B_{12} 和叶酸吸收的因素。

3. 卫生保健知识指导　宣传均衡膳食的知识和技能；介绍富含维生素 B_{12} 和叶酸的食物品种，强调乳母和婴儿都应补充这些食物并培养良好的饮食习惯；对有舌肌震颤的患儿应指导家长耐心细微地喂养。

第三节 急性白血病患儿的护理

急性白血病（acute leukemia，AL）是造血干细胞的恶性增生性疾病，在小儿恶性肿瘤发病率中居首位，是儿童时期的主要死亡原因之一。小儿白血病约95%为急性白血病，其中约2/3为急性淋巴细胞白血病（acute lymphoblastic leukemia，ALL），约1/3为急性髓细胞性白血病（acute myeloid leukemia，AML）。急性白血病的主要临床表现为贫血、出血、感染、白血病细胞浸润的相应症状。目前，ALL的5年无病生存率达70%~90%。下面以急性淋巴细胞白血病为例进行介绍。

一、病因

尚不清楚，可能与以下因素有关。

1. 病毒因素 多年研究已证明属于RNA病毒的反转录病毒（retrovirus，又称人类T细胞白血病病毒，HTLV）可引起人类T淋巴细胞白血病。

2. 物理和化学因素 电离辐射、放射、核辐射等可能激活潜伏在体内的白血病病毒，使癌基因畸变，或因抑制机体的免疫功能而致白血病。苯及衍生物、杀虫剂、含氯有机溶剂、重金属、保泰松和细胞毒性药物等均可诱发急性白血病。

3. 遗传或体质因素 本病不属于遗传性疾病，但在家族中却可有多发性恶性肿瘤的情况，如同卵双胎中一个患急性白血病，另一个患白血病的概率为20%，比异卵双胎的发病率高12倍。少数患儿可能患有其他遗传性疾病，如21-三体综合征、先天性睾丸发育不全。

二、发病机制

发病机制尚未完全明了，下列机制可能在白血病的发病中起重要作用。

1. 原癌基因的转化 当机体受到致癌因素作用时，原癌基因可发生突变、染色体重排或基因扩增，转化为肿瘤基因，从而导致白血病的发生。

2. 抑癌基因畸变 近年研究发现正常人体存在着抑癌基因，当这些抑癌基因发生突变、缺失等变异时，失去其抑癌活性，造成癌细胞异常增殖而发病。

3. 细胞凋亡受抑 细胞凋亡是在基因调控下的一种细胞主动性自我消亡过程。当细胞凋亡通路受到抑制或阻断时，细胞没有正常凋亡而继续增殖，导致突变。

三、临床表现

一般起病较急，少则几天，多则数月。主要表现为发热、贫血、出血和白血病细胞浸润的相应症状。

1. 发热 常为首发症状，热型不定，多为不规则发热。发热的主要原因是白血病本身所致发热，抗生素治疗无效；其次是感染，由T淋巴细胞功能下降及中性粒细胞减少所致。

2. 贫血 出现较早，随病情的发展呈进行性加重。表现为皮肤黏膜苍白、虚弱无力、活动后气促等。贫血主要是由于骨髓造血干细胞受抑制所致。

3. 出血 以皮肤、黏膜出血多见，表现为紫癜、瘀斑、鼻出血、牙龈出血、消化道出血和血尿等。偶见颅内出血，是白血病死亡的直接重要原因之一。出血的主要原因是血小板生成和功能受影响，其次是白血病细胞浸润使毛细血管受损，通透性增强。

4. 白血病细胞浸润性表现

（1）肝、脾、淋巴结大：70%~80%的患者有不同程度的肝、脾、淋巴结肿大，可有压痛；纵隔淋巴结肿大时出现呛咳、呼吸困难、上纵隔综合征和上腔静脉综合征。

（2）骨、关节疼痛：原因主要与骨髓腔内白血病细胞大量增生、压迫和破坏邻近骨质及浸润骨膜有关，年长儿常以骨关节痛为首发症状，易误诊为关节炎。

（3）中枢神经系统白血病（central nervous system leukemia，CNSL）：白血病细胞侵犯脑实质和（或）脑膜时，患者出现头痛、呕吐、嗜睡、偏瘫、复视、视神经乳头水肿、惊厥甚至昏迷等。

（4）睾丸白血病（testis leukemia，TL）：白血病细胞侵犯睾丸出现睾丸无痛性肿大，阴囊皮肤可呈红黑色。

（5）其他：当白血病细胞浸润皮肤时可有结节、肿块及斑丘疹等；白血病细胞浸润眼眶、视神经、视网膜、虹膜、角膜、结膜可出现眼球突出等症状。

考点提示

白血病细胞浸润性表现。

四、辅助检查

目前，常采用形态学（morphology）、免疫学（immunology）、细胞遗传学（cytogenetics）和分子生物学（molecular biology），即 MICM 检测对白血病综合分型，有利于指导治疗和判断预后。其中骨髓形态学改变是确定 ALL 的主要依据。

1. 血常规　白细胞计数多数增高，以原始细胞和幼稚细胞为主，红细胞及血红蛋白均减少。血小板大多减少。

2. 骨髓象　骨髓检查是确立诊断和评定疗效的重要依据。典型的骨髓象为白血病的原始及幼稚细胞增生极度活跃，且以淋巴细胞增生为主，原始和幼稚淋巴细胞≥25%，可确诊 ALL；少数患儿表现为骨髓增生低下。

3. 细胞组织化学染色　有助于鉴别细胞类型。ALL 的组织化学特征为免疫过氧化物酶染色和苏丹染色阴性；糖原染色（±）~（+++）；非特异性酶（-）；酸性磷酸酶（-）~（±），T 细胞胞质呈块状或颗粒状，其他亚型为阴性。

4. 细胞遗传学及融合基因检查　可见染色体数量异常和结构异常。

5. 其他　出血时间、凝血酶原时间、肝肾功能、胸部影像学、骨骼影像学、腹部 B 超、脑脊液常规生化及头颅 CT 或 MRI 等检查。

五、治疗原则

1. 支持治疗　主要是防治感染；纠正贫血，防止出血和防治高尿酸血症。

2. 联合化疗　急性淋巴细胞白血病采用早期强化疗，晚期弱化疗，加强髓外白血病的预防，分阶段、长期规范治疗的方针；化学治疗在 MICM 检测基础上进行危险度分型，按不同危险度选择治疗方案，治疗程序依次为诱导缓解治疗、早期强化治疗、巩固治疗、延迟强化治疗和维持治疗，总疗程 2~2.5 年。

3. 其他治疗　异基因或自体骨髓移植及外周血干细胞移植或脐血移植等。

> **知识链接**
>
> 造血干细胞移植是将正常的造血干细胞移植到患儿的脊髓内,使其增殖、分化,以取代病变的造血细胞,重建其造血和免疫功能。随着医学的发展,干细胞被发现可用于越来越多的疑难疾病的治疗,如白血病、再生障碍性贫血、某些恶性肿瘤。造血干细胞可从脊髓、外周血及脐带血中获取,因此,造血干细胞移植(HSCT)又分别称为脊髓移植、外周血造血干细胞移植和脐带血造血干细胞移植。由于脐带血采集对孩子和母亲没有任何不良影响,因此保存脐带血被越来越多的家长接受。目前我国脐带血最长保存时间为20年。

六、护理诊断

1. 体温过高　与大量白血病细胞浸润、坏死和(或)感染有关。
2. 潜在并发症　如感染、出血。
3. 活动无耐力　与贫血、恶性疾病本身的消耗和(或)抗肿瘤药物副作用有关。
4. 营养失调:营养摄入量低于机体需要量　与消耗增加,化疗中恶心、呕吐、食欲缺乏致摄入不足等有关。
5. 预感性悲哀　与白血病危险度及预后不良有关。

七、护理措施

(一)一般护理

1. 休息与活动　急性白血病有发热及出血倾向时,患儿应卧床休息,避免剧烈活动,减少消耗,防止外伤,防止出血。长期卧床者,应常更换体位,预防压疮。
2. 饮食护理　患儿应采用新鲜、易消化、高蛋白、高维生素、高热量饮食,并鼓励患儿进食,以保证各种营养素的摄入,提高机体抵抗力;外购熟食应先蒸透后再食用,不吃生、冷、剩、过硬食品,不易消化及不洁食品,水果应洗净、去皮;养成良好的饮食卫生习惯,防止病从口入。还要鼓励患儿多饮水,促进尿酸的排泄,避免高尿酸血症。
3. 预防感染　白血病患儿免疫功能下降,化疗常致骨髓抑制,极易发生感染。感染是导致白血病患儿死亡的重要原因之一。

(1)保护性隔离:应与其他病种患儿分室居住,粒细胞数极低和免疫功能明显低下者应住单间,或空气层流室或无菌单人层流床;尽量减少探视的人员和次数,进入病室的工作人员及探视者应更换拖鞋、穿隔离衣、戴口罩、洗手,有感染者禁止进入病室;病室每日消毒,定时开窗通风,保持室内空气新鲜。

(2)严格执行无菌操作技术,遵守操作规程:进行任何穿刺前,必须严格消毒;各种管道或伤口敷料应定时更换。

(3)皮肤黏膜护理:化疗期间最易发生呼吸道、皮肤、黏膜,尤其是口腔、鼻、外耳道及肛周部位的感染。故应进餐前后、睡前以温开水或漱口液漱口;每日沐浴,勤换内衣、内裤;保持排便通畅,保持肛周、会阴皮肤清洁,每日坐浴,避免发生肛周感染。

(4)避免部分疫苗接种:避免接种麻疹、风疹、水痘等减毒活疫苗和口服脊髓灰质炎疫苗。

(二)病情观察

1. 生命体征　如神志、体温、脉搏、呼吸、血压。

2. 贫血　观察患儿贫血程度。

3. 并发症　观察患儿有无感染早期表现，如牙龈肿胀、咽红、吞咽疼痛、皮肤破损、外阴及肛周红肿；观察患儿有无出血倾向，警惕颅内出血征象等；观察患儿有无因白血病细胞浸润引起的肝、脾、淋巴结肿大及关节疼痛、睾丸肿大触痛等症状和体征。

（三）诊疗护理

1. 辅助检查　如果患儿需进行骨髓穿刺术及腰椎穿刺术，做好术前及术后护理。

2. 化疗药物的护理　熟悉各种化疗药物的特性、药理作用及给药途径，了解化疗方案。

（1）正确给药：化疗药物多为静脉给药，且有较强的刺激性，药液渗漏可致局部疼痛、红肿，甚至坏死；有计划地选择血管，注射时由远心端向近心端，避免反复穿刺，药液应稀释到所要求浓度，注射时先用生理盐水，证实注射针在血管内再缓慢推药，注意边推边抽吸回血，最后用生理盐水冲管；必要时可选择中心静脉置管或周围静脉置管，以减轻反复穿刺给患儿带来的痛苦；操作中护士要注意自我保护，如戴好一次性手套，以防药液污染；鞘内注射时，浓度不宜过大，药量不宜过多，速度不宜过快，术后应平卧 4～6 h。

（2）熟悉药物的特性：某些药（如门冬酰胺酶，ASP）可致过敏反应，用药前应询问用药史及过敏史，用药过程中要观察有无过敏反应；光照可使某些药（VP-16 即依托泊苷，VM-26 即替尼泊苷）分解，静脉滴注时需用黑纸包裹避光。

（3）观察及处理药物毒性反应：可引起骨髓抑制，使患儿易感染和出血，故应监测血象，及时防治感染及出血；可引起胃肠道反应，如恶心、呕吐严重者应给予止吐剂，监测电解质，避免电解质紊乱；口腔有溃疡者，宜给清淡、易消化的流质或半流质饮食；环磷酰胺（CTX）可致出血性膀胱炎，输注过程中注意水化、碱化尿液，保证液体入量；柔红霉素对心脏有毒性，需常规监测心电图和超声心动图。阿糖胞苷易引起结膜炎和神经毒性，应注意应用激素眼膏和维生素 B_6 预防。可能致脱发者应先告知家长及年长儿，脱发后可戴假发、帽子或围巾，年幼儿用药前可先将头发剃光；应用糖皮质激素后可出现满月脸及情绪改变等，应告知家长及年长儿停药后会消失，并多关心患儿，勿嘲笑或讥讽患儿。

3. 输入血制品的护理　白血病在治疗过程中往往需输成分血或全血进行支持治疗。所有血制品输入均应严格执行核对制度及无菌操作技术，同时应注意观察输血引起的不良反应。

（四）对症护理

1. 维持正常体温　观察热型及热度，遵医嘱给予降温药，但是忌用安乃近和酒精擦浴，以免降低白细胞和增加出血倾向。观察降温效果，避免体温骤降，以免引起虚脱。

2. 出血的护理　出血是白血病患儿又一主要死因，重要脏器出血可危及患儿生命。

（1）当血小板低于 $20×10^9$/L 时要求患儿绝对卧床休息；避免吃过硬、刺激性强的食物，并保持排便通畅，不要用力排便，以避免消化道黏膜损伤、出血。

（2）勿用手挖鼻孔，防止鼻腔出血，一旦出现可用止血纱布填塞鼻腔；牙龈出血时局部可用止血纱布、明胶海绵等压迫止血。

（3）胃肠道出血时注意禁食，记录呕血、便血量。

（4）颅内出血时要求患儿绝对卧床休息，做好大静脉的穿刺，以备治疗用药及输血之用，做好一切抢救准备。

考点提示

白血病患儿出血的护理措施。

(五) 心理护理

以热情的态度、温和的语言帮助、关心患儿，关注患儿的心理反应，让年长儿及家长认识本病，了解国内外治疗进展，帮助他们树立战胜疾病的信心。进行各项诊疗操作前告知家长及年长儿其意义、操作过程及可能出现的不适，以减轻恐惧心理。为新老患儿家长提供相互交流护理成功经验和失败教训的机会，从而提高自我防护和应对能力，增强治愈的信心。

八、健康指导

1. **疾病知识指导** 向家长介绍导致本病的可能病因、目前患儿的病情状况、为患儿拟订的诊疗计划及采取的护理措施，以取得家长的配合及支持。

2. **用药指导** 化疗是白血病治疗的重要手段。让家长了解所用的化疗方案、药物特性及可能出现的不良反应。明确坚持正规治疗的重要性，详细记录每次治疗情况，使治疗方案具有连续性。

3. **卫生保健知识指导** 教会患儿及家长预防出血及感染的措施、观察感染及出血征象，出现异常如发热、心率、呼吸加快、鼻出血或牙龈出血征象时应及时就诊。注意加强营养，鼓励患儿参与体育锻炼，增强体质。化疗间歇期需定期复查血象、骨髓象、肝功能、肾功能、脑脊液等。对于持续完全缓解停止化疗者，应嘱定期随访，以便监测治疗方案执行情况，并能及时发现复发征象。

第四节 血友病患儿的护理

血友病（hemophilia）是一组 X 连锁隐性遗传性出血性疾病，临床上分为血友病 A（凝血因子Ⅷ缺乏症）和血友病 B（凝血因子Ⅸ缺乏症）两型，分别由血浆凝血因子Ⅷ（F8）和凝血因子Ⅸ（F9）基因突变所致。世界血友病联盟（WFH）统计，全球约有血友病患者 40 万。我国的患者有 6 万～10 万，但注册患者仅有 8000 余人。在男性患者中，血友病 A 占 80%～85%，血友病 B 占 15%～20%。女性患者罕见。共同特点为终生轻微损伤后发生长时间的出血。

一、病因及发病机制

血友病 A、B 为 X 连锁隐性遗传，由女性传递，男性发病。多数有家族史，约 30% 无明确家族史，可能为基因突变或家族中轻型病例未被发现。因子Ⅷ、Ⅸ缺乏，均使凝血过程第一阶段中的凝血活酶生成减少，引起血液凝固障碍，导致出血倾向。

二、临床表现

（一）血友病 A 的表现

终生出血为血友病 A 重要的临床特征，表现为自发性、轻微外伤后出血难止或创伤、手术后严重出血。多数患儿在 1～2 岁开始爬行、走路后发病，严重病例可在生后 3 周即开始自发性或创伤后出血不止，少数患者可迟至 5 岁以后发生出血。

关节出血是血友病 A 患儿（65%）最常见且最具特征性的表现，是患儿致残的主要原因。常见于负重的大关节（如肘、跟、腕、髂和肩关节）。关节出血临床上分为 3 个时期。

1. **急性关节出血期** 出血主要发生在关节内的滑膜。初期患儿出现关节内麻木、紧张感，进一步发展为关节红、肿、痛、温度升高、活动受限。此时患儿若能获得及时治疗，症状可于 6～8 h 开始减轻，12～24 h 缓解。

2. **慢性滑膜炎期** 反复关节出血，刺激滑膜炎症反应和增生，滑膜血管脆性增大，更易出血，导致出血→滑膜炎症增生→出血这一恶性循环，造成慢性滑膜炎。

3. **慢性血友病关节病期** 持续慢性滑膜炎的反复出血最终导致关节软骨不可逆性损伤。表现为关节软组织挛缩、肌肉萎缩及成角畸形，晚期表现为滑膜纤维化、关节间隙狭窄融合、关节强直畸形、功能丧失。

深部肌肉软组织出血的发生率仅次于关节出血，多在外伤、肌肉过度活动后发生，常发生于用力肌群，如腰大肌、腹膜后肌群、臀部肌群，表现为局部肿胀、疼痛及压迫症状，甚至导致远端肌肉缺血、坏死。

皮肤黏膜是血友病 A 患儿较常见的出血部位，但不是血友病 A 的特征性表现。拔牙后延迟出血是血友病 A 另一特征性表现。危及生命的出血包括中枢神经系统、颅内出血，颈部、舌或咽喉部出血，胃肠道出血，腹腔内出血，严重创伤出血等。

（二）血友病 B 的表现

与血友病 A 相似，但有以下不同特点。

1. 血友病 B 重型患者少，而轻型患者较多。
2. 血友病 B 的女性基因携带者也可出血。

三、辅助检查

1. **筛查试验** 血小板计数正常，出血时间正常，血浆凝血酶原时间正常，活化部分凝血活酶时间延长，纤维蛋白原含量正常。以上试验提示内源性凝血途径异常。

2. **确诊试验** 测定血浆 F Ⅷ或 F Ⅸ促凝活性（F Ⅷ：C 或 F Ⅸ：C）降低，有助于判断血友病的类型、病情轻重及指导治疗。

3. **基因诊断** 可用基因探针、DNA 印迹技术、限制性片段长度多态性开展血友病基因携带者及产前诊断。

四、治疗原则

（一）替代治疗

替代治疗是目前唯一有效的止血措施。输注凝血因子制品：血友病 A 首选应用重组人凝血因子Ⅷ（rhF Ⅷ）制品，也可用人血浆源性 F Ⅷ浓缩物、新鲜冰冻血浆。血友病 B 首选应用重组人凝血因子 F Ⅸ（rhF Ⅸ）制品或血浆源性 F Ⅸ浓缩制剂，无条件使用上述两种制剂时可用凝血酶原复合物，或酌用新鲜冰冻血浆。

（二）血友病抑制物的诊治

10%～20%的血友病 A 患者和 1%～3%的血友病 B 患者，在其病程中可出现相应的 F Ⅷ/F Ⅸ抑制物，此种抑制物属同种免疫抗体，可特异地中和 F Ⅷ/F Ⅸ。治疗上可选用大剂量 F Ⅷ或 F Ⅸ浓缩剂、肾上腺皮质激素、环磷酰胺、免疫球蛋白、凝血酶原复合物或 rhF Ⅷ/rhF Ⅸ，也可使用血浆置换。

（三）辅助治疗

1. **去氨加压素（1-去氨基-8-精氨酸加压素，DDAVP）** 可用于治疗轻型血友病 A 患者和 F Ⅷ：C 水平较低的血友病 A 基因携带者出血。

2. **抗纤溶药物** 可用于轻型血友病患者，或与替代治疗同时使用，对口腔、舌、扁桃体、咽喉部出血及拔牙引起的出血效果好；对关节、深部肌肉及内脏出血效果差。血尿、肾功能不全及休克时禁用，避免与凝血酶原复合物等凝血因子制品合用。常用的有氨甲环酸、氨基己酸。

3. **局部止血** 可采用压迫止血、加压包扎、局部冷敷等。

（四）预防

出血发生前，定期输注凝血因子制品，最大限度地防止或减少出血的发生。

五、护理诊断

1. 潜在并发症　如出血。
2. 组织完整性受损　与凝血因子缺乏致出血有关。
3. 疼痛　与关节腔出（积）血及皮下、肌肉血肿有关。
4. 躯体活动障碍　与关节腔积血，关节肿痛、活动受限及关节畸形、功能丧失有关。
5. 有长期低自尊的危险　与疾病终生性有关。

六、护理措施

（一）防治出血

1. 预防出血

（1）养成安静的生活习惯，动作轻柔，剪短指甲、衣着宽松，防止外伤及关节损伤。

（2）尽可能采用口服给药，避免或减少肌内注射，必须注射时采用细针头，并延长按压时间。

（3）避免各种手术。必须手术时，应在术前、术中、术后补充凝血因子。

（4）有出血倾向时应限制活动，卧床休息，出血停止后逐步增加活动量。

2. 遵医嘱输注凝血因子　严密观察有无不良反应，有反应者酌情减慢输注速度，严重不良反应者，需停止输注，并将制品和输液器保留送检。

3. 局部止血

（1）皮肤、口、鼻黏膜出血：可局部加压或冷敷止血，也可用肾上腺素等药物止血。

（2）关节出血时的护理：卧床休息，停止活动；局部冷敷止血，适当包扎，将肢体固定在功能位置；抬高患肢；按医嘱及时补充凝血因子；出血量多必须做穿刺时，注意无菌技术操作；肿胀消退后，逐步帮助恢复关节活动和功能，防止引发关节炎症，导致关节畸形及致残。

（3）其他：脏器严重出血时应及时补充血容量，补充凝血因子做急救处理。如输入成分血、抗血友病球蛋白浓缩剂或凝血酶原复合物，并注意观察有无发热、肝炎等并发症。

（二）病情观察

观察生命体征、神志、皮肤黏膜瘀斑（点）增减及血肿消退情况，记录出血量，及时发现内脏及颅内出血。当患者出现易怒、嗜睡、头痛、意识混乱、恶心、呕吐等症状时，应怀疑为颅内出血并组织抢救。

（三）心理支持

对因为反复出血，不能根治而悲观、焦虑的患者给予安慰和鼓励，分析本次出血的诱发因素及指导实施预防再出血的措施，树立信心，消除消极心理。年长患儿参与自身的护理，如日常生活自理，有利于增强自信心和自我控制感。鼓励年长患儿表达想法，减轻焦虑和挫折感。安排同学、同伴探望，可减轻孤独感。

七、健康指导

1. 增强患儿和家长的保护意识，指导家长采取预防性措施，减少或避免外伤出血。让患儿养成良好的生活习惯，为患儿提供安全的家庭环境；告知学校的老师和卫生员患儿的病情及应限制的活动。

2. 教会家长及年长患儿必要的应急护理措施，如局部止血的方法，以便在家能得以尽快处理。

3. 鼓励患儿规律、适度地进行体格锻炼和运动，增强关节周围肌肉的力量和强度，延缓出血或使出血局限化。

4. 告知患儿及家长禁用含有影响血小板功能的药物。

5. 家长进行遗传咨询，使其了解本病的遗传规律和筛查基因携带者的重要性。基因携带者孕妇应行产前检查，控制患儿及携带者的出生，以降低人群的发病率，做到优生优育。

思政园地

国际主义战士——白求恩

1938年9月，日军进犯晋察冀边区，王震率领359旅迎击日军。王震的队伍打仗很厉害，其中有位突击队长，叫彭清云，一上战场就如猛虎下山。

一战打退日军，还击毙了一位日本军官，正当他们收拢战利品的时候，日军的增援部队上来，彭清云不幸右肘关节被子弹打穿，伤及了动脉血管，伤势非常严重。

怎么办？当时的晋察冀边区流传着"有伤员找白求恩"的说法，可是白求恩不在后方医院，他去前线了。救命如救火，时间不等人。当王震得悉这一情况后，马上指示，立即送彭清云去前线找白求恩。在去前线的路上，彭清云终于遇到了白求恩。白求恩一看伤势，当即说道，必须马上输血，否则无法做手术。医务人员你看我我看你，都在为没有血源而感到焦急。白求恩伸出胳膊毅然决然地让医务人员抽自己的血。潘世征上前进行劝阻："白大夫，你不能再抽了，在你来的时候才刚刚为一名战士输过血，如果要抽血，就抽他们的就可以了。"医务人员纷纷响应。白求恩坚定地说："来不及验血了，我是O型血，万能输血者，赶紧抽！"

没有人能劝阻白求恩，输完血后，他成功地为彭清云做了截肢手术。白求恩最终用自己的血救活了彭清云。

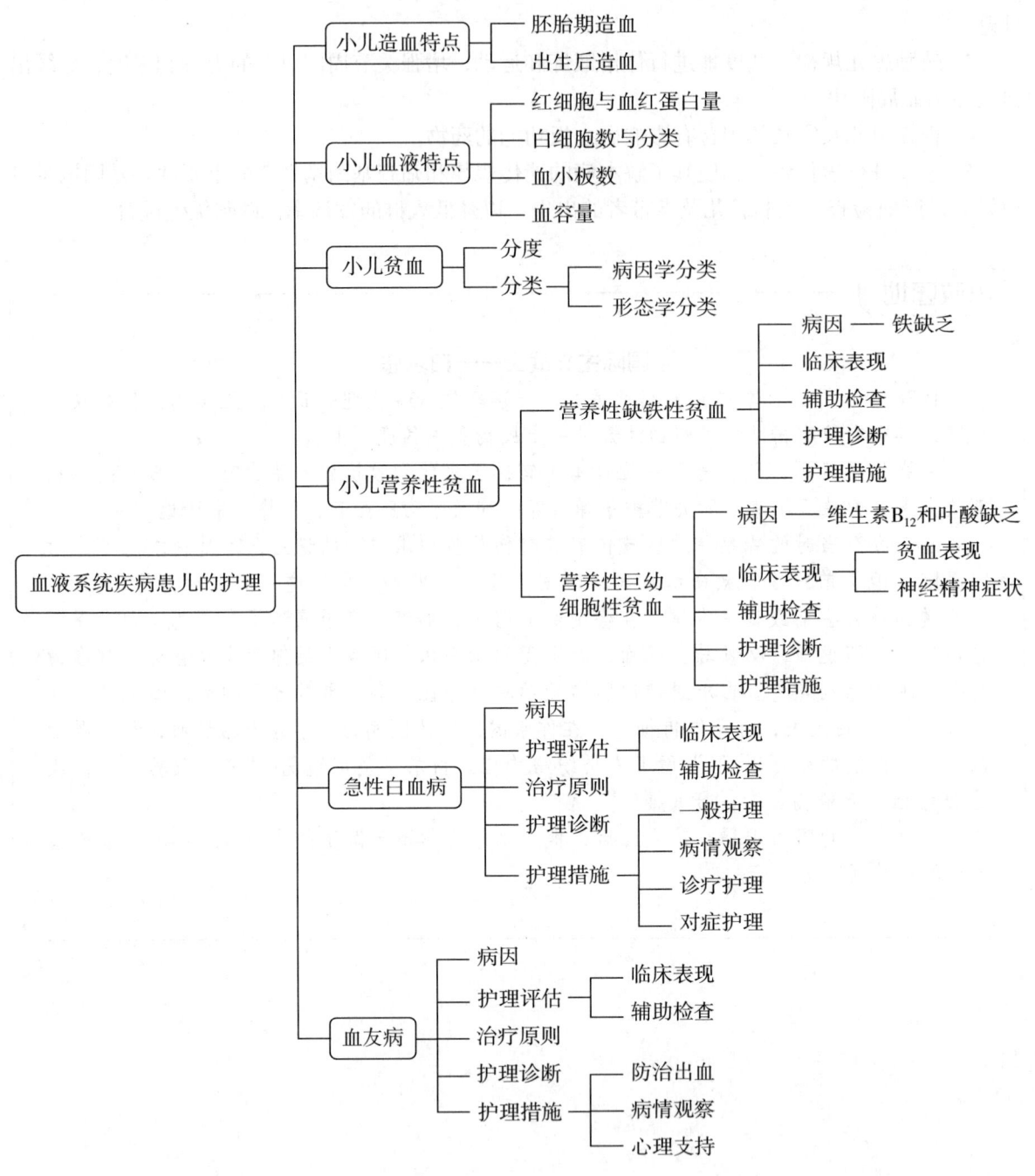

自 测 题

一、选择题

A_1 型题

1. 关于儿童贫血判断标准，正确的是
   A. 新生儿 Hb < 145 g/L
   B. 1～4个月 Hb < 110 g/L
   C. 4～6个月 Hb < 110 g/L
   D. 6个月～6岁 Hb < 120 g/L

E. 6~14 岁儿童 Hb < 110 g/L
2. 正常儿童白细胞分类出现两次交叉的时间（或年龄）是
   A. 出生后 2~4 天和 1~3 岁　　　　　B. 出生后 4~6 天和 4~6 岁
   C. 出生后 6~8 天和 4~6 岁　　　　　D. 出生后 8~10 天和 8~10 岁
   E. 出生后 13~15 天和 13~15 岁
3. 急性白血病患儿常见临床表现不包括
   A. 贫血　　　　　　　　B. 出血　　　　　　　　C. 反复感染
   D. 智能发育迟缓　　　　E. 各种浸润症状

A₂ 型题

4. 患儿，75 天。查体：口唇及睑结膜稍有苍白。实验室检查：红细胞 $3.0 \times 10^{12}/L$，血红蛋白 110 g/L。该患儿可能是
   A. 缺铁性贫血　　　　　B. 感染性贫血　　　　　C. 生理性贫血
   D. 再生障碍性贫血　　　E. 营养性巨幼细胞贫血
5. 患儿，男，9 个月，母乳喂养，现未添加辅食，面色苍白，肝大、脾大。血常规检查：血红蛋白 45 g/L，红细胞 $1.1 \times 10^{12}/L$。该患儿的贫血程度为
   A. 生理性贫血　　　　　B. 轻度贫血　　　　　　C. 中度贫血
   D. 重度贫血　　　　　　E. 极重度贫血
6. 患儿，男，1 岁，确诊为营养性缺铁性贫血，口服铁剂治疗，应注意不能同时服用的食物是
   A. 牛奶　　　　　　　　B. 果汁　　　　　　　　C. 果糖
   D. 维生素 C　　　　　　E. 肝泥
7. 患儿，8 个月。单纯母乳喂养。患儿中度贫血，乏困、无力，诊断为营养性巨幼细胞贫血，在进行健康指导时，告知家长发病的主要原因是
   A. 铁摄入不足　　　　　B. 铁需要量增多　　　　C. 维生素 C 摄入不足
   D. 维生素 B_{12} 及叶酸供给不足　E. 葡萄糖-6-磷酸脱氢酶缺乏

A₃/A₄ 型题

（8~11 题共用题干）

患儿，女，10 个月。因"面色苍黄 2 个月余，发热、咳嗽 3 天"入院。患儿采用羊乳喂养，未添加转换期食物，近 3 天发热、咳嗽。查体：T 39℃，贫血貌，反应迟钝，面部可见数枚针尖大小出血点，可见四肢震颤，两肺呼吸音粗，可闻及散在湿啰音，腹软，肝脾稍大。

8. 该患儿的临床诊断是
   A. 营养性缺铁性贫血　　B. 营养性巨幼细胞贫血　C. 再生障碍性贫血
   D. 生理性贫血　　　　　E. 红细胞酶缺陷性贫血
9. 该患儿外周血象细胞形态为
   A. 大细胞性贫血　　　　B. 小细胞低色素性贫血　C. 正细胞性贫血
   D. 单纯小细胞性贫血　　E. 正细胞正色素性贫血
10. 护士指导该患儿家长营养护理，不正确的是
    A. 添加富含维生素 B_{12} 的食物　　B. 防止偏食、挑食，养成良好的饮食习惯
    C. 对震颤严重不能吞咽者改用鼻饲　　D. 遵医嘱补充维生素 B_{12} 和叶酸
    E. 恢复期不必应用铁剂
11. 患儿家长询问何时有疗效，护士应告知
    A. 应用维生素 B_{12} 和叶酸 2~4 天后患儿精神症状好转

B. 网织红细胞 6～7 天开始上升

C. 网织红细胞 8～10 天达高峰

D. 网织红细胞 2 周后降至正常

E. 6～8 周后红细胞和血红蛋白恢复正常

二、简答题

1. 简述营养性巨幼细胞贫血的神经精神症状。
2. 简述儿童急性白血病的临床表现。

三、案例分析题

患儿，男，13 个月，足月顺产，出生体重 3 kg，母乳喂养，已添加少量稀粥和奶粉。近 2 个月面色逐渐苍白，食欲减退，不爱活动，不愿下地行走，有时萎靡不振。体检发现：T 37.1℃，P 102 次/分，R 21 次/分，体重 8.2 kg。面色、睑结膜、口唇、甲床均苍白，两肺听诊无异常，心音有力、律齐。腹平软，肝右肋下 2.5 cm，脾左肋下刚扪及，质软。血常规：RBC 3×10^{12}/L，Hb 80 g/L，WBC 10.5×10^9/L，中性粒细胞 42%，淋巴细胞 57%。外周血涂片示红细胞大小不等，以小细胞为主，中央淡染区扩大。

问题：

（1）该患儿最可能的临床诊断是什么？

（2）该患儿主要的护理诊断有哪些？

（3）该患儿主要的护理措施有哪些？

（陈　静）

第十三章 神经系统疾病患儿的护理

学习目标

通过本章学习，学生应达到：

1. 素质目标　培养学生具有良好的职业素质，具有对患儿及家庭关心、爱护、同情等心理支持的能力。
2. 能力目标　能够运用护理程序对化脓性脑膜炎、病毒性脑炎和脑膜炎、脑性瘫痪患儿进行整体护理，并提供有针对性的健康指导。
3. 知识目标　描述小儿神经系统的解剖、生理特点，以及常见脑膜炎的病原体、感染途径及脑脊液特点。熟记化脓性脑膜炎、病毒性脑炎和脑膜炎、脑性瘫痪的评估要点、护理诊断及护理措施。

第一节　小儿神经系统解剖生理特点

小儿神经系统处于不断生长发育的过程中，不同年龄阶段，神经系统的解剖和生理特点各不相同，神经系统检查的正常标准和异常表现也不尽相同。

一、脑和脊髓

神经系统在胎儿期已经快速发育，尤其是脑的发育最为迅速。小儿出生时脑重为350～370 g，占体重的1/9～1/8，而成人脑重（约1500 g）仅占其体重的1/40～1/35。出生后，脑重快速增长，6个月时即达700 g左右，1岁时达900 g，7岁时接近成人水平。出生时，神经细胞的数目已基本达成人水平，以后主要是神经细胞体积的增大、树突增多及加长、髓鞘的形成及功能的不断完善，3个月时神经纤维髓鞘逐渐形成，但神经纤维的髓鞘化到4岁时才完成，且因皮质下中枢兴奋性较高，故在婴幼儿期，外界刺激产生的神经冲动传入大脑时，不仅速度慢，还易于泛化，使兴奋易于扩散而出现惊厥。3岁时脑细胞分化基本完成，8岁时接近成人。正在发育中的脑，对营养和氧的需要量很大。在基础代谢状态下，婴幼儿脑的耗氧量占机体总耗氧量的50%，而成人只占20%。故儿童对缺氧的耐受程度较成人差，营养和氧的长期缺乏可引起脑发育障碍。小儿出生时的活动主要由皮质下中枢调节，故出现很多无意识的手足徐动，且肌张力高。

脊髓的发育较脊柱的发育相对不平衡，脊髓在胎儿期的生长速度超过脊柱，故出生时其末端位置较低，达第3腰椎下缘。出生后脊柱的生长速度超过脊髓，因而脊髓末端的位置逐渐上移，4岁时达第1～2腰椎。故在确定腰椎穿刺部位时要注意年龄特点，婴幼儿以第4～5腰椎间隙为宜，以免损伤脊髓，4岁以后以第3～4腰椎间隙为宜。

考点提示

婴幼儿腰椎穿刺部位。

二、脑脊液

新生儿脑脊液量较少，一般为 50 ml，压力较低，为 0.29～0.78 kPa。随年龄增长，脑脊液量逐渐增多，压力随量的增加而增高。正常儿童脑脊液为 100～150 ml，外观清亮透明，压力为 0.69～1.96 kPa，白细胞计数 < $10×10^6$/L（新生儿 < $20×10^6$/L），蛋白质 0.2～0.4 g/L（新生儿 0.2～1.2 g/L），糖 2.2～4.4 mmol/L，氯化物 118～128 mmol/L。

三、神经反射

（一）生理反射

1. **出生时存在以后逐渐消失的反射** 包括吸吮反射、握持反射、拥抱反射、觅食反射及颈肢反射等，吸吮反射、握持反射、拥抱反射和觅食反射一般于出生后 3～4 个月逐渐消失，颈肢反射于出生后 5～6 个月逐渐消失。这些反射如出生的时候缺失、短期内减弱消失，或该消失的时候仍然存在，均提示神经功能异常。

2. **出生时已存在以后永不消失的反射** 如角膜反射、瞳孔反射、结膜反射、咽反射和吞咽反射，这些反射若有减弱或消失，提示神经系统有病变。

3. **出生时不存在以后逐渐出现且终身存在的反射** 如腱反射、提睾反射、腹壁反射，新生儿期已可引出肱二头肌、膝和踝反射，提睾反射 4～6 个月后才明显，腹壁反射 1 岁后才比较容易引出。这些反射该出现时不出现或减弱都提示神经系统功能异常。

考点提示

小儿神经反射发育特点。

（二）病理反射

2 岁以内小儿由于神经系统发育不成熟，引出踝阵挛、巴宾斯基征阳性可为生理现象，但若单侧出现或 2 岁以后出现阳性则为病理现象。

（三）脑膜刺激征

脑膜刺激征包括颈项强直、凯尔尼格征、布鲁津斯基征。由于小婴儿屈肌张力较高，故生后 3～4 个月内表现为阳性多无病理意义。由于婴儿颅缝和前囟尚未闭合，在一定程度上可缓解颅内压，所以脑膜刺激征可不明显或出现较迟。

第二节　化脓性脑膜炎患儿的护理

案例 13-1

患儿，女，5 个月，发热、咳嗽 5 天，近 1 天呕吐，现突然抽搐，出生后已接种卡介苗。查体：T 38.8℃，P 135 次/分，精神萎靡，前囟饱满，颈软，双肺少许细湿啰音，腹平软，肝肋下 1.5 cm，质软。巴宾斯基征双侧（+），余正常。血常规 WBC $18×10^9$/L，N 0.58，L 0.36；脑脊液外观微混浊，WBC $1.0×10^9$/L，N 0.7，L 0.3，蛋白质 1 g/L，糖 2.3 mmol/L，氯化物 105 mmol/L。

问题：
1. 该患儿最可能的临床诊断是什么？
2. 该患儿目前主要的护理问题是什么？
3. 对该患儿应采取哪些护理措施？

化脓性脑膜炎（purulent meningitis），简称化脑，是由各种化脓性细菌感染引起的中枢神经系统急性感染性疾病。临床以急性发热、呕吐、头痛、惊厥、意识障碍、脑膜刺激征阳性及脑脊液化脓性改变为特征。本病多见于婴幼儿，其中 6~12 个月为发病高峰年龄，病死率为 5%~15%，约 1/3 的存活者可遗留神经系统后遗症。

一、病因及发病机制

1. **病因** 多种化脓性细菌都能引起脑膜炎，但我国 2/3 以上患儿是由脑膜炎双球菌、肺炎链球菌和流感嗜血杆菌引起。致病菌种类因年龄而异，新生儿和出生 2 个月以内的婴儿以肠道革兰氏阴性杆菌（多为大肠埃希菌）和金黄色葡萄球菌为主；3 个月~3 岁的小儿则以流感嗜血杆菌和肺炎链球菌常见；年长儿则以脑膜炎双球菌和肺炎链球菌常见。

考点提示

化脓性脑膜炎的常见致病菌。

2. **发病机制** 致病菌大多从上呼吸道侵入，也可由消化道、皮肤、新生儿脐部等途径侵入，经血液循环通过血脑屏障到达脑膜。少数可由邻近组织器官感染如中耳炎、乳突炎直接扩散波及脑膜。此外，颅脑外伤、皮肤窦道等，可使细菌直接侵入脑膜。由于小儿脑脊液中补体成分和抗荚膜抗体 IgA、IgM 水平低下，故侵入脑膜的细菌很快播散入脑脊液及蛛网膜下腔并迅速繁殖，在细菌毒素和多种炎症相关细胞因子的作用下，形成以软脑膜、蛛网膜和表层脑组织为主的炎症反应，表现为广泛性血管充血、大量中性粒细胞浸润和纤维蛋白渗出，伴弥漫性血管源性和细胞毒性脑水肿。严重者可有血管壁坏死和灶性出血、脑梗死。

考点提示

化脓性脑膜炎最常见的感染途径。

二、临床表现

本病多为急性起病，早期表现为发热、易激惹、喂养困难、呕吐、嗜睡等症状，随病情进展，主要表现为感染中毒表现、颅内压增高和脑膜刺激征。

（一）感染中毒症状

起病急，高热、烦躁不安和进行性加重的意识障碍。部分患儿有反复的局限性或全身性惊厥发作。随着病情的加重，患儿可出现意识模糊、嗜睡、昏睡甚至昏迷。脑膜炎双球菌感染者易发生皮肤瘀点、瘀斑。

（二）颅内压增高表现

剧烈头痛、频繁的喷射性呕吐，婴儿前囟饱满、张力增高、头围增大。严重者合并脑疝时，出现双侧瞳孔大小不等、对光反射迟钝甚至消失，呼吸不规则或意识障碍突然加重等。

（三）脑膜刺激征

脑膜刺激征表现为颈项强直、克尼格征和布鲁津斯基征阳性，其中以颈项强直最为常见。

 考点提示

化脓性脑膜炎患儿的典型表现。

（四）不典型表现

新生儿及3个月以下小婴儿化脓性脑膜炎常缺乏典型的症状和体征，主要特点有以下几个方面。

1. 体温可高可低，可无发热，甚至体温不升。
2. 颅内压增高表现可不明显，可表现为喂养困难、吐奶、尖叫或囟门饱满紧张、颅缝增宽等。
3. 一般无典型惊厥，如仅见面部、肢体局灶或多灶性抽动，局部或全身性肌阵挛，或眨眼、呼吸不规则、屏气等不显性发作。
4. 脑膜刺激征不明显。

（五）并发症及后遗症

患儿可有硬脑膜下积液、脑积水、室管膜炎等并发症。脑实质受损的患儿可有智力低下、耳聋、失明、瘫痪、继发性癫痫等后遗症。

1. 硬脑膜下积液　最常见，以1岁以内的婴儿多见。如经有效治疗48～72h以后，发热、意识障碍、惊厥、颅内压升高等临床表现不见好转甚至加重，或症状、体征逐渐好转后又出现病情反复，伴进行性前囟饱满、颅缝分离，应首先考虑并发了硬脑膜下积液。颅骨透照试验阳性加硬膜下穿刺可明确诊断。
2. 脑积水　常见于治疗不当的患儿。由于炎性渗出物粘连阻塞脑室内脑脊液流出通道，或因炎症破坏蛛网膜或颅内静脉窦栓塞导致脑脊液重吸收障碍，引起脑积水。主要表现为烦躁不安、嗜睡、呕吐、惊厥、头颅进行性增大，患儿额大面小，眼呈落日征，颅缝分离，前囟扩大饱满，头颅叩诊有"破壶音"及头皮静脉扩张。长期持续颅内压增高可造成大脑皮质退行性萎缩。
3. 室管膜炎　常见于革兰氏阴性杆菌感染并延误治疗的患儿。患儿在有效抗生素的治疗下，发热不退，意识障碍不改善，惊厥频繁，前囟饱满，颈项强直进行性加重，甚至出现角弓反张，脑脊液检查始终不正常，CT检查可见脑室扩大，应考虑室管膜炎。侧脑室穿刺做细菌培养可确诊。
4. 脑性低钠血症　由于炎症累及下丘脑和神经垂体，导致抗利尿激素过量分泌，引起稀释性低钠血症。患儿表现为昏睡、惊厥、肌张力低下等。

三、辅助检查

1. 血常规　白细胞总数明显升高，可达（20～40）×10^9/L，分类以中性粒细胞增高为主，但病情严重患儿白细胞总数可减少。
2. 脑脊液检查　是确诊本病的重要依据。典型表现为压力增高，外观混浊或呈脓性；白细胞计数显著增多，多达1000×10^6/L以上，分类以中性粒细胞为主；蛋白质含量增高，多在1000 mg/L以上；糖含量显著降低，常＜1.1 mmol/L；氯化物含量降低。脑脊液涂片查找细菌可作为早期选用抗生素的依据，在使用抗生素之前进行检查，可提高其阳性检出率。脑脊液培养及药敏试验也应同时进行。

3. 血培养　对所有疑似病例均应做血培养，疾病早期、未用抗生素时可获阳性结果。

4. 颅脑 B 超或 CT 检查　可确定硬脑膜下积液、脑积水等的病理改变特点，疑有并发症者可做此两项检查。

 考点提示

化脓性脑膜炎的脑脊液特点。

四、治疗原则

治疗原则包括正确选用抗生素治疗和及时降低颅内压，此外还有对症、支持治疗和并发症治疗。

（一）抗生素治疗

宜早期选用对致病菌敏感，并能透过血脑屏障，在脑脊液中达到有效浓度且毒性低的抗生素。联合用药，注意药物配伍禁忌，早期、足量、足疗程、静脉给药，力求在 24 h 内杀灭致病菌。抗生素使用疗程根据病原体种类而定：流感嗜血杆菌和肺炎链球菌脑膜炎需 10～14 天；脑膜炎双球菌感染者需 7 天；革兰氏阴性杆菌和金黄色葡萄球菌脑膜炎需 21 天以上。若有并发症，还应适当延长疗程。

（二）肾上腺皮质激素治疗

在使用抗生素的同时，可短期使用肾上腺皮质激素，可抑制炎症因子的产生，降低血管通透性，减轻脑水肿和颅内高压。一般选择地塞米松，经静脉给药 2～3 天。

（三）对症及支持治疗

维持水电解质平衡；应用脱水药、利尿药治疗脑水肿，降低颅内压；控制惊厥发作等。

（四）并发症的治疗

1. 硬脑膜下积液　少量积液无需处理。积液量多引起颅内高压者应行硬脑膜下穿刺放液，放液量一般每次每侧 < 15 ml，两侧 < 30 ml。若硬脑膜下积脓，则除穿刺放液外，还需根据病原菌注入敏感的抗生素，必要时应考虑外科手术治疗。

2. 脑积水　主要采取手术治疗，包括正中孔粘连松解、导水管扩张和脑脊液分流术。

3. 室管膜炎　可做侧脑室穿刺引流，以减轻脑室压力，同时注入适宜的抗生素。

4. 脑性低钠血症　应适当限制液体入量，酌情补充钠盐，纠正低钠血症。

五、护理诊断

1. 体温过高　与细菌感染有关。
2. 营养失调：营养摄入量低于机体需要量　与摄入不足、机体消耗过多有关。
3. 有受伤的危险　与惊厥发作有关。
4. 潜在并发症　如颅内高压，硬脑膜下积液，脑积水，水、电解质紊乱。
5. 焦虑与恐惧　与病情重、预后不良有关。

六、护理措施

（一）一般护理

1. 环境与休息　保持病室安静、空气清新、阳光充足、通风良好、温湿度适宜。让患儿绝对卧床休息，尽量减少探视，各项诊疗及护理操作应集中进行，以减少对患儿的刺激。

2. 饮食护理　给予高蛋白、高热量、维生素丰富且易消化吸收的流质、半流质饮食，少食多餐。注意食物搭配,提高食欲。对频繁呕吐不能进食者,给予静脉输液补充营养。有意识障碍者可鼻饲。

3. 口腔及皮肤护理　保持口腔清洁,呕吐后应及时清除呕吐物,帮助漱口。密切观察皮肤受压情况及皮肤黏膜完整程度,及时清理大小便,保持臀部皮肤干燥,预防压疮。

4. 记录液体出入量　记录24 h液体出入量。静脉输液时,应依病情调控输液量和速度,以防加重脑水肿。

(二) 病情观察

1. 监测生命体征及意识状态　密切监测体温、脉搏、呼吸和血压等的变化;密切观察患儿的意识状态、瞳孔大小及对光反射、面色及前囟状态等,早期发现患儿有无脑疝征象。

2. 做好并发症的观察　在治疗过程中,注意观察患儿有无硬脑膜下积液、脑积水等并发症出现。

(三) 治疗配合

1. 做好抢救器材及药品的准备　如氧气、加压面罩、吸痰器、人工呼吸机及中枢兴奋剂。

2. 协助进行腰椎穿刺　术前做好解释工作,尽可能取得患儿的配合,术中安抚患儿,配合医生操作,密切观察患儿的病情变化。术后嘱患儿去枕平卧4~6 h并密切观察病情变化。

3. 防止颅内压增高　保持安静,避免刺激患儿,避免患儿哭闹。将患儿头肩抬高15°~30°,侧卧位休息,有利于脑血液回流,预防脑疝。如有脑疝,以平卧位为宜。按医嘱使用降低颅内压的药物,并严密观察患儿的病情变化,如有异常,及时通知医生并做好抢救准备。

> **考点提示**
>
> 化脓性脑膜炎患儿防止颅内压增高的护理措施。

4. 防止受伤　及时清理患儿呕吐物,保持呼吸道通畅,防止误吸。惊厥发作时将患儿头偏向一侧,磨牙间垫上牙垫以免舌咬伤,拉好床档,防止发生坠床。

5. 降温或保暖　对高热患儿应给予物理或药物降温,以减少脑的耗氧量,保护脑细胞,必要时遵医嘱应用亚冬眠疗法降温。对新生儿体温不升者则应加强保暖,使其体温升至正常。

6. 预防感染　对昏迷患儿,应注意保持眼、耳、鼻、口腔及皮肤的清洁,以预防暴露性角膜炎、中耳炎、口腔炎等继发感染。应经常给患儿翻身、拍背,以预防压疮及坠积性肺炎的发生。

(四) 心理护理

对家长及年长患儿应给予安慰和解释,给家长及患儿介绍病情及疗效进展,以减轻焦虑和恐惧心理。多关心、安慰和爱护患儿,使其树立战胜疾病的信心。

七、健康指导

1. 疾病知识指导　向家长介绍患儿病情、诊疗计划及采取的护理措施,使其主动配合治疗。

2. 用药指导　向家长解释抗生素选用原则、使用方法及疗程,指导家长观察药物的不良反应。

3. 卫生保健知识指导　加强卫生知识宣传,可采用脑膜炎双球菌荚膜多糖疫苗在流行区进行预防接种,以预防流行性脑膜炎。对恢复期或有神经系统后遗症的患儿,进行功能训练指导,使家长掌握相应的护理方法,以促使病情尽可能地恢复。

第三节 病毒性脑炎和脑膜炎患儿的护理

案例 13-2

患儿，女，7个月，发热、咳嗽6天，近2天呕吐，现突然抽搐，曾用过青霉素肌内注射3天。查体：T 38.1℃，P 136次/分，嗜睡，抽搐时双眼凝视，四肢抽动，前囟饱满，颈软，心肺未见异常，腹平软。双侧巴宾斯基征阳性。血常规：白细胞计数 10×10^9/L，脑脊液检查：压力增高，外观清亮，白细胞计数 20×10^6/L，以淋巴细胞为主，蛋白质 0.3 g/L，糖 4 mmol/L，氯化物 118 mmol/L。

问题：
1. 该患儿最可能的临床诊断是什么？
2. 该患儿目前主要的护理问题是什么？
3. 对该患儿应采取哪些护理措施？

病毒性脑炎（viral encephalitis）和脑膜炎（meningitis）是指多种病毒引起的中枢神经系统急性炎症。若病变主要累及脑实质，则表现为病毒性脑炎。若病变主要累及脑膜，则称为病毒性脑膜炎（viral meningitis）。若脑膜和脑实质同时受累，则称为病毒性脑膜脑炎（viral meningo-encephalitis）。病情轻重不一，轻症患者病程呈自限性，危重者急进性加重，可导致后遗症，甚至死亡。

一、病因及发病机制

1. 病因　80%以上是由肠道病毒（如柯萨奇病毒、埃可病毒）引起，其次为虫媒病毒（如乙型脑炎病毒）、腺病毒、单纯疱疹病毒、腮腺炎病毒等。

考点提示

病毒性脑炎的主要致病病毒。

2. 发病机制　病毒经消化道、呼吸道或经昆虫叮咬侵入人体，在淋巴系统内复制、繁殖后，经血循环感染各脏器，在入侵中枢神经系统前即可有发热等全身症状。在小儿免疫力低下、血脑屏障功能不健全时，病毒侵入脑组织并在其中大量增殖，直接引起神经细胞变性、坏死和胶质细胞增生及炎症细胞浸润而出现神经系统症状。病毒也可经嗅神经或其他周围神经到达中枢神经系统。中枢神经系统病变可以是病毒直接损伤的结果，也可以是"感染后"或"过敏性"脑炎改变，通过免疫反应，导致神经纤维脱髓鞘病变，以及血管和血管周围的损伤。

不同病毒引起的脑炎，具有不同的发病季节、地域、动物接触史等特点。一般按其流行情况分为流行性脑炎和散发性脑炎两类。①流行性脑炎：多为虫媒病毒引起，如流行性乙型脑炎，属传染性疾病，由蚊虫传播，主要发生在夏秋季节（7、8、9月），2～6岁发病率最高；②散发性脑炎：为非虫媒病毒感染引起，感染途径多样。在我国以肠道病毒引发脑炎最常见，也主要发生在夏秋季节，且大多患者为小儿。单纯疱疹病毒性脑炎则高度散发，一年四季均可发生，且可感染所有年龄的人群。

二、临床表现

发病前1~3周多有上呼吸道或消化道感染史、动物接触史或被昆虫叮咬史。病情轻重差异很大,且临床表现多种多样,主要取决于脑膜或脑实质受累的程度和部位。一般说来,病毒性脑炎的临床症状较病毒性脑膜炎严重,重症脑炎更易发生急性期死亡或遗留后遗症。

(一)病毒性脑膜炎

病毒性脑膜炎主要表现为发热、疲乏无力、恶心、呕吐,年长儿可诉头痛,婴儿则表现为烦躁不安、易激惹。一般很少有严重意识障碍和惊厥,可有颈强直,但无局限性神经系统体征。病程大多在1~2周。

(二)病毒性脑炎

病毒性脑炎起病急,主要表现为发热、惊厥、意识障碍、颅内压增高等症状。

1. **惊厥** 大多表现为全身性,严重者呈惊厥持续状态。
2. **意识障碍** 轻者反应淡漠、迟钝、嗜睡,重者谵妄、甚至昏迷等。
3. **颅内压增高** 主要表现为头痛、呕吐、婴儿前囟饱满等,严重者可出现脑疝。
4. **精神情绪异常** 病变累及额叶底部、颞叶边缘系统时,患儿可出现躁狂、幻觉、失语,以及定向力、计算力与记忆力障碍等症状。
5. **病理征** 当病变累及锥体束时,巴宾斯基征常为阳性。
6. **运动功能障碍** 受损部位不同,临床表现也不同,可出现偏瘫、面瘫、不自主运动、吞咽障碍等。一侧大脑病变为主者,特别是有血管阻塞时,可引起急性偏瘫;小脑受累可出现共济失调;脑干受累可出现交叉性瘫痪和中枢性呼吸衰竭;后组脑神经受累,则出现吞咽困难,声音低微;自主神经受累可出现汗腺分泌异常及排尿排便功能障碍;锥体外系受累则出现不自主运动。

考点提示

病毒性脑炎的临床表现。

(三)后遗症

重症脑炎患儿可留有智力低下、听力障碍、失语、失明、癫痫、肢体瘫痪等后遗症。

三、辅助检查

1. **脑脊液检查** 外观清亮,压力正常或增高,白细胞数为 10×10^6/L ~ 500×10^6/L,病初以中性粒细胞为主,2~3天后则以淋巴细胞为主;蛋白质定量正常或轻度升高;糖和氯化物正常。

考点提示

病毒性脑炎的脑脊液特点。

2. **病原学检查** 部分患儿脑脊液病毒分离及特异性抗体测试阳性。发病早期脑脊液病毒分离阳性的意义最大,但阳性率较低,但一般仅有1/4~1/3的病例能检出病原体;可采用聚合酶链反应(PCR)技术检测病毒抗原。
3. **血清学检查** 恢复期患儿血清特异性抗体滴度高于急性期4倍以上具有诊断价值。

四、治疗原则

本病无特异性治疗方法，主要包括对症治疗和抗病毒治疗。

1. 对症治疗　如降温、控制惊厥、降低颅内压、维持水电解质平衡、合理营养，以及改善脑微循环和抢救呼吸、循环衰竭。

2. 抗病毒治疗　常选用利巴韦林，单纯疱疹病毒性脑炎应尽早给予阿昔洛韦，每次 5～10 mg/kg，每 8 h 一次，静脉滴注。

五、护理诊断

1. 体温过高　与病毒感染有关。
2. 营养失调　营养摄入量低于机体需要量，与摄入不足及消耗过多有关。
3. 急性意识障碍　与脑实质炎症有关。
4. 躯体移动障碍　与昏迷和肢体瘫痪有关。
5. 潜在并发症　如颅内压增高。
6. 焦虑和恐惧　与病情严重、担心预后不良有关。

六、护理措施

（一）一般护理

1. 环境保持　室内安静，空气新鲜，定时通风。避免对患儿产生刺激，使其感到舒适。
2. 饮食护理　给予高热量、高蛋白、高维生素且易被消化吸收的食物；耐心喂养，防止呛咳；注意少食多餐，减轻胃的饱胀感，防止呕吐发生；对频繁呕吐者，应暂禁食，给予静脉输液；有意识障碍者，宜用鼻饲或从静脉给予营养液，维持水、电解质、营养的平衡。
3. 记录 24 h 出入液量　静脉输液者须控制量和速度，以免加重脑水肿。

（二）病情观察

1. 监测体温、脉搏、呼吸和血压等生命体征的变化。
2. 注意观察患儿有无意识障碍、惊厥发作、肌张力改变等脑水肿表现；有无呼吸节律不规则、瞳孔不等大及对光反应迟钝等脑疝症状。

（三）治疗配合

1. 维持正常体温　对高热患儿应采取物理或药物降温，必要时遵医嘱用亚冬眠疗法降温，以保护脑细胞。
2. 昏迷患儿的护理　置患儿于侧卧位，将其头肩抬高25°～30°，防止口腔分泌物或呕吐物吸入气管引起窒息。定时翻身拍背及使用气垫、气圈，预防坠积性肺炎及压疮的发生。注意眼、口腔及皮肤的护理，防止继发感染。
3. 促进肢体功能的恢复　加强对患儿日常生活的护理，卧床期间协助患儿洗漱、进食，及时清理大小便，及时更换潮湿的衣服，穿衣服时，先穿患侧，再穿健侧，脱衣服时，先脱健侧，再脱患侧；教会家长协助患儿翻身及皮肤护理方法；置患儿瘫痪肢体于功能位；病情稳定后，督促和帮助其进行功能锻炼。

 考点提示

病毒性脑炎患儿促进肢体功能恢复的护理措施。

（四）心理护理

对昏迷较久、抽搐频繁者，应给予家长安慰和耐心解释病情，使其配合诊疗及护理。病情稳定后，说服患儿及家长及早进行肢体的被动或主动锻炼，增强患儿自我照顾能力和信心。

七、健康指导

1. 疾病知识指导　向家长介绍病情，做好心理护理，增强战胜疾病的信心。
2. 向家长提供保护性看护和日常生活护理的有关知识，指导家长做好智力恢复训练和瘫痪肢体功能康复训练。
3. 用药指导　有继发癫痫者应指导长期正规服用抗癫痫药物。
4. 卫生保健指导　按时进行预防接种，注意营养均衡，加强体格锻炼，增强体质，提高机体抵抗力。预防上呼吸道和肠道感染，一旦发现及时治疗。开展爱国卫生运动，爱护环境，夏季注意灭蚊、防蚊，防蚊虫叮咬。
5. 出院后应定期门诊随访。

第四节　脑性瘫痪患儿的护理

案例 13-3

患儿，女，4岁。系早产儿，母亲妊娠时合并高血压，患儿出生后20天头颅CT示新生儿缺氧缺血性脑病，4个月头立不稳；6个月手不能握持玩具；15个月只能用脚尖在大人的搀扶下走几步。查体：神志清楚，反应稍差，发育、营养中等，现患儿无法独立行走。

初步诊断：脑性瘫痪。

问题：

1. 作为护士你应从哪几方面为患儿进行评估？
2. 该患儿目前主要的护理问题是什么？
3. 对该患儿应采取哪些护理措施？

脑性瘫痪（cerebral palsy）简称脑瘫，是指出生前到出生后1个月内由各种原因所致的非进行性脑损伤。临床以中枢性运动障碍和姿势异常为主要特征，严重病例还伴有智力障碍、癫痫、感知觉障碍、交流障碍、行为异常等。它是小儿常见的致残疾病之一，在发达国家患病率为1‰～5‰，我国约为4‰，每年新发病例约6万。

一、病因及发病机制

本病的病因尚未完全明了。但近年研究证明，近80%的脑瘫和遗传因素及出生前因素相关，如胎儿期的感染、缺氧、中毒和发育畸形，母亲妊娠期的各种异常情况如妊娠高血压综合征、糖尿病、腹部外伤及接触放射线。出生时因素（如产伤、窒息、颅内缺氧缺血、羊水或胎粪吸入）及出生后因素（如早产、低出生体重、胆红素脑病、严重感染和外伤）仅各占10%。

本病最常见的病理变化是不同程度的大脑皮质萎缩和脑室扩大，神经细胞数量减少及胶质细胞增生。

> **考点提示**
>
> 脑性瘫痪的病因及发病机制。

二、临床表现

临床表现多种多样，开始于婴儿期，主要表现为中枢性运动功能障碍和姿势异常，常合并智力低下、癫痫、视听语言障碍和精神行为异常等。临床上根据运动障碍性质将其分为7种类型。

1. 痉挛型脑瘫　最常见，占全部病例的50%～60%。主要因锥体束受累，表现为上肢屈肌张力增高，肘、腕及指尖关节屈曲，下肢伸肌、内收肌张力增高，下肢伸直交叉呈剪刀样姿势，扶站时足跟悬空，足尖着地。根据受累部位不同，可分为双侧瘫痪、四肢瘫痪、偏瘫、截瘫、单瘫等。

2. 手足徐动型脑瘫　约占20%。主要因锥体外系受累，患儿主要表现为静止时出现难以用意志控制的不自主运动，运动期表现为扭转痉挛，患儿伸舌和流涎较明显，喂养困难。

3. 共济失调型脑瘫　此型少见，为平衡和协调障碍的一种类型。患儿自幼表现出小脑受损的症状如步态蹒跚，快变轮换动作差，四肢动作不协调，指鼻试验常有偏差，上肢意向性震颤。

4. 肌张力低下型脑瘫　锥体系与锥体外系可能同时受累，肌张力显著降低而呈软瘫状，但腱反射存在，自主运动少。此型见于婴幼儿期，2～3岁后转为其他类型。

5. 强直型脑瘫　较少见。表现为全身肌张力显著增高，身体异常僵硬。做四肢被动运动时，感觉肢体呈铅管样强直。

6. 震颤型脑瘫　表现为静止性震颤。

7. 混合型脑瘫　同时具有两种或两种以上类型的表现，临床上以痉挛型脑瘫与共济失调型脑瘫混合多见，是脑损伤严重的结果。

 考点提示

脑性瘫痪最常见的临床类型。

三、辅助检查

1. 头颅CT　可见不同程度的脑萎缩，脑室扩大，脑室周围软化变性及囊腔形成等改变。
2. 脑电图　合并癫痫者，可有异常脑电波。
3. 视、听功能检测　可帮助确定有无视力、听力障碍。
4. 智力测定　明确智力受损程度，可作为诊断和疗效评定的参考依据。

四、治疗原则

及时诊断，早期治疗，促进各系统功能恢复和正常发育，纠正异常姿势，减轻其伤残程度。主要采取高压氧治疗、营养脑细胞治疗、功能训练、矫形器的应用、针刺、理疗、按摩和手术治疗等综合治疗措施。合并癫痫发作者应按发作类型给予抗癫痫药物治疗。

五、护理诊断

1. 生长发育改变　与脑损伤有关。
2. 有失用综合征的危险　与肢体痉挛性瘫痪有关。
3. 有受伤的危险　与运动功能障碍有关。
4. 有皮肤完整性受损的危险　与躯体不能活动有关。

5. **营养失调** 营养摄入量低于机体需要量，与喂养困难有关。
6. **焦虑（家长）** 与担忧患儿生存能力低下有关。

六、护理措施

（一）一般护理

1. **日常生活护理** 根据患儿接受能力，加强对日常生活用品的认知训练，并有计划地训练日常生活动作，如循序渐进地进行穿脱衣服训练及进食训练等以培养自理能力。根据患儿年龄进行卫生梳洗训练，随年龄增长教会患儿在排便前向家长预示，学会用手纸，自己穿脱裤子。在护理过程中逐渐培养患儿的独立能力。

2. **饮食护理** 给予高蛋白、高热量、高维生素、易被消化吸收的食物；评估患儿进食自理程度，选用容易下咽的食物，鼓励患儿自己进食。对独立进食困难的患儿应进行饮食训练；协助进餐时，态度要和蔼；喂食时，保持患儿头处于中位线，避免头后仰导致异物吸入；切勿在患儿牙齿紧咬的情况下将餐具强行抽出，以免损伤牙齿。喂食不可过多过快，嘱患儿勿说话，以免发生食物吸入气管。吞咽困难者遵医嘱给予鼻饲或静脉全营养液。

3. **皮肤护理** 病情严重和不能保持坐位的患儿往往长时间卧床，要常帮助患儿翻身，白天尽量减少卧床时间，及时清理大小便，保持皮肤清洁，防止压疮发生或继发其他感染。

（二）病情观察

监测生命体征，评估患儿生活自理能力及运动功能障碍程度。

（三）治疗配合

1. 长时间卧床的患儿，宜选择侧卧位，前面放置玩具及悬挂彩色气球和铃铛，练习抓握，利于发展上肢功能，并接受颜色和声音的刺激。

2. **防止受伤** 患儿的床应设有床栏，防止坠床。功能锻炼时，勿强行按压患肢，以免发生骨折；外出活动时，应注意周围环境，移开阻挡物体，并加以保护。

3. **坚持功能训练** 包括体能运动训练、技能训练及语言训练等。尽早进行功能训练，循序渐进。功能训练中，配合使用一些矫形器，保持患儿肢体功能位，帮助患儿进行肢体锻炼，促进肌肉、关节活动，改善肌张力，纠正异常姿势。训练重点是教育患儿身体活动的正确方法，使其逐渐掌握运动功能。

（四）心理护理

耐心地向家长说明，通过治疗及教养，患儿会逐渐地有不同程度的功能和语言恢复，特别是偏瘫及手足徐动型患儿的预后较好，劝其不必过多忧虑，使其树立信心和耐心。对智力正常的患儿，要鼓励其进行力所能及的活动，锻炼瘫痪的肌肉，树立战胜疾病的信心，要自强、自立、自信，防止因残疾而产生自卑、怪癖、孤独的心理。

七、健康指导

1. **做好产前保健** 做好孕妇及胎儿保健，孕妇避免营养不良及接触放射线，避免胎儿感染、中毒、缺氧等，在妊娠早期预防各种感染性疾病，避免外伤和难产，预防胎儿受损，避免早产，勿服用能透过胎盘屏障并影响胎儿脑发育的药物等。

2. **做好新生儿期的预防** 主要是预防新生儿呼吸暂停、低血糖、胆红素脑病及颅内感染等疾病。

3. **疾病知识指导并做好患儿的特殊教育** 向家长介绍脑瘫是一种非进行性脑损伤性疾病，目前尚无特效治疗，主要是坚持功能训练，并告知家长及早进行功能训练的重要性，教会家长功能训练的方式及方法。指导家长对患儿既要有较多的照顾，又要避免溺爱，更不应歧视。指导家长对患儿进行一些特殊教育和职业训练，培养患儿生活自理能力。

思政园地

脑瘫厂长——陆鸿

陆鸿生于1979年，出生时，是一个非常健康的孩子。可是，10个月时，高热引发了病毒性脑炎。父母带他四处寻医，却没有一丝进展。

到了上学的年纪，陆鸿背起书包高高兴兴地去学校，但没人愿意与他同桌。本以为毕业后，能像同学们一样进入工厂工作，实现人生价值，然而，现实却再次将他打回原形。陆鸿消沉了半年时间，他不想成为家里的累赘，开始四处找工作，但屡屡碰壁。这时，叔叔向他抛来了橄榄枝。两年后，叔叔的工厂濒临倒闭，陆鸿不想给叔叔增添负担，主动提出了辞职。这次，陆鸿想自己创业。陆鸿是一个心灵手巧、善于钻研的人，他在路边摆起了地摊，这不仅让陆鸿重拾了自信，还让他遇到了一生挚爱。他利用业余时间自学影视后期制作。几年后，陆鸿开了一家素材店。有一天，一位老人来买照相素材，陆鸿见老人拄着拐杖，行动极其不便，便免去了老人的费用。后来，陆鸿与老人成了朋友，在老人的鼓励下开了一家摄影店。刚开始时，顾客看到他的身体情况后，都不信任他，但看到陆鸿把自己的照片修得如此帅气后，生意也越来越好了。

2017年，他带领残疾人做自媒体、开相册工厂、开淘宝店，招收的员工以残疾人为主。如今，他的工厂已成为远近闻名的残疾人扶贫创业基地，为不幸的人推开了一扇窗。

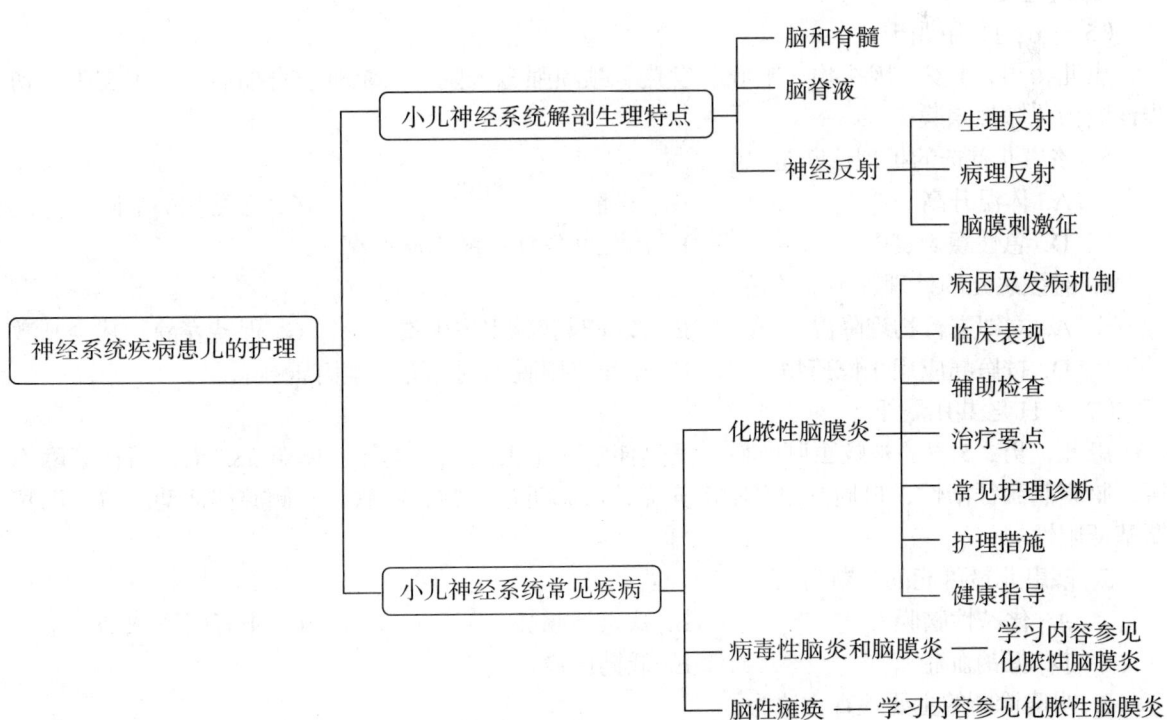

自 测 题

一、选择题

A₁ 型题

1. 2个月正常婴儿不存在的神经反射是
   A. 拥抱反射　　　　　B. 角膜反射　　　　　C. 觅食反射
   D. 提睾反射　　　　　E. 吸吮反射

2. 下列脑性瘫痪类型中最常见的是
   A. 痉挛型脑瘫　　　　B. 手足徐动型脑瘫　　C. 共济失调型脑瘫
   D. 肌张力低下型脑瘫　E. 混合型

A₂ 型题

3. 患儿，女，1岁。因发热、呕吐、惊厥来诊。确诊为化脓性脑膜炎。本病最易出现的并发症是
   A. 脑疝　　　　　　　B. 硬脑膜下积液　　　C. 脑积水
   D. 智力低下　　　　　E. 水、电解质紊乱

4. 患儿，男，10个月，因呕吐1天来院就诊，考虑病毒性脑炎，导致该病最可能的病原体是
   A. 虫媒病毒　　　　　B. 疱疹病毒　　　　　C. 呼吸道合胞病毒
   D. 肠道病毒　　　　　E. 麻疹病毒

A₃/A₄ 型题

（5～6题共用题干）

患儿，男，4岁。因头痛、呕吐、发热、颈项强直入院。入院时全身抽搐，意识丧失，初步诊断为化脓性脑膜炎。

5. 该患儿首选的护理诊断是
   A. 体温升高　　　　　B. 疼痛　　　　　　　C. 有受伤的危险
   D. 急性意识丧失　　　E. 潜在并发症：颅内压增高

6. 对该患儿的处理，不妥的是
   A. 立即进行物理降温　B. 按医嘱静脉用抗生素　C. 保持安静，减少刺激
   D. 按医嘱应用止惊药物　E. 立即应用脱水剂，降低颅内压

（7～11题共用题干）

患儿，男，5岁。被蚊虫叮咬后，发热伴嗜睡1天入院。查体：体温38.7℃，精神萎靡不振，脑膜刺激征阳性，口周微绀，咽部充血，心肺听诊正常，腹软，左侧肢体活动障碍，巴宾斯基征阳性。

7. 该患儿最可能的诊断为
   A. 化脓性脑膜炎　　　B. 病毒性脑炎　　　　C. 上呼吸道感染
   D. 低钠血症　　　　　E. 低钙血症

8. 明确诊断的主要检查方法为
   A. 血生化　　　　　　B. 外周血象　　　　　C. 脑脊液检查
   D. 头颅CT　　　　　　E. 胸部X线片

9. 该患儿恰当的卧位是

A. 患侧卧位 B. 肢体功能位
C. 平卧位 D. 中凹位
E. 截石位

10. 该患儿护理措施不妥的是
    A. 物理降温，保持体温正常 B. 保证充足的营养
    C. 密切监测病情变化 D. 穿衣服时先穿健侧，再穿患侧
    E. 心理护理

11. 该患儿出院指导最重要的是
    A. 疾病的相关知识 B. 肢体功能锻炼
    C. 供给充足的营养 D. 用药指导
    E. 疾病的预防

二、简答题

1. 简述化脓性脑膜炎患儿防止颅内压增高的护理措施。
2. 简述病毒性脑炎的临床表现。

三、案例分析题

患儿，男，6个月。因发热、咳嗽6天，呕吐1天，抽搐2天入院。体检：T 39.2℃，R 38次/分，精神萎靡，咽部充血，扁桃体有脓液。前囟隆起，颈有抵抗，四张肌张力高，血常规：白细胞计数 15.6×10^9/L，中性粒细胞 0.78。

问题：

（1）该患儿最可能的临床诊断是什么？
（2）该患儿主要的护理诊断有哪些？
（3）该患儿主要的护理措施有哪些？

（陈　静）

第十四章数字资源

第十四章 传染病患儿的护理

学习目标

通过本章学习，学生应达到：

1. 素质目标 具备"敬佑生命、救死扶伤、甘于奉献、大爱无疆"的医者精神，具有对传染病患儿的关爱意识，能够积极参与公共卫生事件的处理及预防。

2. 能力目标 能够阐述儿童常见传染病的特点，能运用护理程序对患儿进行护理评估，确定护理诊断，实施护理措施，进行相关的健康宣教，并具有较好的人际沟通能力。

3. 知识目标 简述儿童常见传染病的病因、流行病学特征、临床特点及治疗要点。

第一节 麻疹患儿的护理

案例 14-1

患儿，男，2岁。无明显诱因于3天前出现发热，高达39℃，伴流涕、打喷嚏、咳嗽，无呼吸困难，无恶心呕吐。于今晨发现患儿身上出现皮疹，头面部、胸部、背部皮疹较密集，双下肢较少。咽充血，扁桃体充血，Ⅰ度肿大。两侧颊黏膜见灰白色斑点（直径 0.5～1 mm）。双肺呼吸音粗糙，可闻及散在干、湿啰音。

辅助检查：WBC 4.0×10^9/L，N 0.80，L 0.20。胸片提示双肺下野片状阴影。

问题：

1. 护士应如何评估和观察患儿？
2. 该患儿目前主要的护理诊断是什么？
3. 护士接诊后，针对患儿的病情应配合医生采取哪些护理措施？

麻疹是由麻疹病毒引起的急性出疹性呼吸道传染病，临床以发热、结膜炎、流涕、咳嗽、口腔麻疹黏膜斑（又称科氏斑，Koplik spot）及全身斑丘疹，疹退后糠麸样脱屑并留有色素沉着为主要特征。本病传染性很强，易并发肺炎，其中儿童是主要易感人群，疾病痊愈后大多数可以获得终身免疫。

一、病原学

麻疹病毒是 RNA 病毒，属副黏病毒科，只有一种血清型，且抗原性稳定。人是唯一的宿主，病毒在外界生存力弱，不耐热，对消毒剂和紫外线较敏感，但在低温下能长期存活。

二、流行病学

麻疹患者是唯一传染源。患者感染早期，病毒在呼吸道大量生长繁殖，经过患者咳嗽、打喷嚏或大声说话时产生的飞沫排出体外，然后经呼吸道进行传播。另外，密切接触者或直接接触患者的鼻咽分泌物也可以传播麻疹病毒。麻疹患者出疹前后的5天均有传染性，如有并发症传染性可延长至出疹后10天。本病四季均可发病，但以冬、春季节多见。

三、发病机制及病理

麻疹病毒通过鼻咽部进入人体，在呼吸道上皮细胞和局部淋巴组织中繁殖，并有少量病毒侵入血液而形成第一次病毒血症。此后，病毒在单核 - 巨噬细胞系统中繁殖，并再次大量侵入血液而形成第二次病毒血症，随后病毒到达皮肤和内脏，引起广泛损伤而出现相应的临床表现。同时，由于免疫作用受到抑制，常常并发支气管肺炎、喉炎，甚至导致结核病恶化，特别是营养不良、免疫功能缺陷患儿，可发生重型麻疹并发重型肺炎、脑炎等导致死亡。

麻疹系全身性疾病，其病理特征是病变部位广泛的单核细胞浸润、增生及形成多核巨细胞。疹退后，表皮细胞坏死、角化形成糠麸样脱屑，另外，由于皮疹处红细胞裂解，疹退后会遗留浅褐色色素沉着。

四、临床表现

（一）典型麻疹

1. 潜伏期　一般为6～18天，平均为10天左右。潜伏期末可有低热及全身不适。
2. 前驱期　也称出疹前期，从发热至出疹需3～4天，包括以下表现。
（1）发热：为首发症状，多为中度及以上，热型不一。
（2）上呼吸道感染及结膜炎：发热时可伴有流涕、咳嗽、打喷嚏、咽部充血等上呼吸道感染表现，还可有结膜充血、流泪、畏光等结膜炎表现。
（3）麻疹黏膜斑：为前驱期的特异性体征，是早期诊断麻疹的重要依据。一般出疹前1～2天出现在第二磨牙对应的颊黏膜处，直径为0.5～1mm的灰白色小点，周围有红晕，初起时仅数个，1～2天内迅速增多，可波及整个颊黏膜，部分可融合，出疹后1～2天快速消失。
（4）非特异症状：全身不适、精神不振、呕吐、腹泻、食欲减退等，偶尔可见荨麻疹、猩红热样皮疹。

3. 出疹期　大多在发热3～4天后出疹，此时体温可高达40℃，呼吸道症状和全身中毒症状逐渐加重并达高峰。皮疹相继出现于耳后 - 发际 - 颈部 - 颜面部 - 躯干 - 四肢及手心 - 足底。皮疹初为红色斑丘疹，逐渐转为暗红色，压之褪色，疹间皮肤正常，随着数量逐渐增多，部分融合成片，不伴痒感。

4. 恢复期　出疹3～4天后皮疹按出疹顺序消退，消退处有糠麸样脱屑及浅褐色色素沉着，体温下降，全身情况好转，一般7～10天可痊愈（表14-1）。

表14-1　儿童出疹性疾病的鉴别要点

鉴别要点	麻疹	水痘	猩红热	手足口病
病原体	麻疹病毒	水痘 - 带状疱疹病毒	乙型溶血性链球菌	柯萨奇病毒A组16型和肠道病毒
全身症状及其他特征	高热，上呼吸道感染症状明显及结膜炎，发热第2～3天见口腔麻疹黏膜斑	轻，低热，呼吸道症状轻	高热，中毒症状重，咽峡炎、杨梅舌、扁桃体炎，口周苍白圈	发热、咽痛、咳嗽、流涕、食欲下降等

续表

鉴别要点	麻疹	水痘	猩红热	手足口病
皮疹特点	红色斑丘疹，自耳后→发际→颈部→颜面部→躯干→四肢及手心→足底，退疹后有色素沉着及细小脱屑	斑疹、丘疹、水疱、结痂同时存在，呈向心性分布；皮疹分批出现，伴有明显痒感；愈后一般不留瘢痕	皮疹起始于耳后、颈部及上胸部，弥漫充血，有痒感，疹间无正常皮肤。持续2～3天退疹，退疹后全身大片脱皮	手、足和臀部等部位出现斑丘疹、疱疹，呈离心性分布
皮疹与发热的关系及特点	发热3～4天，出疹期体温更高，皮疹随退热渐退	发热当日出淡红色斑丘疹，2～3天消退，无色素沉着	发热1～2天出疹，出疹时高热	发热时或热退后出疹

考点提示

麻疹早期的特征性体征及出疹顺序。

（二）非典型麻疹

少数患儿呈非典型表现。有一定免疫力者呈现轻型麻疹，症状较轻，无麻疹黏膜斑，皮疹稀疏且色淡，疹退后无脱屑及色素沉着；体弱、有严重继发感染者呈重型麻疹，持续高热，中毒症状重，皮疹密集融合，有并发症或皮疹骤退、四肢冰冷、血压下降等循环衰竭表现；注射过麻疹活疫苗的患儿可出现皮疹不典型的异型麻疹。

（三）常见的并发症

肺炎、喉炎、脑炎、心肌炎、营养不良、维生素A缺乏等，其中肺炎是最常见的并发症，也是患儿死亡的主要原因。

五、辅助检查

1. 血常规　外周血白细胞总数减少，淋巴细胞相对增加。若白细胞总数增高，尤为中性粒细胞增加，提示继发细菌感染；如淋巴细胞严重减少，常提示预后不良。

2. 病原学检测　取患儿鼻咽部分泌物、血细胞及尿沉渣细胞，检测麻疹病毒抗原，可做出早期诊断。

3. 血清学检查　采用酶联免疫吸附试验（ELISA法）测定血清特异性IgM和IgG抗体，敏感性和特异性均好。IgM抗体于病后5～20天最高，故测定其是诊断麻疹的标准方法。IgG抗体恢复期较早期增高4倍以上也有近期感染的诊断意义。

六、治疗要点

目前尚无特效抗麻疹病毒药物。

1. 一般治疗　卧床休息，保持空气流通，维持合适的温、湿度。保持眼、鼻及口腔清洁，避免强光刺激，给予营养丰富并易于消化的食物，注意补充维生素，尤其是维生素A和维生素D。

2. 对症治疗　出疹期间切忌急骤退热，当体温超过40℃时，酌情给予小剂量退烧药，伴有烦躁不安或惊厥者给予镇静剂。鼓励多喝水，保持水电解质平衡。

3. 抗病毒治疗　常用利巴韦林，剂量酌情而定。

4. 并发症的治疗　有并发症者给予相应的治疗及护理。

七、护理诊断

1. 体温过高　与病毒血症及继发感染有关。
2. 有传播感染的危险　与呼吸道排出麻疹病毒有关。
3. 皮肤完整性受损　与麻疹病毒所致的皮损有关。
4. 营养失调：营养摄入量低于机体需要量　与高热消耗增加、食欲下降有关。
5. 潜在并发症　肺炎、脑炎、心肌炎等。

八、护理措施

（一）预防感染的传播

1. 控制传染源　隔离患儿至出疹后 5 天，合并肺炎者延长至出疹后 10 天。
2. 切断传播途径　患儿房间需要通风换气并用紫外线照射消毒，患儿被褥、衣物、玩具需在阳光下曝晒 1～2 h。
3. 保护易感人群　8 个月以上小儿应及时接种麻疹活疫苗，易感儿接触麻疹病毒后 5 天内应注射免疫血清球蛋白。

（二）维持正常体温

1. 休息　患儿应卧床休息至体温正常、皮疹消退。保持室内空气清新，室温为 18～20℃、湿度为 55%～65%，避免吹对流风。患儿衣服厚薄适宜，避免出汗过多发生脱水，或者受凉发生呼吸道感染。
2. 降温　处理高热时需兼顾透疹，不宜用药物及物理方法强行降温，尤其禁用冷敷及酒精擦浴，以免皮肤血管收缩、末梢循环障碍，使皮疹不易透发或突然隐退。当体温超过 40℃时，可酌情给予小剂量退烧药，以防发生高热惊厥。

（三）保持皮肤完整性

1. 加强皮肤护理　勤换内衣，保持皮肤清洁、干燥。剪短指甲以防抓伤皮肤引起继发感染。
2. 口腔、眼、耳的护理　鼓励患儿多饮温开水，保持口腔清洁。避免强光刺激患儿眼睛，用生理盐水冲洗眼痂，再滴入抗生素眼药水或眼膏，一日数次，加服鱼肝油预防干眼症。避免眼泪及呕吐物流入耳道引起中耳炎。

（四）保证营养的供给

以清淡、易消化、营养丰富的流质、半流质饮食为宜，少量多餐。鼓励多饮水，以利于排毒、透疹、退热，必要时遵医嘱静脉补液。恢复期应添加高热量、高蛋白、高维生素的食物，无须忌口。

（五）观察病情，及早发现并发症

密切监测病情，及早发现并配合医生进行处理。若患儿高热持续不退、咳嗽加剧、呼吸困难及肺部细湿啰音等，提示可能发生肺炎；若患儿有声音嘶哑、吸气性呼吸困难、犬吠样咳嗽及三凹征等，提示可能发生喉炎；若患儿有嗜睡、抽搐、惊厥等，提示可能并发脑炎。

考点提示

麻疹患儿皮疹部位正确的护理措施；麻疹高热时的处理措施。

九、健康指导

向家长介绍麻疹的病程、隔离时间、并发症和预后，使其有充分的心理准备并积极配合治疗。无并发症的患儿可在家中治疗护理，指导家长做好消毒隔离、皮肤护理及病情观察等，防止继发感染。教育家长流行期间不宜带易感儿童去公共场所。

第二节 水痘患儿的护理

水痘是由水痘-带状疱疹病毒引起的急性出疹性疾病。临床主要特征为全身症状轻微，皮肤和黏膜相继出现和同时存在红色斑疹、丘疹、疱疹和结痂，皮疹呈向心性分布。该病传染性极强。

一、病原学

水痘-带状疱疹病毒属疱疹病毒科，为DNA病毒，人是唯一宿主。病毒在外界生存力弱，对温度和酸碱度比较敏感，在痂皮中不能存活，乙醇也可杀灭该病毒。小儿感染后，病毒可长期潜伏在神经节内、不致被血清中抗体清除。少数人在青春期或成年后、或者机体免疫力下降时，病毒再度活跃而引起带状疱疹。

二、流行病学

水痘患者是唯一的传染源，从发病1~2天至疱疹结痂时都有传染性。主要通过打喷嚏、咳嗽和说话等由飞沫经呼吸道传播，也可通过接触患者疱疹浆液而感染。人群普遍易感，多见于儿童，病后可获得持久免疫力。一年四季均可发病，以冬春季多见。

三、发病机制及病理

水痘-带状疱疹病毒经口、鼻侵入人体，首先在呼吸道黏膜内增殖，2~3天后进入血液而产生第一次病毒血症；并在肝、脾及单核巨噬细胞系统内增殖后再次入血，形成第二次病毒血症，引起各器官病变。主要损害皮肤及黏膜，偶尔累及内脏。皮疹分批出现与间隙性病毒血症有关。

水痘的皮肤病变主要在表皮棘细胞层，呈退行性变性和水肿，组织液渗入形成水痘疱疹，内含大量病毒，疱内液体开始透明，继之上皮细胞脱落及炎症细胞浸润，疱内液体减少并变混浊。如有继发感染，可变为脓疱。最后上皮细胞再生，结痂后脱落。由于病变表浅，预后一般不留瘢痕。

四、临床表现

（一）典型水痘

1. 潜伏期　潜伏期10~21天，一般两周左右。
2. 前驱期　婴幼儿常无明显症状或症状较轻微，年长儿可有低热、流涕、咳嗽、头痛、咽痛、乏力等症状。持续1~2天后出现皮疹。
3. 出疹期　常在起病当天或次日出现皮疹，皮疹特点包括以下几个方面。

（1）皮疹分批出现，伴有明显痒感，初为红色斑疹、斑丘疹，数小时发展成清亮、透明、卵圆形的小水疱，周围有红晕，经过24 h后，疱内液体变混浊，疱壁薄而易破裂，瘙痒感重、患儿出现烦躁不安。疱疹持续2~3天后开始干枯结痂，如无发生感染，1~2周后痂皮脱落，愈后一般不留瘢痕。

（2）疾病处于高峰期时，因皮疹的分批出现，可见斑疹、丘疹、水疱、结痂同时存在，为水痘皮疹的重要特征。

（3）皮疹呈向心性分布，首发于躯干，后至头面部，四肢较少，手掌、足底则更少见。

（4）黏膜皮疹可出现于口咽部、眼结膜、外阴及肛门等处，容易破溃形成溃疡，疼痛明显。

（5）水痘大多为自限性疾病，10天左右能自愈。

 考点提示

水痘出疹的特点。

（二）重症水痘

重症水痘多发于免疫功能低下者，常因血小板减少或弥漫性血管内出血而危及生命，病死率高。此外，孕母患水痘可感染胎儿，导致先天性水痘综合征。

（三）并发症

并发症常为皮肤继发细菌感染，可出现毛囊性脓疱疮、丹毒、蜂窝织炎、败血症；其他还有肺炎、脑炎，少数病例可发生心肌炎、肝炎等。

五、辅助检查

1. 血常规　外周血白细胞总数正常或稍低。继发细菌感染时，白细胞总数可增加。

2. 疱疹刮片检查　刮取新鲜疱疹基底组织和疱疹液涂片，瑞氏染色可发现多核巨细胞，苏木素-伊红染色检查可见细胞核内包涵体。

3. 血清学检查　血清特异性IgM抗体检查，出诊前1~4天后即出现，2~3周后滴度增高4倍以上可以确诊。

六、治疗要点

本病是自限性疾病，无并发症时以一般治疗和对症处理为主。

1. 对症治疗　高热时及时使用退烧药，但避免使用阿司匹林，其可诱发瑞氏综合征（Reye syndrome）。皮肤瘙痒时可局部涂抹炉甘石洗剂或口服抗组胺药。

2. 抗病毒治疗　目前首选抗水痘-带状疱疹病毒的药物是阿昔洛韦，越早使用，效果越好，一般应在皮疹出现的24 h内开始。重症患者需静脉给药。

3. 抗生素　疱疹已破溃、有继发感染者，局部应用抗生素软膏或者遵医嘱口服抗生素控制感染，糖皮质激素可导致水痘播散，故不宜使用。

七、护理诊断

1. 皮肤完整性受损　与水痘-带状疱疹病毒引起的皮疹及继发感染有关。
2. 有传播感染的危险　与水痘-带状疱疹病毒可经呼吸道或直接接触传播有关。
3. 潜在并发症　皮肤化脓性感染、丹毒、肺炎、脑炎等。

八、护理措施

（一）预防感染的传播

1. 管理传染源　无并发症的患儿应在家中进行呼吸道隔离治疗，隔离至疱疹全部结痂或者出疹后7天。其中，接触水痘的易感儿应隔离观察21天。

2. 切断传播途径　保持室内通风透气、空气清新，及时进行紫外线消毒，以防病毒扩散；避免与水痘患儿直接接触，尤其是体弱、免疫缺陷者及孕妇等；患儿的衣物等可用煮沸或暴晒等方法消毒；戴口罩、接触患儿前后应洗手。

3. 保护易感人群　托幼机构应严格做好晨间检查，易感者避免接触水痘患儿，若已经接触，应在接触后 72 h 内注射水痘-带状疱疹免疫球蛋白，可起到预防或减轻症状的作用。

（二）加强皮肤护理

1. 保持室内温、湿度适宜，衣被不宜过厚，勤换内衣，保持皮肤清洁、干燥。
2. 剪短指甲，婴幼儿可带并指手套，以防抓伤皮肤或留下皮肤瘢痕。
3. 皮肤瘙痒时应设法分散患儿的注意力，或用温水洗浴，忌用肥皂。可局部涂炉甘石洗剂或 5% 碳酸氢钠溶液；疱疹破溃者，防止继发细菌感染，遵医嘱使用抗生素。

（三）维持正常体温

卧床休息至热退、症状减轻，出汗后应及时更换衣服，保持干燥。如有高热，可用物理降温及适量的退烧药，但忌用阿司匹林，避免增加瑞氏综合征的危险，给予富含营养物质的清淡饮食，同时多饮水，保证机体得到足够的水分。

（四）观察病情

水痘是自限性疾病，临床过程一般顺利。偶尔可发生播散性水痘及并发症，应注意观察患儿疱疹破溃处皮肤有无感染，精神的变化、体温、食欲，有无咳嗽气促，头痛，呕吐等。

 考点提示

水痘患儿高热降温时禁忌使用的药物；水痘患儿的隔离期限。

九、健康指导

1. 向患儿家长宣传如何管理传染源的相关知识，说明患儿隔离的时间。
2. 指导家长切断传播途径的方法。
3. 水痘患儿一般无并发症者，多在家中治疗和护理，指导家长对患儿进行皮肤护理，防止继发感染，并向家长说明给予足够的水分和营养的重要性。
4. 注意观察病情变化，水痘流行期间，避免易感儿去公共场所。

第三节　流行性腮腺炎患儿的护理

流行性腮腺炎是由腮腺炎病毒引起的急性呼吸道传染病。临床上以腮腺非化脓性肿大、疼痛为主要特征，亦可累及各种腺体组织及器官。感染痊愈后可获得终身免疫。

一、病原学

腮腺炎病毒属黏液病毒科的单股 RNA 病毒，只有一个血清型，人是病毒唯一的宿主，存在于患者唾液、尿液、血液及脑脊液中。该病毒对理化因素敏感，加热到 56℃、20 min 或来苏儿、甲醛（福尔马林）等均能在 2～5 min、紫外线照射 30 s 等可使其灭活。

二、流行病学

早期患者和隐性感染者为本病的传染源。自腮腺肿大前 1 天到消肿后 3 天均具有传染性。主要通过打喷嚏、咳嗽和说话等由飞沫通过呼吸道进行传播，也可因为接触污染的日常生活用品、玩具、衣服等被传播。人群普遍易感，以学龄儿童为主，病愈后可获得持久免疫力。一年四季均可发病，以冬、春季节多见。

三、发病机制及病理

腮腺炎病毒经口、鼻黏膜侵入人体后，在局部黏膜上皮细胞中繁殖，引起局部炎症和免疫反应，然后入血产生病毒血症，逐步侵犯机体腮腺、颌下腺、舌下腺、胰腺、性腺等腺体而发生炎症，若侵犯中枢神经系统，可引起脑膜炎。病毒在这些器官中再度生长繁殖，并再次侵入血液循环，播散至第一次未曾侵入的其他器官引起炎症。因此，临床上存在不同器官相继出现病变的症状。

病理特征为腮腺非化脓性炎症，包括间质水肿、点状出血、淋巴细胞浸润和腺泡坏死。腺体导管水肿，管腔内脱落的坏死上皮细胞堆积，使腺体分泌排出受阻，唾液淀粉酶经淋巴系统进入血液而使血、尿淀粉酶升高。此外，其他器官如胰腺、睾丸可有类似病理改变。

四、临床表现

典型病例临床上以腮腺炎为主要表现。

1. 潜伏期　14～25天，平均是18天。
2. 前驱期　很短，数小时至1～2天。症状较轻微，可表现为发热、头痛、咽痛、食欲缺乏、厌食等。
3. 腮腺肿大　一侧腮腺肿大、疼痛为疾病的首发体征，2～3天累及对侧，也有两侧同时肿大或始终限于单侧肿大的情况。腮腺肿大以耳垂为中心，向前、后、下方向发展，表面不红、发热，边缘不清，有轻度压痛，张口咀嚼或吃酸性食物时疼痛可加剧；腮腺肿大可持续5日左右，以后逐渐消退；腮腺管口红肿，但无分泌物。颌下腺、舌下腺、颈部淋巴结也可同时受累。
4. 并发症　因腮腺炎病毒对腺体组织和神经组织的亲和性，常侵入中枢神经系统和其他腺体、器官而出现脑膜脑炎、胰腺炎、睾丸炎等并发症。

 考点提示

腮腺肿大的特点。

五、辅助检查

1. 血、尿淀粉酶测定　发病早期90%的患儿血、尿淀粉酶出现升高，并且与腮腺肿胀程度相平行，2周左右恢复正常。血脂肪酶增高有助于胰腺炎的诊断。
2. 特异性抗体测定　血清中特异性IgM抗体阳性提示近期有感染。

 考点提示

腮腺炎并发胰腺炎时的检查方法。

3. 病毒分离　病程早期，自患儿唾液、血液、尿液及脑脊液中分离出腮腺炎病毒，有助于诊断。

六、治疗要点

流行性腮腺炎为自限性疾病，目前尚无特效治疗，以对症处理为主。对于严重头痛和腮腺肿痛者，可用镇痛药，急性期卧床休息。发病早期可使用利巴韦林 15mg/（kg·d）静脉滴注，疗程 5～7 天。睾丸胀痛时应局部冷敷，并用棉花垫和丁字带托起。重症脑膜炎、睾丸炎或心肌炎者，必要时可短期使用激素进行治疗。

七、护理诊断

1. 有传播感染的危险　与患儿排出病原体有关。
2. 体温过高　与病毒感染有关。
3. 疼痛　与腮腺非化脓性炎症有关。
4. 潜在并发症　如脑膜脑炎、睾丸炎、胰腺炎。

八、护理措施

（一）预防感染的传播

1. 管理传染源　发现腮腺炎患儿后，采取呼吸道隔离措施，隔离至腮腺肿大完全消退后 3 天；有接触史的易感儿应隔离观察 3 周。
2. 切断传播途径　保持患儿室内空气流通，减少不必要的探视。正确处理患儿呼吸道分泌物，患儿使用的物品暴晒 2 h。
3. 保护易感人群　易感儿可接种腮腺炎减毒活疫苗。

（二）维持正常体温

鼓励患儿多饮水，发热伴有并发症者应卧床休息至热退。监测体温变化，体温超过 39℃ 时，给予物理降温或遵医嘱进行药物降温。

（三）减轻疼痛

1. 保持口腔清洁　常用温盐水勤漱口、多饮水，防止继发感染。
2. 饮食管理　进食清淡、易消化且富含营养物质的流质或半流质饮食，忌食用酸、辣、干、冷、硬食物，以免引起唾液分泌增多及咀嚼使疼痛加剧。
3. 减轻腮腺疼痛　可局部冷敷以收缩血管，从而减轻炎症充血和疼痛，也可用中药湿敷于患处。
4. 密切观察病情　密切观察患儿有无出现脑膜脑炎、睾丸炎、胰腺炎等临床征象并及时报告医生，给予相应的治疗和护理。发生睾丸炎时可用丁字带托起阴囊，局部间歇冷敷以减轻疼痛。

九、健康指导

1. 指导患儿家属做好隔离消毒、饮食、用药、退热等护理。
2. 指导患儿家属学会减轻疼痛的方法及观察病情，让家长知道本病对机体的严重危害是其并发症，若出现并发症表现，应及时送医院就诊。
3. 告知患儿家属易感儿可接种疫苗预防，有接触史的易感儿需检疫 3 周。

第四节　流行性乙型脑炎患儿的护理

流行性乙型脑炎简称乙脑。由乙型脑炎病毒引起的以脑实质炎症为主要病变的中枢神经系统急性传染病。临床主要表现为持续高热、意识障碍、惊厥、病理反射及脑膜刺激征。

一、病原学

乙型脑炎病毒是一种 RNA 病毒，对常用消毒剂，如乙醚、乙醇、甲醛敏感，加热至 56℃ 30 min 或 100℃ 2 min 即可灭活，但耐干燥和低温。

二、流行病学

乙脑是人畜共患的传染病，人或动物感染后成为传染源，其中猪是主要传染源及中间宿主，蚊虫是主要传播媒介。人对乙脑普遍易感，多数呈隐性感染，感染后可获得持久免疫力。本病在 2～6 岁小儿发病率最高，夏、秋季节流行，与气温、雨量和蚊虫滋生密集度有关。

　考点提示

乙脑最主要的传染源。

三、发病机制及病理

携带乙脑病毒的蚊虫在叮咬人时，病毒经过皮肤进入人体，首先在单核巨噬细胞内生长繁殖，随即进入血液循环，引起病毒血症。机体是否发病取决于病毒的毒力、数量及机体抵抗力。当机体免疫力下降且病毒数量大、毒力较强时，病毒通过血-脑屏障进入中枢神经系统，在神经细胞内繁殖即引起脑炎。

乙脑病毒可侵犯整个中枢神经系统，以大脑皮质、间脑和中脑最为严重。病毒引起神经细胞变性、肿胀及坏死，血管周围和脑实质有大量单核细胞和淋巴细胞聚集，形成所谓血管套。病变进一步加重使脑组织缺血、缺氧、水肿、坏死，发生脑血管微循环障碍。

四、临床表现

临床表现一般按病程分为 5 个期。

（一）潜伏期

潜伏期一般为 10～15 天，患者症状较轻或呈无症状的隐性感染，仅少数患者出现中枢神经系统症状，主要表现为高热、意识障碍、惊厥等。

（二）前驱期

前驱期起病急骤，体温急剧上升至 39～40℃，伴头痛、恶心和呕吐。少数患者伴有嗜睡、精神倦怠，并有轻度颈项强直并存。

（三）极期

极期主要表现为脑实质损害的症状，持续 7 天左右。

1. 高热　体温可高达 40℃ 以上，通常持续 7～10 天，热度的高低、热程与病情成正比。
2. 意识障碍　轻重不等，轻者呈现嗜睡，重者出现昏迷，昏迷发生得越早，程度越深，持续时间越长，病情越严重。
3. 惊厥　反复、频繁抽搐，多为四肢、全身的强直性抽搐或肢体阵挛性抽搐，持续数分钟至数十分钟，均伴有意识障碍。频繁抽搐可加重缺氧和脑实质损伤，导致中枢性呼吸衰竭。

4. 呼吸衰竭　是本病的最严重表现，也是主要死亡原因。主要表现为呼吸节律不规则、叹息样呼吸、呼吸暂停、潮式呼吸等，最后呼吸停止。

5. 颅内高压症　多有剧烈头痛、喷射性呕吐、脉搏减慢、血压升高，脑膜刺激征阳性。重者可发展为脑疝。

（四）恢复期

体温逐渐下降至正常，神经精神症状好转，一般在2周左右可完全恢复，而重症患儿需要1～6个月。

（五）后遗症期

后遗症期指恢复期神经系统残存症状超过6个月未恢复者。主要表现为意识障碍、失语、痴呆、面部瘫痪、吞咽困难、四肢强直性痉挛或扭转痉挛，以及精神障碍等。

五、辅助检查

1. 血常规　外周血白细胞总数及中性粒细胞增高。
2. 脑脊液　压力升高，外观无色透明或微混浊，呈无菌性脑膜炎改变。病初5天内以中性粒细胞为主，以后淋巴细胞增多，脑脊液抗体测定可见乙脑病毒IgM抗体，有早期诊断价值。
3. 特异性IgM抗体测定　在感染后3～4天可出现，2～3周达高峰，阳性率达95%以上，是目前最常用的检测方法。
4. 其他　MRI检查可显示丘脑和脑干部位异常信号，脑CT检查可显示脑组织低密度区。

六、治疗要点

本病无特效治疗药物，主要是对症治疗。处理好"三关"，即高热、惊厥、呼吸衰竭，是抢救乙脑患儿的关键。

早期可使用利巴韦林、干扰素等抗病毒药物；高热患者根据病情给予物理和药物降温相结合的方法；惊厥的患儿可用地西泮、苯巴比妥钠等药物进行解痉；脑水肿可用20%甘露醇进行脱水，注意维持水电解质平衡，密切观察病情的变化，预防并发症。

七、护理诊断

1. 体温过高　与病毒血症及脑部炎症有关。
2. 急性意识障碍　与中枢神经系统受损有关。
3. 潜在并发症　如惊厥、呼吸衰竭。
4. 焦虑（家长）　与缺乏乙脑相关知识、患儿病情严重及预后差有关。

八、护理措施

（一）预防感染的传播

1. 控制传染源　加强家禽、家畜的管理，注意搞好饲养场所的环境卫生，并在流行季节前，对猪等家禽家畜进行疫苗接种。
2. 切断传播途径　做好防蚊、灭蚊措施。
3. 保护易感人群　对10岁以下儿童和初进入流行区的人员提前进行疫苗接种。

（二）降低体温

患儿卧床休息，保持室内温湿度适宜，密切监测患儿体温的变化，高热时采用药物降温与物理降温相结合的方法。物理降温可采用冰袋冷敷、酒精擦浴、冷盐水灌肠等方法，也可遵医嘱给予药物降温或采用亚冬眠疗法。降温过程中注意观察体温、脉搏、呼吸、血压等变化。患儿出汗较多时，应及时更换被褥及衣服，保持皮肤清洁干燥。

（三）控制惊厥

密切观察患儿病情，及时发现惊厥先兆表现，如烦躁不安、口角或指（趾）抽动、两眼凝视、肌张力增高。一旦出现上述表现应立即通知医师，并及时配合处理。同时，治疗护理操作应尽量集中进行，减少对患儿的刺激，以免诱发惊厥而加重病情。

（四）防治呼吸衰竭

观察患儿生命体征并及时记录，保持呼吸道通畅，备好急救药品及抢救器械。

（五）保持呼吸道通畅

指导患儿进行有效咳嗽，协助患儿翻身、拍背，以利于分泌物排出。定时雾化吸入以稀释痰液，必要时用吸引器吸痰。同时给氧，以减轻脑损伤。必要时行气管切开术。

（六）病情观察

密切观察患儿呼吸频率及节律、血压、意识、瞳孔大小及对光反射等，及时告知医生并积极协助处理。

（七）心理护理

关心患儿，加强沟通，增加患儿的安全感。向家长介绍疾病的相关知识，鼓励其参与治疗和护理计划。与家长充分沟通，增强信任感，减轻其自责和焦虑情绪。

考点提示

乙脑出现高热时主要的护理措施。

九、健康指导

1. 宣传乙脑的预防知识，防蚊、灭蚊和疫苗接种是预防乙脑的关键措施。
2. 在流行季节加强对家畜，尤其是幼猪的管理，在流行季节前进行疫苗接种。
3. 乙脑患者如有后遗症功能障碍，应向患儿及家长说明康复训练和治疗的重要性，鼓励患儿坚持治疗和康复训练，教会家长切实可行的康复疗法，如肢体功能锻炼、语言训练，并定期复诊。

第五节　猩红热患儿的护理

猩红热是由 A 组 β 型溶血性链球菌引起的急性呼吸道传染病，临床以发热、咽峡炎、全身弥漫性红色皮疹和退疹后明显脱屑为特征。人群普遍易感，以 3～7 岁儿童发病率高。

一、病因

A 组 β 型溶血性链球菌是本病的致病菌。该细菌革兰染色阳性，呈球形或卵圆形，链状排列，对热及干燥抵抗力不强，经 55℃ 处理 30 min 可全部灭活，也很容易被各种消毒剂杀死，但在 0℃ 环境中可存活几个月。

二、流行病学

猩红热通过飞沫传播。病人和带菌者是传染源，自发病 24 h 至疾病高峰传染性最强。急性患儿应及时隔离，直接传播机会较少。人群普遍易感，冬、春季发病较多。

三、发病机制与病理

溶血性链球菌从呼吸道侵入咽、扁桃体，引起局部炎症，表现为咽峡及扁桃体急性充血、水肿，并可向邻近组织器官扩散，也可通过血源播散。病灶处溶血性链球菌产生红疹毒素，形成猩红热皮疹。恢复期表皮细胞角化过度并逐渐脱落形成临床上的脱皮。舌乳头红肿突起，形成"杨梅舌"。重型患儿可有全身淋巴结、肝、脾等网状内皮组织增生，心肌发生中毒性退行性变。部分患儿于2~3周后出现变态反应，主要表现为肾小球肾炎或风湿热。

考点提示

引起猩红热的病原体；猩红热的并发症。

四、临床表现

1. 潜伏期　一般为2~3天，短至1天，也可长至5~6天。
2. 前驱期　通常不超过24 h，少数可达2天。起病急骤，临床表现以畏寒、高热伴头痛、恶心、呕吐、咽痛为主。婴儿特征性表现可不明显，起病时出现烦躁或惊厥。检查可见咽部炎症，轻者仅有咽部或扁桃体充血，重者咽部及软腭有脓性渗出物和点状红疹或出血性红疹，可有假膜形成。颈及颌下淋巴结肿大及压痛。
3. 出疹期　一般于发热后1~2天出现，皮疹起始于耳后、颈部及上胸部，后迅速波及躯干及上肢，最后到下肢。皮疹特点：充血性皮疹，针尖大小，触之有砂纸感，压之褪色，有痒感，疹间无正常皮肤。皮疹密集分布于肘窝、腹股沟等处，易摩擦出血呈紫红色线状，称为帕氏线。面部无皮疹仅有充血，但口鼻周围充血不明显，相比之下略显苍白，称为口周苍白圈。疾病初期，舌被覆白苔，3~4天后白苔脱落，舌乳头红肿、突起，称为杨梅舌。
4. 恢复期　3~5天后皮疹颜色转暗，逐渐消退并按出疹先后顺序脱皮，皮疹越多的患儿脱屑越明显。轻者呈细屑状脱屑，重者呈大片脱皮，以指、趾部最明显。全身中毒症状及局部炎症也很快消退，此期约1周。

常见并发症为变态反应性疾病，主要有急性肾小球肾炎、风湿热等。

考点提示

猩红热皮疹的特点。

五、辅助检查

1. 血常规　白细胞总数增高，中性粒细胞可达80%以上，严重者可出现中毒颗粒。
2. 病原学检查　从咽拭子或其他病灶内取标本做细菌培养。
3. 免疫荧光抗体检查　可用免疫荧光法检测咽拭涂片进行快速诊断。

六、治疗要点

1. 一般治疗　供给患儿充分的营养、热量。发热、咽痛期间可给予流质或半流质饮食，保持口腔清洁，较大儿童可用温盐水漱口。高热患儿应使用物理或药物降温。
2. 抗菌治疗　青霉素是治疗猩红热的首选药物，早期应用可缩短病程，减少并发症的发生。青霉素剂量为每日5万 U/kg，分2次肌内注射；严重感染者可增加剂量。对青霉素过敏者，可用红霉素或头孢菌素治疗。

 考点提示

猩红热首选的治疗药物。

七、护理诊断

1. 体温过高　与感染、毒血症有关。
2. 疼痛　咽痛，与咽及扁桃体炎症有关。
3. 皮肤完整性受损　与细菌产生毒素致皮肤、黏膜损害有关。
4. 潜在并发症　如急性肾小球肾炎、风湿热。

八、护理措施

1. 预防感染传播　明确诊断后及时隔离，隔离期限至少为1周。对于不需住院的患儿，应在家隔离治疗，咽拭子培养3次阴性后方可解除隔离。应严密观察密切接触者，可做咽拭子培养，对可疑病例应及时采取隔离措施。
2. 维持正常体温　急性期发热患儿应卧床休息2～3周，以防出现并发症。保持室内空气流通，温湿度适宜。监测体温变化，高热时可采用物理降温，但禁用冷水及酒精擦浴，必要时遵医嘱使用退烧药。
3. 减轻疼痛　保持口腔清洁，鼓励患儿多饮水或用温盐水漱口。咽部疼痛明显时，进行疼痛评估，必要时采取措施缓解疼痛。给予富有营养、易消化的流质、半流质或软食，忌酸、辣、干、硬食物。保证患儿有足够的休息时间，可用分散患儿注意力的方式缓解疼痛。
4. 皮肤护理　及时评估患儿出疹情况，观察皮疹、脱皮情况。保持皮肤清洁，勤换衣服。勤剪指甲，告知患儿尽量避免抓挠皮肤，避免抓伤皮肤引起继发感染。沐浴时，避免水温过高和使用刺激性强的肥皂或沐浴液，以免加重皮肤瘙痒。向患儿及家长讲解疾病的一般临床表现及病程，告知患儿在恢复期脱皮时应等待皮屑自然脱落，不应人为剥离，以免损伤皮肤。
5. 观察病情　观察患儿有无出现急性肾小球肾炎、风湿热等并发症的临床表现。

九、健康指导

向患儿及家长讲解猩红热的相关知识，如疾病的传播方式、主要临床表现。加强卫生宣教，告知患儿及家长注意个人卫生及环境卫生，勤晒被褥，注意室内空气流通。猩红热流行季节，告知家长避免儿童去公共场所。

第六节　中毒型细菌性痢疾患儿的护理

细菌性痢疾是由志贺菌属引起的肠道传染病，而中毒型细菌性痢疾则是急性细菌性痢疾的危重型，起病急骤，突然高热、反复惊厥、嗜睡，迅速发生休克及昏迷，病死率高。

一、病原学

本病由痢疾杆菌引起，该细菌属于肠道杆菌的志贺菌属，分A、B、C、D四群，分别是痢疾志贺菌、福氏志贺菌、鲍氏志贺菌和宋氏志贺菌，我国以福氏志贺菌最多见，其次为宋氏志贺菌。该菌对外界环境抵抗力较强，在用具、食品中可存活1～2周，耐寒、耐湿，但不耐热和阳光，对各种消毒剂敏感，日光下 30 min，加热至 60℃ 10 min 可将其灭活。

二、流行病学

急性、慢性痢疾患者及带菌者是主要传染源，通过消化道传播。好发于夏、秋季，多见于 2～7 岁体格健壮的儿童。

三、发病机制与病理

发病机制目前尚未完全清楚。引起中毒型细菌性痢疾可能和机体对细菌毒素产生异常强烈的过敏反应有关。痢疾杆菌通过污染的食物、饮水或手，经口进入人体，细菌裂解、产生大量内毒素和少量外毒素。内毒素从肠壁吸收入血，引起发热、毒血症及微循环障碍。内毒素作用于肾上腺髓质及兴奋交感神经系统释放肾上腺素及去甲肾上腺素等，使小动脉和小静脉发生痉挛性收缩。内毒素直接作用或通过刺激单核-吞噬细胞系统，使组氨酸脱羧酶活性增加，或通过溶酶体释放，导致大量血管扩张物质释放，使血浆外渗，血液浓缩。此外，血小板凝聚，释放血小板因子。

中毒型细菌性痢疾的肠道病变轻而不典型，主要病变在脑组织中最为明显，可发生脑水肿甚至脑疝，临床表现为昏迷、抽搐及呼吸衰竭，常是导致中毒型细菌性痢疾的死亡原因。

四、临床表现

潜伏期通常为 1～2 天或数小时。患儿起病急骤，突发高热，常在肠道症状出现前发生惊厥，短期内（一般数小时内）即可出现中毒症状。体温可达 40℃ 以上（少数体温不高），肠道症状（腹泻、脓血便等）数小时或数十小时以后出现，因常在肠道症状出现前患者反复惊厥，所以常被误诊为其他热性疾病。根据其临床表现不同可分为以下 4 型。

1. 休克型（皮肤内脏微循环障碍型） 主要表现为感染性休克。早期表现为面色苍白、精神萎靡、四肢厥冷、呼吸加快、脉搏细速，血压正常或偏低；后期主要表现为口唇、指甲发绀、面色青灰、肢端湿冷、皮肤花纹，血压降低或测不出，可伴有心功能不全、出现少尿或无尿及不同程度意识障碍。

2. 脑型（微循环障碍型） 初起患儿烦躁或萎靡、嗜睡，严重者出现惊厥。惊厥可反复发作，开始时发作前后神志清楚，继之可转入谵妄昏迷，并可在持续惊厥后呼吸突然停止，这是由于脑细胞缺氧引起脑水肿产生脑疝所致，严重者呼吸节律不齐、瞳孔大小不等、对光反射消失。此型较严重，病死率高。

3. 肺型（肺微循环障碍型） 主要表现为呼吸窘迫综合征。以肺微循环障碍为主，常由脑型或休克型发展而来，病情危重，病死率高。

4. 混合型 同时或先后出现以上两型或三型表现，最为凶险，病死率更高。

五、辅助检查

1. 血常规 白细胞总数及中性粒细胞增高。但发热仅数小时的患儿白细胞可以不高。

2. 大便常规 发病早期可正常，后期有黏液脓血便，镜检可见大量脓细胞、红细胞和吞噬细胞。怀疑中毒性菌痢而未排便者，可用冷盐水灌肠，必要时多次镜检大便。

3. 大便培养 可分离出志贺菌属痢疾杆菌，是确诊的最主要依据。为了提高培养阳性率，标本应在使用抗生素药物之前并取新鲜粪便的黏液脓血部分，不能与尿液相混，多次送检，以提高阳性率。

4. 免疫学检查 可采用免疫荧光抗体等方法检测大便标本中的细菌抗原，有助于早期诊断,但注意可有假阳性。

 考点提示

采取大便标本时的注意事项。

六、治疗要点

本病病情凶险,必须及时抢救治疗。

1. **降温止惊**　对高热的患儿,可用物理降温、药物降温及亚冬眠疗法。持续惊厥患儿可用地西泮 0.3 mg/kg 肌内注射或静脉注射(最大剂量≤每次 10 mg),或用水合氯醛 40～60 mg/kg 保留灌肠,或肌内注射苯巴比妥钠,每次必要时采取亚冬眠疗法。

2. **控制感染**　为了迅速控制感染,常选用两种对痢疾杆菌敏感的抗生素。常用阿米卡星(丁胺卡那霉素)、头孢噻肟钠或头孢曲松钠等药物静脉滴注,病情好转后改为口服。

3. **防治脑水肿和呼吸衰竭**　保持呼吸道通畅、给氧,首选 20% 甘露醇降低颅内压,每次静脉注射剂量为 0.5～1 g/kg,每 6～8 h 给药一次,疗程 3～5 天,或与利尿剂交替使用,必要时短期静脉推注地塞米松。出现呼吸衰竭时,及早使用呼吸机。该病病情危重,如治疗不及时很快可能因同时或单独出现呼吸循环衰竭而死亡。

4. **防治微循环障碍**　扩充血容量,纠正酸中毒,维持水电解质平衡。改善微循环,在充分扩容的基础上应用血管活性药物,常用药物有多巴胺、酚妥拉明等,必要时及早使用肾上腺皮质激素。

七、护理诊断

1. **有传播感染的危险**　与患儿消化道排出痢疾杆菌有关。
2. **体温过高**　与毒血症有关。
3. **组织灌注量不足**　与微循环障碍有关。
4. **潜在并发症**　休克、脑水肿、呼吸衰竭等。
5. **焦虑(家长)**　与病情危重有关。

八、护理措施

1. **预防感染的传播**　采取消化道隔离到临床症状消失后 1 周或大便连续培养 3 次为阴性。有密切接触者应隔离观察 1 周。加强对饮水、饮食、粪便的管理和消灭苍蝇。患儿餐具、便具应单独使用。让患儿养成饭前便后洗手的良好生活习惯。本病流行期间应注意各方面卫生,同时易感者口服痢疾减毒活菌苗。

2. **降低体温**　绝对卧床休息,保持室内空气流通,温湿度适宜。监测患儿体温变化,遵医嘱测体温 4～6 次/天。高热时,遵医嘱使用物理降温、药物降温。对于持续高热不退甚至引起惊厥不止者,可采用亚冬眠疗法,争取在短时间内降低患儿体温,并将体温控制在 37℃ 左右。遵医嘱使用敏感抗生素,控制感染。

3. **维持有效的血液循环**　密切监测生命体征、神志、面色、肢端温度、尿量等变化。患儿取平卧位或中凹卧位,注意保暖,改善周围循环。遵医嘱给氧,准备好各种抢救药品、物品。遵医嘱进行抗休克治疗。休克患儿迅速建立至少 2 条静脉通道,用 2∶1 等张含钠液、低分子右旋糖酐等药物扩充血容量、纠正酸中毒、恢复有效循环。同时注意输液速度控制在 5 ml/kg,准确记录 24 h 出入量。

4. 防治脑水肿和呼吸衰竭　密切观察病情变化，保持室内安静，减少刺激。遵医嘱使用镇静剂、脱水剂、利尿剂等。抽搐患儿注意安全，防止外伤。保持呼吸道通畅，予以氧气吸入，做好人工呼吸、气管插管、气管切开的准备工作，必要时遵医嘱使用呼吸机治疗。

九、健康指导

指导家长和患儿注意饮食卫生，不吃生冷、不洁食物，养成饭前便后洗手的良好卫生习惯。向患儿及家长讲解细菌性痢疾的防治知识和预防方式。易感儿童细菌性痢疾流行期间，可口服痢疾减毒活菌苗。

第七节　流行性脑脊髓膜炎患儿的护理

流行性脑脊髓膜炎简称流脑，是由脑膜炎奈瑟菌（又称脑膜炎双球菌）引起的急性化脓性脑膜炎。临床表现以起病急、突起高热、头痛、呕吐、皮肤黏膜瘀点、瘀斑及脑膜刺激征为主要表现。重者可留有后遗症或死亡。该病全年均有发病，以冬春季节为主。任何年龄都可患病，以6个月～2岁婴幼儿发病率最高。

一、病因与发病机制

患者和带菌者为主要传染源，从潜伏期末至发病10天内均具有传染性。病原菌主要存在于患者或带菌者的鼻咽分泌物中，容易通过飞沫传播。病原菌自呼吸道侵入，造成鼻咽部处于带菌状态，也可表现为上呼吸道炎症。少数患者因病原菌侵入血液循环而发生败血症，最终通过血行播散侵犯脑膜，导致化脓性脑膜炎。

二、临床表现

本病潜伏期1～10天，平均为2～3天。临床症状轻重不一，可将其分为普通型流脑、暴发型流脑、轻型流脑和慢性败血症型流脑4种类型。

（一）普通型流脑

普通型流脑占90%左右，最为常见，可以分为3期。

1. 呼吸道感染期　又称为前驱期，此期传染性最强，主要表现为上呼吸道感染症状，持续时间为1～2天。

2. 败血症期　临床表现以突起高热、头痛、呕吐等毒血症状多见。皮肤黏膜瘀点、瘀斑为本期特征性表现。70%以上患者有皮疹，一般先为玫瑰疹，迅速发展为1～2 mm至1～2 cm大小瘀点、瘀斑，逐渐成为暗紫色大疱坏死。皮疹多呈圆形，以躯干部常见，压之不退色。病情危重患者瘀点、瘀斑可迅速增多，也可融合，皮疹中央呈紫黑色坏死状态，愈后可留有瘢痕。

3. 脑膜炎期　多数败血症患者于发病24 h内出现中枢神经系统症状，临床表现有高热不退、头痛、呕吐、烦躁不安、惊厥、昏迷、脑膜刺激征阳性等。婴幼儿中枢神经系统症状可不明显，常表现为拒奶、惊叫、双眼凝视和前囟隆起。

（二）暴发型流脑

暴发型流脑病情凶险，但较少见，病死率高，临床分为以下3种类型。

1. 休克型流脑　2岁以下婴幼儿多见，起病以高热、呕吐、惊厥症状多见。患儿短期内出现全身皮肤、黏膜广泛瘀点、瘀斑，并扩大融合，随即出现面色苍白、四肢厥冷、皮肤发花、脉搏细速、血压下降等周围循环衰竭表现。

2. 脑膜炎型流脑　年长儿多见，发病急骤，临床表现除高热、皮肤瘀斑外，有明显脑实质损害表现，出现一系列颅内压增高症状，如极度烦躁、剧烈头痛、频繁惊厥、反复呕吐、肌张力增高；可有嗜睡，并迅速陷入昏迷，严重者可发生脑疝。

3. 混合型流脑　以上两型临床表现同时或先后出现。

（三）轻型

轻型多见于疾病后期，表现为低热、细小出血点、轻度头痛或呕吐。

（四）慢性败血症型

慢性败血症型多见于成人，罕见，临床上以间歇发热、皮疹、关节疼痛为特征。

三、辅助检查

（一）血常规

白细胞总数增高，并以中性粒细胞为主。

（二）脑脊液检查

病初脑脊液外观正常，仅有压力增高。典型脑膜炎期，压力高达 1.96 kPa 以上，外观混浊或脓样，白细胞数可多至数万，以中性粒细胞为主，蛋白质含量明显提高，氯化物降低，糖含量显著减少，有时可测不出。若临床上有脑膜炎表现而早期脑脊液检查无异常，应于 12～24 h 后重复进行脑脊液检查。流行性脑脊髓膜炎患者经抗菌药物治疗后，脑脊液改变可不典型。

（三）细菌学检查

1. 涂片检查　刺破皮肤瘀点，取少许血液及组织液，涂片染色后镜检，阳性率较高。脑脊液沉淀涂片的阳性率仅为 60%～70%，但脑脊液搁置太久会使病原菌自溶而影响检出。

2. 细菌培养　流行性脑脊髓膜炎时，血培养阳性率较低，但血培养对普通型流脑败血症期、暴发型败血症及慢性脑膜炎球菌败血症诊断极其重要，因此必须在应用抗菌药物前及时采血进行细菌培养，并多次采血送验。

（四）免疫学检查

脑脊液中抗原的检测有利于该病的早期诊断，其特异性强，敏感性高，目前临床常用的抗原检测方法有反向间接血凝试验、酶联免疫吸附试验、放射免疫法等。

四、治疗要点

1. 抗生素治疗　首选青霉素，对青霉素过敏或耐药者，可用红霉素或头孢菌素治疗。

2. 脱水剂的应用　可交替或反复应用 20% 甘露醇、25% 山梨醇、50% 葡萄糖和 30% 尿素，根据具体情况隔 4～6 h 静脉快速滴注或静脉推注一次，直至恢复正常血压，瞳孔大小相等和呼吸平稳。使用脱水剂后应适当补液，维持患者于轻度脱水状态。必要时可同时应用肾上腺皮质激素，以降低颅内压，减轻毒血症。

3. 呼吸衰竭的处理　重点在于预防脑水肿。如果已经发生呼吸衰竭，在使用脱水剂的同时还应使用尼可刹米（可拉明）、洛贝林等中枢神经兴奋剂。氢溴酸东莨菪碱有兴奋呼吸和镇静作用，可予以静注改善脑循环。必要时可进行气管插管，辅以人工辅助呼吸，及时吸出痰液和分泌物，直至患者恢复自主呼吸。

4. 亚冬眠疗法　对于高热、频繁惊厥及有明显脑水肿患儿，为降低脑含水量和耗氧量、保护中枢神经系统，可使用此方法。肌内注射或静脉推注氯丙嗪和异丙嗪，待患儿安静后置冰袋于枕后、颈部、腋下或腹股沟，降低体温至 36℃ 左右，后每隔 4～6 h 肌内注射一次，共使用 3～4 次。

五、护理诊断

1. 组织灌注量改变　与内毒素所致微循环障碍有关。
2. 体温过高　与细菌感染有关。
3. 皮肤完整性受损　与瘀点、瘀斑有关。
4. 潜在并发症　如颅内高压。
5. 知识缺乏　与家长缺乏疾病相关知识有关。

六、护理措施

1. 保持有效循环灌注　迅速建立静脉通道，密切监测患儿生命体征、末梢循环等休克症状，如发现异常及时报告医生，同时做好抗休克准备。
2. 密切观察颅内高压或脑疝症状，备好各类急救物品。
3. 高热的护理　密切监测患者体温，遵医嘱给予物理降温或药物降温措施。
4. 保持呼吸道通畅，必要时可进行气管插管，辅以人工辅助呼吸，及时吸出痰液和分泌物。
5. 保持皮肤完整　保持床单清洁、平整，较大瘀斑坏死让其自行脱落，并按外科创伤处理。瘀斑、瘀点在吸收过程中有痒感，应剪短患儿指甲，避免抓破皮肤。
6. 休克、昏迷患儿　采取相关护理措施。
7. 防止感染传播　采取呼吸道隔离，至症状消失后 3 天但不少于发病后 7 天。定时进行空气消毒，保持室内空气流通。患儿呼吸道分泌物及被污染的物品要进行严格消毒处理。遵医嘱给予密切接触者预防药物。

七、健康指导

向家长讲解有关流行性脑脊髓膜炎的基本知识，告知患儿家长要注意个人与环境卫生，居室必须经常通风换气，被褥勤换、勤晒。按时进行预防接种，该病流行期间，不带儿童到公共场所。

第八节　手足口病患儿的护理

手足口病是由柯萨奇病毒 A16 和肠道病毒 71 型等肠道病毒引起的急性发热出疹性传染病，发病人群以 5 岁以下小儿多见。大部分患儿临床症状轻微，主要表现为手、足、口腔等部位的斑丘疹、疱疹，少数患儿可出现无菌性脑膜炎、脑干脑炎、脑脊髓炎、肺水肿、循环障碍等，病情进展迅速甚至死亡。

一、病原学

引起手足口病的病原体主要为肠道病毒属的柯萨奇病毒 A 组 16 型（CoxA16）和肠道病毒 71 型（EV71）。肠道病毒适合在湿、热的环境下生存与传播，对外界的抵抗力较强，在 4℃可以存活 1 年，对乙醚、去氯胆酸盐等不敏感，75％乙醇和 5％甲酚皂溶液（来苏）也不能将它灭活，但对紫外线和干燥敏感。各种氧化剂［高锰酸钾、含氯石灰（漂白粉）等］、甲醛、碘酊（碘酒）都能灭活病毒。

二、流行病学

患者和隐性感染者均为本病的传染源，主要经粪-口途径传播，也可经接触患者呼吸道分泌物、疱疹液及污染的物品而感染。一年四季均可发病，以夏秋季多见。该疾病流行期间，可发生幼儿园和托儿所集体感染和家庭聚集发病现象。我国于2008年将手足口病纳入法定报告的丙类传染病。

三、发病机制

手足口病的发病机制目前还不完全清楚。肠道病毒由消化道或呼吸道进入机体后，在咽部或小肠黏膜的上皮细胞和局部淋巴组织中繁殖，并由此进入血液循环导致病毒血症，并经血液循环播散至中枢神经系统、皮肤、黏膜、心脏等处，进一步繁殖引起病变并出现相应临床表现。大部分人为隐性感染，产生特异性抗体。仅极少数患者体内的病毒会在靶器官广泛复制而成为重症病例。重症病例大部分为肠道病毒71型（EV71）感染所致。

四、临床表现

根据病情的轻重程度，分为普通病例和重症病例。

（一）普通病例

急性起病，可发热或不伴发热，多有咳嗽、流涕、食欲下降等非特异性症状。口腔内可见散发疱疹或溃疡，常分布于舌、颊黏膜、硬腭等处，可引起疼痛。手、足和臀部等部位出现斑丘疹、疱疹，偶见于躯干部，呈离心性分布。疱疹周围有炎性红晕，皮疹消退后不留瘢痕。多在1周左右痊愈，预后良好。

（二）重症病例

少数患者（尤其是小于3岁者）除了手足口病的临床表现外，病情迅速进展，伴有以下任一系统并发症的病例为重症病例。

1. 神经系统　患儿持续高热，伴头痛、呕吐、精神萎靡、嗜睡或激惹、肢体抖动、眼球震颤、共济失调及情感淡漠等；查体可见脑膜刺激征、腱反射减弱或消失；危重病例可表现为频繁抽搐、昏迷、脑水肿、脑疝；头颅MRI及脑电图检查有助于明确疾病的严重性。

2. 呼吸系统　可出现急性肺水肿、肺出血、呼吸衰竭等。患儿呼吸增快并浅促、呼吸困难，呼吸节律改变，口唇发绀，咳嗽加重，咳白色、粉红色或血性泡沫痰液，肺部可闻及痰鸣音或湿啰音。

3. 循环系统　心率增快或缓慢，面色灰白，皮肤花纹，四肢发凉，出冷汗，指（趾）端发绀。

五、辅助检查

1. 血常规　白细胞计数正常或降低，病情危重者白细胞计数可明显升高。

2. 血生化检查　部分病例可有轻度丙氨酸转氨酶（ALT）、天冬氨酸转氨酶（AST）、肌酸激酶同工酶（CK-MB）升高，重症病例可有肌钙蛋白（cTnI）和血糖升高。

3. 病原学检查　鼻咽拭子、气管分泌物、疱疹液、肛拭子或粪便标本中CoxA16、EV71等肠道病毒特异性核酸阳性或分离到肠道病毒可以确诊。

4. 血清抗体检查　急性期与恢复期CoxA16、EV71等肠道病毒中和抗体升高4倍以上，具有诊断意义。

5. 胸部X线检查　可表现为双肺纹理增多，网格状、点片状、斑片状阴影，部分病例以单侧为主。

6. 磁共振成像　累及到神经系统患儿可见以脑干、脊髓灰质损害为主的异常表现。

六、治疗要点

1. 普通病例　目前尚无特效抗病毒药物和特异性治疗手段。注意隔离，避免交叉感染。适当休息，清淡饮食。做好口腔和皮肤护理。
2. 重症病例　使用甘露醇等脱水剂、利尿剂降低颅内高压；给予降温、镇静、止惊等对症治疗；适当控制液体入量；及时应用血管活性药物，同时给予氧疗和呼吸支持；酌情应用丙种球蛋白、糖皮质激素；根据病情应用呼吸机，进行正压通气或高频通气。恢复期给予支持疗法，促进各脏器功能的恢复，肢体功能障碍者给予康复治疗。

七、护理诊断

1. 体温过高　与病毒感染有关。
2. 皮肤完整性受损　与病毒引起的皮损有关。
3. 疼痛　与病毒引起的口腔疱疹、溃疡有关。
4. 潜在并发症　脑膜炎、肺水肿、呼吸衰竭等。

八、护理措施

1. 维持正常体温　保持室内温湿度适宜，密切监测患儿体温并记录。低热或中度发热，无需特殊处理，鼓励患儿多饮水；当体温大于38.5℃时，及时采取物理降温或药物降温措施；患儿衣被不宜过厚，汗湿的衣被及时更换。加强对有高热惊厥史患儿病情的监测，避免高热引起惊厥发作。
2. 皮肤护理　患儿穿着宜宽松、柔软、舒适，勤换内衣，保持皮肤清洁，避免用肥皂、沐浴露清洁皮肤。剪短患儿指甲以防抓破皮疹。手、足部疱疹未破溃处可涂炉甘石洗剂或5%碳酸氢钠溶液；疱疹已破溃者、有继发感染者，局部可涂抗生素软膏。臀部有皮疹的患儿及时更换尿布，保持臀部清洁干燥。
3. 饮食与口腔护理　给予患儿营养丰富、清淡、温凉、易消化的流质或半流质饮食，如牛奶、鸡蛋羹，避免酸、辣、热、粗、硬等刺激食物，减轻口腔疼痛。保持口腔清洁，进食前后用温水或生理盐水漱口。有口腔溃疡的患儿可将维生素B_2粉剂直接涂于口腔糜烂部位，或涂以碘甘油，以消炎止痛，促进溃疡面愈合。
4. 病情观察　密切观察病情，及早发现重症患儿。若患儿出现持续高热、烦躁不安、嗜睡、肢体抖动、呼吸及心率增快等表现时，提示有神经系统受累或心肺功能衰竭的表现，应立即通知医师，积极配合治疗，给予相应护理。保持呼吸道通畅，遵医嘱积极控制颅内压、酌情使用糖皮质激素、静脉使用人血丙种球蛋白等治疗。使用脱水剂等药物治疗时，应观察药物的作用及不良反应。
5. 预防感染传播　病房每天开窗通风2次，定时对病房、患儿用物进行消毒。医护人员接触患儿前后均要消毒双手，尽量减少陪护及探视人员。明确诊断后及时隔离，隔离时限至少1周，最好是咽拭子培养3次阴性后解除隔离。

九、健康指导

应向患儿及家长介绍手足口病的流行特点、临床表现及预防措施。无须住院治疗的患儿可在家中隔离，教会家长做好口腔护理、皮肤护理及病情观察，如发生病情变化应及时到医院就诊。流行期间不宜带儿童到人群聚集、空气流通差的公共场所，避免接触患病儿童；帮助孩子养成良好的卫生习惯，加强锻炼，增强机体抵抗力。

第九节 结核病患儿的护理

一、概述

结核病是由结核分枝杆菌引起的一种慢性感染性疾病。全身各个脏器均可受累,但以肺结核最常见。近年来,由于人类免疫缺陷病毒的流行和耐药菌株的产生,结核病的全球发病率呈上升趋势。我国是结核病高流行区,患者数量居全球第二位。据调查,0~14岁儿童结核平均感染率为9.6%,仍为儿童时期重要的传染病。

(一)病因

结核病的病原为结核分枝杆菌,结核分枝杆菌经抗酸染色呈红色(抗酸杆菌),为需氧菌,分为4型:人型、牛型、鸟型、鼠型,其中人型是人类结核病的主要病原体。结核分枝杆菌抵抗力较强,在外界环境中可长期存活并保持致病力,在阳光的直射下2 h死亡,70%乙醇接触2 min、紫外线照射10~20 min死亡;湿热68℃ 20 min,干热100℃ 20 min以上才能杀死。痰液中的结核分枝杆菌用5%苯酚(石炭酸)或20%漂白粉须经24 h处理才被杀灭。

(二)流行病学

开放性肺结核患者是主要的传染源,主要通过呼吸道传播;少数可经消化道饮用被结核分枝杆菌污染的牛奶或其他食物导致传染,产生咽部或肠道原发病灶;经皮肤或胎盘传染者少见。新生儿对结核分枝杆菌非常易感,儿童发病取决于结核分枝杆菌的数量、毒力及自身抵抗力。生活贫困、居住拥挤、营养不良、经济落后是人群结核病高发的原因。

(三)发病机制及病理

小儿初次接触结核分枝杆菌后是否发展为结核病,不仅取决于细菌的数量、毒力和机体免疫力,尤其与细胞免疫力(主要是T淋巴细胞)强弱有关。儿童初次感染结核分枝杆菌后,在肺部形成渗出性炎性病灶,同时结核分枝杆菌被巨噬细胞吞噬经淋巴管带到肺门淋巴结,形成原发复合征。机体免疫力低下时,结核分枝杆菌入血,经血液循环播散,形成粟粒性肺结核和结核性脑膜炎。

初次感染结核分枝杆菌4~8周后,在产生免疫力的同时,也产生变态反应,均为致敏T细胞介导的,是同一细胞免疫过程的两种不同表现。

机体感染结核分枝杆菌后可获得免疫力,90%可终生不发病,5%因免疫力低下当即发病,为原发型肺结核。另5%仅于日后机体免疫力降低时才发病,称为继发性肺结核,是成人肺结核的主要类型。初染结核分枝杆菌除潜匿于胸部淋巴结外,也可随感染初期菌血症转移到其他脏器,并长期潜伏,成为肺外结核发病的来源。

(四)辅助检查

1. 结核菌素试验 是用来了解受试者是否曾被结核分枝杆菌感染的一种皮肤变态反应试验,属于迟发型变态反应。儿童受结核分枝杆菌感染4~8周后,做结核菌素试验即呈阳性反应。

(1)试验方法:皮内注射0.1 ml含5个结核菌素单位的纯蛋白衍生物(PPD)。一般在左前臂掌侧中、下1/3交界处做皮内注射,使之形成6~10 mm的皮丘,48~72 h观测结果。

(2)结果判断:测定红肿硬结的大小,取横径和纵径的平均值来判定反应强弱。记录时应标记实际毫米数而不是以符号表示。(表14-2)

表 14-2 结核菌素试验结果判定标准

反应结果	记录符号	硬结直径及局部表现
阴性	(-)	<5 mm
阳性		
弱	(+)	5～9 mm
中	(++)	10～19 mm
强	(+++)	≥20 mm
极强	(+++)	除硬结≥20 mm外，还可见水疱、破溃或淋巴管炎者

（3）临床意义

1）阳性反应：①既往接种过卡介苗；②3岁以下尤其1岁以内未接种过卡介苗者，阳性反应多表示体内有新的结核病灶，年龄愈小，活动性结核可能性越大；③年长儿无明显症状而仅呈一般阳性反应，表示曾感染过结核分枝杆菌；④强阳性反应表示体内有活动性结核病灶；⑤由阴性转阳性，表示有新近感染。

2）阴性反应：①表示未受结核分枝杆菌感染；②结核变态反应前期（4～8周内）；③因机体的免疫功能低下或受抑制而呈假阴性，如疾病（急性传染病如麻疹、重症结核病）和治疗（激素治疗或免疫抑制剂治疗）；④技术误差或结核菌素失效。

考点提示

结核菌素试验的方法及临床意义。

2. 实验室检查

（1）结核分枝杆菌检查：从痰液、胃液、脑脊液、浆膜腔液中找到结核分枝杆菌是确诊的重要手段。

（2）免疫学诊断或分子生物学诊断：可用酶联免疫吸附试验（ELISA）来检测结核分枝杆菌特异性抗体，聚合酶链反应（PCR）快速检测结核分枝杆菌。

（3）红细胞沉降率检查：红细胞沉降率增快为活动性指标之一。

3. X线检查　胸部X线检查为筛查结核病的重要手段，可确定病变的部位、范围、性质和进展情况等，定期复查还可观察疗效，必要时可做CT检查。

4. 其他　纤维支气管镜检查对结核病诊断和鉴别诊断有重要价值。

（五）治疗要点

主要是抗结核治疗，用药原则包括早期、联合、全程、规律、适量。

1. 常用的抗结核药　抗结核药种类很多，可分为两类（表14-3）。

（1）杀菌药：①全杀菌药，如异烟肼（INH）和利福平（RFP）。②半杀菌药，如链霉素（SM）和吡嗪酰胺（PZA）。

（2）抑菌药：如乙胺丁醇（EMB）和乙硫异烟胺（ETH）。

表 14-3 儿童抗结核药的使用及主要不良反应

药物	剂量	给药途径	主要不良反应
异烟肼（INH 或 H）	10～15 mg/（kg·d）（≤300 mg/d）	口服或静脉滴注	肝毒性、末梢神经炎、过敏反应
利福平（RFP 或 R）	10～20 mg/（kg·d）（≤600 mg/d）	口服	肝毒性、胃肠反应和流感样症状
吡嗪酰胺（PZA 或 Z）	30～40 mg/（kg·d）（≤0.75 g/d）	口服	肝毒性、胃肠反应和发热、过敏反应、关节痛
乙胺丁醇（EMB 或 E）	15～25 mg/（kg·d）	口服	视神经炎、皮疹
乙硫异烟胺（PTH）	10～15 mg/（kg·d）	口服	胃肠反应、肝毒性、末梢神经炎、过敏反应
链霉素（SM）	10～15 mg/（kg·d）	肌内注射	听神经损害、肾损害

考点提示

抗结核药物的副反应。

2. 治疗方案

（1）标准疗法：一般用于无明显自觉症状的原发型肺结核病。每日服用 INH、RFP 和（或）EMB，疗程 9～12 个月。

（2）两阶段疗法：用于活动性原发型肺结核、急性粟粒型肺结核及结核性脑膜炎。

1）强化治疗阶段：联合应用 3～4 种杀菌药物。长疗程需要 3～4 个月，短疗程一般为 2 个月。

2）巩固治疗阶段：联用两种抗结核药物。长疗程可达 12～18 月，短疗法时一般为 4 个月。

（3）短程疗法：为结核病现代化疗的重大进展。具有疗效高，副作用少，远期复发少的优点。疗程一般为 6 个月。常用方案有 ① 2HRZ/4HR；② 2SHRZ/4HR；③ 2EHRZ/4HR（方案中的数字表示月数）。若无 PZA 则疗程延长至 9 个月。

二、原发型肺结核

原发型肺结核是结核分枝杆菌初次侵入肺部后发生的原发感染，是小儿肺结核的主要类型，包括原发复合征和支气管淋巴结结核。两者在临床上难于区分，只是在 X 线检查时表现有不同。

（一）发病机制及病理

结核分枝杆菌经呼吸道进入肺部后，在局部形成原发病灶，通过淋巴管引流到局部气管旁或支气管淋巴结，形成原发复合征。典型的原发复合征呈"双极"病变，即一端为原发病灶，一端为肿大的肺门淋巴结。由于儿童机体处于高度过敏状态，使病灶周围有广泛炎症，原发病灶范围扩大到一个肺段甚至一叶。儿童年龄越小，此种大片性病变越明显。引流淋巴结肿大多为单侧，但也有对侧淋巴结受累者。原发型肺结核的病理转归可为吸收好转、进展或恶化，其中以吸收好转最常见。

（二）临床表现

症状轻重不一，轻者可无症状。一般起病缓慢，可有低热、食欲缺乏、盗汗、疲乏无力等结核中毒症状，多见于年龄较大儿童。婴幼儿症状较重者，急性起病，体温可达39～40℃，但一般情况尚好，与发热不相称，持续2～3周后转为低热，并伴有结核中毒症状。婴儿可表现为体重不增或生长发育障碍。部分患儿可出现单纯疱疹性结膜炎、皮肤结节性红斑及和（或）多发性一过性关节炎。当胸内淋巴结高度肿大时，可产生压迫症状，如喘鸣、声嘶、胸部静脉怒张、类似百日咳样痉挛性咳嗽。

体检可见周围淋巴结不同程度肿大。肺部体征不明显，与肺内病变不一致。婴儿可伴肝大。

（三）辅助检查

原发复合征典型的X线特征为一端为肺部原发病灶，一端为肿大的肺门淋巴结、纵隔淋巴结和两者相连的发炎淋巴管组成的"哑铃样"双极影。支气管淋巴结结核是儿童原发型肺结核X线胸片最为常见者，分两种类型：炎症型和结节型。患儿结核菌素实验多呈强阳性，红细胞沉降率加速。

（四）治疗要点

1. 无明显症状的原发型肺结核　选用标准疗法，每日服用NIH、RFP和（或）EMB，疗程9～12个月。

2. 活动性原发型肺结核　宜采用直接督导下短程化疗，强化治疗阶段宜用3～4种杀菌药：INH、RFP、PZA或SM，2～3个月后以INH、RFP或EMB巩固维持治疗。常用方案为2HRZ/4HR。

（五）护理诊断

1. 营养失调：营养摄入量低于机体需要量　与食欲下降、疾病消耗过多有关。
2. 体温过高　与结核分枝杆菌感染有关。
3. 活动无耐力　与结核中毒症状有关。
4. 有传播感染的可能　与排出有传染性结核分枝杆菌有关。
5. 知识缺乏　家长缺乏隔离、服药的知识。
6. 焦虑　与需要长期治疗和隔离有关。

（六）护理措施

1. 加强饮食护理，供给充足营养　给予高能量、高蛋白、高维生素、富含钙质的食物，以增强抵抗力，促进机体修复能力，使病灶愈合。尽量提供患儿喜爱的食品，注意食物的色、香、味、形，以增加食欲。

2. 日常生活护理　建立合理的生活制度，保证足够的睡眠时间，保持居室空气流通、阳光充足，适当进行户外活动。积极防治各种急性传染病，如麻疹、百日咳，防止病情恶化。避免受凉引起上呼吸道感染。

3. 预防感染的传播　结核病活动期应采用呼吸道隔离，对患儿呼吸道分泌物、餐具、痰杯及污染的衣物等进行消毒处理，以防疾病传播。

4. 用药护理　向患儿及家长讲解抗结核药物的作用及使用方法，指导患儿合理用药。如异烟肼和利福平宜在早上顿服，利于吸收；使用异烟肼时加用维生素B_6，可预防末梢神经炎，但两者服药时间要分开（维生素B_6可降低异烟肼的抗菌力）等。观察患儿用药疗效及有无出现副作用。部分抗结核药物有肝、肾毒性，指导患儿定期检查尿常规、肝功能等。使用链霉素的患儿，需注意有无听神经损害的表现，发现异常及时告知医生。

5. 心理护理　结核病的病程长，治疗时间长，幼儿常惧怕服药、打针，担心受到同龄小朋友的歧视；年长儿担心学业受到影响；家长担心疾病威胁小儿生命和自身的经济承受力；大部分患儿一般情况尚好，容易使家长放松警惕，忽视治疗和护理，导致病变扩散及耐药的产生。因此，护士应多与患儿及家长沟通，了解其心理状态，介绍病情及药物使用情况，消除其顾虑，树立战胜疾病的信心。

（七）健康指导

1. 向家长和患儿介绍肺结核的病因、传播途径及抗结核药物的作用、使用方法，以提高对结核病的认识，治疗期间应坚持全程规律服药。

2. 指导患儿及家长出院后在生活上的注意事项，如加强营养、提高机体抵抗力、注意观察服药的不良反应，发现不适及时复诊。

三、急性粟粒型肺结核

急性粟粒型肺结核又称急性血行播散型肺结核，为原发型肺结核病变恶化的结果。常发生在婴幼儿，初染结核病后6个月以内，约半数患儿同时伴结核性脑膜炎，本症病情危重，病死率高。

（一）发病机制

机体免疫力降低或长期大量应用免疫抑制剂后，结核病灶恶化、进展，促进病变侵蚀血管而增加大量结核分枝杆菌进入血流的机会，由于结核菌入侵血流的途径的不同，其发生的部位及类型也不一样。当结核菌侵入肺动脉、支气管动脉经右心入肺循环则引起粟粒型肺结核。当结核菌侵入肺静脉，经左心进入体循环播散到全身器官，如肺、脑、肝、脾、肾肠，以及脑膜、胸膜、腹膜及心包膜等则引起全身型粟粒结核。

（二）临床表现

1. 临床症状　多数起病较急，一般多以突然高热为首发症状，体温可达39～40℃，伴有盗汗、食欲缺乏、咳嗽、气促等症状。肺部体征不明显，晚期可闻干湿啰音，易误认是肺炎。患儿高热不退同时伴有肝脾大，易被误认为是伤寒、败血症。

2. 体征　肺部体征不多，偶可闻及细湿啰音，半数以上伴浅表淋巴结和肝脾大，少数患儿皮肤可见粟粒疹，约半数同时有结核性脑膜炎症状。

（三）辅助检查

1. 胸部X线检查　对诊断有决定性意义，发病后2～3周胸片可见大小一致、分布均匀的粟粒状阴影，密布于两侧肺野。

2. 其他　结核菌素试验阳性，重症患儿因免疫反应低下可呈假阴性，痰或胃液中可查到结核分枝杆菌；全身性粟粒型结核患儿眼底检查可见脉络膜结核结节；活动期红细胞沉降率可增快。

（四）治疗要点

1. 一般治疗与对症治疗　注意加强营养，合理给予维生素和蛋白质，体质较差并伴有贫血者，可少量多次输入新鲜血，以增强机体抵抗力。

2. 抗结核药物化疗　现临床上常采用两阶段疗法，强化治疗阶段：INH+RFP+PZA+SM治疗2～3个月；巩固治疗阶段：INH+RFP治疗9～12个月。

3. 糖皮质激素　有严重中毒症状及呼吸困难者在应用足量抗结核药物的同时可加用激素治疗，疗程1～2个月。

（五）护理诊断

1. 体温过高　与结核感染、血行播散有关。

2. 气体交换受损　与肺部广泛粟粒型结核病灶有关。

3. 营养失调：营养摄入量低于机体需要量　与长期慢性消耗而摄入不足有关。

4. 焦虑　与病情重，有可能合并结核性脑膜炎有关。

5. 潜在并发症　化疗药物的副作用。

（六）护理措施

1. 生活护理　为患儿提供营养丰富的食物，以增强机体免疫力。体温过高，密切观察体温变化，高温时给予降温处理，保持安静，卧床休息，尽量避免患儿哭闹，以减少氧的消耗，保持呼吸道通畅。

2. 病情观察

（1）观察有无呼吸困难、发绀、烦躁等，如有及时通知医生，如出现烦躁不安、嗜睡、头痛、呕吐、惊厥等脑膜炎症状时及时通知医生，并积极配合抢救。

（2）密切观察病情变化，监测患儿的生命体征如呼吸、血压、脉搏及神志变化。

3. 治疗护理　遵医嘱进行抗结核及使用糖皮质激素治疗。有明显缺氧症状时予以吸氧；应用抗结核药物进行病因治疗，观察药物副作用（同原发性肺结核），如出现毒副作用遵医嘱处理。

4. 心理护理　粟粒型肺结核病情重、病程长，应多与患儿及家长交流，及时解除患儿不适，为其提供生活方面的周到服务，家长对患儿预后尤为担心，护理人员应予以耐心解释和心理上的支持，克服焦虑心理。

（七）健康指导

1. 疾病知识指导　向家长介绍本病的可能病因、患儿病情情况，指导家长坚持全程、合理用药，做好病情及药物毒副作用的观察，定期门诊复查。

2. 卫生保健指导　为患儿制定良好的生活制度，保证休息时间，适当进行户外活动，注意饮食，供给充足营养；避免继续与开放性结核患者接触，积极预防和治疗各种急性传染病，防止重复感染和结核病的复发。

四、结核性脑膜炎

结核性脑膜炎简称结脑，是由结核分枝杆菌侵入脑膜而引起的炎症，是小儿结核病中最严重的类型，多见于3岁以内的婴幼儿，是小儿结核病致死的主要原因。

（一）发病机制及病理

结脑常为全身性粟粒型结核病的一部分，通过血行播散而来，常在结核原发感染1年内发生，尤其是3~6个月内。婴幼儿中枢神经发育不成熟、血-脑脊液屏障功能不完善及免疫功能低下与本病发生密切相关。此外，结脑也可由脑实质或脑膜的结核病灶溃破，结核分枝杆菌进入蛛网膜下腔及脑脊液中所致。偶见脊椎、颅骨或中耳与乳突的结核灶直接蔓延侵犯脑膜。

软脑膜弥漫充血、水肿、炎性渗出，并形成许多结核结节，大量炎性渗出物积聚于脑底部；浆液纤维蛋白渗出物的包围挤压引起脑神经损害，常见面神经、舌下神经、动眼神经、展神经障碍的症状；脑部血管病变早期主要为急性动脉炎，病程较长者可见栓塞性动脉内膜炎，严重者可引起脑组织梗死、缺血、软化而致偏瘫；有时炎症蔓延至脑实质、室管膜、脉络丛、脊髓等出现相应症状。

（二）临床表现

典型结脑多起病缓慢。临床上大致可分为3期：

1. 早期（前驱期）　1~2周。主要是性情改变，如呆滞、双目凝视、懒情、易激惹、嗜睡等；可有低热、纳差、盗汗、呕吐、便秘、消瘦等，年长儿可诉头痛。

2. 中期（脑膜刺激期）　1~2周。以脑膜刺激征（颈强直、克尼格征和布鲁津斯基征）及颅内压增高为主要表现，婴儿表现为前囟膨隆。此期可出现脑神经障碍，以面神经瘫痪最常见，其次为动眼神经和外展神经瘫痪。部分患儿可出现脑炎体征如定向障碍、运动障碍或语言障碍。

3. 晚期（昏迷期） 1～3周。以上症状逐渐加重，频繁惊厥，意识模糊，甚至昏迷。患儿极度消瘦，常出现水、电解质紊乱。最终因颅内高压导致脑疝死亡。

（三）辅助检查

1. 脑脊液检查　脑脊液的检查和培养是诊断结核性脑膜炎最重要的实验室检查。主要表现为脑脊液压力增高，外观透明或呈毛玻璃样，静置12～24 h后，可有蜘蛛网状薄膜形成，取之涂片检查，可检出结核分枝杆菌。白细胞总数（50～500）×10^6/L，分类以淋巴细胞为主。糖和氯化物同时降低（为结核性脑膜炎的典型表现）；蛋白质含量增高。脑脊液免疫球蛋白测定，IgG、IgA、IgM均升高，尤以IgG为著。还可对脑脊液做聚合酶链反应和抗结核抗体测定。

2. X线检查　约85%结脑患儿胸片可见结核病变，其中90%为活动性结核。胸片证实有血行播散型结核病对结核性脑膜炎的确诊有重要意义。

3. 结核菌素试验　约50%可呈假阴性，阳性对诊断有一定的帮助。

（四）治疗要点

治疗要点包括抗结核治疗和降低颅内高压两个重点环节。

1. 抗结核治疗

（1）强化治疗阶段：联合使用INH、RFP、PZA及SM，疗程3～4个月。将INH全日量的一半加入10%葡萄糖中静脉滴注，余量口服，待病情好转后改为全日量口服。

（2）巩固治疗阶段：继续用INH、RFP或EMB。RFP或EMB 9～12个月。抗结核药总疗程不少于12个月，或待脑脊液恢复正常后继续治疗6个月。

2. 降低颅内压

（1）脱水药：20%甘露醇每次0.5～1 g/kg，于30 min内快速静脉滴注，4～6 h一次，脑疝时可加大剂量至每次2 g/kg。2～3天后逐渐减量，7～10天后停用。

（2）乙酰唑胺：一般于停用甘露醇前1～2天加用该药。

（3）侧脑室引流：急性脑积水脱水剂治疗无效时，可用侧脑室引流。

（4）肾上腺糖皮质激素：早期使用可减轻结核中毒症状，减少粘连，可减轻脑水肿，降低颅内压，在使用足量抗结核药的前提下可使用激素。

（五）护理诊断

1. 潜在并发症　如颅内高压。
2. 营养失调：营养摄入量低于机体需要量　与摄入不足及消耗过多有关。
3. 有皮肤完整性受损的危险　与长期卧床、排泄物刺激有关。
4. 焦虑　与病情严重、病程较长、预后差有关。

（六）护理措施

1. 密切观察病情变化，维持正常生命体征。

（1）患儿应绝对卧床休息，保持室内安静，减少对患儿的刺激。

（2）遵医嘱给予脱水剂、利尿剂、肾上腺皮质激素、抗结核药物等，注意药物速度及观察药物副作用。

（3）观察体温、脉搏、呼吸、血压、神志，双瞳孔大小及对光反应等，早期发现颅内高压或头痛，积极采取抢救措施。

（4）惊厥发作时，应采取措施防止舌咬伤或跌伤；保持呼吸道通畅，给予吸氧，必要时吸痰或行人工辅助呼吸。

2. 保证营养供应　评估患儿的进食及营养状况，为患儿提供足够的热量、蛋白质及维生素。少食多餐，耐心喂养。昏迷不能进食者，可鼻饲或静脉补充，维持水电解质平衡。

3. **保持皮肤、黏膜的完整性** 保持床单整洁干燥，大小便后及时更换尿布，清洁臀部，及时清除呕吐物。对昏迷或瘫痪患者，每2h翻身、拍背一次，减轻骨突出部位的受压，以防止压疮的发生。昏迷不能闭眼者，涂以眼膏或以纱布覆盖，保护角膜。口腔护理每日2~3次，以防口炎发生。

4. **消毒隔离** 有肺部结核病灶者，应予以呼吸道隔离，并对患儿呼吸道分泌物、餐具、痰杯等进行消毒处理。

5. **心理护理** 关怀体贴患儿及家长，及时解除患儿的不适，满足日常生活需要。耐心解释病情进展，提供心理支持，减轻焦虑情绪。

（七）健康指导

1. 向家长和患儿强调出院后坚持服药、定期到医院复查的重要性。指导患儿及家长严格执行治疗计划，遵医嘱用药，指导家长观察药物疗效和不良反应。

2. 指导家长合理安排患儿生活，给予营养丰富食物，适当进行户外活动，保证足够的休息时间。

3. 指导患儿避免与开放性结核患者接触，积极预防和治疗各种急性传染病。

4. 对留有后遗症的患儿，指导家长进行康复训练，促进功能恢复。

思政园地

结核病能免费治疗，您知道吗？

结核病是由结核分枝杆菌感染引起的一种慢性传染病，可累及全身各个脏器。其中，肺部是感染结核分枝杆菌的最主要脏器，称为肺结核。个体一旦感染结核分枝杆菌后，将终身携带病菌，有10%~15%的感染者会在一定条件下发展为活动性结核病，成为新患者并继续传染给其他人。

结核病是呼吸道传染病，主要通过吸入肺结核患者咳嗽、打喷嚏时喷出的飞沫传播。相关研究显示，每个肺结核患者一生可以传染10~15人。

结核病是目前由单一致病菌导致死亡最多的疾病，是全球关注的重大公共卫生问题之一。肺结核是我国乙类法定报告传染病，是我国法定重大传染病之一。

由于肺结核是呼吸道传染病，及时发现和治疗肺结核患者是防止肺结核传播的最有效手段。诊断为肺结核后如早期、联合、足量、规范治疗，治愈率可达90%以上。

国家对以下3类人群实施减免政策：①新发的活动性肺结核患者，无论痰涂片为阳性或阴性；②复治菌阳肺结核患者，即曾经患过结核病再复发，且痰涂片检查为阳性的具有传染性的患者；③结核性胸膜炎患者，主要针对学生，学生罹患结核性胸膜炎的概率较高。以上人群在结核病定点医疗机构均可获得全疗程的免费诊断及治疗。

第十四章 传染病患儿的护理

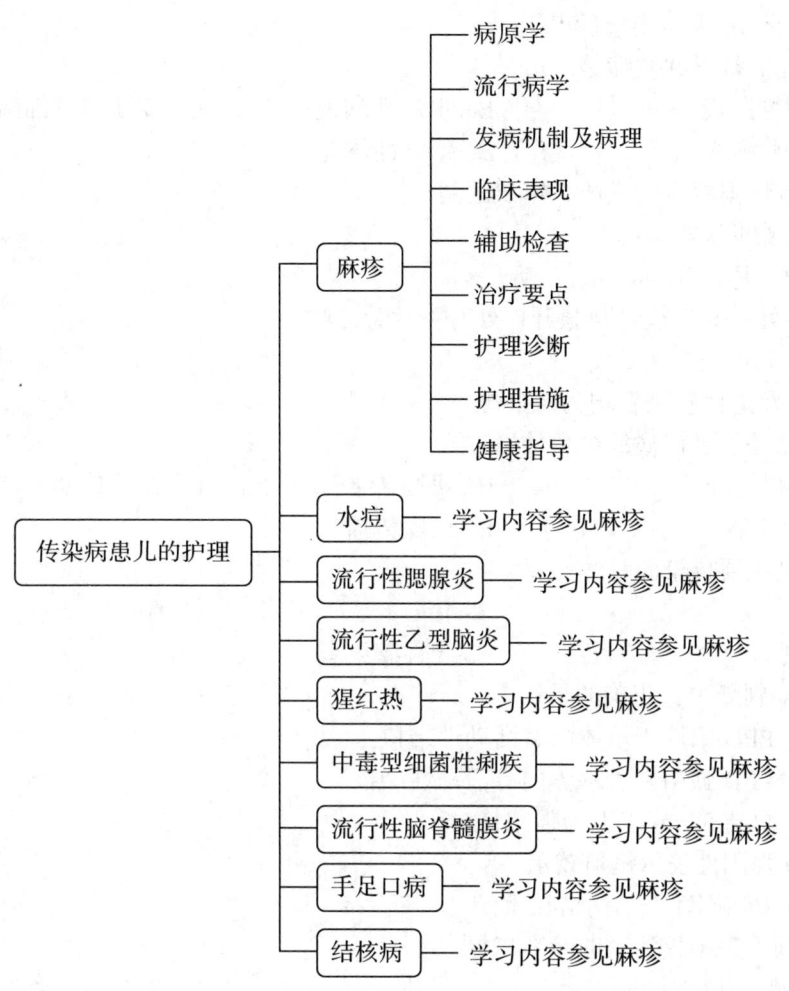

自 测 题

一、选择题

A_1 型题

1. 麻疹皮疹最先出现在
   A. 耳后、发际　　　　　　　　　　　B. 面部
   C. 四肢　　　　　　　　　　　　　　D. 躯干
   E. 手掌、足底
2. 关于麻疹患儿的护理措施，错误的是
   A. 体温超过 40℃时用物理方法降温　　B. 保持床单整洁、干燥和皮肤清洁
   C. 给予清淡易消化的流质饮食　　　　D. 勤剪指甲，防抓伤皮肤
   E. 密切观察并及早发现并发症
3. 水痘患儿具有传染性的时段是
   A. 出疹期　　　　　　　　　　　　　B. 潜伏期
   C. 出疹前 1～2 天至全部疱疹结痂　　 D. 出疹前 5 天至第一批疹退

E. 出疹前10天至出疹后5天

4. 水痘患儿的常见并发症是
   A. 水痘性肺炎　　　　　B. 水痘性脑炎　　　　　C. 皮肤继发细菌感染
   D. 细菌性肺炎　　　　　E. 感染性休克

5. 关于流行性腮腺炎的说法，错误的是
   A. 由腮腺炎病毒引起
   B. 腮肿以耳垂为中心
   C. 腮肿处皮肤红热，腮腺开口处有脓性分泌物
   D. 感染后可获持久免疫
   E. 患者及隐性感染者均为传染源

6. 下列哪项是手足口病的主要传播方式
   A. 粪-口途径　　　　　B. 母婴传播　　　　　C. 血液传播
   D. 接触传播　　　　　E. 虫媒传播

7. 乙脑的最主要传染源是
   A. 患者　　　　　　　B. 猪　　　　　　　　C. 牛
   D. 蚊虫　　　　　　　E. 隐性感染者

8. PPD结果判断中，正确的是
   A. 小儿PPD阳性表示体内有活动性结核
   B. 小儿PPD强阳性表示体内有活动性结核
   C. PPD硬结5 mm以上为强阳性
   D. PPD强阳性表示病情较重
   E. PPD极强阳性表示病情较重

9. 下列哪项不是结核活动的参考指标
   A. 红细胞沉降率增快　　B. 发热　　　　　　　C. PPD强阳性
   D. 痰中找到结核菌　　　E. 胸片显示钙化灶

10. 结核性脑膜炎最可靠的诊断依据是
    A. 脑膜刺激征阳性
    B. 脑脊液外观呈毛玻璃样
    C. 脑脊液静置12～24 h有网状薄膜形成
    D. 脑脊液中找到结核分枝杆菌
    E. 脑脊液中糖和氯化物降低

A₂型题

11. 患儿，女，6岁。发热1天后出现皮疹，初为红色斑疹，后变为丘疹并发展成疱疹，皮疹呈向心性分布，分批出现，主要位于躯干。该患儿最可能的诊断是
    A. 麻疹　　　　　　　B. 猩红热　　　　　　C. 腮腺炎
    D. 幼儿急疹　　　　　E. 水痘

12. 患儿，女，8岁。患猩红热入院。入院后第一天，护士应向患儿父母着重介绍
    A. 住院环境　　　　　B. 治疗方法及预后　　C. 病情观察要点
    D. 医疗费用　　　　　E. 管床医生

13. 患儿，女，7岁。因腮腺肿大伴发热、腹痛3天入院，院后诊断为急性腮腺炎。为查明患儿腹痛的原因应做下列哪项检查
    A. 血糖　　　　　　　B. 血及尿淀粉酶检查　C. 肝功能检查

D. B 超 　　　　　　　E. 腹腔穿刺

A₃/A₄ 型题

（14～16题共用题干）

患儿，男，3岁。因2周来发热、头痛、呕吐、精神不振，近2天来头痛呕吐加剧，抽搐1次并发现颈项发硬而入院治疗。半年前患原发性肺结核，曾服异烟肼3个月，症状好转后，家长自行停药。查体：嗜睡，颈项强直，心肺（－），脑膜刺激征（＋）。

14. 该患儿可能患
    A. 结核隐性感染　　B. 原发型肺结核　　C. 支气管淋巴结核
    D. 结核性脑膜炎　　E. 粟粒型肺结核

15. 该患儿的治疗方法是
    A. 观察病情3个月
    B. 给予预防性抗结核治疗6～12个月
    C. 给予结核短程疗法
    D. 给予结核标准疗法
    E. 给予结核两阶段疗法

16. 针对该患儿采取的护理措施，错误的是
    A. 保持室内安静，护理操作尽量集中，减少对患儿的刺激
    B. 颅压高时腰椎穿刺应在脱水剂使用前进行
    C. 及时清除口鼻咽喉部分泌物及呕吐物
    D. 每日清洁口腔2～3次
    E. 为患儿提供高热量、高蛋白质、高维生素饮食

二、简答题

简述儿童出疹性疾病的鉴别。

三、案例分析题

患儿，男，2岁。因低热2周，头痛、呕吐1周，惊厥3次入院。患儿1岁时曾患结核病，2周前出现低热，体温37.7～38.3℃。1周前出现不明原因的头痛、喷射性呕吐，伴盗汗、纳差、烦躁、萎靡。今日出现意识模糊，惊厥3次。护理体检：意识模糊，颈项强直，克尼格征（＋），布鲁津斯基征（＋）。胸部X线片：右上肺钙化点。脑脊液检查：外观呈毛玻璃状，白细胞计数 150×10^6/L，分类以淋巴细胞为主，蛋白质增高，糖和氯化物减低。该患儿诊断为结核性脑膜炎。

问题：

（1）列出主要的护理诊断。
（2）简述护理要点。

（何凤英）

第十五章数字资源

第十五章　内分泌系统疾病患儿的护理

学习目标

通过本章的学习，学生应达到：

1. 素质目标　具有责任感和使命感，热爱生命，相信科学，始终把患儿的健康和生命放在首位。

2. 能力目标　能够对先天性甲状腺功能减退症、生长激素缺乏症和儿童糖尿病的患儿提出正确的护理诊断，并为患儿制定对应的护理措施。

3. 知识目标　了解先天性甲状腺功能减退症、生长激素缺乏症和儿童糖尿病的病因；说出先天性甲状腺功能减退症、生长激素缺乏症和儿童糖尿病的临床表现和护理要点。

第一节　先天性甲状腺功能减退症患儿的护理

案例 15-1

患儿，女，2岁，因"吃奶、腹胀、便秘近两年"就诊。G1P1，足月顺产，生后无窒息史。出生不久即表现喂养困难、吃奶差、少哭、少动、腹胀、便秘，近1个月出现面部、眼睑水肿。至今不会说话、不会走路。体格检查：T 35.5℃，R 21次/分，P 62次/分，皮肤粗糙，毛发干枯，表情呆滞，眼距宽，鼻梁低平，舌伸出口外，面部眼睑水肿，双肺（-），心音低钝，腹胀，有脐疝，四肢肌张力弱。

问题：
1. 该患儿最可能的临床诊断是什么？
2. 应做什么检查以明确诊断？
3. 主要的护理诊断有哪些？

先天性甲状腺功能减退症（congenital hypothyroidism，CH），简称先天性甲减，又称克汀病或呆小病，是儿童时期常见的先天性内分泌疾病。主要由于先天性甲状腺发育不全或因母亲孕期饮食中缺碘所致，前者称散发性甲状腺功能减退症，后者称地方性甲状腺功能减退症。其主要临床表现为智能落后、生长发育迟缓及生理功能低下。

我国1995年6月颁布的《中华人民共和国母婴保健法》中已将该病列入新生儿筛查的疾病之一。筛查资料统计显示发病率为1/3600，男女发病比例为1∶2。

一、病因

1. 散发性先天性甲状腺功能减退症

（1）甲状腺不发育、发育不全或异位：是造成先天性甲减的最主要的原因，约占90%。多见于女孩，女：男为2：1。其中1/3的病例为甲状腺完全缺如，其余为发育不良或异位甲状腺，完全或部分丧失其分泌功能，使大多数患儿在出生时即存在甲状腺激素缺乏。

（2）甲状腺激素合成障碍：是导致先天性甲减的第2位常见原因，主要由甲状腺激素合成或分泌过程中酶的缺陷所致，多见于常染色体隐性遗传性疾病患儿。

（3）促甲状腺激素（TSH）或促甲状腺激素释放激素（TRH）缺乏：临床少见。常见于特发性垂体功能低下或下丘脑、垂体发育缺陷，因TSH或TRH分泌障碍而引起。临床常表现出多种垂体激素缺乏的症状。

（4）甲状腺或靶器官反应低下：前者是对TSH无反应，后者是对T3、T4无反应，均为罕见病。

（5）母亲因素：母亲服用抗甲状腺药物或母亲患有自身免疫病，其抗TSH受体抗体通过胎盘影响胎儿，造成暂时性甲减，通常在3个月后好转。

2. 地方性先天性甲状腺功能减退症　多因孕妇饮食缺碘，使胎儿在胚胎期即因碘缺乏而使甲状腺激素合成障碍，导致先天性甲状腺功能减退症。

 考点提示

先天性甲减的最主要病因。

二、发病机制

甲状腺是机体重要的内分泌器官，甲状腺的主要功能是合成、分泌甲状腺激素（thyroxine，T4）和三碘甲状腺原氨酸（triiodothyronine，T3）。甲状腺激素的主要生理作用是加速细胞内氧化过程，促进新陈代谢；促进蛋白质合成，增加酶的活性；提高糖的吸收和利用；加速脂肪分解、氧化；促进钙、磷在骨质中的合成代谢；促进中枢神经系统的生长发育。因此，当甲状腺功能低下时，可引起代谢障碍、生理功能低下、生长发育迟缓、智能障碍等。

三、临床表现

先天性甲减患儿症状出现得早晚和病情轻重与患儿残留的甲状腺组织的量及功能有关。先天性甲状腺缺如或酶缺陷常于新生儿期发病，甲状腺异位或发育不良的患儿常在出生后3～6个月症状逐渐明显，少数患儿可晚至出生后数年发病。患儿的主要临床表现为智能落后、生长发育迟缓及生理功能低下。

1. 新生儿期　多为过期产儿、大于胎龄儿；前囟、后囟增大；胎便排出延迟，腹胀、便秘，易被误诊为先天性巨结肠；生理性黄疸时间延长；患儿常处于睡眠状态，对外界反应迟钝，肌张力低下，喂养困难，哭声低，声音嘶哑，体温低，末梢循环差等。以上症状和体征均无特异性，极易被误诊为其他疾病。

2. 典型症状　常在出生半年后出现典型症状。

（1）特殊面容：头大，颈短，面色苍黄，皮肤粗糙，毛发稀疏、无光泽，面部黏液水肿，眼睑水肿，眼裂小，眼距宽，鼻梁低平，唇厚，舌大常伸出口外。

（2）生理功能低下：由于基础代谢率低，患儿表现为精神、食欲差，安静少哭，不爱活动；畏寒、体温低；脉搏及呼吸缓慢，心音低钝；肠蠕动弱，常有腹胀和便秘；全身肌张力较低。

（3）生长发育落后：身材矮小，躯干长，四肢短，上部量/下部量＞1.5，囟门闭合延迟，骨龄落后。运动发育障碍，如翻身、坐、立、走的时间都延迟。

（4）神经系统表现：智能发育低下，表情呆板、淡漠，神经反射迟钝。

（5）其他：手足宽、厚，手指足趾短；四肢伸侧可见毛囊角化；前后发际低；由于胡萝卜素血症致皮肤与手掌、足底发黄但巩膜不黄。

3. 地方性甲状腺功能减退症的表现　由于胎儿缺碘不能合成足量的甲状腺激素，影响中枢神经系统发育。临床表现有两种类型，但两者可相互交叉重叠。

（1）"神经型"综合征：主要表现为共济失调、痉挛性瘫痪、聋哑和智力低下。但身材正常，甲状腺功能正常或轻度减低。

（2）"黏液水肿型"综合征：主要表现为显著的生长发育和性发育落后、智能低下、黏液性水肿。血清 T4 降低，TSH 增高。约 25% 的患儿有甲状腺肿大。

四、辅助检查

1. 新生儿筛查　我国已将本病列入新生儿筛查的疾病之一，目前多采用出生后 2～3 天的新生儿干血滴纸片检测 TSH 浓度作为初筛，结果 > 20 mU/L 时，再检测血清 T4 和 TSH 以确诊。这是早期确诊、避免神经精神发育缺陷的重要防治措施。

为防止新生儿筛查假阴性，低或极低出生体重儿可在生后 2～4 周或体重超过 2500 g 时重新采血测定甲状腺功能。

2. 血清 T3、T4、TSH 测定　如 T4 降低、TSH 明显增高时即可确诊；T3 可降低或正常。

3. TRH 激发试验　如 T4、TSH 均低，则怀疑 TRH、TSH 分泌不足，应进一步做 TRH 激发试验。静注 TRH 7 μg/kg，注射前及后 30 min、60 min、120 min 取血测 TSH。正常者注射后 20～30 min 出现 TSH 高峰，90 min 回落至基础值。若未出现高峰，应考虑垂体病变；若 TSH 峰值出现时间延长，则提示下丘脑病变。随着超敏感的第三代增强化学发光法 TSH 检测技术的应用，一般不需要再进行 TRH 激发试验。

4. X 线检查　左手腕部 X 线摄片，患儿骨龄常明显落后。

5. 甲状腺放射性核素检查　可了解甲状腺大小、形状、位置等情况。

> **知识链接**
>
> **新生儿疾病筛查**
>
> 新生儿疾病筛查指通过血液检查对某些危害严重的先天性代谢病及内分泌病进行群体筛查，使患儿得以早期诊断，早期治疗，避免因脑、肝、肾等损害导致生长、智力发育障碍甚至死亡。
>
> 筛查对象为所有出生 72 h（哺乳至少 6～8 次）的活产新生儿，采血部位多选择婴儿足跟内侧或外侧。我国目前筛查疾病仍以苯丙酮尿症（PKU）和先天性甲状腺功能减退症（CH）为主，某些地区则根据疾病的发生率选择如葡萄糖-6-磷酸脱氢酶（G-6-PD）缺陷病等筛查或开始试用串联质谱技术进行其他氨基酸、有机酸、脂肪酸等少见遗传代谢病的新生儿筛查。

五、治疗要点

本病一经确诊应立即治疗，且用药越早，预后越好，以避免对脑发育的损害。需终身服用甲状腺制剂，不能间断，以维持正常生理功能，治疗期间定期复查以调整用药剂量。常用甲状腺激素替代药物：左-甲状腺素钠（L-T4），初始剂量为 8～9 μg/(kg·d)，最大剂量为

10～15 μg/（kg·d），每日服一次即可。每日参考剂量 0～6 个月为 8～10 μg/kg；6～12 个月为 5～8 μg/kg；1～5 岁为 5～6 μg/kg；6～12 岁为 4～5 μg/kg；12 岁以后为 2～3 μg/kg。

用药量应根据甲状腺功能及临床表现进行适当调整，应使：①TSH 浓度正常，血 T4 正常或偏高，以备部分 T4 转变成 T3；②临床表现为大便次数、形状正常，食欲好转，腹胀消失，心率维持在正常范围等。药物过量可出现烦躁、多汗、消瘦、腹泻、腹痛、发热等。因此，在随访过程中要根据血清 T4、TSH 水平及时调整剂量，并注意检查智能和体格发育情况。

六、护理诊断

1. 体温过低 与基础代谢率减低、活动量减少有关。
2. 营养失调：营养摄入量低于机体需要量 与喂养困难，食欲缺乏有关。
3. 成长发展迟缓 与甲状腺激素合成减低有关。
4. 便秘 与活动量减少、肌张力降低、肠蠕动减慢有关。
5. 知识缺乏 患儿家长缺乏疾病相关知识。

七、护理措施

1. 一般护理

（1）保温：患儿基础代谢率低，活动量少，营养不足，易致低体温。应保持室内温度适宜，适时增减衣服，避免受凉。

（2）防止感染：因机体抵抗力低，生理功能低下，易患感染性疾病，故应避免与感染性疾病患儿接触。勤洗澡，勤换内衣，预防皮肤感染。

（3）饮食：以高蛋白、高维生素、富含钙剂的易消化食物为主，对吸吮困难、吞咽缓慢者要耐心喂养，不急躁；对不能吸吮者可用滴管喂养或鼻饲，以保证患儿生长发育所需。治疗期间避免食用大豆、纤维素和含铁丰富的食物，这些成分均能够影响 T4 的生物利用度。

2. 病情观察

（1）监测生命体征：如神志、体温、脉搏、呼吸、血压。

（2）观察粪便情况：保持粪便通畅，预防便秘。

3. 诊疗护理 强调尽早开始替代治疗的重要性。由于本病严重影响患儿的生长发育和智力发育，疗效取决于治疗开始的早晚。如在生后 3 个月内治疗，90% 的患儿智力可达正常；如未能及早诊断而在 6 个月后才开始治疗，虽然给予甲状腺素可以改善生长状况，但智能仍会受到严重损害。在用药期间需定期复查，调整用药剂量。

4. 对症护理

（1）生长发育落后：加强训练，促进智力发育。通过各种方法如采用玩具、音乐、语言、体操和全身运动的形式加强智力、体力训练，以促进生长发育，使其掌握基本生活技能。患儿缺乏生活自理能力，应多加照料，防止意外伤害的发生。

（2）便秘：保证充足的液体摄入量，多吃富含粗纤维的食物如水果、蔬菜。适当增加活动量，每日按肠蠕动方向按摩腹部数次，促进肠蠕动。帮助患儿养成定时排便的习惯，必要时使用粪便软化剂、缓泻剂或灌肠。

5. 心理护理 临床随访过程中发现患儿家长存在悲观焦虑和回避态度，部分患儿性格内向，有冲动易怒表现，在成年后普遍具有很强的抑郁和自卑情绪。因此在治疗过程中，应评估家长及患儿对本病的了解程度，通过疾病知识指导，消除家长由于对疾病不了解引起的焦虑，鼓励家长与 3 岁以上患儿进行沟通，提供心理支持，必要时提供专业心理指导。

八、健康指导

1. **疾病知识指导** 向患儿及家长讲解引起本病的致病原因、表现特点、治疗原则及预后估计；指出本病不仅造成生长发育迟缓，还会引起小儿智能发育落后，从而危害小儿的身心健康，使家长明确早治疗和精心护理对小儿健康成长及智能改善的重要意义。

2. **用药指导** 本病需终生服药，要让家长及患儿了解终生服药的必要性和重要性，指导家长让患儿坚持长期服药治疗。甲状腺制剂作用缓慢，用药 1 周左右方达最佳效力。故服药后注意观察患儿食欲，活动量及排便情况，定期测体温、脉搏、体重及身高。用药剂量随小儿年龄增长而逐渐增加。如用量过小，疗效不佳；用量过大时，会导致甲状腺功能亢进（甲亢）。应定期回医院复查 T3、T4、TSH 浓度，在医生的指导下调整用药剂量。治疗开始时每 2 周随访 1 次；血清 T4、TSH 浓度正常后，每 3 个月随访 1 次；服药 1～2 年后，每 6 个月随访 1 次。

3. **卫生保健知识指导** 宣传新生儿筛查的重要性，以便早期发现疾病，早期治疗；指导家长对生长发育落后的患儿采用各种方法加强智力、体力训练，以促进生长发育。

第二节 生长激素缺乏症患儿的护理

生长激素缺乏症（growth hormone deficiency，GHD），又称垂体性侏儒（pituitary dwarfism），是由于腺垂体合成和分泌生长激素（growth hormone，GH）部分或完全缺乏，或由于 GH 分子结构异常、受体缺陷等所致的生长发育障碍性疾病。发生率为 20/10 万～25/10 万。

一、病因

导致生长激素缺乏的原因有原发性、继发性和暂时性 3 种。

1. **原发性** 占大多数。

（1）下丘脑-垂体功能障碍：垂体不发育、发育不良或空蝶鞍均可引起生长激素合成和分泌障碍。部分患儿下丘脑、垂体无明显病灶，但生长激素（GH）分泌不足。

（2）遗传性因素：GH 基因缺陷可引起单纯性生长激素缺乏症。GH 受体缺陷，GH 对靶细胞无效应；或 IGF-I 受体缺陷。临床表现类似 GHD，但血清 GH 水平并不降低，甚至可能升高，均为较罕见的遗传性疾病。

2. **继发性** 由于肿瘤、感染、外伤、放射损伤等损害下丘脑或垂体所致。

3. **暂时性** 体质性青春期生长延迟、社会心理性生长抑制、原发性甲状腺功能减低等均可造成暂时性 GH 分泌功能低下，在外界不良因素消除或原发疾病治疗后即可恢复正常。

二、发病机制

人生长激素是由腺垂体的生长素细胞合成和储存，其释放主要受下丘脑神经元分泌的生长激素释放激素（GHRH）和生长激素释放抑制素（GHIH）调控。GH 的主要生理效应是：①促进生长效应：促进人体各种组织细胞的增大和增殖，使骨骼、肌肉和各系统器官生长发育，骨骼的增长使身体长高。②促进代谢效应：促进蛋白质合成和氨基酸的转运和摄取；加速脂肪降解；减少外周组织对糖的利用，促进肝糖原分解，使血糖升高；促进骨骺软骨细胞增殖并合成含有胶原和硫酸黏多糖的基质；参与体液调节，促进肾小管对钠的吸收，引起水钠潴留。

三、临床表现

1. **生长障碍** 出生时身高、体重正常，1 岁后呈现生长缓慢，每年身高增长低于 5 cm。出牙、换牙及骨骼发育落后，骨龄常落后于实际年龄 2 岁以上。其身高处在同年龄、同性别正常健康小儿生长曲线第 3 百分位数以下或低于两个标准差，但上、下部量比例正常，体形匀称。

2. 外观与智力　患儿头颅呈圆形，面容幼稚，呈娃娃脸，外观小于实际年龄。智力发育正常。

3. 相关激素缺乏症状　常伴有其他垂体激素缺乏，可出现尿崩症、低血糖、食欲缺乏等表现；青春期推迟，男孩出现外生殖器发育不良、小阴茎、性发育延迟。

4. 其他　常有难产史、新生儿窒息史。继发性生长激素缺乏可发生于任何年龄，并伴有原发疾病的表现。

四、辅助检查

1. 生长激素刺激试验　生长激素缺乏症的诊断依靠 GH 水平的测定，分为生理性和药物性两种刺激试验。生理性刺激试验包括运动试验和睡眠试验，多作为初筛检查。药物刺激试验常用的药物有胰岛素、可乐定、左旋多巴、精氨酸等。各种药物刺激反应途径不同，敏感性和特异性也有差异，临床常用 2 种作用不同的药物进行刺激试验协助诊断。两种刺激试验中（表 15-1），GH 峰值 < 5 μg/L 为 GH 完全缺乏，5 ~ 10 μg/L 为部分缺乏，≥ 10 μg/L 为不缺乏。

表 15-1　生长激素刺激试验

试验	方法	采血时间
生理性		
1. 运动	禁食 4 ~ 8 h 后，剧烈活动 15 ~ 20 min	开始活动后 20 ~ 40 min
2. 睡眠	晚间入睡后用脑电图监护	Ⅲ ~ Ⅳ 期睡眠时
药物刺激		
1. 胰岛素	0.05 ~ 0.1 U/kg，静脉注射	0、15、30、60、90 min 测血糖、GH
2. 精氨酸	0.5/kg，用注射用水配成 5% ~ 10% 溶液，30 min 静脉滴注完	0、30、60、90、120 min 测 GH
3. 可乐定	0.004 mg/kg，1 次口服	同上
4. 左旋多巴	10 mg/kg，1 次口服	同上

2. 血 GH 24 h 分泌量测定　可以比较准确反映体内 GH 的分泌情况。但该方法繁琐，采血次数多，不易被患者接受。

3. 胰岛素样生长因子（IGF-1）和胰岛素样生长因子结合蛋白-3（IGFBP-3）测定　目前认为 IGF-1、IGFBP-3 可作为 5 岁至青春发育期前儿童生长激素缺乏症的筛查检查，但该指标有一定的局限性。

4. 其他　骨骼 X 线检查评定骨龄；头颅 MRI 检查；选择性检测下丘脑 - 垂体轴的其他内分泌功能；染色体核型分析。

五、治疗要点

1. GH 替代治疗　基因重组人生长激素（recombinant hGH，rhGH）已被广泛应用，目前大多采用剂量 0.1 U/（kg·d），每晚睡前皮下注射 1 次，治疗应持续至骨骺愈合为止。

2. GHRH 治疗　特别是 GHRH 分泌不足者，可采用人工合成的 GHRH 治疗。

3. IGF-1 治疗　GH 受体缺陷，外源性 GH 治疗无效，近年来试用 IGF-1，对促进生长有一定效果。

4. 腺垂体治疗　多种激素不足的患儿应同时给予相应的激素治疗。

六、护理诊断

1. 生长发育迟缓　与生长激素缺乏有关。
2. 自我形象紊乱　与面容幼稚、生长发育迟缓有关。

七、护理措施

1. 病情观察　定期测量身高、体重，观察骨骼系统发育情况等。观察有无其他并发症，当患儿出现甲状腺功能减退、低血糖或颅内压增高症状，应及时报告医生，并给予相应处理。

2. 诊疗护理　生长激素替代疗法在骨骺愈合前均有效，应掌握药物的用量，每3个月随访一次，观察治疗效果和不良反应。若使用促合成代谢的激素时，应注意其毒副作用，此类药物有一定的肝毒性和雄激素作用，有促使骨骺提前愈合反而使身高过矮的可能。用药期间应严密随访骨龄发育情况。

3. 心理护理　与患儿及其家长建立良好的护患关系，取得其信任。鼓励患儿真实表达自己的情感和想法，克服自卑心理。帮助其正确看待自我形象的改变，树立正向的自我概念。

八、健康指导

1. 疾病知识指导　向家长讲解疾病的相关知识和护理方法。
2. 用药指导　指导家长掌握药物的剂量、使用方法和学会观察药物副作用。为患儿及家长提供有关激素替代治疗的信息。应向家长强调替代疗法一旦中止，生长发育会再次减缓。
3. 卫生保健知识指导　教会家长生长发育曲线记录方法。在治疗过程中，每3个月测量身高、体重1次，并记录在生长发育曲线上，以观察疗效。在开始治疗的1～2年身高增长很快，以后减速。治疗后能否达到正常成人的高度，与开始治疗的年龄有关。

第三节　儿童糖尿病患儿的护理

案例 15-2

患儿，男，13岁，以"呕吐、腹痛2天，昏睡半天"为主诉入院。2天前无明显诱因出现呕吐，非喷射性，为胃内容物，共有11次，伴脐周阵发性疼痛，尚可忍受，伴乏力、口渴，无发热、头痛、头晕，无咳嗽、咳痰，无腹泻。就诊于当地诊所，诊断为"急性胃炎"。治疗不详，症状未见好转，且逐渐加重，半天前出现昏睡，转诊我院。门诊查血糖29 mmol/L。既往口干、多饮半年，未予以重视。查体：T 36.5℃，P 122次/分，R 38次/分，血压90/60 mmHg，体重30 kg。神志不清，呼吸深快，皮肤黏膜干燥、弹性差。心肺未见异常。腹软，未触及肿块。神经系统未见异常。实验室检查：血糖29 mmol/L。脑脊液：糖19 mmol/L，余正常。尿常规：尿糖（+++），尿酮体（+++）。

问题：
1. 该患儿最可能的临床诊断是什么？
2. 如何对患儿进行抢救和护理？

糖尿病（diabetes mellitus，DM）是由于胰岛素分泌绝对缺乏或相对不足所致的糖、脂肪、蛋白质代谢紊乱症。临床上以高血糖为主要特征，常伴脂肪、蛋白质、水及电解质紊乱，严重时引起酸碱平衡失调而危及生命。如果不予以控制，可导致不可逆的微血管和大血管系统并发症，应予以重视。

一、分型

1. **1型糖尿病（胰岛素依赖型糖尿病，IDDM）** 胰岛β细胞破坏，使胰岛素绝对缺乏，必须使用胰岛素治疗。儿童时期的糖尿病98%是1型糖尿病。

2. **2型糖尿病（非胰岛素依赖型糖尿病，NIDDM）** 是胰岛素抵抗为主伴胰岛素分泌不足，或胰岛素分泌不足为主伴胰岛素抵抗。2型糖尿病儿童发病甚少，但随着儿童肥胖的增多有增加的趋势。

3. **其他特殊类型糖尿病** 如β细胞功能缺陷症的遗传缺陷、胰岛素作用的遗传缺陷、内分泌疾病引起和药物或化学因素诱导的糖尿病等。

4～6岁和10～14岁为1型糖尿病的高发年龄，1岁以下小儿发病较少见。本节重点讲述1型糖尿病。

考点提示

糖尿病的分型。

二、病因

1. **遗传易感性** 目前已证实第6号染色体短臂上的人类白细胞抗原基因位点DR3和DR4与1型糖尿病有密切关系。但单卵双胎发生1型糖尿病的一致性为30%～50%，提示遗传只是1型糖尿病的发病因素之一。

2. **自身免疫反应** 研究证实，体液免疫和细胞免疫均与1型糖尿病的发病密切相关。病初在大多数患儿体内可检测到多种自身抗体，这类抗体在补体和T淋巴细胞的协同下具有对胰岛细胞的毒性作用。免疫系统对自身组织的攻击可认为是发生1型糖尿病的基础。

3. **环境触发因素** 1型糖尿病发病与环境触发因素，如病毒感染、化学毒素（如亚硝胺）导致胰腺发生缺血性损伤。

三、发病机制

1型糖尿病是在遗传倾向的基础上，在外界环境因素作用下，导致自身免疫病，引起胰岛β细胞损伤，胰岛素分泌不足，使葡萄糖的利用减少，能量不足而产生饥饿感，引起多食。肝糖原合成减少，糖异生增加使血糖增高，超过肾阈值，产生糖尿，引起渗透性利尿，出现多尿、电解质紊乱和慢性脱水，进而产生口渴和多饮。蛋白质合成减少，使生长迟缓，抵抗力下降易继发感染。脂肪分解过多，使机体消瘦，中间代谢产物如乙酰乙酸、β-羟丁酸和丙酮酸堆积形成糖尿病酮症酸中毒。

四、临床表现

1型糖尿病可见于各年龄阶段，多见于4～6岁和10～14岁，患病率无性别差异，年龄越小起病越急。

1. **典型表现** 大多起病较急，常因感染、饮食不当或情绪激动而诱发，表现为多尿、多饮、多食和体重下降（"三多一少"）。学龄儿童每天饮水量和尿量可达3～4 L或更多，过食而体重下降。婴幼儿多饮、多尿不易被发觉，儿童常以遗尿、消瘦引起家长注意。

2. 糖尿病酮症酸中毒　约 40% 的糖尿病患儿就诊时以此为首发症状。表现为突然恶心、呕吐、厌食或腹痛、关节肌肉痛、口唇樱红色、不规则深长呼吸、呼气中散发酮体味，严重时出现血压下降、嗜睡、昏迷。常被误诊为肺炎、败血症、急腹症或脑膜炎等。

3. 其他表现　糖尿病控制不良且病程较长时可有生长发育落后、肝大、智能落后称为糖尿病侏儒（Mauriac 综合征）。晚期可有白内障、视力障碍和视网膜病变，以及糖尿病肾病。

考点提示

1 型糖尿病的典型表现。

五、辅助检查

1. 血液检查

（1）血糖：餐后任意时刻血糖水平 ≥ 11.1 mmol/L；空腹血糖（FPG）≥ 7.0 mmol/L；2 小时口服葡萄糖耐量试验（OGTT）血糖 ≥ 11.1 mmol/L。

知识链接

血　糖

空腹血糖（FPG）正常值是 3.9 ~ 6.0 mmol/L，6.1 ~ 6.9 mmol/L 为空腹血糖受损（IFG），≥ 7.0 mmol/L 考虑为糖尿病；有典型糖尿病症状并且餐后任意时刻血糖 ≥ 11.1 mmol/L，也考虑为糖尿病。

（2）糖化血红蛋白（HBA_{1c}）：可反映近 2 ~ 3 个月血糖平均浓度，是判断一段时间内血糖控制情况的可靠、稳定、客观指标，与糖尿病微血管及神经并发症有一定的相关性。

（3）血脂：血清胆固醇、三酰甘油均明显升高，治疗后可下降。

（4）血电解质和酮体：发生酮症酸中毒时有血电解质平衡紊乱，血酮体增高。

（5）血气分析：酮症酸中毒时，血 pH < 7.30，HCO_3^- < 15 mmol/L。

2. 尿液检查　尿糖定性一般呈阳性；有酮症酸中毒时尿酮体呈阳性；检测尿微量白蛋白排泄率可以及时发现肾受累情况。

3. 口服葡萄糖耐量试验（OGTT）　一般不需要做，用于可疑患儿的确诊。

4. 血胰岛素和 C 肽检查　首次就诊的患儿需检测血液中的胰岛素水平，血胰岛素降低有助于糖尿病分型，1 型糖尿病患儿如果已经注射过外源性胰岛素，可通过测定血浆 C 肽的水平了解胰岛 β 细胞分泌胰岛素的功能。

六、治疗要点

治疗是综合性的，包括胰岛素治疗、饮食控制、运动、糖尿病知识教育，以及血糖监测。目的是消除症状，稳定血糖；维持儿童正常生长和性发育；防止中晚期并发症出现。

1 型糖尿病诊断后必须立即开始用胰岛素治疗，胰岛素的合理应用是治疗能否成功的关键，胰岛素的种类、剂量、注射方法都与疗效有关。目前胰岛素制剂有正规胰岛素（RI）、中效珠蛋白胰岛素（NPH）、长效鱼精蛋白锌胰岛素（PZI）（表 15-2）。新诊断的轻症患儿胰岛素用量为每日 0.5 ~ 1.0 U/kg（婴儿量偏小，年长儿量偏大），出现明显症状及酮症酸中毒恢复期开始治疗时胰岛素需要量常大于 1.0 U/kg。

表 15-2　胰岛素的种类和作用时间

胰岛素的种类	开始作用时间（h）	峰时（h）	维持最长时间（h）
短效 RI	0.5	3～4	6～8
中效 NPH	1.5～2	4～12	18～24
长效 PZI	3～4	14～20	24～36

七、护理诊断

1. 营养失调：营养摄入量低于机体需要量　与胰岛素缺乏所致代谢紊乱有关。
2. 有感染的危险　与抵抗力降低有关。
3. 潜在并发症　如酮症酸中毒、低血糖。
4. 知识缺乏　与患儿及家长缺乏有关糖尿病的知识有关。

八、护理措施

1. 一般护理

（1）饮食护理：饮食管理以既能满足患儿生长发育及活动需要，又能维持正常血糖为原则。每日所需总热量（千卡）为 1000+ 年龄 ×（80～100），或按照 0～4 岁 0.21 MJ/（kg·d）[50 kcal/（kg·d）]，4～10 岁 0.19 MJ/（kg·d）[45～50 kcal/（kg·d）]，10～15 岁 0.18 MJ/（kg·d）[40～35 kcal/（kg·d）]为标准。饮食成分的分配为，糖占总热量的 50%～65%，选用糖含量高而血糖生成指数低的食物如荞麦面、莜麦面、二合面（玉米面和黄豆面）、三合面（玉米面、黄豆面和白面），严格限制蜂蜜、蔗糖、麦芽糖、果糖等纯糖制品，如一定要吃甜食可用木糖醇等甜味剂代替。蛋白质占 15%～20%，以动物蛋白为主适当添加大豆蛋白。脂肪占 20%～30%。每日应保持一定量的纤维素和维生素。全天热量分配给三餐，早、中、晚分别占 1/5、2/5、2/5，每餐中留出少量（5%）作为餐间点心，进食时间应相对固定。

（2）运动：运动时肌肉对胰岛素的敏感性增高，从而增强葡萄糖的利用，有利于控制体重，降低血脂、血糖，促进生长发育。应鼓励患儿适时进行体育运动，运动的种类和剧烈程度应根据年龄和运动能力进行安排。固定每天运动时间，避免发生运动后低血糖。

2. 病情观察

（1）密切观察病情变化，监测血糖、尿糖、电解质、酮体、血气等变化。

（2）注意观察注射胰岛素后的反应　①低血糖反应：胰岛素应用过程中用量过大、运动量增加、饮食摄入不足等因素，均可引起低血糖反应，表现为面色苍白、出冷汗、心动过速、腹痛、饥饿感、头晕、惊厥甚至昏迷。发生低血糖时应及时加餐或饮用含糖饮料，严重者按医嘱静脉注射 25%～50% 葡萄糖液 40 ml。②低-高血糖反应（Somogyi 现象）：常由于慢性胰岛素过量，尤其是晚餐前中效胰岛素用量过多，夜间发生低血糖，随之由于升高血糖的激素分泌增加引起反应性血糖升高。此时需减少胰岛素用量。③黎明现象：由于晚间胰岛素不足引起，清晨 5～9 时发生血糖和尿糖升高。加大晚间胰岛素的剂量或将注射时间稍向后移即可。

3. 诊疗护理

（1）胰岛素的用法：目前通常采用每日两次皮下注射的方案，即将全天需要胰岛素总量的 2/3 于早餐前 30 min 注射，1/3 于晚餐前 30 min 注射。注射时，短效胰岛素应占胰岛素全天需要的 2/3，中效或中长效胰岛素应占胰岛素全天需要量的 1/3，抽吸药液时，应先抽取短效胰岛素,再抽取中效或中长效胰岛素,混匀后皮下注射,也有混合胰岛素制剂可直接使用。也可采用每日3次基础-餐时胰岛素治疗及胰岛素泵持续皮下输注治疗等方案。

(2)注射部位:一般常用皮下注射,选择臀部、大腿内侧及前侧、上臂前外侧及前内侧、腹部等。有计划地按顺序成排轮换注射,每针间隔2cm,每部位排成3~4行,一个月之内不要在同一部位注射2次,以免局部皮下组织萎缩硬化,影响胰岛素的吸收。每次注射时尽量用同一型号的1ml注射器以保证剂量的绝对准确。

(3)用量调整:在保证饮食和运动量相对固定的基础上,根据血糖、尿糖监测结果,每2~3天调整胰岛素剂量1次,直至尿糖呈色试验不超过(++)。

知识链接

胰岛素注射器具

1. 普通1ml蓝芯玻璃注射器 较经济,但注射器以毫升为刻度,需换算成单位,不够方便,且注射时有无效腔,注射剂量稍欠准确。

2. 一次性注射器 塑料制品,做工精致,针头锐利,疼痛感轻,无无效腔,刻度清晰。

3. 胰岛素注射笔 将胰岛素置于笔中,不必每次抽取胰岛素,携带方便,但价格偏贵。

4. 无针注射器 将胰岛素在压力下,通过注射器的微孔,以喷雾的形式将胰岛素注入皮下,无需针头,没有疼痛,携带方便,易清洗消毒,但价格较贵。

5. 胰岛素泵 模拟生理胰腺分泌功能,更好地控制血糖,使用方便,无需反复注射,但价格昂贵。

4. 对症护理

(1)预防感染:糖尿病患儿免疫功能降低,极易发生感染,尤其是皮肤感染。应注意勤洗浴,如发现细微伤口或毛囊炎应及时处理。因尿糖的刺激,患儿会出现阴部瘙痒,故便后应用温开水或淡盐水清洗肛周。卧床的患儿,每日做皮肤护理及口腔护理2次。

(2)糖尿病酮症酸中毒的护理 ①患儿绝对卧床休息,注意保暖,以使体内能量消耗达最低水平,以减少脂肪、蛋白质的分解。②立即建立两条静脉输液通道,一条为纠正脱水酸中毒快速补液通道,另一条静脉通道输入小剂量胰岛素,0.1U/kg静脉注射作为基础量,然后按每小时0.1U/kg的速度静脉滴注,最好用输液泵调整滴速,使血清胰岛素浓度维持于比较恒定的水平。同时严密监测血糖变化,随时调整治疗方案。③纠正低血钾:临床上在胰岛素治疗后4~6h,可发生严重低钾血症,甚至引起心律不齐,威胁生命,故在小剂量胰岛素静脉输入后应予以补钾,浓度<0.3%。④积极控制感染:多数糖尿病酮症酸中毒是由感染引起,应积极寻找感染灶,及时应用抗生素控制感染。

5. 心理护理 糖尿病患者需要每日注射胰岛素及饮食控制,会给患儿及其家长带来很大的精神和经济负担。故必须做好患儿及家长的思想工作,帮助患儿及家长树立战胜疾病的信心,坚持有规律的生活和治疗,保证患儿坚持治疗计划,帮助家长和患儿掌握糖尿病的管理方法。

九、健康指导

1. 疾病知识指导 向家长介绍导致本病的可能病因、目前患儿病情状况、为患儿拟订的诊疗计划及采取的护理措施，以取得家长的配合及支持。告知家长糖尿病是终身性疾病，患儿必须学会将饮食控制、胰岛素治疗及运动疗法融入生活的一部分。

2. 用药指导　详细告知并教会家长正确使用胰岛素的方法如药物的抽取、注射部位的选择，时间的控制、用药后的反应及用药注意事项。并学会用药后观察患儿有无面色苍白、无力、出汗等低血糖反应，若出现上述反应立即口服糖水并及时就医。指导定期随访以便调整胰岛素用量。

3. 卫生保健知识指导　教会家长做好饮食入量、尿糖变化、胰岛素注射次数和剂量等记录。解释严格遵守饮食控制的重要性，选择高蛋白、高维生素和粗纤维素类饮食。每日进食应定量、定时。鼓励和指导患儿及家长独立进行血糖和尿糖的检测，教会患儿或家长应用纸片法监测末梢血糖值，用班氏试剂监测尿糖。教育患儿随身携带糖块和卡片（注明姓名、住址、监护人联系方式、病名、胰岛素注射量、医院名称及负责医师），以便发生意外时可立即治疗。合理安排患儿活动量，活动时防止低血糖；鼓励患儿与正常儿童接触，以建立正常的社会行为方式。

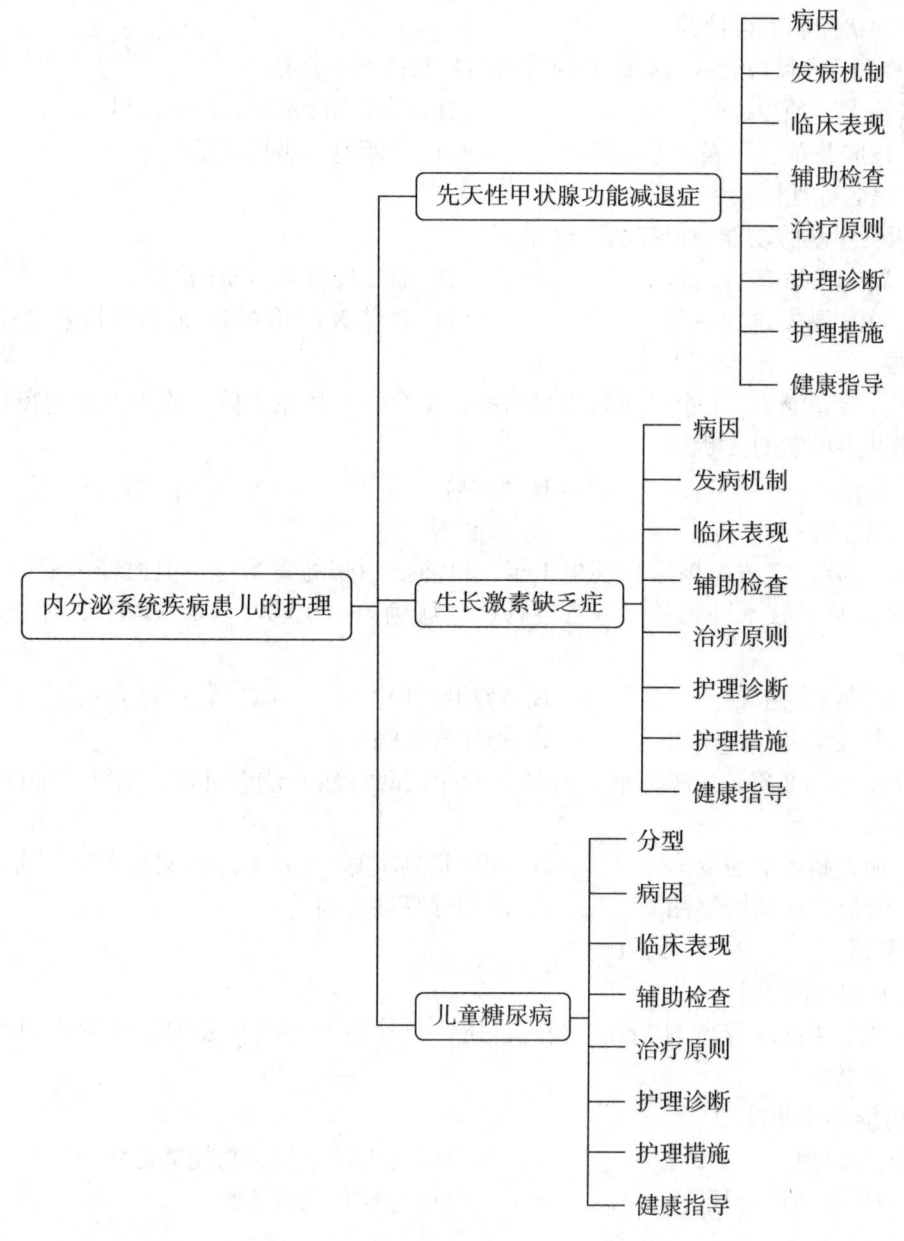

自 测 题

一、选择题

A₁型题

1. 先天性甲状腺功能减退症的治疗原则是
   A. 甲状腺片治疗维持到症状好转　　B. 甲状腺片治疗维持到学龄期结束
   C. 甲状腺片治疗维持到青春期开始　　D. 甲状腺片治疗维持到青春期结束
   E. 甲状腺片维持终生治疗

2. 甲状腺功能减退症的药物护理中服用甲状腺激素，不正确的是
   A. 从小剂量开始　　B. 用药前后测脉搏
   C. 不可随意增减药量　　D. 定时测体重
   E. 症状控制后可停药

3. 先天性甲状腺功能减退症患儿的特殊面容和体态不包括
   A. 头大、颈短　　B. 面部黏液水肿，眼睑水肿
   C. 皮肤苍黄、干燥，毛发稀少　　D. 眼距宽，鼻梁宽平
   E. 呈匀称性矮小

4. 先天性甲状腺功能减退症的确诊靠
   A. 新生儿筛查　　B. 血T3、T4、TSH检查
   C. TRH激发试验　　D. 骨骼X线检查　E. 放射性核素检查

A₂型题

5. 患儿，男，5岁，1个月来饮水量增多，多食，但体重下降，晚上多次起夜排尿，甚至尿床。该患儿最可能的诊断是
   A. 遗尿症　　B. 肾结核　　C. 肾小球肾炎
   D. 糖尿病　　E. 肾衰竭

6. 患儿，男，12岁，糖尿病病史1年，目前使用胰岛素治疗，但血糖未规律监测，近3个月出现眼睑及下肢水肿来诊。尿常规检查：尿糖（++），WBC 0～4/HP，尿蛋白（+++）。应考虑的是
   A. 胰岛素性水肿　　B. 肾动脉硬化　　C. 肾盂肾炎
   D. 急性肾炎　　E. 糖尿病肾病

7. 患儿，女，8岁，患糖尿病，胰岛素治疗期间突然心悸、饥饿、出汗，随即意识不清。首要的措施为
   A. 加大胰岛素剂量　　B. 加用格列本脲　　C. 静脉注射50%葡萄糖
   D. 静脉滴注碳酸氢钠　　E. 应用呼吸兴奋剂

A₃/A₄型题

（8～10题共用题干）

患儿，女，4岁，身高110 cm，智力低下，鼻梁低平，舌体宽厚，常伸出口外，轻微腹胀，便秘，有脐疝。

8. 最可能的诊断是
   A. 黏多糖病　　B. 先天性甲状腺功能减退症
   C. 21-三体综合征　　D. 骨软骨发育不良

E. 先天性巨结肠
9. 为明确诊断，首选的检查是
   A. 染色体核型分析   B. 尿黏多糖测定   C. 骨龄测定
   D. 血 T3、T4、TSH   E. B 超检查肛管测压
10. 最佳的治疗方案是
    A. 无需特殊治疗   B. 补充生长激素   C. 补充碘剂
    D. 补充甲状腺激素   E. 补充多种维生素

二、简答题

1. 复述先天性甲状腺功能减退症的临床表现。
2. 简述儿童糖尿病胰岛素治疗的用药护理。

三、案例分析题

患儿，女，2 岁。半年来家长发现患儿较同龄儿体格矮小，且对外界反应迟钝。现尚不会说话，腿比较短，走路不稳，常摔倒。

问题：
（1）对该患儿还应重点询问哪些健康史？
（2）护理体检时，重点检查哪些项目内容？
（3）你应协助医生为患儿进行哪些辅助检查？

（刘晶晶）

第十六章数字资源

第十六章　免疫性疾病患儿的护理

学习目标

通过本章学习，学生应达到：
1. 素质目标　具有求真务实的科学态度和慎独精神，对患儿细心、有耐心。
2. 能力目标　对原发性免疫缺陷病、川崎病患儿家长进行健康指导。
3. 知识目标　说出原发性免疫缺陷病、风湿热、过敏性紫癜、川崎病的概念、简述治疗原则、护理诊断和护理措施。

免疫（immunity）是机体的一种生理性保护功能，现代免疫学理论的核心是"识别自身、排除异己"，以便维持机体稳定。免疫功能失调或紊乱，可导致异常的免疫反应。免疫反应过强，可表现为各种变态反应或自身免疫病；免疫反应过低，则表现为机体的抵抗力低下或免疫缺陷病，易发生感染性疾病或恶性肿瘤。人类免疫系统的发生、发育始于胚胎早期，到出生时日趋成熟，但因接触抗原机会少，尚未建立免疫记忆，使小儿特别是婴幼儿，处于生理性免疫低下状态。本章主要介绍原发性免疫缺陷病、风湿热、过敏性紫癜和川崎病。

第一节　儿童免疫系统发育及特点

小儿免疫系统发育与成人相比具有明显的差异，并且因年龄的变化而不同，表现为不同发育阶段的独特性。

一、中性粒细胞

1. 中性粒细胞的数量　由于受分娩的刺激，出生后 12 h 外周血中性粒细胞计数高达 $13 \times 10^9/L$，72 h 后逐渐下降到 $4 \times 10^9/L$，维持一段低水平后，再度上升，逐渐达到成人水平。新生儿尤其早产儿中性粒细胞储存池空虚，感染时中性粒细胞会减少。

2. 中性粒细胞的功能　新生儿中性粒细胞的趋化性、黏附功能、吞噬杀菌能力和氧化功能均低下，此可能与分娩时缺氧、缺乏血清补体和调理素、细胞表达黏附分子 CD11b/CD18 等障碍有关。

二、单核/巨噬细胞

新生儿单核细胞发育已经完善，但因缺乏辅助因子，其趋化、黏附、吞噬、氧化杀菌，以及产生粒细胞集落刺激因子（G-CSF）、白介素（IL）-8、IL-6、干扰素（IFN）-γ、IL-12 和抗原呈递能力均较成人差。新生儿时期接触抗原或过敏原的类型和剂量不同直接影响单核/巨噬细胞，特别是树突细胞（DC）的免疫调节功能，将影响新生儿日后的免疫状态。

三、B细胞发育与免疫球蛋白

（一）B细胞

B细胞来自前B细胞，首先见于7周胎龄的胎儿肝和12周胎龄的骨髓中。B细胞的发育需要一系列造血基质细胞、抗原、T细胞及各种白细胞介素的相互作用。与T细胞免疫相比，B细胞免疫的发育较迟缓。胎儿和新生儿有产生IgM的B细胞，但无产生IgG和IgA的B细胞，分泌IgG的B细胞于2岁时达到成人水平，分泌IgA的B细胞于5岁时达到成人水平。B细胞不足则不利于特异性抗体的生成，易发生新生儿暂时性低丙种球蛋白血症。

（二）免疫球蛋白

有抗体活性的球蛋白称为免疫球蛋白（immunoglobulin，Ig），是B细胞最终分化为浆细胞的产物，根据理化和免疫性状的不同可分为IgG、IgA、IgM、IgD和IgE（图16-1）。这些免疫球蛋白分布在血液、体液、外分泌液和B细胞膜上，参与体液免疫。

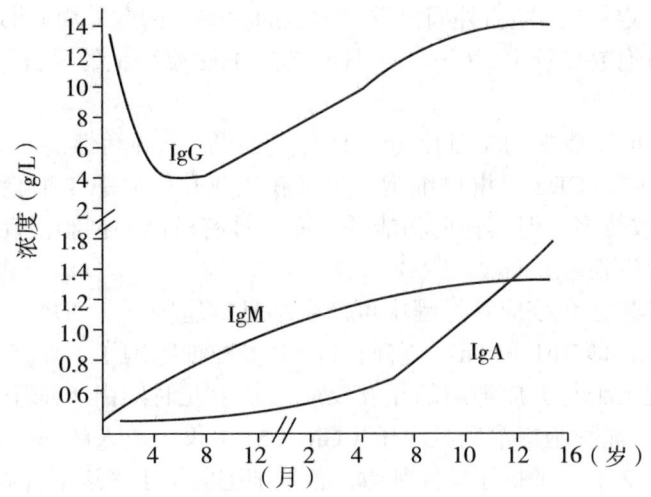

图16-1　Ig的个体发育

1. IgG　是唯一可以通过胎盘的Ig，其转运过程为主动性。大量IgG通过胎盘发生在妊娠后期，故胎龄小于32周的未成熟儿血清IgG浓度较低。来自母体的IgG因代谢分解而逐渐下降，至6个月时全部消失，新生儿自身合成IgG较慢，故6个月后小儿易患感染性疾病。

2. IgM　正常情况下，因无抗原刺激，胎儿自身产生的IgM极少，又因IgM不能通过胎盘，故脐血中IgM含量极低，若脐血中IgM升高提示胎儿有宫内感染。IgM是抗革兰氏阴性杆菌的主要抗体，有溶菌作用。新生儿血液中IgM含量较低，故新生儿易患革兰氏阴性杆菌感染，尤其容易患大肠埃希菌败血症。

3. IgA　是血清中发育最迟的一个免疫球蛋白，分为血清型和分泌型两种。分泌型IgA（sIgA）是黏膜局部抗感染的重要因素，新生儿及婴幼儿分泌型IgA水平较低，1岁时仅为成人的3%，易患呼吸道及消化道感染。

> **知识链接**
>
> **为什么半岁以后小儿易发生感染性疾病?**
>
> 很多家长发现孩子满 6 个月后更容易出现上呼吸道感染、腹泻、肺炎等呼吸道和消化道感染性疾病。那是因为一方面小婴儿体内缺少分泌型 IgA（sIgA），而 sIgA 是呼吸道和消化道局部抗感染最主要的抗体。另一方面，从母体得来的 IgG 逐渐耗尽，自身产生不足，故半岁后易发生感染。母乳中有丰富的免疫活性物质，可增强婴儿免疫力，建议在婴儿 6 个月后继续母乳喂养。

四、T 细胞发育与细胞因子

1. T 细胞发育　胸腺是 T 细胞发育成熟的重要场所，出生时胸腺大小与功能已达高峰，T 细胞自身发育已完善。成熟 T 细胞占外周血淋巴细胞的 80%，因此外周血淋巴计数可反映 T 细胞数量。出生时淋巴细胞数目较少，6～7 个月时超过中性粒细胞的百分率，4～6 岁时两者相当。

2. T 细胞表型和功能　成熟的 T 细胞分为具有 T 辅助/诱导活性的 $CD4^+$ T 淋巴细胞和具有 T 抑制/细胞毒性有关的 $CD8^+$ T 淋巴细胞。足月新生儿外周血中 T 细胞绝对计数已达成人水平，其中 $CD4^+$ 细胞数较多，但其辅助功能低，而且具有较高的抑制活性，一般生后 6 个月 $CD4^+$ T 淋巴细胞的辅助功能趋于正常。

3. 细胞因子　机体发生免疫应答过程中可产生多种细胞因子。$CD4^+$ T 淋巴细胞受抗原刺激后可分化为两个亚群，即 Th1 和 Th2，它们可产生多种细胞因子，调节免疫细胞应答时的模式和强度，以及免疫细胞与炎症细胞的相互反应。新生儿时期由 T 细胞产生的肿瘤坏死因子（TNF）和粒细胞-巨噬细胞集落刺激因子（GM-CSF）仅为成人的 50%，IFN-γ 和 IL-10 和 IL-4 仅为成人的 10%～20%，随抗原反复刺激，各种细胞因子水平逐渐升高。

五、补体系统发育

母体的补体不转输给胎儿，虽然胚胎第 6 周时胎儿即可合成补体成分，但是足月新生儿补体经典途径和替代途径的活性水平仅为成人的 30%～60%，溶血补体滴度仅为母体的 50%，生后 3～6 个月达到成人水平。

第二节　原发性免疫缺陷病患儿的护理

案例 16-1

患儿，女，9 个月，因 3 个月内反复肺炎、腹泻入院。患儿自 6 个月左右开始患肺炎 2 次，腹泻 3 次，皮肤和口腔黏膜反复溃烂。查体：神志清，精神可，发育和营养较差，双肺有湿啰音。血免疫球蛋白测定 IgG、IgM、IgA 明显低于正常。

问题：

1. 患儿所患疾病是什么？
2. 根据患儿目前身心状况，为其实施整体护理措施。

免疫缺陷病（immunodeficiency disease，ID）指因免疫细胞和免疫分子发生缺陷引起的免疫反应缺如或降低，导致机体抗感染功能低下的一组临床综合征。免疫缺陷病可分为原发性免疫缺陷病和继发性免疫缺陷病。原发性免疫缺陷病（primary immunodeficiency disease，PID）是由于免疫系统先天性发育不良而导致的免疫功能低下的一组疾病；如为出生后环境因素如感染、营养紊乱或其他原发病影响所致，称为继发性免疫缺陷病（secondary immunodeficiency disease，SID）。PID主要表现为抗感染功能低下，易发生反复严重的感染，同时伴有免疫监视和免疫功能异常，而发生自身免疫病、过敏性疾病和某些恶性肿瘤。本病有遗传倾向，多见于婴幼儿及儿童期。

国际免疫学会联盟（IUIS）专家组定期对PID进行分类更新。2017年起，IUIS专家委员会将PID更名为先天性免疫缺陷（inborn errors of immunity，IEI）。2019版PID分类总共纳入430种PID，分为十大类，分别为联合免疫缺陷病、伴典型表现的联合免疫缺陷综合征、抗体免疫缺陷病、免疫失调性疾病、吞噬细胞缺陷、天然免疫缺陷、自身炎症性疾病、补体缺陷、单基因骨髓衰竭综合征、拟表型免疫缺陷病。

一、病因及发病机制

原发性免疫缺陷的病因复杂，目前尚不清楚，可能与遗传因素、宫内感染等多种因素有关。目前已知腺苷脱氨酶（ADA）缺陷和嘌呤核苷磷酸化酶（PNP）缺陷可分别引起常染色体隐性遗传的严重联合免疫缺陷病和胸腺发育不全；IL-2、IL-4、IL-7、IL-9和IL-15的共有受体γ链（γc）基因突变可导致以T细胞缺陷为主的联合免疫缺陷病；胎儿感染风疹病毒后可引起低丙种球蛋白血症，感染巨细胞病毒可使胎儿的干细胞受损导致严重的联合免疫缺陷。其他PID的发病机制目前尚不清楚。

二、临床表现

（一）共同临床表现

PID临床表现由于病因不同而复杂多变，但其共同的表现却非常相似，即反复感染、易患肿瘤和自身免疫病。

1. 反复和慢性感染　免疫缺陷最常见的表现是感染，表现为反复、严重、持久的感染。许多患儿常需要持续使用抗菌药物以预防感染的发生。感染的部位以呼吸道最常见，如复发性或慢性中耳炎、鼻窦炎、支气管炎或肺炎；其次为胃肠道，如慢性肠炎；皮肤感染可为疖、脓肿；也可为全身性感染，如败血症。感染的病原体多为平时少见的和致病力低的细菌，抗体缺陷易发生化脓性感染，T细胞缺陷则易发生病毒、结核分枝杆菌和沙门菌等细胞内病原体感染，也易发生霉菌和原虫感染。中性粒细胞功能缺陷时的病原体常为金黄色葡萄球菌。

2. 自身免疫性疾病和淋巴瘤　未因严重感染而致死亡者，随年龄增长易发生自身免疫病和肿瘤，尤其是淋巴系统恶性肿瘤，其发生率较正常人群高数10倍乃至100倍以上。淋巴瘤以B细胞淋巴瘤最常见，T细胞瘤和霍奇金病、淋巴细胞性白血病、腺癌、鳞癌和其他肿瘤也可能发生。常见的自身免疫病包括溶血性贫血、血小板减少性紫癜、系统性红斑狼疮、皮肌炎、免疫复合物性肾炎、免疫性甲状腺功能减退、1型糖尿病和关节炎等。

（二）其他临床表现

除共同临床表现外，PID还可有生长发育延迟、淋巴结肿大或缺如、特殊面容等。

三、辅助检查

当疑似PID时，需要进行全面的免疫功能评估，常用检查见表16-1。

表 16-1　原发性免疫缺陷病常用检查

检测目的	检测项目	检测结果
T 细胞缺陷	外周淋巴细胞计数及形态	淋巴细胞少于 1.5×10^9/L
	皮肤迟发型超敏反应	OT 试验或 PDD 试验阴性
	胸部 X 线片	缺乏胸腺影
B 细胞缺陷	IgG、IgM、IgA 水平	一种或多种 Ig 减少
	疫苗接种后针对特异性抗原的抗体检测	抗体反应降低或缺如，表现为四唑氮蓝（NBT）试验异常
	吞噬功能缺陷	

四、治疗原则

1. 一般治疗　预防和治疗感染，注重营养。

2. 替代治疗　即"缺什么就补什么"的治疗原则，可暂时缓解临床症状。如应用丙种球蛋白、高效价免疫血清球蛋白、血浆、新鲜白细胞或细胞因子。

3. 免疫重建　采用正常细胞或基因片段植入患儿体内，使之发挥功能，以持久纠正免疫缺陷，方法包括胸腺组织移植、干细胞移植（胎肝移植、骨髓移植、脐血干细胞移植等）和基因治疗。基因治疗即将正常的目的基因片段整合到患儿干细胞基因组中，使转化的基因片段能在患儿体内复制而持续存在，但尚处于探索阶段。

知识链接

"泡泡男孩"与 SCID

"泡泡男孩"是来自美国德州的一个小男孩 David Vetter 的昵称，他 1971 年出生时患有严重联合免疫缺陷病（SCID），生后 20 s 就被放置在一个特别制作的无菌塑料泡泡里，一直生活到 12 岁去世。SCID 是由于基因突变导致的原发性免疫缺陷病，在当时治疗只能靠输血或骨髓移植，但效果不好。1983 年"泡泡男孩"接受了他妹妹的骨髓移植，但 4 个月后因感染 EB 病毒导致淋巴瘤而去世。如今，早期发现的 SCID 患儿已经可以通过造血干细胞移植获得较好的治疗效果，国际临床研究数据显示，能够在出生 3~5 个月之内接受治疗的孩子存活率可达到 96%。

五、护理评估

1. 健康史　询问患儿是否是首次发病，是否出现过难以抑制的抽搐，有无心脏病、面部畸形等。家族成员中无类似的疾病。

2. 身体状况　注意测量生命体征，观察有无感染征象，检查有无外观畸形。及时进行实验室检查及基因测定。

3. 心理社会状况　患儿反复发生严重感染，并可因此导致死亡，应了解患儿及家长有无焦虑、沮丧、恐惧心理。

六、护理诊断

1. 有感染的危险　与免疫功能缺陷有关。
2. 焦虑　与反复感染、预后较差有关。

七、护理目标

1. 治疗用药期间无感染、损伤的发生。
2. 患儿及家长能配合治疗并了解其重要性。

八、护理措施

护理的重点是采取多种措施预防感染，使每一位医护人员、患儿及其家属明确预防感染对本病的重要性。

（一）一般护理

1. 保护性隔离　住院患儿应住单间病室，保持室内空气新鲜，温湿度适宜；医务人员要严格执行消毒隔离制度和无菌操作；注意饮食卫生，做好餐具、用具的消毒处理，保持患儿口腔和皮肤的卫生。
2. 合理喂养　指导患儿及家长选择易消化且营养丰富的食物，注意热量、蛋白质、维生素的供给，均衡饮食；小婴儿尽量母乳喂养。
3. 皮肤护理　给予良好的皮肤护理，密切观察皮肤受压处的任何变化，及时处理感染或破损。

（二）病情观察

密切观察病情，定时测量体温，及时发现感染征象和过敏反应。

（三）诊疗护理

合并感染时，遵医嘱给予抗生素，密切观察长期应用抗生素的副作用，如口腔鹅口疮及肠道机会致病菌感染。遵医嘱应用免疫替代制剂，观察有无发热、恶心、头痛等不良反应。T细胞免疫缺陷的患儿不宜输新鲜血制品，以防发生移植物抗宿主反应。患儿一般不做扁桃体和淋巴结切除术，禁忌脾切除术，慎用免疫抑制类药物。

（四）心理护理

应加强与患儿及家长的沟通交流，及时给予心理支持，帮助其树立战胜疾病的信心。

九、护理评价

1. 患儿住院期间有无感染、损伤发生。
2. 患儿及家长能否配合治疗并了解其重要性。

十、健康指导

1. 指导患儿和家长预防感染的护理方法，指导合理喂养。
2. 避免接种活疫苗或活菌苗，以防发生严重感染；对有遗传免疫缺陷的家庭成员，做好遗传咨询。
3. 取得家长配合，尽量让患儿以一个相对正常的方式生活。

第三节 风湿热患儿的护理

案例 16-2

患儿，女，8 岁。于 3 天前因感冒未好转来院就诊，主诉食欲差，疲倦，手指和足趾关节痛。查体：体温 37.8℃，呼吸 23 次/分，脉搏 120 次/分，心脏听诊心底部可闻及心包摩擦音。实验室检查：抗链球菌溶血素抗体"O"（ASO）增高。

问题：
1. 该患儿最可能的临床诊断是什么？
2. 目前存在的主要护理问题有哪些？请为患儿制订一份护理计划。

风湿热（rheumatic fever，RF）是常见的危害学龄期儿童生命和健康的疾病之一。与感染 A 组乙型溶血性链球菌后的自身免疫炎症反应有关。临床以风湿性心脏病、关节炎、风湿性环状红斑、皮下结节和风湿性舞蹈症为主要表现。慢性反复发作可形成慢性风湿性心瓣膜病。好发年龄为 5～15 岁，一年四季均可发病，以冬春季多见。

目前风湿热的发病率已明显下降，我国各地发病情况不一，总发病率约为 22/10 万，虽然低于其他发展中国家，仍明显高于西方发达国家。

一、病因及发病机制

尚不完全清楚，目前多认为与以下 3 个因素的相互作用有关。

1. A 群溶血性链球菌（group A hemolytic streptococcus，GAHS）及其产物的抗原性　GAHS 是富含抗原的一种生物，其荚膜由透明质酸组成，与人体关节、滑膜有共同抗原；GAHS 细胞壁外层中的 M 蛋白和 M 相关蛋白与人体心肌和瓣膜有共同抗原。GAHS 细胞膜的脂蛋白与人体心肌肌膜和丘脑底核、尾状核之间有共同抗原。

2. 易感组织器官的免疫反应　感染 GAHS 后，人体产生大量能与自身结缔组织发生交叉反应的自身抗体、活化的自身反应 T 细胞及促炎性细胞因子，进而与心瓣膜内皮细胞反应，形成风湿小体或肉芽肿病灶，最终演变成瘢痕样慢性病变。

3. 宿主的免疫遗传易感性　在 RF 患者家庭中，其他家庭成员患有 RF 的发病率较家庭中无 RF 患者的人群高，分子生物学研究发现基因对 RF 有重要影响，学者们认为不是与某个单一基因相关，而是多个基因相互作用。

 考点提示

风湿热的病因。

二、病理

病变累及全身结缔组织，各器官均可受累，以心脏、血管及浆膜等部位改变最明显。基本病理改变为风湿小体，即阿绍夫小体（Aschoff body）。病理过程分为渗出变性期、增生期和坏死硬化期。

1. 渗出变性期　早期出现，受累部位有心脏、关节和皮肤等结缔组织，损伤包括基质水肿、淋巴细胞和浆细胞浸润，以及心包纤维素渗出和关节腔内浆液性渗出。本期持续约 1 个月。

2. 增生期　病变主要局限于心肌和心内膜，形成本病特征性的风湿小体。此外，风湿小体还可分布于肌肉及结缔组织，好发部位为关节处皮下组织和腱鞘，形成皮下结节。本期持续3~4个月。

3. 坏死硬化期　风湿小体变性及坏死，出现纤维组织增生和瘢痕形成，使瓣膜增厚变形。二尖瓣最常受累，其次为主动脉瓣。本期持续2~3个月。

因风湿性病变的反复发作，各期改变常同时存在。

三、临床表现

多数患儿在发病前1~5周可有咽炎、扁桃体炎、皮肤疱疹等感染病史。临床表现差异较大，多数为急性起病，部分呈隐匿性进程。发热和关节炎是最常见的主诉。

1. 一般症状　病初患儿有发热、精神不振、疲倦、头痛、食欲减退、体重减轻、面色苍白、多汗。发热热型不规则，多为低热，少数呈短时高热。

2. 风湿性心脏病　40%~50%的风湿热患儿累及心脏，是风湿热唯一的持续性器官损害。年龄越小，心脏受累越多，以心肌炎及心内膜炎多见，也可发生心包炎和全心炎。

（1）心肌炎：几乎所有患儿的心肌均有不同程度病变，轻者仅出现心律稍快或心电图一过性改变，重者可并发心力衰竭。心肌受累可出现下列表现：①心脏不同程度扩大；心率加快达110~120次/分或以上，与体温升高不成比例，心律不齐，心音低钝，可有奔马律；心尖部可闻及轻度收缩期吹风样杂音，主动脉瓣区可闻及舒张中期杂音。②心电图可有不同程度的心律失常，以期前收缩和房室传导阻滞多见，还可出现P-R间期延长及T波改变。③X线检查见心脏扩大，搏动减弱。

（2）心内膜炎：心肌受累者几乎都存在心内膜炎。以二尖瓣最常受累，主动脉瓣次之。心尖部听到Ⅱ~Ⅵ级吹风样全收缩期杂音，提示二尖瓣关闭不全。病程早期在二尖瓣区听到杂音多与瓣膜炎症、血液中和局部赘生物形成有关。多次复发可造成心瓣膜永久性瘢痕形成，导致风湿性心瓣膜病。如在主动脉瓣听诊区听到舒张期杂音，有重要病理意义，说明主动脉瓣已发生器质性关闭不全。超声心动图能客观评价瓣膜形态及瓣口反流情况。

（3）心包炎：重症患儿可出现心包炎，多与心肌炎及心内膜炎同时存在。积液量少时，可仅有心前区疼痛，在心底部或胸骨左缘可闻及心包摩擦音。大量积液时可表现为①明显呼吸困难或端坐呼吸，心浊音界扩大、心音遥远、肝大、颈静脉怒张等心脏压塞症状；②心电图示低电压，早期ST段上升，以后T波倒置，ST段下降；③超声心动图可确诊心包积液；④X线检查心影搏动减弱或消失，心影向两侧扩大，呈"烧瓶形"。

3. 游走性多发性关节炎　是进行风湿热最常见的临床症状（70%~75%），且通常最早出现。特点为游走性、多发性，以膝、踝、腕、肘等大关节为主，小关节偶可受累；最具特征性的表现为关节疼痛及活动受限，其他还包括关节发红、发热、轻微肿胀。每个受累关节持续数日自行缓解，功能恢复，不留畸形，病程为3~4周。

4. 风湿性舞蹈症　占风湿热患儿的3%~10%。女性多于男性，好发于8~12岁。起病缓慢，其特征为四肢和面部肌肉不自主、不协调和无目的的快速运动。如四肢动作增多、僵硬，不能持物、书写障碍、伸舌歪嘴、挤眉弄眼、耸肩缩颈，在兴奋或注意力集中时加剧，入睡后消失。可单独出现或与其他风湿热症状同时并存，但多在其他症状出现后数周或数月出现。病程呈自限性，一般持续1~3个月，个别病例在1~2年内反复发作。

5. 风湿性环状红斑　5%~10%的风湿热患儿可出现风湿性环状红斑。多见于躯干部及四肢近端屈侧，呈环形或半环形，边缘稍隆起，色淡红或暗红，无痛感及痒感，环内皮肤颜色正常。红斑出现迅速，多于数小时或1~2天内消失，不遗留脱屑及色素沉着，可反复出现。

6. 皮下结节 见于2%～16%的风湿热患儿，常与风湿性心脏病并存，为风湿活动的标志之一。皮下结节为直径小于0.5 cm的圆形小结，隆起于皮肤，与皮肤无粘连，可活动，无压痛。常见于关节伸侧剑鞘附着处和骨性凸起处。起病数周后出现，经2～4周自然消失。

 考点提示

风湿热的临床表现。

四、辅助检查

1. 血常规 常见轻度贫血，周围血白细胞总数和中性粒细胞增多、伴核左移现象。

2. 抗链球菌抗体测定 抗链球菌溶血素"O"（ASO）、抗链球菌激酶（ASK）和抗透明质酸（AH）滴度增高，说明近期有过链球菌感染。在确定链球菌感染证据的前提下，具备两项主要表现或具备一项主要表现伴两项次要表现可做出临床诊断（表16-2）。

3. 风湿热活动指标 白细胞计数和中性粒细胞增高、红细胞沉降率增高、C反应蛋白增高、α_2球蛋白和黏蛋白增高等，可反映疾病的活动情况，但无特异性。

4. 心电图检查 以P-R间期延长最为常见，也可有心率增快、室性期前收缩、阵发性心房颤动及ST-T异常等改变。

表16-2 风湿热的Jones诊断指标（1992）

主要表现	次要表现	链球菌感染证据
风湿性心脏病	发热	近期猩红热病史
游走性多发性关节炎	关节痛	咽拭子培养阳性
风湿性舞蹈症	风湿热既往史	快速链球菌抗原试验阳性
风湿性环状红斑	红细胞沉降率增高、CRP增高	ASO滴度升高
皮下结节	P-R间期延长	

五、治疗原则

治疗原则是早期诊断、合理治疗、预防复发，监测药物副作用。

1. 一般治疗 休息及控制活动量，期限取决于心脏受累的程度和心功能状态。合理饮食，选择易消化和富有蛋白质、糖类及维生素C的食物。

2. 控制链球菌感染 肌内注射青霉素40万U/次，每日2次，持续2周，青霉素过敏者可改用非广谱头孢菌素或克林霉素。

3. 抗风湿热治疗 常用水杨酸制剂和糖皮质激素。单纯关节受累和轻型风湿性心脏病患儿口服阿司匹林80～100 mg/（kg·d）（最大量<3 g/d），2周后逐渐减量，疗程4～8周。风湿性心脏病患儿应早期使用糖皮质激素，泼尼松2 mg/（kg·d），分3～4次口服，起始剂量持续2～3周，之后逐渐减量，至12周完全停药。

4. 风湿性舞蹈症治疗 药物疗效不佳，一般采用支持和对症疗法。症状严重者可用镇静剂如苯巴比妥、氯丙嗪和地西泮。

5. 对症治疗 有充血性心力衰竭者控制症状；关节肿痛时给予制动。

六、护理评估

1. 健康史 询问患儿发病前1～4周有无上呼吸道感染的表现，有无发热、关节疼痛、皮疹，有无精神异常或不自主的动作表现，既往有无心脏病或关节炎病史。

2. 身体状况　测量生命体征，观察心率加速与体温升高是否成比例，有无心音减弱、奔马律及心脏杂音，检查大、小关节有无红、肿、热、痛及活动受限，有无皮疹，尤其躯干和关节伸侧。了解心电图、X线胸片及实验检查结果。

3. 心理社会状况　评估家长焦虑程度，对该病的预后、护理、药物副作用、复发的预防等方面的了解程度。了解患儿的家庭环境和经济状况。

七、护理诊断

1. 心排血量减少　与心脏损害有关。
2. 疼痛　与关节受累有关。
3. 体温过高　与感染有关。
4. 焦虑　与疾病严重程度及预后有关。
5. 潜在并发症　如药物的不良反应。

八、护理目标

1. 患儿保持充足的心输出量，表现为生命体征在正常范围。
2. 患儿关节疼痛减轻至消失。
3. 患儿体温恢复正常。
4. 患儿无并发症，或发生时能被及时发现和处理。
5. 患儿精神愉快，积极配合治疗。

九、护理措施

1. 一般护理

（1）休息：急性期无风湿性心脏病的患儿卧床休息2周，随后逐渐恢复活动，2周后达正常活动水平；有风湿性心脏病无心力衰竭者卧床休息4周，在以后的4周内逐渐恢复活动；风湿性心脏病伴心力衰竭者卧床休息至少8周，在以后2~3个月内逐渐增加活动量。

（2）饮食护理：给予营养丰富、容易消化的食物，少量多餐；心力衰竭患儿应适当限制盐和水分，保持排便通畅，并详细记录出入量。

2. 病情观察　注意观察患儿面色、呼吸、心率、心律及心音的变化，当患儿有烦躁不安、面色苍白、多汗、气急等心力衰竭表现时，应及时处理。

3. 诊疗护理　根据医嘱正确用药。抗风湿治疗疗程长，服药期间应注意观察副作用。阿司匹林可引起胃肠道反应、肝功能损害和出血，饭后服用可减少对胃黏膜的刺激，加用维生素K可防止出血；应用泼尼松时要注意观察副作用，如满月脸、肥胖、痤疮，这些表现在停药后可逐渐消失。还可出现高血压、消化性溃疡、骨质疏松等，注意及时处理；风湿性心脏病患儿对洋地黄敏感且易中毒，在用药过程中，应注意观察药物效果和中毒症状，一旦出现洋地黄中毒反应，应立即停药，通知医生并配合处理。

4. 症状护理

（1）缓解关节疼痛：有关节肿痛的患儿，置疼痛的关节于功能位，并保持舒适体位，移动肢体时动作轻柔，避免患肢受压，也可热敷局部关节以止痛。并注意患肢保暖，做好皮肤护理。

（2）发热的护理：密切观察体温变化，注意热型。中低热时以物理降温为主，高热时或有热性惊厥的患儿在体温上升时就应提前采取药物快速降温。

5. 心理护理　向患儿及其家长耐心解释各项检查、治疗和护理的意义，以取得他们的配合。主动关心爱护患儿,及时解除其各种不适,帮助其树立战胜疾病的信心。

 考点提示

风湿热的护理措施。

十、护理评价

1. 患儿心排血量是否增加,生命体征在正常范围。
2. 关节疼痛是否减轻至消失。
3. 体温是否恢复正常。
4. 无并发症发生。
5. 患儿是否精神愉快,积极配合治疗。

十一、健康指导

1. 疾病知识指导　向患儿及家长讲解各项检查、治疗、护理措施的意义。
2. 用药指导　抗风湿治疗疗程长,指导家长坚持用药,并在服药期间注意药物副作用。坚持每月肌内注射长效青霉素 120 万 U,进行预防用药,期限至少 5 年,最好持续至 25 岁;有风湿性心脏病者,宜终身服药进行预防。
3. 卫生保健知识指导　指导家长学会观察病情、预防感染和防止复发的各种办法;改善居住条件,避免寒冷潮湿;合理安排患儿的日常生活,不参加剧烈的活动以免过劳,防止受凉;定期门诊复查。

第四节　过敏性紫癜患儿的护理

案例 16-3

患儿,男,6 岁,因双下肢皮疹伴腹痛 2 天入院。入院查体:神志清,精神一般,双下肢可见紫红色斑丘疹,对称分布。心肺无异常。腹软,脐周有压痛,无反跳痛,无腹肌紧张。查血常规:血小板正常,粪便潜血阳性。

问题:
1. 该患儿可能是发生了什么疾病?
2. 根据其临床表现应从哪些方面加强护理?

过敏性紫癜(anaphylactoid purpura)又称亨 - 舒综合征(Henöch-Schönlein syndrome),是一种以小血管炎为主要病理改变的全身性血管炎综合征。临床以非血小板减少性紫癜、关节炎或关节痛、腹痛、胃肠道出血及肾炎为主要临床表现,多见于学龄期儿童,男孩多于女孩,四季均可发病,以秋冬季多见,是一种自限性疾病,预后大多良好,少数患儿可迁延反复。

一、病因及发病机制

病因和发病机制尚未明确,可能与以下因素有关:感染(细菌、病毒、寄生虫等)、食物(鱼虾类、蛋类、奶类)过敏、药物(抗生素、解热镇痛药等)、花粉及疫苗接种等,但均无确凿证据。目前认为本病的可能机制为尚未明确的感染原或过敏原,作用于具有遗传背景的个体，引起机体异常免疫应答，辅助性T淋巴细胞及B淋巴细胞活性增强，产生大量IgA免疫复合物，沉积在全身小血管壁而致血管炎。本病的基本病理改变为广泛的全身性小血管炎，包括毛细血管、微动脉和微静脉。因血管壁通透性增加，使血细胞和血浆进入组织间隙，炎症细胞浸润，引起水肿和出血，血管壁可有纤维素样坏死，肾改变多为局灶性肾小球病变。

二、临床表现

多数患儿发病前1～3周有上呼吸道感染史，可有不规则发热、乏力、食欲缺乏等非特异性表现。发病多急骤，常以皮肤紫癜为首发症状，部分病例以急性腹痛、关节疼痛或尿常规检查异常为首发症状。

1. 皮肤紫癜　初为紫红色斑丘疹，高出皮肤，压之不褪色。呈对称分布，分批出现，以四肢伸侧和臀部、下肢远端和踝关节周围较多，面部和躯干部少见。紫癜大小不等，可融合成片，数日后转为暗紫色，最后变为棕褐色，一般1～2周内消退，不留痕迹。皮损还可形成出血性水疱，甚至坏死、溃疡。有时伴有荨麻疹、多形性红斑、血管神经性水肿。可反复发作，迁延数周或数月。

2. 消化道症状　约2/3的患儿出现，多为阵发性脐周或下腹部剧烈腹痛，也可波及腹部其他部位，压痛明显，但无明显反跳痛。常伴呕吐，约半数患儿大便潜血阳性，部分患儿出现血便，甚至呕血；极少数患儿可并发肠套叠、肠梗阻、肠穿孔。若腹痛发生在皮肤症状之前，易误诊为外科急腹症。

3. 肾症状　约1/3的患儿有肾损害。一般于紫癜后2～4周发生，也可见于皮疹消退后或疾病静止期。病情轻重不等，多数患儿出现肉眼血尿或镜下血尿、蛋白尿、管型尿，伴血压增高及水肿，称为过敏性紫癜性肾炎，少数为肾病综合征表现。虽然大多数患儿可痊愈，但少数患儿的血尿、蛋白尿及高血压可持续很久。

4. 关节症状　约1/3的患儿出现。大关节如膝关节、踝关节最常受累，也可累及腕、肘和手指等关节，表现为关节及关节周围肿胀、疼痛及触痛，伴活动受限。关节病变常为一过性，多在数日内消失而不留关节畸形。

5. 其他症状　一些少见的中枢神经系统症状，颅内出血、昏迷、惊厥、失语、瘫痪。此外，还可出现结膜下出血、鼻出血、牙龈出血、肺出血等。

 考点提示

过敏性紫癜的临床表现。

三、辅助检查

1. 血液检查　外周血白细胞数正常或轻度增高，可伴中性和嗜酸性粒细胞增高；除非严重出血，一般无贫血；血小板计数正常甚至升高；出血和凝血时间、血块退缩实验均正常；部分患儿的毛细血管脆性试验阳性。

2. 尿液检查　可有血尿、蛋白尿、管型尿。

3. 便潜血实验　可呈阳性反应。

4. 其他　血清IgA升高，IgG、IgM正常或轻度升高，C_3、C_4正常或升高，红细胞沉降率和C反应蛋白可增高。对有消化道症状者可进行腹部B超检查，有利于肠套叠的早期诊断。

四、治疗原则

本病尚无特效疗法，主要采取支持和对症治疗。

1. 一般治疗　卧床休息，注意寻找和避免接触过敏原，如有明显感染，应给予有效抗生素。
2. 对症治疗　有腹痛时使用抗痉挛药物，消化道出血时要禁食；有荨麻疹或血管神经性水肿症状可应用抗组胺药及钙剂。
3. 抗凝治疗　阿司匹林、双嘧达莫、肝素等，可阻止血小板凝集和血栓形成。
4. 肾上腺皮质激素和免疫抑制剂　单独皮肤或关节病变时，无须使用肾上腺皮质激素，严重消化道病变或肾损害者应用糖皮质激素，泼尼松 1～2 mg/(kg·d)，分次口服，或用地塞米松静脉滴注，症状缓解后停用。激素治疗无效者可加用免疫制剂，如环磷酰胺。
5. 其他　硝苯地平、吲哚美辛的应用有利于血管炎的恢复。肾衰竭可行透析治疗。

知识链接

过敏性紫癜的鉴别诊断

①过敏性紫癜：皮肤紫癜、腹痛、关节痛、肾受累。组织学检查发现以 IgA 免疫复合物沉积为主的白细胞碎裂性血管炎。②肠套叠：患儿阵发性哭闹，腹部可扪及包块，果酱样大便，钡剂灌肠 X 线检查可鉴别，部分过敏性紫癜患儿可并发肠套叠。③肠梗阻：除腹痛外，还有腹胀，肠鸣音亢进，排便不通畅，可触及包块，无皮肤紫癜，X 线及 B 超检查可鉴别。④血小板减少性紫癜：为散在的皮内、皮下出血点、淤点、淤斑，不高出皮面，分布不均，四肢多见，常伴有鼻出血、牙龈出血。有血小板减少、出血时间延长，骨髓象多异常。

五、护理评估

1. 健康史　注意评估有无诱因，是否首次发病，有无发热、皮肤紫癜，是否伴有消化道症状、关节肿痛及泌尿系统症状，有无家族史。
2. 身体状况　检查皮疹的分布、颜色、大小，指压后是否褪色，检查四肢关节的大小，关节有无肿痛或关节炎病史。
3. 辅助检查　及时采集血、尿标本进行检查，了解血小板计数是否正常，是否有血尿、蛋白尿及管型尿。
4. 心理社会状况　因本病反复发作，或并发肾损害，应注意评估患儿及家长对疾病的了解程度，注意评估复发患儿对治疗是否有信心，是否有焦虑情绪。

六、护理诊断

1. 皮肤完整性受损　与变态反应性血管炎有关。
2. 疼痛　与关节和肠道变态反应性炎症有关。
3. 潜在并发症　如消化道出血、过敏性紫癜性肾炎、药物不良反应。

七、护理目标

1. 患儿皮肤恢复正常的形态和功能。
2. 患儿疼痛减轻或消失。

3. 治疗期间不发生消化道出血、过敏性紫癜性肾炎，或发生后能及时发现并给予相应的护理。

八、护理措施

1. 一般护理

（1）休息：急性期卧床休息，以利于皮肤紫癜消退和减少患肢的活动。

（2）饮食护理：急性期禁食动物蛋白，避免可能引起过敏的食物；腹痛较重或大便潜血阳性者给予流食；有明显消化道出血者应禁食，注意静脉补充营养和液量，保持水电解质平衡。

2. 病情观察　观察紫癜出现的部位、数量、分布、形态，是否反复；有无腹痛、便血等情况，同时注意腹部体征并及时处理；观察尿色、尿量、尿液性质及尿比重的改变，定时做尿常规检查，若有血尿和蛋白尿，提示过敏性紫癜性肾炎，按肾炎处理；注意有无中枢神经系统出血表现。

3. 诊疗护理　遵医嘱正确使用肾上腺皮质激素、免疫抑制剂及抗凝剂等，注意药物不良反应的观察；在使用抗凝剂时注意观察患儿的凝血功能，避免药物使用不当导致出血；应用抗生素注意有无过敏反应。

4. 症状护理

（1）皮肤护理：注意保持皮肤清洁，防止擦伤和抓伤皮肤，如有破溃及时处理，以防出血和感染。患儿衣服应宽松、柔软，并保持清洁、干燥；避免接触任何潜在的致敏原。遵医嘱使用止血、脱敏药。

（2）关节肿痛的护理：密切观察关节肿胀和疼痛的情况，保持关节的功能位，根据病情给予热敷，协助患儿选取舒适体位，教会患儿用放松、娱乐的方式来减轻疼痛，做好日常生活护理。疼痛严重者须卧床休息，待缓解后可下床轻微活动。

（3）腹痛的护理：观察腹痛性质，有无便血和呕吐，发现异常腹部体征应及时与医生联系，腹痛时应卧床休息，做好日常生活护理。遵医嘱应用糖皮质激素。

5. 心理护理　评估家长对本病的了解程度，通过疾病知识指导，消除家长由于对疾病不了解引起的焦虑。

 考点提示

过敏性紫癜的护理。

九、护理评价

1. 患儿皮肤是否恢复正常的形态和功能。
2. 疼痛是否减轻或消失。
3. 治疗期间是否发生消化道出血、紫癜性肾炎，或发生后能及时发现并给予相应的护理。

十、健康指导

1. 疾病知识指导　向家长介绍过敏性紫癜的病因、患儿目前病情及为患儿拟订的诊疗计划、采取的护理措施等，以取得家长的配合及支持。
2. 用药指导　在治疗过程中对症用药，指导家长观察药物疗效及不良反应。
3. 卫生保健知识指导　指导家长学会观察病情，合理调配饮食，指导其尽量避免接触任何可能的致敏原，出院后必须定期来院复查，及早发现并发症。

第五节 川崎病患儿的护理

案例 16-4

患儿,男,2岁,因反复发热伴颈部包块5天入院。入院时情况:入院前5天无明显诱因出现发热,体温最高40℃,无畏寒、抽搐、咳嗽、呕吐、腹痛、腹泻等表现,自服对乙酰氨基酚(泰诺林)后热退,6 h后再次发热,体温同前。家长发现患儿颈部包块,在当地医院诊断为颈淋巴结炎,使用青霉素治疗,患儿仍反复发热,入院前1天出现唇红,伴皲裂,为进一步诊治而入院。患儿病后精神差,进食少,大小便正常。查体:T 39℃,神志清,精神差,颈部包块,直径1 cm左右,活动,质中,有压痛。背部及臀部可见少量红色斑丘疹,双眼结膜充血明显,无分泌物,口唇红,伴皲裂,舌乳头粗大,双手指略粗肿。血常规白细胞14.2×10^9/L,中性粒细胞0.68,淋巴细胞0.268,血红蛋白112 g/L,血小板458×10^9/L,红细胞4.04×10^{12}/L,ESR 110 mm/h。心电图示:窦性心动过速,肢体导联低电压。二维超声心动图示左冠状动脉直径3.5~3.9 mm,右冠状动脉直径2.1 mm。

问题:
1. 该患儿最可能的医疗诊断是什么?
2. 针对该患儿应做出哪些护理诊断?
3. 应怎样进行正确护理?

川崎病(Kawasaki disease,KD)又称皮肤黏膜淋巴结综合征(mucocutaneous lymphnode syndrome,MCLS),是一种以全身血管炎为主要病变的急性发热出疹性疾病。1967年由日本川崎富作医生首先报道,主要表现为急性发热、皮肤黏膜病损和淋巴结肿大,15%~20%未经治疗的患儿发生冠状动脉损害。

本病在婴儿及儿童均可发病,发病年龄在5岁以下者占87.4%,高发于6~8个月婴儿,男:女为1.8:1。一年四季均可发病,亚裔儿童多见。

一、病因及发病机制

病因不清,可能与感染触发机体免疫反应异常有关,但仍需进一步证实。大量研究表明本病在急性期存在明显的系统性免疫激活,细胞毒素分泌增加,抗内皮细胞自身抗体产生,炎性介质增多,均可损伤血管内皮细胞和血管壁,导致血管病变。病变可累及动脉、静脉和毛细血管,并侵犯全身多个系统,使临床表现多种多样。最严重的是冠状动脉病变,常为致死的主要原因。此外还可引起脑、肝、肾的损害。

二、临床表现

病程多为6~8周,有心血管症状时可持续数月至数年。

1. 主要表现 本病急性期主要表现为发热、皮疹、四肢末端变化、皮肤黏膜病损和淋巴结肿大等(表16-3)。

表16-3 川崎病的主要临床表现

主要表现	特点
持续发热	常最早出现,体温39~40℃,呈稽留热或弛张热,未经有效治疗发热常持续5天以上,抗生素治疗无效

续表

主要表现	特点
眼结膜充血	发热同时双眼球结膜充血,无脓性分泌物和流泪,热退后消散
口唇干燥	潮红、皲裂或出血,舌乳头突起,呈"杨梅舌",口腔及咽部黏膜弥漫性发红(图16-2)
四肢末端变化	急性期手足硬性水肿,手掌和足底早期出现潮红,10天后出现特征性指(趾)甲下与皮肤交界处膜状脱屑(图16-3)
颈淋巴结肿大	非化脓性,单侧多见,颈前部最为显著,直径1.5 cm以上,坚硬,有触痛,表面不红,病情初期出现,数日后自愈
皮疹	发热3天左右出现,常表现为弥漫性充血性斑丘疹,多形红斑样或猩红热样皮疹,无水疱或结痂,多见于躯干和四肢,1周左右消退(图16-4)

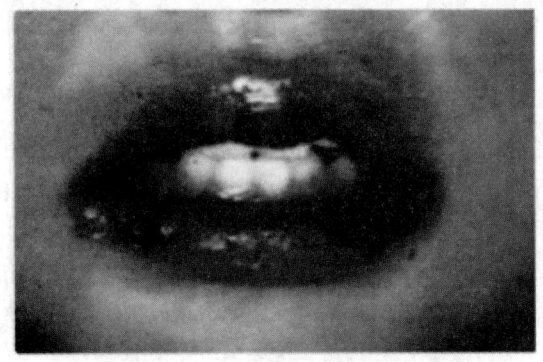

图16-2 口唇黏膜皲裂结痂

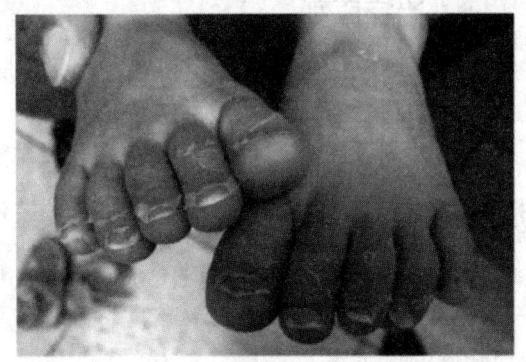

图16-3 四肢肿胀后皮肤脱屑

2. 心脏损害 为本病最严重表现,包括心肌炎、心包炎、心内膜炎和心功能减低,常于发病1~6周出现,也可在恢复期发生,表现为心脏杂音、心律不齐、心脏扩大、心音低钝等,发生冠状动脉扩张及冠状动脉瘤(图16-5),心肌梗死和冠状动脉瘤破裂均可导致心源性休克,甚至猝死。

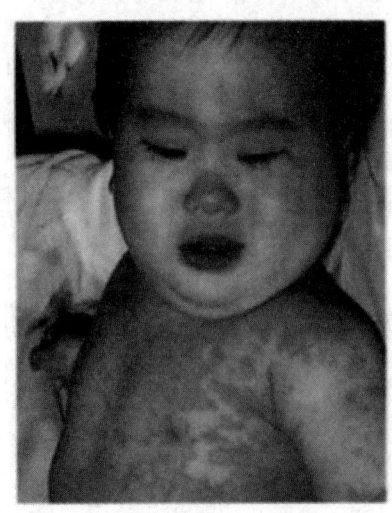

图16-4 皮肤多形性红斑

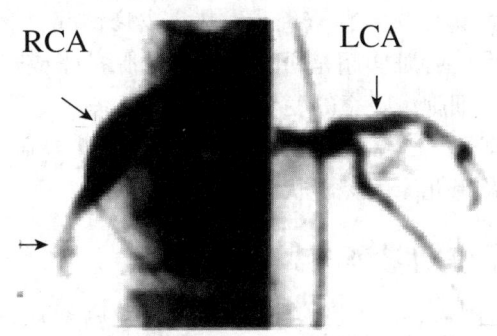

图16-5 心脏冠状动脉瘤

3. 其他 可有尿道炎、关节疼痛、关节炎、消化道症状(呕吐、腹痛、腹泻、肝大、黄疸等),也可出现间质性肺炎、无菌性脑膜炎等表现。

三、辅助检查

1. 血液检查 可见轻度贫血、白细胞及中性粒细胞增高,有核左移现象。血小板早期正常,第2～3周时则增高。红细胞沉降率增高、C反应蛋白增高。部分病例转氨酶、血清胆红素增高。

2. 免疫学检查 免疫球蛋白(IgG、IgM、IgA、IgE)增高,总补体和C_3正常或增高。

3. 心血管系统检查 心脏受损者可见心电图和二维超声心动图的改变,必要时行冠状动脉造影,可见冠状动脉扩张及冠状动脉瘤。心电图主要表现为心肌缺血,也可显示P-R、Q-T间期延长,低电压、心律失常等。

四、治疗原则

治疗原则包括急性期治疗和合并冠状动脉瘤患儿的恢复期治疗及随访。

1. 急性期治疗

(1)大剂量丙种球蛋白静脉滴注:发病后5～10天内应用可明显减少冠状动脉病变的发生,尤其适用于具有发生动脉瘤高危因素者。用法为单剂量丙种球蛋白2 g/kg,于8～12 h缓慢静脉滴注。

(2)阿司匹林口服:每日30～80 mg/kg,分3～4次服用,连续2周,以后减至每日3～5 mg/kg。大剂量阿司匹林可减轻炎症反应,小剂量可抗血小板聚集和抗凝,但不能降低冠状动脉瘤的发生率。

(3)糖皮质激素:只用于丙种球蛋白静脉滴注无反应患儿的二线治疗。甲泼尼龙每日30 mg/kg,于2～3 h输入,根据退热与否连用1～3天。

2. 恢复期治疗和随访

(1)抗凝治疗:阿司匹林每日3～5 mg/kg服用1次,至红细胞沉降率、血小板正常,如无冠状动脉损害,于发病8～12周停药。有冠状动脉瘤的患儿需长期服用阿司匹林,必要时加用双嘧达莫甚至华法林。

(2)其他治疗:发生急性心肌梗死时应及时进行溶栓治疗;严重冠状动脉病变需进行冠状动脉旁路移植术或冠状动脉瘤修补术。

五、护理评估

1. 健康史 注意患儿有无感染病史、发病年龄、发热持续时间等。

2. 身体状况 检查患儿发热、皮疹情况,有无球结膜充血,有无口唇皲裂、"杨梅舌"、淋巴结肿大,心脏彩超是否发现冠状动脉扩张或冠状动脉瘤。注意血常规中血小板计数、C反应蛋白和红细胞沉降率的变化。

3. 心理社会状况 应评估家长因患儿心血管受损及可能发生猝死而产生恐惧和焦虑的情绪,以及患儿家庭经济状况。

六、护理诊断

1. 体温过高 与感染、免疫反应等因素有关。

2. 皮肤完整性受损 与血管炎有关。

3. 口腔黏膜改变 与血管炎有关。

4. 潜在并发症 如心脏受损、药物不良反应。

七、护理目标

1. 患儿体温恢复至正常。
2. 患儿皮肤、口唇黏膜、球结膜、淋巴结恢复正常的形态和功能，冠状动脉无损害或得到及时治疗。
3. 患儿心情愉悦，家长没有恐惧和焦虑情绪。

八、护理措施

1. 一般护理

（1）休息：急性期绝对卧床休息，降低基础代谢，减少能量消耗。保持室内合适的温度、湿度。密切观察体温的变化、热型及伴随症状，及时降温。

（2）饮食：选择清淡的高热量、高维生素、高蛋白的流质、半流质食物，鼓励患儿多饮水，必要时静脉补液。

2. 病情观察　密切观察患儿有无心血管损害的症状，如面色、精神状态、心率、心律、心音、心电图、心脏超声异常，立即进行心电监护，根据心血管损害程度采取相应护理措施。

3. 诊疗护理　遵医嘱正确使用阿司匹林、丙种球蛋白及抗凝剂等，注意观察药物的疗效及使用阿司匹林引起的出血倾向和丙种球蛋白引起的变态反应等。

4. 症状护理

（1）发热护理：保证病室适宜的温、湿度。监测体温变化、观察热型及伴随症状，丙种球蛋白和阿司匹林应用以后发热表现将于1～2日内迅速恢复。

（2）皮肤护理：评估皮肤病损情况；保持皮肤清洁，衣被质地要柔软洁净，以减少对皮肤的刺激；每次便后清洗臀部；勤剪指甲，以免抓伤、擦伤；对半脱的痂皮应用干净剪刀剪除，切忌强行撕脱，防止出血和继发感染；每日用生理盐水洗眼1～2次，也可涂眼膏，预防感染。

（3）口腔护理：评估患儿口腔卫生习惯及进食能力，观察口腔黏膜病损情况；每日口腔护理2～3次，晨起、睡前、餐前、餐后漱口，以保持口腔清洁，防止继发感染；口唇干裂时可涂护唇油；口腔溃疡涂碘甘油以抗炎止痛。

5. 心理护理　家长因患儿心血管受损及可能发生猝死而产生恐惧和焦虑的情绪，故应及时向家长解释病情进展情况，给予心理支持，以便在进行治疗和护理时能取得家长的配合。协助患儿制订合理的休息与活动计划，减少不良刺激。

九、护理评价

1. 患儿体温是否恢复至正常。
2. 皮肤、口唇黏膜、球结膜、淋巴结是否恢复正常的形态和功能。
3. 冠状动脉有无损害。
4. 患儿是否心情愉悦，家长有无恐惧和焦虑情绪。

十、健康指导

1. 疾病知识指导　向家长介绍川崎病的病因、临床表现、主要治疗原则及护理措施。
2. 用药指导　指导家长遵医嘱足疗程用药，注意观察药物的疗效和副作用。
3. 卫生保健知识指导　指导家长密切观察患儿变化，定期门诊复查。对于无冠状动脉病变的患儿，于出院后1个月、3个月、6个月、1～2年全面检查1次；对有冠状动脉病变的患儿密切随访，每3～6个月做一次超声心动图检查。有多发或较大冠状动脉瘤尚未闭塞者不宜参加体育活动。

思政园地

川崎富作与川崎病的传奇之旅

在医学的浩瀚海洋中,每一个疾病的发现都伴随着一段探索和挑战的历程。川崎病,这个如今被人们熟知的疾病,背后隐藏着一段由川崎富作医生开启的传奇之旅。

1961年,一个寒冷的冬日,日本东京的一家医院收治了一个4岁多的男孩。他的症状非常特别:持续高烧,全身皮疹,眼睛红肿,手掌和脚掌肿胀,以及干裂出血的口唇。尽管医生们尽力治疗,但这个孩子仍未能被明确诊断,他带着这些症状出院了。然而,川崎富作医生并未因此而止步。他深知这个病例与众不同,决定深入研究。经过多年的积累和研究,他发现这是一种独特的疾病,具有特定的症状和病理特征。

1967年,川崎富作医生发表了他的研究成果,详细描述了这种疾病。随着更多的病例被发现,医生们逐渐认识到这种疾病对心脏的损害,特别是对冠状动脉的损害。在接下来的几年里,川崎富作医生与全球的医学专家合作,共同研究这种疾病,努力寻找更好的治疗方法。最终,他们成功地开发出了针对川崎病的特异性治疗方法,大大降低了患者的死亡率。

医学的发展需要无数医务工作者的努力和探索。正是他们的坚持和执着,才使得我们对疾病有了更深入的了解。而正是每一个人的微小力量,才推动着现代医学不断向前发展。

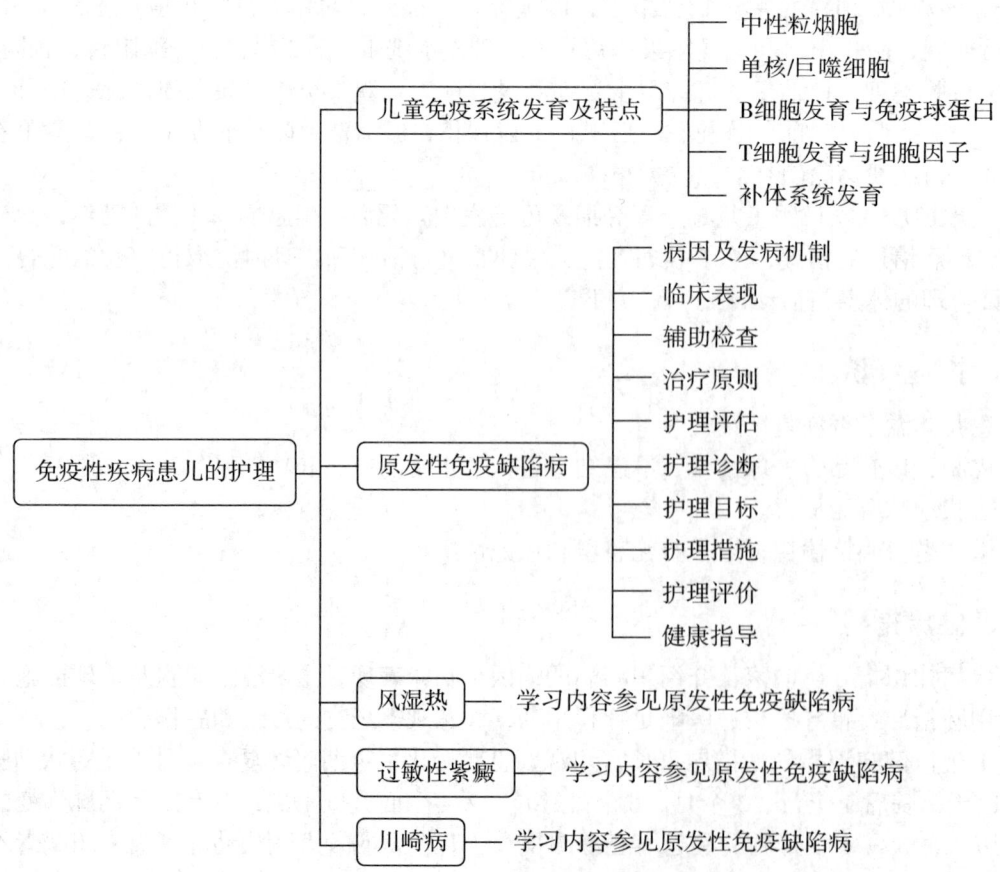

自 测 题

一、选择题

A₁型题

1. 可以通过胎盘的免疫球蛋白是
   A. IgG B. IgA C. IgM
   D. IgD E. IgE

2. 关于原发性免疫缺陷病患儿的护理，说法错误的是
   A. 重点是预防感染
   B. 医务人员应严格执行消毒隔离制度和无菌操作
   C. 应及时处理皮肤感染或破损
   D. 长期应用抗生素应观察副作用
   E. 应积极进行扁桃体切除术

3. 不属于小儿风湿热的主要诊断指标是
   A. 发热 B. 风湿性心脏病 C. 关节炎
   D. 皮下结节 E. 风湿性环状红斑

4. 过敏性紫癜的首发症状常为
   A. 皮肤紫癜 B. 消化道症状 C. 关节症状
   D. 肾病症状 E. 颅内出血

5. 下列哪一项不是川崎病的常见症状
   A. 眼结合膜充血，无脓性分泌物 B. 化脓性淋巴结炎
   C. 持续高热 D. 口腔黏膜弥漫充血和"杨梅舌"
   E. 手足肿胀

A₂型题

6. 女孩，13岁，发热2周余，胸腹部间断出现环形红斑，化验：血红蛋白100 g/L，WBC 13.6×10^9/L，N 0.82，L 0.17，ESR 50 mm/h，CRP（+），ASO 500 U/ml，心电图正常，诊断为风湿热。应首选的药物为
   A. 青霉素 B. 阿司匹林 C. 青霉素+强的松
   D. 阿司匹林+强的松 E. 青霉素+阿司匹林

A₃型题

（7~8题共用题干）

患儿，男性，10岁，1周前患腭扁桃体炎，近日下肢出现对称性皮疹，踝关节疼痛呈游走性，腹部有压痛，症状较重，确诊为"过敏性紫癜"入院。

7. 关于该患儿的治疗原则，下列选项错误的是
   A. 控制感染 B. 寻找过敏原，祛除病因
   C. 禁用肾上腺皮质激素 D. 止血
   E. 脱敏

8. 该患儿的护理措施不妥的是
   A. 做好皮肤护理
   B. 给予高动物蛋白、易消化饮食，以增强机体抵抗力

C. 除去可能的过敏原

D. 注意观察患儿腹痛情况及有无血便

E. 保持患肢于功能位

(9~10题共用题干)

女孩，8岁，不规则低热2周，近3天来挤眉弄眼，耸肩，不自主运动，病后不规则用过多种抗生素，HB 105 g/L，WBC 13×10^9/L，N 0.72，L 0.28，红细胞沉降率65 mm/h，ASO 460 U/ml。

9. 最可能的诊断

  A. 癫痫   B. 舞蹈病   C. 中毒性脑病

  D. 病毒性脑炎   E. 结核性脑膜炎

10. 该病受累的部位是

  A. 小脑   B. 下丘脑   C. 锥体束

  D. 软脑膜   E. 锥体外系

二、简答题

1. 如何观察抗风湿热药物的副作用？
2. 简述过敏性紫癜皮疹的特点。
3. 简述川崎病的主要临床表现。

（宋　青）

第十七章 遗传性疾病患儿的护理

学习目标

通过本章学习，学生应达到：

1. 素质目标　崇尚科学，能正确宣传优生优育的重要性。
2. 能力目标　能够根据21-三体综合征和苯丙酮尿症的不同表现，制订预期目标，并按护理程序为患儿实施整体护理。
3. 知识目标　了解21-三体综合征和苯丙酮尿症的病因；掌握21-三体综合征和苯丙酮尿症的临床表现和护理要点，并能对患儿和家长进行健康指导。

第一节　21-三体综合征患儿的护理

案例 17-1

患儿，男，1岁半，因伸舌流涎及说话少就诊。至今不会独立行走，智力低下，不会叫爸爸、妈妈。体格检查：两眼外侧上斜，眼裂小，眼距宽，鼻梁低平，外耳小，通贯掌，舌常伸出口外。

问题：
1. 该患儿最可能的临床诊断是什么。
2. 应做什么检查以明确诊断？
3. 如何对患儿家属做好健康指导？

21-三体综合征（21-trisomy syndrome）又称唐氏综合征（Down syndrome）、先天愚型，是儿童染色体病中最常见的一种。60%的患儿在胚胎早期即流产，存活者主要表现为智能落后、特殊面容、体格发育迟缓，可伴有先天性心脏或其他畸形。在活产婴儿中发生率为1/1000～1/600，发生率随孕妇年龄增高而增加。

一、病因及发病机制

影响染色体不分离的因素较为复杂，母亲年龄是影响发病率的重要原因。其他可能为病毒感染、母体接触放射线、孕前或妊娠时服用某些药物、化学毒物，以及遗传倾向等。

细胞遗传学特征是第21号染色体呈三体征（trisomy 21），其发生主要是由于生殖细胞在减数分裂形成配子时，或受精卵在有丝分裂时，21号染色体发生不分离，使胚胎体细胞内存在一条额外的21号染色体。

考点提示

21-三体综合征的病因。

二、临床表现

多为小于胎龄儿，有20%为早产儿，生后活动少。

1. **特殊面容** 出生时即有明显的特殊面容：眼裂小，眼距宽，双眼外眦上斜，可有内眦赘皮，鼻梁低平，硬腭窄小，舌常伸出口外，外耳小，头小而圆，颅骨缝较宽，前囟增大，头发细软且较少，颈短、宽，颈周皮肤松弛。

2. **智能落后** 是本病最突出、最严重的临床表现。大部分患儿有程度不等的智力发育障碍，随年龄增大日趋明显，智商通常在25～50，抽象思维能力受损最大。

3. **生长发育迟缓** 头围小于正常，身材矮小，骨龄落后于实际年龄。出牙延迟，且常错位。四肢短，肌张力低下，韧带松弛，关节可过度屈伸，手指粗短。

4. **皮纹特点** 表现为通贯掌，atd角增大，斗纹少，箕纹多。草鞋足，趾球部约半数患儿呈弓形皮纹。

5. **其他** 患儿常伴有先天性心脏病（约50%），其次为消化道畸形。还有听力障碍和视力障碍、生殖器发育不全（如小阴茎、隐睾）、多指（趾）等畸形；因免疫功能低下，易患各种感染；男性患者成年后多无生育能力，女性唐氏患者长大后有月经，并且有可能生育。先天性甲状腺功能减退症和白血病的发生率明显高于一般人群。如存活至成人期，则常在30岁以后即出现阿尔茨海默病症状。

考点提示

21-三体综合征的临床表现。

三、实验室检查

1. **细胞遗传学检查** 根据染色体的异常，可分为3种类型。

（1）标准型：约占患儿总数的95%。其体细胞有47条染色体，有一条额外的21号染色体，核型为47,XY（或XX），+21。其双亲外周血淋巴细胞核型正常。

（2）易位型：占2.5%～5%。染色体总数为46条，其中一条是异位染色体。有D/G异位和G/G异位两类，其中D/G异位最常见，核型为46，XY（或XX），-14，+t（14q21q）。

（3）嵌合型：占2%～4%。体内有两种以上细胞的核型，其发病机制是因受精卵在早期分裂过程中，染色体不分离，导致体内一部分为正常细胞，另一部分为21-三体细胞，其临床表现随正常细胞所占百分比而定。根据核型分析可分为标准型、易位型和嵌合体型3种。

2. **荧光原位杂交** 可快速、准确做出诊断。用荧光素标记的21号染色体的相应片段序列作为探针，与外周血中的淋巴细胞或羊水细胞进行杂交，患儿细胞中呈现3个21号染色体的荧光信号。

考点提示

21-三体综合征的细胞遗传学检查。

四、治疗要点

目前尚无有效治疗方法，主要是进行教育和训练，以提高患儿的生活自理能力。注意防止感染，如伴有畸形，可行手术矫治。

五、常见护理诊断

1. 自理缺陷　与智力低下有关。
2. 有感染的危险　与免疫力低下有关。
3. 焦虑（家长）　与小儿智力低下有关。

六、护理措施

（一）一般护理

1. 加强生活护理　细心照顾患儿，协助吃饭、穿衣，防止意外事故的发生。喂养时依据患儿实际吞咽能力而定，少食多餐，哺乳时采取半坐卧位以防误咽。定期洗澡，保持皮肤清洁干燥，患儿长期流涎，应及时擦干，保持下颌及颈部清洁，以免皮肤溃烂。
2. 预防感染　要保持室内空气清新，注意个人卫生，保持口腔、鼻腔的清洁，避免接触感染者。
3. 培养自理能力　帮助家长制定教育、训练方案，并进行示范，使患儿通过训练能逐步实现生活自理，从事简单劳动。

（二）心理护理

当家长得知自己的孩子患有先天愚型，会表现出悲哀、自责、焦虑等情绪，护士应理解他们的心情，并给予耐心开导，提供有关患儿养育、家庭照顾方面的知识，使家长尽快适应疾病的影响。

七、健康指导

（一）疾病知识指导

向家长介绍导致本病的可能病因、目前患儿病情状况、为患儿拟定的训练计划及采取的护理措施，以取得家长的配合及支持。

（二）用药指导

告知家长目前尚无有效治疗方法，主要是进行教育和训练。

（三）卫生保健知识指导

1. 遗传咨询　标准型的再发生风险率为1%，母亲年龄越大，风险率越高。易位型患儿的双亲应进行染色体核型分析，以便发现平衡易位携带者。如母方为D/G易位，则每一胎都有10%的发病率；如父方D/G易位，则发病率为4%；绝大多数G/G易位病例均为散发，父母亲核型大多正常，若母亲为21q22q平衡易位携带者，子代发病风险率为100%。对高龄产妇及有遗传家族史者，应及早进行核型检查。
2. 产前筛查　唐氏筛查（血清学筛查）是目前被普遍接受的孕期筛查方法，采用测定孕妇血清中β-绒毛膜促性腺激素（β-HCG）、甲胎蛋白（AFP）、游离雌三醇（FE_3），根据孕妇这3项检查的结果，并结合孕妇年龄，计算出本病的发病率。对于高危孕妇进一步行羊水穿刺做最终诊断。唐氏筛查的优点是接受度高，只需采血一次。它的缺点是假阳性率高与漏检率高。最新的研究表明，采用高通量测序的无创DNA检测技术能够将检出率提高到99%的水平，并将假阳性率降低到1%以内。

第二节 苯丙酮尿症患儿的护理

苯丙酮尿症（phenylketonuria，PKU）是一种常染色体隐性遗传病，由于苯丙氨酸羟化酶基因突变导致酶活性降低，苯丙氨酸及其代谢产物在体内蓄积引起的疾病。临床以智能发育落后、皮肤毛发颜色变浅和鼠尿臭味为主要特征，是目前少数可治疗的遗传代谢病之一。发病率随种族而异，其发病率因国家地区不同有所差异，在美国约为 1/14 000，日本约为 1/60 000，我国发病率约为 1/11 000。

一、病因及发病机制

本病分为典型和非典型两种，绝大多数患儿为典型病例。

1. 典型 PKU　由于患儿肝细胞缺乏苯丙氨酸羟化酶（phenylalanine hydroxylase，PAH），不能将苯丙氨酸转化为酪氨酸，导致苯丙氨酸在体内蓄积，并经旁路代谢途径产生大量的苯丙酮酸、苯乙酸、苯乳酸等代谢产物自尿中排出，出现苯丙酮尿症和鼠尿臭味；高浓度的苯丙氨酸及其旁路代谢物蓄积在脑脊液中，使脑细胞受损，使患儿智力低下；酪氨酸的来源减少，使甲状腺激素、肾上腺素和黑色素等合成不足，患儿的皮肤、毛发色素减少，头发黄，皮肤白。

2. 非典型 PKU　由于四氢生物蝶呤（tetrahydrobiopterin，BH_4）缺乏使苯丙氨酸不能氧化成酪氨酸，造成多巴胺、5-羟色胺等重要神经递质的合成受阻，加重了神经系统的功能损害，故 BH_4 缺乏型 PKU 的临床症状更重、治疗更困难。

 考点提示

苯丙酮尿症缺乏的物质。

二、临床表现

出生时一般正常，3～6 个月时开始出现症状，1 岁时症状明显。

1. 神经系统表现　以智能发育落后最为突出。疾病早期出现易兴奋、多动、癫痫、肌张力增高甚至僵硬、腱反射亢进，然后智力发育明显落后。BH_4 缺乏型 PKU 患儿的神经系统症状出现较早且较重，智能明显落后，常有肌张力明显低下、嗜睡和惊厥，如不经治疗，常在幼儿期死亡。

2. 外观　出生后数月因黑色素合成不足毛发逐渐变为棕色或黄色，虹膜色泽变浅，皮肤变白、干燥，易合并湿疹。

3. 其他　早期可出现呕吐、喂养困难、生长迟缓等现象。尿液和汗液有鼠尿味。

上述症状大部分是可逆的，经过饮食控制后，癫痫可得到控制，行为异常可好转，毛发由浅变为正常色，特殊体味消失。但智力低下很难转变，只有出生后早发现早治疗才能预防智力发育障碍。

 考点提示

苯丙酮尿症的临床表现。

三、辅助检查

1. 新生儿期筛查 采用 Guthrie 细菌生长抑制试验，可以半定量测定新生儿血液苯丙氨酸浓度，Guthrie 测定在给小儿喂奶后 3～7 日，采集新生儿足跟末梢血 1 滴，吸在厚滤纸上，晾干后即可寄送至筛查实验室，当苯丙氨酸的浓度 > 0.24 mmol/L（4 mg/dl），即两倍于正常参考值时，便应复查或采集静脉血定量测定苯丙氨酸和酪氨酸。

2. 尿三氯化铁试验和 2，4-二硝基苯肼试验 一般用于较大婴儿和儿童的筛查。将三氯化铁和 2，4-二硝基苯肼滴入尿液中，如尿中苯丙氨酸浓度增高，前者立即出现绿色反应，后者出现黄色沉淀，提示阳性。本实验特异性欠佳，有假阳性或假阴性的可能。

3. 血苯丙氨酸和酪氨酸生化定量 凡筛查阳性患儿都要做此项检查以确诊。

4. 尿蝶呤图谱分析 可鉴别各型 PKU。

5. DNA 分析 可用于 PKU 诊断、杂合子检出和产前诊断。

考点提示

苯丙酮尿症筛查项目。

四、治疗要点

应力求早期诊断，尽早治疗，以避免神经系统不可逆损害及智力低下的发生。

1. 低苯丙氨酸饮食 为主要治疗手段。疾病一旦确诊，应立即采取低苯丙氨酸配方奶治疗，待血苯丙氨酸浓度降到理想浓度（0～1 岁，120～240 μmol/L；3～9 岁，180～360 μmol/L；9～12 岁，180～480 μmol/L；12～16 岁，180～600 μmol/L；> 16 岁，180～900 μmol/L）。饮食控制至少持续到青春期后。

2. BH_4、5-羟色胺和左旋多巴（L-DOPA）治疗 非典型 PKU，除饮食控制外，需给予此类药物治疗。

五、常见护理诊断

1. 生长发育改变 与苯丙氨酸代谢障碍有关。
2. 皮肤完整性受损 与皮肤异常分泌物的刺激有关。
3. 焦虑（家长） 与患儿智力低下有关。

六、护理措施

（一）一般护理

1. 饮食管理 给予低苯丙氨酸饮食，原则是苯丙氨酸的摄入量既能保证患儿的生长发育和体内代谢的最低需要，又能控制血中苯丙氨酸浓度在合适范围。对轻症婴儿应选母乳喂养，母乳中苯丙氨酸含量较牛乳明显为低。人工喂养给予特制的低苯丙氨酸奶粉。添加辅食选择低苯丙氨酸的食物（表 17-1），如粳米、小麦、小米、白薯、马铃薯、藕粉，其摄入量和次数依据血苯丙氨酸浓度而定。饮食治疗应有周密计划，出生后要及早给予饮食限制，出生 6 个月以后开始治疗者，大部分患儿将有智力低下。

表 17-1　常用食物的苯丙氨酸含量（每 100 g 食物）

食物	蛋白质（g）	苯丙氨酸（mg）	食物	蛋白质（g）	苯丙氨酸（mg）
水果	1.0	—	籼米	7.0	352
藕粉、麦淀粉	0.8	4	北豆腐	10.2	507
胡萝卜	0.9	17	小米	9.3	510
母乳	1.3	36	小麦粉	10.9	514
白薯	1.0	51	豆腐干	15.8	691
土豆	2.1	70	瘦牛肉	19.0	700
牛奶	2.9	113	鸡蛋	14.7	715
南豆腐	5.5	266	瘦猪肉	17.3	805

2. 皮肤护理　及时更换衣服及尿布，保持皮肤清洁干燥，减少对皮肤的刺激。有湿疹时及时处理。

（二）病情观察

饮食控制期间，应定期检测血清中苯丙氨酸的浓度，6 个月内每周测苯丙氨酸浓度 2 次，以后每月测 2 次；定期评价小儿生长发育及智能发育；注意观察有无低苯丙氨酸饮食导致的不良反应，如低血糖、低蛋白血症、巨幼细胞性贫血。

（三）心理护理

当家长得知自己的孩子患有苯丙酮尿症时，会表现出悲哀、自责、焦虑等情绪，护士应理解他们的心情，并给予耐心开导，解释本病是目前少数可治疗的遗传代谢病之一，帮助他们树立信心，减轻焦虑。

七、健康指导

1. 疾病知识指导　向家长介绍导致本病的可能病因、目前患儿的病情状况、为患儿拟订的治疗计划及采取的护理措施，以取得家长的配合及支持。

2. 用药指导　告知家长低苯丙氨酸饮食是本病最主要的治疗手段，从新生儿期开始持续到青春期后，应自觉地遵守饮食要求，防止脑损害的发生。

3. 卫生保健知识指导　宣传优生优育知识，避免近亲结婚，对有阳性家族史或父母一方为杂合子者，母体在怀孕时应做产前检查。指导家长制定饮食治疗方案，将每种食品的苯丙氨酸含量及热量列表，按患儿的月龄、体重计算出需要量，制定食谱并定期调整。

思政园地

"猴娃"的故事

陈秀英出生于湖北省的一个小山村里，她与其丈夫是表兄妹关系，当时的思想观念比较陈旧，生活在偏远山村里面对于不能近亲结婚没有很强的意识。他们结婚后陆陆续续生下了 8 个子女，除去一个夭折以外，3 个孩子有智力上的障碍，剩下的 4 个正常。

三兄妹的智力发育缓慢，身形奇特，走路歪歪扭扭，不会说话，甚至连爸妈也不会叫，日常生活都很困难，更不会穿衣服上厕所，一切都得靠母亲去打理，长大后，三兄妹的身高也只有 1.5 m，被当地人称之为"猴娃"。为了照顾 3 个孩子，陈秀英在村子里面待了50年，没有走出去过，几十年如一日地照顾3个"猴娃"。陈秀英是最慈祥的母亲，3个"猴娃"不仅是她的心头肉，更是她生命的支撑，可谓可怜天下父母心啊！陈秀英的故事被报道之后，也引起了当地政府的重视，一家四口都纳入了低保，每人每月有补贴，当地民政局的领导干部更是亲自登门拜访，了解他们的困难，不仅如此，政府还承诺等到老人百年之后，也会持续的关注这3位猴娃，定期过来帮扶。

近亲结婚不仅使后代中隐性遗传病的发生率提高，而且使多基因遗传病及先天畸形发生率增高。血缘关系越近，遗传病发病率越高小。我们应该看到这位母亲平凡中的伟大，社会各方带来的温暖，人间的大爱；也更应该从这样的事情中相信科学的力量，从悲剧中汲取教训，抛弃文化糟粕，避免更多这样的悲剧发生。

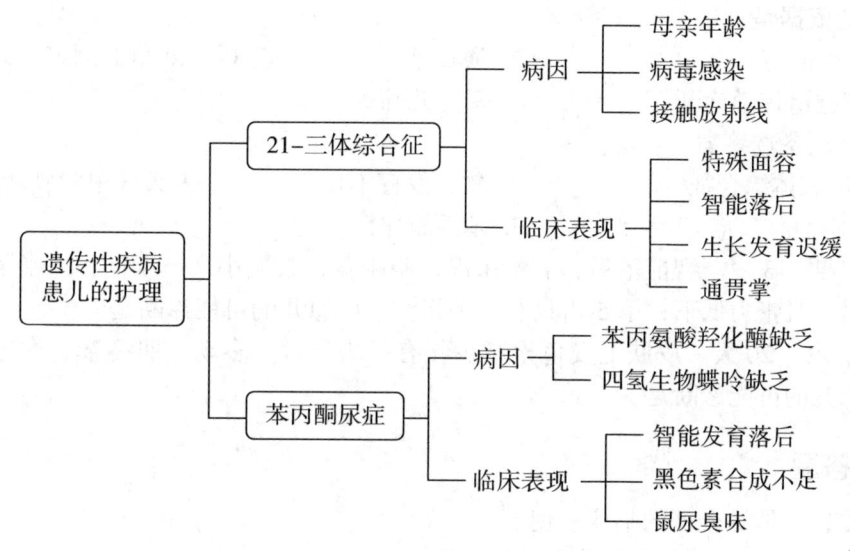

自 测 题

一、选择题

A₁型题

1. 以下关于苯丙酮尿症的概念，描述有误的是
   A. 苯丙酮尿症是常染色体显性遗传病
   B. PKU 是苯丙氨酸羧化酶基因突变导致酶活性降低，苯丙氨酸及其代谢产物在体内蓄积导致疾病
   C. PKU 是氨基酸代谢障碍中较常见的一种
   D. PKU 临床表现为智力发育落后，皮肤、毛发色素浅淡，鼠尿臭味
   E. 我国 PKU 的患病率约为 1：10 000

2. 21-三体综合征最具有诊断价值的是
   A. 骨骼 X 线检查　　　B. 染色体检查　　　C. 血清 T3、T4 检查
   D. 智力低下　　　　　E. 特殊面容，通贯掌

A₂ 型题

3. 男孩，5 岁。因生长和智力发育落后就诊。查体：身材矮小，头围小，眼距宽，鼻梁低，外耳小，通贯手，心脏听诊有杂音。为明确诊断最合适的检查是
　　A. 智力测定　　　　　　B. 血清 T3、T4 检测　　C. 头颅 CT
　　D. 超声心动图检查　　　E. 染色体核型分析

A₃/A₄ 型题

（4～5 共用题干）

男孩，4 岁，站立不稳，不会喊"爸妈"，刚会走路，表情呆滞，眼外角上斜，鼻梁低平。身材矮小，四肢短，韧带松弛，四肢关节过度弯曲。

4. 该患儿最可能的诊断是
　　A. 佝偻病　　　　　　　B. 营养不良　　　　　　C. 斜视
　　D. 21-三体综合征　　　　E. 脑发育不良

5. 确诊的依据是
　　A. 特殊面容　　　　　　B. 通贯掌　　　　　　　C. atd 角的测定
　　D. 细胞遗传学诊断　　　E. 新生儿筛查

（6～7 共用备选答案）
　　A. 21-三体综合征　　　　B. 软骨发育不良　　　　C. 先天性甲状腺功能减退症
　　D. 佝偻病　　　　　　　E. 苯丙酮尿症

6. 患儿，男，3 岁。智能落后，表情呆滞，眼距宽，眼裂小，鼻梁低，口半张，舌伸出口外；皮肤细嫩，肌张力低下，第 5 指只有一条指纹。此患儿的可能诊断是

7. 患儿，女，20 天。皮肤毛发色素减少，有行为异常、多动、肌痉挛、癫痫小发作，伴有湿疹。此患儿的可能诊断是

二、简答题

1. 简述 21-三体综合征的临床表现。
2. 简述苯丙酮尿症的临床特点及治疗措施。

三、案例分析题

患儿，男，1 岁 2 个月。足月顺产，母乳喂养。出生后多嗜睡，不哭闹，生后 6 个多月家长发现患儿较同龄儿反应迟钝，不哭不笑，不认识妈妈，遂到当地医院就诊，诊断不明，也未曾治疗。近半年来患儿的语言、应对人和物的能力发育迟缓愈加明显，并且尿液有特殊臭味，皮肤细白，面部散在有湿疹，毛发、虹膜色泽较浅，心、肺、腹部检查无异常发现，四肢肌张力、腱反射正常。经询问得知，父母为近亲结婚。

问题：
（1）患儿可能患什么疾病，为明确诊断需要做哪些检查？
（2）患儿应在什么时间接受什么检查进行早期诊断？
（3）患儿目前主要的护理诊断及医护合作性问题是什么？应采取哪些护理措施？

（刘晶晶）

第十八章 常见急症患儿的护理

第十八章数字资源

学习目标

通过本章学习，学生应达到：

1. 素质目标 以小儿惊厥的原因为切入点，纠正部分地区"母猪疯""羊癫疯"的说法，培养摒弃迷信、崇尚科学的态度。

2. 能力目标 对惊厥、充血性心力衰竭等小儿急危重症观察病情并迅速处置，对患儿家长进行正确的健康教育。

3. 知识目标 复述小儿惊厥、惊厥持续状态、充血性心力衰竭、小儿颅内高压、急性呼吸衰竭、急性肾衰竭的概念。说出上述急症患儿的常见病因、临床表现、主要辅助检查、治疗原则并制定护理措施。

第一节 小儿惊厥的护理

案例 18-1

患儿，男，1岁，发热1天、抽搐1次来院急诊。患儿1天前开始出现反复发热，最高38.5℃，伴流涕、咳嗽，半小时前突然抽搐1次，持续约5 min，表现为双眼上翻，全身阵挛性抽搐。患儿6个月大时发热曾惊厥发作1次，情况与本次类似。查体：体温39℃，神志清楚，一般情况好。咽红，呼吸音稍粗，神经系统检查未见异常。

问题：
1. 请说出该患儿的诊断。
2. 针对该患儿应做哪些护理措施？

惊厥（convulsion）俗称抽风，是指由于各种疾病导致大脑神经元异常放电而引起全身或局部骨骼肌发生不自主的强烈收缩，以强直或阵挛性运动发作为主，多伴有意识障碍。本病是儿童时期最常见的急症，任何年龄儿童均可发作，但多见3岁以下婴幼儿。惊厥反复发作可引发窒息，导致缺氧性脑损伤，遗留各种神经系统后遗症甚至危及生命，故当其发作时需给予紧急处理。

一、病因

（一）易感因素

1. 儿童尤其是婴幼儿大脑皮质发育不完善，抑制功能差，神经髓鞘未完全形成，弱的刺激（如高热）即可在大脑皮质形成强烈兴奋灶并迅速泛化，引起异常的脑电活动从而出现惊厥。

2. 儿童尤其是婴幼儿免疫力较差，易发生感染，且血脑屏障发育不完善，各种病原体及其毒素易透过血脑屏障引起中枢神经系统感染。

（二）感染因素

1. 颅内感染　各种病原微生物如细菌、病毒、真菌，引起的中枢神经系统感染如脑炎、脑膜炎、脑脓肿，均可引起惊厥。

2. 颅外感染　热性惊厥（febrile convulsion，FC）、各种感染性疾病（败血症、肺炎、细菌性痢疾等）引起的中毒性脑病、破伤风等，其中热性惊厥是儿童时期最常见的一种惊厥类型。

（三）非感染性因素

1. 颅内疾病

（1）颅脑损伤：如新生儿缺氧缺血性脑病、颅脑外伤、产伤、颅内出血。

（2）先天发育畸形：如脑血管畸形、神经皮肤综合征、先天性脑积水。

（3）颅内占位性疾病：如颅内肿瘤、囊肿或血肿。

（4）脑退行性病变：如脱髓鞘性脑病、脑黄斑变性。

（5）其他：如原发性癫痫。

2. 颅外疾病

（1）水、电解质紊乱：如低钙血症、低镁血症、高钠血症、低钠血症、低血糖。

（2）功能障碍：重要脏器如心、肝、肾功能严重障碍。

（3）中毒：如中枢神经兴奋性药物（氨茶碱、呼吸兴奋剂、抗组胺药物等）、化学制剂（有机磷农药、灭鼠药、氯气等）、有毒动物及植物（毒蛇、毒蘑菇等）导致的中毒。

（4）遗传代谢性疾病：如苯丙酮尿症、半乳糖血症。

二、临床表现

1. 惊厥先兆　面色慌张、烦躁不安或出现"惊跳"，也可表现为体温骤升、肌张力突然改变等。

2. 典型表现　发作时患儿突然意识丧失，头后仰，双眼上翻、凝视或斜视；全身或局部肌肉强直性或阵挛性抽搐；如咽部肌肉抽搐可致喉痉挛，甚至出现窒息；伴意识障碍时可有尿便失禁、舌咬伤等。一般发作持续数秒或数分钟，大多在 5～10 min。发作后常因疲劳而入睡。

3. 非典型表现　婴幼儿惊厥发作表现常不典型，可表现为面肌、四肢肌肉的阵挛性抽搐、呼吸暂停、双眼凝视、眼睑抖动或吸吮动作突然中止等细微表现，不易被发现。

4. 惊厥持续状态　指惊厥持续发作超过 30 min 或 2 次发作间歇意识不能恢复。此为惊厥的危重类型，可能导致缺血缺氧性脑病、脑水肿、颅内压增高等，需紧急处理。

5. 热性惊厥　指在排除中枢神经系统病变、可致惊厥的器质性和代谢性疾病、中毒等情况下，当患儿体温超过 38.5℃时出现的惊厥。多发生在各种颅外感染性疾病体温骤升期，大部分患儿有热性惊厥阳性家族史。根据发作特点和预后等不同可分为两个类型（表 18-1）。

表 18-1　单纯型热性惊厥和复杂型热性惊厥的临床特点

	单纯型热性惊厥 （benign febrile convulsions，BFC）	复杂型热性惊厥 （complex febrile convulsions，CFC）
发病年龄	6 个月～3 岁	任何年龄
发作形式	全身性发作	局灶性发作
持续时间	< 10 min	> 15 min
发作次数	1 次热程 1 次	1 次热程 ≥ 2 次

续表

	单纯型热性惊厥 （benign febrile convulsions，BFC）	复杂型热性惊厥 （complex febrile convulsions，CFC）
神经系统异常	无	可有
脑电图	1周内可有异常	1周后仍有异常
预后	较好	较差

知识链接

癫痫

癫痫是一种由多病因引起的慢性脑功能障碍综合征，是大脑神经元反复发作性异常放电引起相应的突发性和一过性脑功能障碍，具有长期慢性和反复发作的基本特征，可表现为惊厥性发作（一般指伴有骨骼肌强烈收缩的发作）和非惊厥性发作（如失神发作、感觉性发作）。

考点提示

惊厥持续状态，单纯型热性惊厥的特点。

三、辅助检查

1. 血常规　原发病为细菌感染时，周围血白细胞总数及中性粒细胞比例增高。
2. 脑脊液检查　颅内感染所致惊厥者，脑脊液可有相应异常改变。
3. 血液生化检查　血糖、血钙、血钠、血尿素氮等。
4. 影像学检查　头颅B超、CT、MRI等有助于颅内占位性病变诊断。
5. 脑电图检查　可协助诊断癫痫、判断预后等。

四、治疗原则

1. 消除病因　尽快查明病因，针对病因进行治疗。
2. 控制惊厥　选择合适药物控制惊厥（表18-2）。

表18-2　控制惊厥的药物选择与使用方法

	适应证	使用方法
地西泮	首选	0.2～0.5 mg/kg（最大剂量不超过10 mg/kg）缓慢静脉注射
苯妥英钠	惊厥持续状态	15～20 mg/kg分2次静脉注射（每分钟<1 mg/kg）；24 h后维持量5 mg/（kg·d）
苯巴比妥	上述药物无效时	首剂10 mg/kg缓慢静脉注射；12～24 h后维持量5 mg/（kg·d）分2～3次使用
10%水合氯醛	无条件迅速建立静脉通道者	0.5 ml/kg（最大剂量不超过10 ml）口服，也可由胃管给药或加等量生理盐水灌肠

3. 对症治疗　颅内高压者给予20%甘露醇降颅压；高热者给予物理或药物降温；必要时给予吸氧。

4. 预防复发　对既往有单纯型热性惊厥史的患儿，当发热超过38℃时，应给予口服布洛芬等退热药积极降温。对于复杂型热性惊厥患儿，可在发热开始时即使用地西泮预防，无效者最好服用苯巴比妥或丙戊酸钠等药1～2年，可达到预防惊厥的目的。

五、护理评估

1. 健康史　评估有无引起惊厥相关病史，如出生史、感染史、既往发作史、家族史；评估惊厥发作前有无发热等诱因、惊厥持续时间及伴随症状等。

2. 身体状况　评估患儿惊厥发作时的表现、意识状态、持续时间、次数等；有无感染性疾病和颅内疾病的表现；有无神经系统异常体征如颅内高压、脑膜刺激征。

3. 心理社会状况　评估患儿生病后的心理改变，有无自卑、恐惧等心理；评估患儿家长对疾病的认识，有无紧张、恐惧等心理或在患儿惊厥时采取不正确的处理方式如剧烈摇晃、强压患儿手脚、灌水。

六、护理诊断

1. 急性意识障碍　与惊厥发作有关。
2. 有窒息的危险　与发作时喉痉挛，或患儿呕吐后发生误吸有关。
3. 有受伤的危险　与惊厥、意识障碍等导致跌伤或咬伤有关。
4. 体温过高　与感染、惊厥持续状态有关。
5. 焦虑与恐惧（家长）　与缺乏惊厥相关知识、担心预后有关。

七、护理目标

1. 患儿生命体征平稳、意识恢复正常。
2. 患儿不发生窒息。
3. 患儿不发生外伤。
4. 患儿体温恢复正常。
5. 患儿家长情绪稳定，能掌握惊厥时的正确处理方式。

八、护理措施

（一）生活护理

注意休息，保证睡眠，病室内的光线不可过强，尽量保持安静，以减少对患儿的刺激。给予清淡、易消化、营养丰富的饮食。

（二）病情观察

1. 观察惊厥发作时的表现　判断患儿是全身性还是局部性发作。
2. 观察生命体征　严密观察体温、脉搏、呼吸、血压的改变。
3. 观察伴随症状　注意观察有无神经系统症状及体征、有无特异性皮疹、有无皮肤黏膜颜色改变等。

（三）用药护理

1. 遵医嘱给予地西泮、苯妥英钠等镇静剂，因镇静剂多可抑制呼吸，故用药期间应密切监测呼吸频率、节律及深度的改变。
2. 如患儿体温＞38.5℃应遵医嘱给予口服退热药。

3. 如患儿出现呼吸节律不规则、血压升高、心率减慢等，提示颅内压增高，应遵医嘱给予20%甘露醇降颅压。

（四）症状护理

1. **防止窒息**　惊厥发作时应就地抢救，立即松解患儿衣服，取侧卧位；清除患儿口、鼻腔分泌物，防止吸入性窒息；将舌头拉出，防止舌后坠堵塞呼吸道；做好气管插管的准备；惊厥持续时间较长，或有发绀者给予氧气吸入。

2. **防止受伤**　惊厥发作时在上、下牙齿之间放置牙垫或纱布卷，防止咬伤舌头，如患儿牙关紧闭时注意不要用力撬开；惊厥患儿病床应加护栏，防止发生坠床、跌伤等意外事故，并注意移开床上的硬物及尖锐物品；患儿发作时切勿强行按压肢体或用力搂抱患儿，以免造成骨折、脱臼等。

（五）心理护理

针对家长和年长儿紧张、恐惧的心理，向家长及患儿介绍病情及预后，大多数惊厥预后良好，不会遗留后遗症，以消除家长及患儿的恐慌情绪，当惊厥发作时能够理智处理。

考点提示

惊厥患儿的护理重点。

九、护理评价

1. 评价患儿生命体征是否平稳、意识是否逐渐恢复正常。
2. 评价患儿是否发生窒息。
3. 评价患儿是否发生外伤。
4. 评价患儿体温是否逐渐下降至正常。
5. 评价患儿家长情绪，家长能否说出患儿惊厥时的正确处理措施。

十、健康指导

1. **疾病知识指导**　向家长介绍惊厥的常见原因及预防措施；指导家长在患儿发作时不要惊慌，在送往医院的途中首要防止口鼻内呕吐物的吸入，防止窒息和外伤；有高热惊厥病史的患儿，一旦体温增高，应积极给予降温，有需要时及时就医。

2. **用药指导**　对癫痫患儿应指导家长严格按医嘱给患儿服用抗癫痫药物，不能随意停药，以免诱发惊厥或引起病情恶化演变为难治性癫痫。

3. **预防保健指导**　根据原发病特点，做好相应疾病的预防保健指导；对惊厥反复发作或发作持续时间长的患儿，应提醒家长注意观察患儿有无出现生长发育迟缓、肢体活动障碍等神经系统后遗症，以及时给予康复治疗训练。

第二节　充血性心力衰竭患儿的护理

案例 18-2

患儿，8个月，发热、咳嗽2天，以"支气管肺炎"收入院，既往有"室间隔缺损"病史。入院第2天，突然烦躁不安、呼吸急促，发绀。查体：体温38℃，呼吸65次/分，心率180次/分，心音低钝，两肺细湿啰音增多，肝肋下3.5 cm。

问题：
1. 该患儿最可能并发了什么情况？
2. 作为护士如何配合医生做好该患儿的急救工作？

充血性心力衰竭（congestive heart failure，CHF）简称心衰，是指由于各种原因引起心脏收缩或舒张功能障碍，心脏排血量不能满足机体组织代谢的需要，并出现静脉回流受阻、脏器淤血等一系列病理及临床改变的综合征。充血性心力衰竭是小儿常见的危重急症之一。

一、病因

各年龄阶段小儿均可发生充血性心力衰竭，但以1岁以内的婴儿发病率最高，多为先天性心脏病引起；心力衰竭也可继发于重症肺炎、病毒性心肌炎、川崎病、心肌病、心内膜弹力纤维增生症等疾病。根据血流动力学及病理生理改变可将病因分为以下几类。

1. 心肌收缩功能障碍　如心肌炎、心肌病、心内膜弹力纤维增生症、心糖原贮积症和风湿性心脏病等。
2. 心室前负荷过重　即容量负荷过重，指心脏舒张期承受的容量负荷过大，常见于左向右分流型先天性心脏病、输液量过多过快等。
3. 心室后负荷过重　即压力负荷过重，指心脏在收缩期承受的阻抗负荷过大，常见于主动脉瓣狭窄、肺动脉瓣狭窄和高血压等。
4. 其他　如重度贫血、甲状腺功能亢进、维生素 B_1 缺乏症等均可发生心力衰竭。

二、临床表现

（一）新生儿心力衰竭

早期症状不明显，可表现为嗜睡、淡漠、乏力、拒食、呕吐等，偶可表现为烦躁不安、阵发性发绀，极易被误诊。

（二）婴幼儿心力衰竭

起病较急，常表现为呼吸浅快（频率可达50～100次/分）、喂养困难、烦躁多汗、哭声低弱等，而颈静脉怒张、水肿和肺部湿啰音等体征不明显。

（三）年长儿心力衰竭

症状与成人相似，表现如下。
1. 心排出量不足　左心衰竭较早出现该表现，患儿可表现为烦躁、哭闹、厌食、湿冷、口唇发绀、面色苍白等；听诊心音低钝，心率增快，重者出现奔马律。
2. 肺循环淤血　表现为呼吸困难、气促，年长儿可有夜间阵发性呼吸困难；咳嗽、咳痰，并发急性肺水肿时痰液为粉红色泡沫状，双肺闻及大量湿啰音。
3. 体循环淤血　表现为肝进行性增大并有压痛、颈静脉怒张、肝颈静脉回流征阳性、水肿、尿量减少等。

（四）小儿心力衰竭的诊断标准（以下前4项为临床诊断的主要依据）

1. 安静时心率增快，婴儿＞180次/分，幼儿＞160次/分，不能用发热或缺氧解释者。
2. 呼吸困难，青紫突然加重，安静时呼吸达60次/分以上。
3. 肝大达右肋下3cm以上，或在密切观察下短时间内较前增大1.5cm以上，而不能以横膈下移等原因解释者。
4. 心音明显低钝，或出现奔马律。
5. 突然烦躁不安，面色苍白或发灰，不能用原有疾病解释者。

6. 尿少或下肢水肿，排除其他疾病原因造成者。

考点提示

心力衰竭的诊断标准。

知识链接

小儿心功能分级

Ⅰ级：仅有心脏病体征，无症状，活动不受限。
Ⅱ级：活动量较大时出现症状，活动轻度受限，也称心衰Ⅰ度。
Ⅲ级：活动稍多即出现症状，活动明显受限，也称心衰Ⅱ度。
Ⅳ级：安静休息时也有症状，活动完全受限，也称心衰Ⅲ度。

三、辅助检查

1. 胸部 X 线　心影扩大，搏动减弱，肺纹理增多，肺部淤血。
2. 心电图　对病因诊断及指导洋地黄类药物应用有重要作用。
3. 超声心动图　心脏内各腔室内径增大，心室收缩间期延长及射血分数降低。心脏舒张功能不全时，二维超声心动图对明确病因有帮助。

四、治疗原则

除病因治疗外，迅速强心、利尿、扩血管以控制心衰。

1. 强心药　能增强心肌收缩力，从而增加心排血量。常使用洋地黄类药物，其中以地高辛应用最为广泛，口服或静脉注射均可，代谢较快，还可监测血药浓度。
2. 利尿药　可有效减少回心血量，适宜伴有水肿的患儿使用。首选呋塞米或氢氯噻嗪，如需长期应用者，应联合使用保钾类利尿剂如螺内酯。
3. 血管扩张药　可扩张小动脉和（或）小静脉，减轻心脏前、后负荷。常用药如酚妥拉明、卡托普利、硝普钠。

五、护理评估

1. 健康史　询问患儿既往病史，了解引起心力衰竭的病因和诱因；询问发现先天性心脏病或其他心脏疾病的具体时间；有无呼吸困难、咳嗽、胸闷、水肿或青紫等病史；了解患儿平常有无喂养困难，活动情况及尿量等。
2. 身体状况　评估患儿有无活动后呼吸困难、气促、青紫等表现，有无水肿、水肿的部位及程度、尿量情况，有无肺水肿、肝大、颈静脉怒张，全面评估患儿生长发育情况，以及心率、心律、心音、有无心脏杂音等。
3. 心理社会状况　本病属危重症之一，患儿病情发展迅速，且常有喂养困难、发育迟缓、体弱多病等问题，评估家长有无出现焦虑、担心、恐惧等不良情绪。

六、护理诊断

1. 心排血量减少　与心肌收缩力降低有关。

2. 气体交换受损　与肺循环淤血有关。

3. 体液过多　与体循环淤血有关。

4. 潜在并发症　洋地黄中毒。

5. 焦虑与恐惧（家长）　与家长知识缺乏和病情危重有关。

七、护理目标

1. 患儿心率减慢，心功能改善。
2. 患儿肺循环和体循环淤血症状得到缓解。
3. 患儿治疗期间不发生洋地黄类药物中毒。
4. 患儿和家长获得本病相关知识，不良情绪得以缓解。

八、护理措施

（一）生活护理

1. 休息：病室保持安静舒适，避免患儿烦躁、哭闹，体位取半坐位为宜，小婴儿取 15°～30° 斜坡卧位。

（1）心衰Ⅰ度：可下床活动，适当增加休息时间。

（2）心衰Ⅱ度：限制活动，延长卧床休息时间。

（3）心衰Ⅲ度：应绝对卧床休息，病情好转后可逐渐增加活动量，以不出现症状为限。

2. 饮食　给予充足营养，保证营养均衡，易于消化和吸收，并保持大便通畅；对喂养困难的患儿应细心喂养，少吃多餐，奶嘴孔宜稍大，必要时吸奶前后间断吸氧；急性心力衰竭或严重水肿的患儿应适当限制钠和水的摄入量。

（二）病情观察

密切监测生命体征变化，定时听心音，测心率、心律、血压、呼吸，必要时进行心电监护。

（三）用药护理

1. 洋地黄类药物

（1）给药前：应了解患儿基本情况，如生命体征，心、肝、肾功能，近期洋地黄和利尿药使用情况等。

（2）给药时：注意严格按时按量给药，给药速度缓慢，给药时间不少于 5 min，期间密切监测患儿脉搏变化，当新生儿＜120 次/分，婴儿＜100 次/分，幼儿＜80 次/分，学龄儿＜60 次/分时，需停止给药，并报告医生处理。

（3）用药后：密切观察药物疗效和毒性反应。洋地黄类药物有效的表现为患儿心率下降，肝回缩，呼吸平稳，水肿减轻，尿量增加。洋地黄类药物中毒常表现为心律失常，如心动过缓、房室传导阻滞、期前收缩；也可出现胃肠道反应，如恶心呕吐、食欲缺乏；偶可出现神经系统症状，如色视症、视物模糊、嗜睡。出现中毒表现时应立即停药并报告医生处理。

（4）洋地黄类药物与钙剂有协同作用，应避免同时使用，如需使用，至少间隔 4 h 以上。

（5）长期使用洋地黄类药物的患儿，必须定时检测洋地黄类药物的血清浓度。

2. 利尿药

（1）反复使用呋塞米的患儿应注意观察有无出现胃肠道不适、耳毒性等不良反应；长期应用利尿剂的患儿应注意观察有无出现乏力、腹胀、心律失常等低血钾表现，必要时应查心电图和血钾。

（2）监测患儿体重，记录 24 h 液体出入量，观察患儿水肿消退情况。

3. 血管扩张药　用药期间密切监测患儿心率和血压变化，避免血压过度下降；观察患儿有无出现心悸、头痛、恶心等不良反应。

（四）症状护理

如患儿有呼吸困难、发绀等表现，可给予吸氧。急性肺水肿患儿可给予20%~30%乙醇湿化的氧气吸入以改善气体交换。

（五）心理护理

给予患儿和家长心理支持，主动与患儿和家长沟通，给予安慰鼓励，尽量创造条件让家长陪同患儿，使双方焦虑、恐惧情绪得到缓解。

九、护理评价

1. 评价患儿心率是否减慢，心功能是否得到改善。
2. 评价患儿肺循环和体循环淤血症状是否得到缓解。
3. 评价患儿治疗期间有无发生洋地黄类药物中毒等副作用。
4. 评价患儿和家长是否能掌握本病相关知识，焦虑和恐惧心理是否得到缓解。

十、健康指导

1. **疾病知识指导** 向患儿和家长介绍心力衰竭的常见病因、诱因及防治措施；指导家长根据不同病情为患儿制定合适的休息、饮食和生活制度。
2. **用药指导** 告知患儿和家长心力衰竭相关药物的正确应用方法和不良反应，以及出现不良反应时的处理方法。
3. **预防保健指导** 积极治疗原发病，避免心衰诱因；注意预防感染，按时接种疫苗。

第三节　小儿颅内高压的护理

案例 18-3

患儿，男，3岁，1天前以"化脓性脑膜炎"收入住院。今夜患儿突然高热39.8℃，烦躁不安，头痛，出现喷射性呕吐2次。

问题：
1. 患儿出现头痛、喷射性呕吐的原因是什么？
2. 患儿目前主要的护理诊断和护理措施有哪些？

急性颅内压增高（acute intracranial hypertension），简称颅内高压，是由于各种疾病引起脑实质体积增大或颅内液体量增加所致的一种临床综合征。当颅内压力高到一定程度时，可迫使部分脑组织嵌入孔隙，引起脑疝，常见小脑幕切迹疝和枕骨大孔疝两种，可导致中枢性呼吸、循环衰竭，危及患儿生命。

一、病因

1. **感染** 是颅内压增高最常见的原因。如脑膜炎、脑炎、脑脓肿等颅内感染性疾病；颅外感染也可引起颅内压增高，如中毒性痢疾、肺炎可引起中毒性脑病，从而导致颅内压增高。
2. **颅内占位性病变** 如颅内肿瘤、颅内出血。
3. **脑缺血缺氧** 如各种原因导致窒息、休克、惊厥持续状态。
4. **脑脊液循环异常** 如脑积水。

5. 其他　如高血压脑病、中毒、电解质紊乱。

二、临床表现

1. 头痛　晨起较重，患儿哭闹、咳嗽、用力或头位改变时头痛加重。幼儿常表现为烦躁不安、尖叫、拍打头部等。婴儿由于前囟和颅缝未闭，可通过前囟隆起、颅缝分离一定程度可缓冲颅内高压，故早期头痛可不明显。

2. 呕吐　因呕吐中枢受刺激出现喷射性呕吐，无恶心，与进食无关系。

3. 意识障碍　表情淡漠，嗜睡，反应迟钝，病情恶化可出现昏迷。

4. 惊厥　患儿可出现频繁惊厥，伴意识障碍。

5. 生命体征　早期血压增高，脉搏减慢，严重者呼吸慢而不规则，甚至出现呼吸暂停。

6. 头部体征　婴儿头部可见前囟隆起、张力增高、颅缝分离。眼部可见落日眼、复视等，眼底检查可见视盘水肿。

7. 脑疝　严重颅内压增高时可出现脑疝，患儿意识障碍突然加重、呼吸节律不规则、瞳孔不等大。

 考点提示

颅内高压的临床表现。

三、辅助检查

1. 血、尿、便常规及血生化检查　可协助诊断。

2. 脑脊液检查　可协助诊断颅内感染、颅内出血。注意重度颅内压增高时，腰椎穿刺有可能诱发脑疝，如确实必须穿刺，应先使用甘露醇降低颅内压后再行腰椎穿刺。

3. 影像学检查　头颅B超、CT、MRI、脑血管造影等，可发现脑室扩大、脑血管畸形和颅内占位性病变。

4. 眼底检查　可见视盘水肿、视神经萎缩等。

四、治疗原则

（一）病因治疗

针对原发病进行相应治疗，尽快消除病因。

（二）降低颅内压

1. 脱水

（1）20%甘露醇：渗透性利尿剂，降颅内压首选，0.5～1 g/kg快速静脉注射，4～8 h 1次。注意有心肾功能障碍和颅内出血者慎用。

（2）呋塞米：强效利尿剂，严重颅内高压或脑疝者可与甘露醇合用，0.5～1 mg/kg静脉注射，必要时8～12 h给药1次。

2. 糖皮质激素　可降低血管壁通透性，减少渗出，从而降低颅内压，常可用于治疗脑水肿。首选地塞米松，0.2～0.5 mg/kg静脉注射，每6 h 1次。

3. 白蛋白　可提高血浆胶体渗透压，减少渗出，减轻脑水肿，可用于颅内高压伴低蛋白血症者。

4. 侧脑室引流　有脑干受压表现者可行侧脑室穿刺引流，速度为2～3滴/分。

5. 亚冬眠疗法　体温每下降1℃，颅内压可下降5.5%。对于高热的患儿，可用氯丙嗪和异丙嗪等量混合静脉注射，每次 1～2 mg/kg，使体温维持在 33～34℃，以达到降低颅内压的效果。

（三）对症治疗

维持水电解质平衡及酸碱平衡；保持呼吸道通畅，给予吸氧。

五、护理评估

1. 健康史　评估患儿有无颅内外感染性疾病，有无颅内占位性病变、脑缺血缺氧、脑积水等。
2. 身体状况　评估患儿有无头痛、喷射性呕吐、意识障碍、惊厥等临床表现，有无生命体征改变如血压增高、脉搏减慢、呼吸改变，婴儿有无前囟隆起、颅缝分离，有无眼部体征改变、视盘水肿等，有无出现脑疝的迹象。
3. 心理社会状况　本病属危重症之一，常可发展成脑疝而危及患儿生命，评估家长有无出现焦虑、恐惧等不良心理反应。

六、护理诊断

1. 头痛　与颅内压增高有关。
2. 急性意识障碍　与颅内压增高有关。
3. 有窒息的危险　与意识障碍及呕吐有关。
4. 潜在并发症　如脑疝。
5. 焦虑与恐惧（家长）　与病情危及生命有关。

七、护理目标

1. 尽快降低颅内压，使患儿头痛缓解、意识恢复、减少发生惊厥的概率、避免发生脑疝。
2. 患儿患病期间不发生窒息。
3. 家长了解患儿病情及预后，树立康复信心。

八、护理措施

（一）生活护理

患儿需绝对安静卧床，平卧上半身抬高 15°～30°，以利于头部血液回流，从而降低颅内压。如怀疑患儿出现脑疝应平卧或头略低位。昏迷患儿可使用油纱布覆盖眼球并定时使用眼药水或眼膏以防止暴露性角膜炎；定时给患儿翻身、按摩并注意皮肤清洁，预防褥疮。

（二）病情观察

密切监测生命体征、意识状态、呼吸及瞳孔改变，一旦出现意识障碍突然加重、呼吸不规则、瞳孔不等大等表现时，提示发生脑疝，应立即报告医生，并配合抢救工作。

（三）用药护理

1. 脱水剂　使用甘露醇脱水应注意。
（1）在 15～30 min 内静脉滴入或推注，速度过慢则达不到疗效，速度过快则可能产生头痛加重、视力模糊、眩晕等不良反应。
（2）注射时避免药液外渗，以免引起周围组织坏死。
（3）室温较低时甘露醇易结晶，使用前需稍加热使结晶溶解后使用，静脉滴入时最好使用带滤网的输血器，以防结晶进入血管。
2. 糖皮质激素　首选地塞米松，如需长期使用应注意观察有无出现皮质醇增多症（库欣综合征）、高血压、胃溃疡等副作用。

（四）症状护理

1. 保持呼吸道通畅　及时清除气道分泌物，给予吸氧，必要时人工辅助通气。

2. 减轻头痛　保持安静，避免刺激，避免头部运动、哭闹、用力等；采取措施分散患儿注意力；使用药物降低颅内压。

（五）心理护理

向家长介绍患儿病情及预后，重点安慰家长，树立康复信心，使其能够积极配合治疗。

 考点提示

颅内高压患儿的护理重点。

九、护理评价

1. 评价患儿头痛是否缓解，意识是否恢复、有无发生惊厥、脑疝。
2. 评价患儿患病期间有无发生窒息。
3. 评价家长是否了解患儿病情及预后，能否树立康复信心。

十、健康指导

1. 疾病知识指导　向家长介绍颅内高压的常见病因及临床表现，嘱咐家长一旦发现患儿有颅内高压表现应立即送往医院；向家长介绍患儿病情及预后，给予安慰鼓励；教会家长日常看护颅内高压患儿的注意事项，如保持安静卧床、头肩抬高。

2. 用药指导　大剂量或者长期使用甘露醇、呋塞米等可引起水、电解质紊乱，提醒家长注意观察患儿有无出现脱水、低钾、低钠等表现。

3. 预防保健知识　积极治疗原发病。

第四节　急性呼吸衰竭患儿的护理

案例 18-4

患儿，男，4个月大，以"颅内感染"收入院。入院 4 h，体检见昏迷状态，呼吸浅快，呼吸节律不规整，口唇青紫，双肺呼吸音低。查血气分析示 pH 7.25，PaO_2 6.5 kPa（50 mmHg），$PaCO_2$ 9.1 kPa（70 mmHg）。

问题：

1. 该患儿最可能并发了什么情况？
2. 作为护士如何配合医生做好该患儿的急救工作？

急性呼吸衰竭（acute respiratory failure，ARF）简称呼衰，是由于各种疾病累及呼吸中枢和（或）呼吸器官，导致呼吸功能障碍，动脉血氧分压（PaO_2）降低和（或）二氧化碳分压（$PaCO_2$）升高，不能满足机体代谢需要的一组临床综合征。急性呼吸衰竭是小儿危重急症之一，常可导致小儿心脏停搏，若抢救不及时可危及生命。

一、分类

1. 按病变部位　分为中枢性呼吸衰竭和周围性呼吸衰竭。
2. 按血气分析　分为Ⅰ型呼吸衰竭（低氧血症）和Ⅱ型呼吸衰竭（低氧＋高碳酸血症）。

二、病因

呼吸衰竭可以是很多疾病的终末状态，常见的原发疾病有：

1. 呼吸中枢病变　各种疾病导致脑水肿、颅内高压，药物或其他毒物中毒等均可抑制呼吸中枢。
2. 呼吸道梗阻　以上呼吸道梗阻多见，婴幼儿喉部相对狭窄，可因喉炎、喉痉挛、喉头水肿、异物吸入、严重喉软骨软化等引起梗阻。下呼吸道可因哮喘、毛细支气管炎等引起小支气管痉挛、水肿从而导致梗阻。
3. 肺部疾病　包括重症肺炎、急性呼吸窘迫综合征、肺出血、肺栓塞、肺水肿等。
4. 胸廓活动障碍　包括气胸、大量胸腔积液、胸部外伤或畸形等。
5. 肌肉病变　包括重症肌无力、代谢性肌病、膈肌麻痹等。

三、临床表现

除原发病的临床表现外，主要是缺氧和二氧化碳潴留引起身体各组织器官一系列功能紊乱。

（一）呼吸系统表现

1. 周围性呼吸衰竭　呼吸困难、呼吸表浅、频率增快。
2. 中枢性呼吸衰竭　呼吸快慢、深浅不一，出现各种异常呼吸，如潮式呼吸、间停呼吸（毕奥式呼吸）、双吸气。

（二）低氧血症表现

1. 发绀　是缺氧的典型表现，以唇、口周及甲床等毛细血管丰富的部位最为明显，如有严重贫血（Hb＜50 g/L）可不出现发绀。
2. 循环系统　早期血压升高、心率增快，心排血量增加，晚期则因严重缺氧，出现心率减慢、心律不齐，心排血量减少甚至出现休克。
3. 神经系统　先兴奋后抑制，早期烦躁不安，激动，视物模糊，进一步发展出现神志淡漠、嗜睡等。严重者出现颅内压增高及脑疝的表现。
4. 消化系统　可出现消化道出血，肝严重缺氧时可出现转氨酶增高、肝功能异常等。
5. 泌尿系统　可出现少尿、无尿、血尿、蛋白尿、管型尿，严重者可出现急性肾衰竭。
6. 水、电解质紊乱及酸碱失衡　缺氧导致细胞膜上的离子泵功能障碍，加上无氧酵解，乳酸等酸性代谢产物增多，可出现高钾血症及代谢性酸中毒。

（三）高碳酸血症

$PaCO_2$ 比正常增高 5～10 mmHg 时，患儿可出现摇头、出汗、烦躁不安、意识障碍，皮肤潮红等；$PaCO_2$ 比正常增高大于 15 mmHg 时，患儿可出现嗜睡、心率增快、结膜充血等；如果 $PaCO_2$ 继续增高，可出现惊厥、昏迷、视盘水肿等；随着 $PaCO_2$ 增高，H^+ 浓度也不断增加，pH 值下降，出现呼吸性酸中毒。

> **考点提示**
>
> 急性呼吸衰竭的分类与临床表现。

四、辅助检查

1. 血气分析
（1）呼吸功能不全：$PaO_2 < 8.0\ kPa$（60 mmHg），$PaCO_2 > 6.0\ kPa$（45 mmHg）。
（2）呼吸衰竭：$PaO_2 \leq 6.67\ kPa$（50 mmHg），$PaCO_2 \geq 6.67\ kPa$（50 mmHg）。
2. 根据可能病因行相应检查，如胸部、头部影像学检查。

五、治疗原则

1. 积极治疗原发病　尽快查明病因并采取措施治疗原发病。
2. 改善呼吸功能　保持呼吸道畅通，吸氧。对于重症患者应及时转入ICU，行气管插管或气管切开，进行机械通气。
3. 纠正水、电解质紊乱及酸碱平衡紊乱　补充足够液体；根据血生化结果补充电解质；呼吸性酸中毒可通过改善通气纠正，代谢性酸中毒可给予碳酸氢钠。
4. 维持脑、心、肺、肾等重要脏器功能　根据患儿病情选用呼吸兴奋剂、强心剂、脱水剂、利尿剂、糖皮质激素等药物维持患儿各组织器官的正常功能。

六、护理评估

1. 健康史　评估引起患儿呼吸衰竭的原发病及诱因、原发病治疗情况等。
2. 身体状况　评估患儿呼吸困难出现的时间和程度，呼吸的节律和频率，有无意识障碍，有无低氧血症和高碳酸血症引起的全身各组织器官功能紊乱的表现。
3. 心理社会状况　本病属急危重症之一，评估家长对患儿病情和本病预后的了解程度，能否配合相关治疗，有无焦虑、恐惧、绝望等不良情绪。

七、护理诊断

1. 自主呼吸受损　与呼吸中枢功能障碍和（或）呼吸肌麻痹有关。
2. 气体交换受损　与肺换气功能障碍有关。
3. 潜在并发症　继发感染、多器官功能障碍等。
4. 焦虑与恐惧（家长）　与病情危重有关。

八、护理目标

1. 患儿能自主呼吸，呼吸节律正常。
2. 患儿呼吸平稳，无呼吸困难、发绀。
3. 患儿无继发感染，不发生多器官功能障碍。
4. 患儿家长能够了解呼吸衰竭相关知识并积极配合治疗，焦虑和恐惧情绪得到缓解。

九、护理措施

（一）生活护理

1. 休息　保持安静，尽量减少刺激患儿，减少氧气消耗；取半卧位或坐位休息，有利于膈肌活动以增加肺活量；经常变换患儿体位，减少肺淤血和肺不张的发生。
2. 饮食　危重患儿可通过肠道外营养或者鼻饲，保证充足营养和液体摄入，防止发生负氮平衡。

（二）病情观察

密切监测患儿生命体征变化情况，必要时行心电监护；监测患儿血气分析情况以随时调节用氧浓度及呼吸机参数；密切观察患儿有无出现继发感染、多器官功能障碍等的临床表现，一旦发现及时告知医生进行相应处理。

（三）症状护理

1. 保持呼吸道通畅

（1）多饮水以保持呼吸道湿润，必要时可雾化吸入化痰药物，使分泌物稀释后易于排出。

（2）指导清醒患儿有效咳嗽，定时给患儿翻身、拍背以利于排痰，必要时可经气管吸痰。

（3）应用氨茶碱和地塞米松等解除支气管痉挛。

2. 合理吸氧

（1）吸氧方式：可选用鼻导管、面罩、头罩等方式给氧。需长期用氧、新生儿或鼻腔分泌物较多者可使用面罩或头罩，上述方式效果不佳可考虑持续气道正压（continuous positive airway pressure，CPAP）给氧。

（2）氧流量和氧浓度：持续低流量吸氧，维持 PaO_2 在 8.67～11.33 kPa（65～85 mmHg）。给氧浓度主要根据病情轻重选择，鼻导管氧流量一般为 0.5～1 L/min，氧浓度低于 40%；面罩、头罩氧流量一般为 2～4 L/min，氧浓度为 50%～60%；严重缺氧难以缓解者可吸入纯氧，但时间不宜超过 6 h。

3. 应用呼吸机辅助通气

（1）适应证：经治疗后呼吸衰竭症状无明显改善，$PaCO_2 >$ 8.0 kPa（60 mmHg）；呼吸停止或虽有呼吸但浅而不规律，或吸入纯氧后仍有发绀，$PaO_2 <$ 6.5 kPa（50 mmHg）。

（2）禁忌证：张力性气胸、肺大疱及支气管异物等患儿应慎用或禁用呼吸机。

（3）护理要点：专人监护并经常检查呼吸机各项参数是否符合要求；观察患儿自主呼吸频率、节律与呼吸机是否同步；观察患儿胸廓起伏、面色、微循环有无改善等情况；有无脱管、堵管情况；严格无菌操作，防止继发感染；最后，注意监测患儿有无发生肺不张、呼吸道损伤等并发症。

（4）撤机指征：基础疾病得到控制，患儿一般情况好转和稳定；自主呼吸增强，呼吸节律规整；咳嗽有力，能自主排痰；断开呼吸机后患儿无明显呼吸困难、发绀等。

（四）用药护理

呼吸兴奋剂安全范围小，使用该类药物可能出现烦躁不安、血压增高、心动过速、肌肉强直、肌震颤甚至惊厥等不良反应，应及时停药并给予相应处理。

（五）心理护理

耐心向家长介绍患儿病情及预后，稳定家长情绪，树立信心，使其积极配合治疗。

知识链接

持续气道正压（CPAP）给氧

适应证包括急性呼吸衰竭早期、下呼吸道梗阻性疾病、有创通气撤机过程中的序贯治疗、慢性神经肌肉疾病所致呼吸功能不全、阻塞性睡眠呼吸暂停、新生儿疾病（新生儿呼吸窘迫综合征、早产儿呼吸暂停等），通气参数根据患儿具体情况、病理生理变化、不同模式特点和治疗目的进行调节。

十、护理评价

1. 评价患儿是否能自主呼吸且呼吸节律正常。
2. 评价患儿呼吸是否平稳，呼吸困难、发绀是否消失。
3. 评价患儿是否无继发感染，未发生多器官功能障碍。
4. 评价患儿家长是否能掌握呼吸衰竭相关知识并积极配合治疗，焦虑和恐惧情绪是否缓解。

十一、健康指导

1. 疾病知识指导　向家长介绍呼吸衰竭的常见病因及患儿的病情和预后，给予安慰鼓励；指导家长掌握日常护理患儿的方法，如翻身、拍背。
2. 用药指导　严格遵医嘱用药，注意观察有无出现药物副作用。
3. 预防保健指导　重视围生期保健，防止早产、难产及新生儿窒息、产伤等发生；积极防治肺炎等感染性疾病；预防小儿意外事故的发生；积极治疗原发病。

第五节　急性肾衰竭患儿的护理

案例 18-5

患儿，6 岁，因颜面水肿、少尿 2 天收入院。查体：血压 140/90 mmHg，水肿为非凹陷性。尿检：蛋白尿（++），红细胞满视野。血液检查示 ASO 增高、补体下降。患儿入院后 24 h 尿量少于 50 ml，急查血钾 6 mmol/L，血尿素氮 9 mmol/L。

问题：
1. 请说出该患儿目前的医疗诊断。
2. 针对该患儿应做哪些护理措施？

急性肾衰竭（acute renal failure，ARF），简称急性肾衰，指由于肾本身或肾外因素引起肾生理功能短时间内急剧降低甚至丧失而引起的临床综合征，主要表现为氮质血症，水、电解质紊乱和酸碱平衡紊乱。近年来，国际肾病和急救医学界趋向于使用急性肾损伤来取代急性肾衰竭的概念，这样对于该病的早期诊断、治疗和降低病死率有更积极的意义。

一、病因

1. 肾前性　因有效循环血量减少导致肾血流量不足，肾小球滤过率（glomerular filtration rate，GFR）下降，肾本身无实质性损伤。如急性大失血、严重的呕吐或腹泻等导致大量血液、体液丢失，感染性休克、急性心力衰竭、低蛋白血症等引起体循环淤血和（或）组织间隙水肿导致有效循环血量不足。
2. 肾性　因肾的实质性损伤引起。如急进性肾小球肾炎、急性肾小管坏死、急性肾盂肾炎、系统性红斑狼疮性肾炎、药物及毒物中毒。
3. 肾后性　因泌尿道梗阻导致。如泌尿系统肿瘤、结石、结核及腹腔内肿瘤。

二、临床表现

根据急性肾衰竭患儿是否伴有少尿或无尿，可分为少尿型和非少尿型急性肾衰竭。临床上少尿型急性肾衰竭较常见，其临床分期可分为少尿期、多尿期及恢复期 3 个阶段（表 18-3）。

表 18-3　少尿型急性肾衰竭的分期及临床表现

	少尿期	多尿期	恢复期
持续时间	1～2 周，重者 4～6 周	1～2 周，重者 1 个月	肾浓缩功能恢复需数月
尿量	减少甚至无尿	逐渐增多	基本正常
水代谢	水钠潴留	可有脱水	基本正常
电解质	高钾（常见）、高磷、高镁、低钠、低钙	可有低钾、低钠	基本正常
酸碱失衡	代谢性酸中毒	无	无
血尿素氮与肌酐	迅速增高	逐渐下降	基本正常
临床表现	水肿、电解质紊乱、代谢性酸中毒及尿毒症表现	病情好转，可有脱水、低钾、低钠表现	病情好转，可遗留乏力、消瘦

考点提示

急性肾衰竭少尿期的临床表现和治疗原则。

三、辅助检查

1. 尿液检查　测尿比重、尿渗透压、尿肌酐等可协助诊断肾前性和肾性肾衰。
2. 血生化检查　监测电解质浓度和血尿素氮、肌酐的变化情况。
3. 影像学检查　可行肾 B 超、CT、MRI 等了解肾的大小和形态、有无泌尿道梗阻、肾血流量、肾小球和肾小管功能等。
4. 肾活体组织检查　对于不明原因的急性肾衰竭可行肾活体组织检查以明确诊断。

四、治疗原则

去除病因，积极治疗原发病，改善肾功能，减少并发症的发生。

1. 少尿期　严格控制水和钠的入量；调整饮食，控制蛋白质摄入；纠正高钾等电解质紊乱；纠正代谢性酸中毒；必要时可进行血液透析治疗。
2. 多尿期　监测尿量、电解质变化，及时纠正脱水、低钾、低钠，酌情补充蛋白质。
3. 恢复期　注意休息，加强营养，增加优质蛋白的摄入，预防感染。

五、护理评估

1. 健康史　评估患儿有无引起有效循环血量减少的因素，有无肾实质损伤，有无泌尿道梗阻等。
2. 身体状况　评估患儿尿量减少情况，有无水、电解质紊乱及酸碱平衡紊乱的表现，有无尿毒症引起的全身各组织器官功能障碍的表现等。
3. 心理社会状况　急性肾衰竭属于急危重症之一，预后较差，常给家庭带来较重的经济负担。评估家长对患儿病情及本病预后的了解程度，能否配合相关治疗，有无焦虑、恐惧等不良情绪。

六、护理诊断

1. 排尿异常　与肾功能减退有关。
2. 体液过多　与肾小球滤过率下降有关。
3. 潜在并发症　尿毒症等。
4. 焦虑与恐惧（家长）　与病情危重有关。

七、护理目标

1. 患儿尿量逐渐恢复正常。
2. 患儿肾功能恢复，水肿消退。
3. 患儿患病期间不发生尿毒症。
4. 患儿家长能掌握急性肾衰竭相关知识并积极配合治疗，焦虑和恐惧情绪得到缓解。

八、护理措施

（一）生活护理

1. 休息　少尿期和多尿期应卧床休息，病情好转、尿量增加后逐渐增加活动，避免劳累。
2. 饮食　少尿期应严格控制水、钠和蛋白质的摄入，饮食以低钾、低钠、高糖、高维生素及适量的优质蛋白为宜，尽可能供给足够热量。多尿期当血浆肌酐接近正常水平时，应增加蛋白质摄入量。

（二）病情观察

密切观察生命体征变化情况，以及患儿有无出现心力衰竭、尿毒症、电解质紊乱等早期表现，及时报告医生进行处理。

（三）用药护理

使用利尿药期间注意观察药物治疗效果及副作用。

（四）症状护理

1. 维持体液平衡　少尿期应严格控制液体入量，坚持"量出为入"原则，每日液体摄入量=前一日尿量+显性失水+不显性失水—内生水；准确记录24 h液体出入量；每日监测体重变化情况；按医嘱正确应用利尿药或实施透析治疗。
2. 纠正电解质紊乱　如患儿出现恶心、手发麻、心率缓慢等可疑高血钾表现时，应立即报告医生，行血生化和心电图检查，有条件者可行床旁心电监护，必要时行透析治疗。

（五）心理护理

耐心向家长介绍患儿病情及预后，稳定家长情绪，树立信心，使其积极配合治疗。

九、护理评价

1. 评价患儿尿量是否恢复正常。
2. 评价患儿肾功能是否恢复，水肿是否消退。
3. 评价患儿患病期间有无发生尿毒症。
4. 评价患儿家长是否能掌握急性肾衰竭相关知识并积极配合治疗，焦虑和恐惧情绪是否缓解。

十、健康指导

1. 疾病知识指导　向家长介绍急性肾衰竭患儿的病情和预后，给予安慰和鼓励；指导家长

第十八章 常见急症患儿的护理

掌握患儿患病期间休息和饮食方面的注意事项。

2. 用药指导　按医嘱服药,注意观察药物不良反应。

3. 预防保健指导　积极治疗原发病,注意观察患儿尿量及尿液颜色的改变,有异常时应及时复诊。

思政园地

小儿惊厥是儿科常见急症,尤其多见于婴幼儿。由多种原因使脑神经功能紊乱所致,表现为突然的全身或局部肌群呈强直性和阵挛性抽搐,常伴有意识障碍。小儿惊厥的发病率很高,5%～6%的小儿曾有过一次或多次惊厥。惊厥频繁发作或持续状态危及生命或可使患儿遗留严重的后遗症,影响小儿智力发育和健康。很多种疾病都能引起小儿惊厥的发生,但是在许多农村地区,小孩发生惊厥被误认为是中邪,家长们请神送鬼,却不把孩子送去医院及时治疗,耽误病情留下遗憾。

在惊厥的治疗与护理过程中,家长扮演着至关重要的角色。家长需学习惊厥的相关知识,掌握急救技能,以便在患儿发作时能迅速应对。此外,家长还应关注患儿的心理需求,给予关爱与支持,帮助患儿建立自信心和安全感。通过参与患儿的治疗与护理,家长能更深入地了解孩子的成长过程,培养家庭责任感。

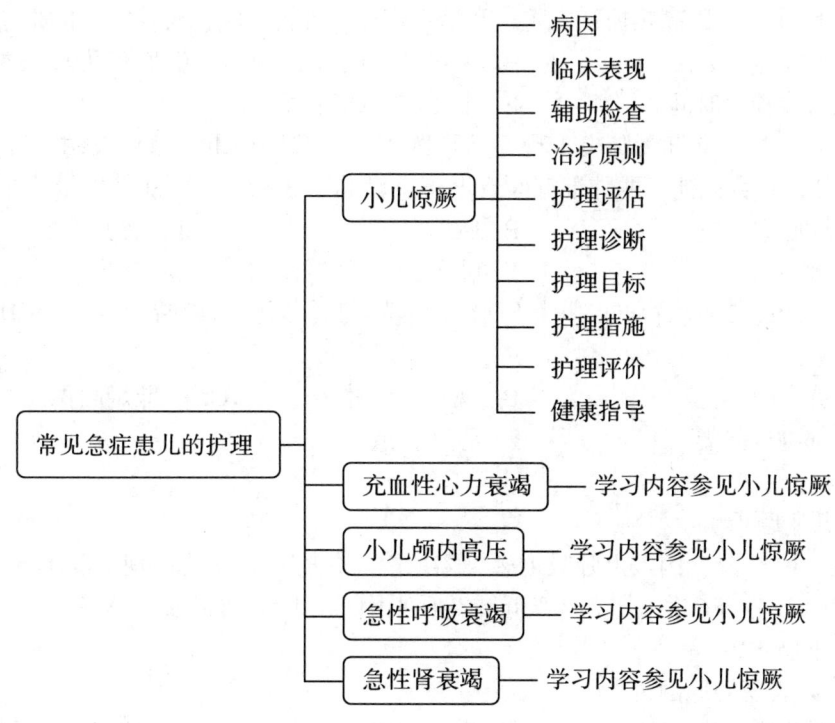

自 测 题

一、选择题

A₁型题

1. 小儿惊厥最常见的原因是
   A. 颅内感染　　　　B. 癫痫　　　　C. 热性惊厥
   D. 低钙惊厥　　　　E. 低镁惊厥

2. 不属于颅内压增高的表现是
   A. 喷射性呕吐　　　B. 意识障碍　　　C. 剧烈头痛
   D. 前囟凹陷　　　　E. 肌张力增高

3. 小儿急性呼吸衰竭时最重要的护理措施是
   A. 保持呼吸道通畅　B. 合理的氧气疗法　C. 人工辅助呼吸
   D. 供应液量能量　　E. 密切观察病情

4. 使用洋地黄类药物时应重点监测
   A. 体温　　　　　　B. 心率　　　　　C. 呼吸
   D. 血压　　　　　　E. 血氧饱和度

A₂型题

5. 患儿，10个月，因高热惊厥入院。经治疗痊愈，准备出院，对其家长健康指导的重点是
   A. 合理喂养的方法　B. 体格锻炼的方法　C. 惊厥预防及急救措施
   D. 预防接种的时间　E. 小儿体检的时间

6. 患儿，6个月，支气管肺炎，现突然烦躁不安，喘憋加重，口周发绀。呼吸68次/分，心率180次/分，心音低钝，两肺细湿啰音增多，肝肋下3.5 cm，可能并发了
   A. 急性心力衰竭　　B. 脓胸　　　　　C. 脓气胸
   D. 肺大泡　　　　　E. 肺不张

7. 患儿，女孩，3岁，高热，频繁呕吐，脑膜刺激征阳性，诊断为急性颅内压增高，护理措施中哪项不妥
   A. 保持安静　　　　B. 观察生命体征　　C. 头低足高位
   D. 头部物理降温　　E. 静脉补液

A₃型题

（8～10共用题干）

患儿，男，10个月。因"上呼吸道感染"入院。住院后，患儿出现烦躁不安，哭声弱，面色发灰，安静时心率186次/分，心音低钝，呼吸困难，肺部可闻及湿啰音，肝肋下3.5 cm可触及，尿少，下肢水肿。

8. 上述临床表现的原因是
   A. 上呼吸道感染加重　B. 洋地黄中毒反应　C. 胃肠感染
   D. 室间隔缺损的表现　E. 肺炎合并急性心力衰竭

9. 以下处理措施不正确的是
   A. 休息和镇静　　　B. 氧气吸入　　　　C. 使用强心苷药物
   D. 使用利尿剂　　　E. 快速补液

10. 以下护理措施不正确的是

A. 取床头抬高 15°~30° 卧位　　B. 补液速度不超过 5 ml/(kg·h)
C. 提供低盐普食　　D. 暂停补钙药物
E. 密切观察患儿心率变化

二、简答题

1. 简述小儿心力衰竭的诊断标准。
2. 简述急性肾衰竭少尿期的临床表现。

三、案例分析题

患儿，男，10 个月。因"支气管肺炎"收入院，现突然出现烦躁不安、发绀。体检：呼吸 70 次/分，脉搏 180 次/分，心脏听诊出现奔马律，肝肋下 3 cm 可触及。

问题：
（1）目前患儿的临床诊断首先考虑是什么？
（2）该患儿的急救护理要点是什么？

（宋　青）

参考文献

[1] 崔焱，张玉侠. 儿科护理学. 7版. 北京：人民卫生出版社，2021.
[2] 江载芳，王天有，申昆玲，等. 诸福棠实用儿科学. 9版. 北京：人民卫生出版社，2022.
[3] 中国营养学会. 中国学龄儿童膳食指南（2022）. 北京：人民卫生出版社，2022.
[4] 中华医学会儿科学分会. 儿童血液系统疾病诊疗规范. 2版. 北京：人民卫生出版社，2023.
[5] 王卫平，孙锟，常立文. 儿科学. 9版. 北京：人民卫生出版社，2019.
[6] 包新华，姜玉武. 儿童神经病学. 3版. 北京：人民卫生出版社，2021.
[7] 张玉兰，王玉香. 儿科护理学. 4版. 北京：人民卫生出版社，2018.

中英文专业词汇索引

21-三体综合征（21-trisomy syndrome）311

A

A群溶血性链球菌（group A hemolytic streptococcus, GAHS）296
阿绍夫小体（Aschoff body）296

B

被动免疫（passive immunity）45
苯丙酮尿症（phenylketonuria, PKU）314
病毒性脑膜脑炎（viral meningo-encephalitis）235
病毒性脑膜炎（viral meningitis）235
病毒性脑炎（viral encephalitis）235
部分母乳喂养（part breast-feeding）33

C

超重（overweight）23
持续气道正压（continuous positive airway pressure, CPAP）333
充血性心力衰竭（congestive heart failure, CHF）324
川崎病（Kawasaki disease, KD）304

D

单纯疱疹性口炎（herpes simplex stomatitis）145
蛋白质（protein）29
蛋白质-能量营养不良（protein-energy malnutrition, PEM）123
低体重（underweight）23
顶臀长（crown-rump length, CRL）13
动脉导管未闭（patent ductus arteriosus, PDA）180

E

鹅口疮（thrush, oral candidiasis）145
儿科护理学（nursing care of children）1
儿童保健（child health care）40
儿童计划免疫（planned immunization for children）44

F

发育（development）9
法洛四联症（tetralogy of Fallot）180
反转录病毒（retrovirus）218
肥胖（obesity）23
肺炎（pneumonia）164

分子生物学（molecular biology）219
风湿热（rheumatic fever, RF）296

G

睾丸白血病（testis leukemia, TL）219
过敏性紫癜（anaphylactoid purpura）300

H

亨-舒综合征（Henöch-Schönlein syndrome）300

J

基础代谢（basal metabolism）28
急性白血病（acute leukemia, AL）218
急性非链球菌感染后肾小球肾炎（acute non-poststreptococcal glomerulonephritis）191
急性感染性喉炎（acute infectious laryngitis）161
急性呼吸衰竭（acute respiratory failure, ARF）330
急性链球菌感染后肾小球肾炎（acute post-streptococcal glomerulonephritis, APSGN）191
急性淋巴细胞白血病（acute lymphoblastic leukemia, ALL）218
急性颅内压增高（acute intracranial hypertension）327
急性上呼吸道感染（acute upper respiratory tract infection）159
急性肾衰竭（acute renal failure, ARF）334
急性肾小球肾炎（acute glomerulonephritis, AGN）191
急性髓细胞性白血病（acute myeloid leukemia, AML）218
急性支气管炎（acute bronchitis）162
继发性免疫缺陷病（secondary immunodeficiency disease, SID）293
甲基丙二酰辅酶A（methylmalonyl coenzyme A）215
惊厥（convulsion）319

K

口服补液盐（oral rehydration salts, ORS）68
口炎（stomatitis）145
矿物质（minerals）30
溃疡性口炎（ulcerative stomatitis）146

M

免疫（immunity）290
免疫球蛋白（immunoglobulin, Ig）291

免疫缺陷病（immunodeficiency disease，ID）293
免疫学（immunology）219
母乳喂养（breast-feeding）31

N

脑膜炎（meningitis）235
脑性瘫痪（cerebral palsy）238
尿细胞计数（Addis count）190

P

排泄（excreta）29
皮肤黏膜淋巴结综合征（mucocutaneous lymphnode syndrome，MCLS）304
皮下脂肪厚度（subcutaneous fat thickness）14
贫血（anemia）209

R

热性惊厥（febrile convulsion，FC）320
人工喂养（artificial feeding）33

S

膳食纤维（dietary fiber）31
上臂围（upper arm circumference，UAC）13
身材矮小（short stature）23
身材过高（tall stature）24
身长（recumbent length）12
身高（height）12
肾病综合征（nephrotic syndrome，NS）196
肾小球滤过率（glomerular filtration rate，GFR）189，334
生长（growth）9, 29
生长激素缺乏症（growth hormone deficiency，GHD）280
生长偏离（growth deviation）23
食物特殊动力作用（specific dynamic action，SDA）29

T

糖尿病（diabetes mellitus，DM）282
体力活动（physical activity）29
体重（weight）11
头围（head circumference，HC）13

W

维生素D缺乏性佝偻病（vitamin D deficiency rickets）132
维生素D缺乏性手足搐搦症（tetany of vitamin D deficiency）137
维生素（vitamins）30

X

细胞遗传学（cytogenetics）219
先天性甲状腺功能减退症（congenital hypothyroidism，CH）276
先天性免疫缺陷（inborn errors of immunity，IEI）293
先天性心脏病（congenital heart disease，CHD）179
小儿腹泻（infantile diarrhea）148
新生儿（neonate，newborn）87
新生儿败血症（neonatal septicemia）109
新生儿重症监护治疗病房（neonatal intensive care unit，NICU）95
形态学（morphology）219
胸围（chest circumference，CC）13

Y

营养（nutrition）28
营养性巨幼细胞贫血（nutritional megaloblastic anemia，NMA）215
营养性缺铁性贫血（nutritional iron deficiency anemia，NIDA）210
营养状况评价（assessment of nutritional status）37
原发性免疫缺陷病（primary immunodeficiency disease，PID）293

Z

正常足月儿（normal full-term infant）88
支气管哮喘（bronchial asthma）170
脂类（lipid）29
中枢神经系统白血病（central nervous system leukemia，CNSL）219
主动免疫（active immunity）44
坐高（sitting height）13